日本と中国を考える三つの視点
― 環境・共生・新人文主義 ―

桜美林大学・北京大学学術交流論集編集委員会 編

はる書房

刊行にあたって

佐藤東洋士
桜美林大学長・教授

　桜美林大学と北京大学との共同シンポジウムは、1998年12月に桜美林大学で第1回目を開催して以来、10年を超す歳月を重ねてきた。その間、シンポジウムは回を重ねるごとに議論が深まり、新たな思想や専門性・独創性に満ちた意見が発表され、その内容は円熟味を帯びてますます幅広くより高度に発展してきた。
　本書は、この共同シンポジウムの第5回から第8回までの学術交流を記録した報告書であり、第1回から第4回までをまとめた1冊目の報告書『新しい日中関係への提言――環境・新人文主義・共生』に続くものである。1冊目のタイトルにもある三つの提言「環境・新人文主義・共生」は、その後の一連の学術交流における基本テーマになったといえる。今回収録された第5回から第8回までのシンポジウムでも、多様な内容を含みつつこの三つのキーワードを基本に、それぞれの分野の専門家によってより専門的・具体的に議論が展開されている。
　上記三つの提言のうち、第1のキーワード「環境」は、故衞藤瀋吉先生により第1回シンポジウムの基調講演において発議されたものである。東京大学で30年以上にわたり教育・研究に従事し、日本の国際関係史の第一人者であった衞藤先生は、21世紀の全地球的な問題でもある環境問題について、日中両国がこれまでのあらゆる対立を乗り越え、協力して取

刊行にあたって

り組むことこそが、日中関係を論ずる上での今後の重要な課題だと主張された。

次に第2のキーワードである「新人文主義」は、この共同シンポジウムの開催当初から尽力された元北京大学副学長・故何芳川先生が提唱されたものである。何先生は、ハイテク技術が急激に進化し高度な知識経済時代を迎えようとする今日では、物質的豊かさに反比例する精神生活の貧困化や、拝金主義、道徳の退廃等、これまでの人文主義がすでに通用しなくなっていることに警鐘を鳴らし、新しい時代に即した新しい人文主義「新人文主義」の必要性を説いたのである。

そして第3のキーワードは、環境への配慮と新しい時代の人文主義の思想、この二つの視点をふまえて私が提唱した「共生」の思想である。「共生」という言葉は、元来生物学における用語であるが、人間と自然（環境問題）あるいは人間同士（新人文主義）が共存しながら繁栄していく道を模索するものとして、人間同士のみならず国家間の関係を考える上でも欠くことのできない考えであると確信する。

桜美林大学と北京大学がこのような学術交流に端緒を開いたのは、1996年5月、当時北京大学の副学長であった何先生と私の北京での出会いであった。この話は第1冊目の序文にも、また本書に収録されている何先生追悼の特別寄稿にも述べているが、私にとって生涯忘れられない大切な出会いである。両校のシンポジウムは、その後も多くの恵まれた出会いに支えられ、今日まで発展・継続してきたが、その間、2006年6月29日に何先生が、2007年12月12日に衞藤先生が他界された。このお二人のご逝去は、日中両国の学術・文化交流にとって大きな損失であることはもちろん、桜美林大学と北京大学との学術交流にとっても計り知れない損失であった。この報告書の刊行にあたり、改めてお二人の先生に心より感謝を申し上げ、ご冥福をお祈りしたい。

とりわけ、共にシンポジウム開催を起案し、両校の交流に道筋を示してくださった何先生がお亡くなりになったことは、私個人としても、良き友人、良きパートナーを失うという大きな喪失であった。本書には、先生が

お亡くなりになった後に開催された第7回と第8回のシンポジウムの発表も収録しており、何先生への報告書でもあるといえる。

　第7回のシンポジウムは、何先生のご逝去後間もない2006年の11月に開催し、何先生追悼記念を兼ねたものとして、先生のご夫人をご招待し偲ぶ言葉をいただいた。このシンポジウムには衛藤先生も出席され、「日中関係の現状と将来」と題する基調講演をされている。この講演は、中国研究、日中関係・国際関係研究の碩学でいらした衛藤先生が、その晩年に示された人間的にも学問的にも円熟した境地であり、この分野における重要な文献となるであろう。

　第8回シンポジウムは、何先生の後任である呉志攀北京大学副学長が中心となり、新しい体制のもと2007年11月に北京大学で開催された。本書は、この第8回までを収録し、北京大学からも中国語版を同時出版する運びとなっている。これは何先生のかねてよりの願いでもあり、それが実現することを心から嬉しく思う。

　桜美林大学と北京大学が交互に実施してきたこの日中関係国際シンポジウムは、両校関係者のみならず、多くの学外の方々にもご支援、ご協力をいただいてきた。ここに心より感謝を申し上げたい。

　私たちは、このシンポジウムで先人が切り開いた道を大切にし、今後もこの学術交流が発展していくよう一層精進していかなければならない。「環境」「新人文主義」「共生」——この三つのキーワードが次の世代に受け継がれ、この学術交流並びに両校が今後もますます発展していくことを願うばかりである。

2009年7月

刊行にあたって

呉　志攀

北京大学党委常務副書記・校務委員会常務副主任・教授

　北京大学と桜美林大学との交流は 1998 年に始まる。その年の 12 月、すでに他界された北京大学前副学長何芳川教授が初めて訪日団を率いて桜美林大学を訪問し、両校主催のシンポジウムに参加した。シンポジウム開催中、何学長と桜美林大学の佐藤東洋士学長は約束を取り交わし、毎年 1 度両校主催の学術シンポジウムを北京と東京で順番に行うこととした。これより、北京大学、桜美林大学両校の定期的な学術交流が始まった。

　このシンポジウムの最初に決められたテーマは「中日関係の現状と展望」となり、この大きなテーマのもと、中日両国間の政治、経済、文化交流など様々な課題について討論を行うこととなった。

　討論を通して、明確になったのはこのテーマの持つ意義である。まず、注目したいのは何芳川教授が提唱した「新人文主義」だ。何教授はシンポジウムにおいて、「ハイテク技術が日進月歩の勢いで発展した 21 世紀は、社会が極端な"物質化"の圧力の下におかれた」と発言し、そこから新人文主義を提唱し、人文教育に力を注ぎ、人文的素養を高めることが重要だと主張した。だからこそ、「人文主義が欠落したナレッジエコノミーの時代は不完全な時代であり、人文主義が欠乏した国家や民族は不完全な民族」なのである。その後、佐藤東洋士学長が「共生」を新しい時代のキーワードに位置づけた。「グローバル化の時代」と言われた 21 世紀は、「地

刊行にあたって

球環境」、「人口増加」、「南北格差」など、我々が国境を越えて共に解決しなければならない根本的な問題を抱えており、人類はまさに「共に考え、共に生きる時代」に直面していると指摘した。その後、衞藤瀋吉教授（前日本亜細亜大学学長）は、21世紀、中日両国が共に直面している重大なテーマは「環境」であると指摘している。こうして、学術交流の中でシンポジウムで討論されるべき共通のテーマが形成された。つまり「新人文主義」、「共生」、そして「環境」である。シンポジウムの歴史、そしてそこで生まれた学術成果を見ると、この三つのテーマがどれほど先見性に富み、強い現実的意義と学術生命力に溢れるものだったかがわかる。

　1998年から現在に至るまで、これらのテーマに沿って8回のシンポジウムが行われた。参加した研究者が提出した論文は数十本におよび、その中にはレベルの高い珠玉の論文も含まれている。現在、我々は『中国と日本を考える三つの視点——環境・共生・新人文主義』と題した論文集を編集し、その中に26名の研究者が2004年から2007年までに発表した28篇の論文が収められた。これは両校の学術交流の重要な成果である。これらの成果からわかるのは、両校の交流が実を伴った成果の大きなものであり、学術研究を深めただけではなく、両国の研究者の交流を強化し、共通の認識を作り上げたことである。

　先に述べたように、両校が学術シンポジウムの開催時に設定したテーマは「中日関係の現状と展望」であったが、我々は双方が共通して関心を持つテーマに対して討論を行い、中日関係の発展を押し進めることを願っている。佐藤学長は、「日本と中国は悠久の交流の歴史を持ち、まさに文化の交流、人の交流があったからこそ、共に繁栄し栄えた歴史を作り上げることができた。今日この時代に生きている今、人と人との交流を強化することでしか『信頼』を作り上げることはできない。しっかりと手を握りあうことでしか共に明日を作ることはできないことを心に刻むべきだ」と述べている。何芳川教授は「中日両国は平和で、安定した、協力し合う、多元的な21世紀の東アジアの枠組みのために努力しなければならない。この新しい東アジアの枠組みの建設過程こそが、中日両国が共に協力し、協力する中で相互理解、相互信頼を深める過程なのだ。そしてこの過程にお

いて、文化交流は大変重要である」と指摘し、そのため「今我々は中日両国の文化交流をさらに強化しなければなら」ず、「中日間の教育交流を通して人材育成を支援し、人類文化の発展において東方文明を復興し、その栄光を輝かせる」ことを強調している。

　健全な、安定した中日関係を築く過程において、文化交流は大変重要である。対話を通してしか、相互理解、相互信頼は得られず、異を残して同を求め、共に発展することなどできないのである。今日の中日文化交流が滔々たる流れを持つ大きな川だとすれば、両校の交流は小さな渓流でしかない。しかしこの小さな流れを誰もおろそかにすることはできないのだ。なぜなら長江の雄大な流れはまさに無数の小さな渓流が集まることによって成り立っているからだ。両校の交流の時間はまだ長いとは言えず、規模も大きいとは言えないが、しかしそれが示す展望は光明で、遠大なのである。

　今日、過去の交流の歴史を振り返り、未来の発展を展望し、そして中日関係の発展に微力を尽くしてきた過去を思うと誇らしく、晴れがましい気持ちになると同時に、両校の交流を必ず継続させ、中日文化交流にさらなる貢献をしなければという信念がますます強くなる。

　この論文集が世に出るにあたって、両校の交流の歴史を切り開いた佐藤東洋士学長、そしてこれまでの学術シンポジウムにご参加いただいた方々に感謝いたします。そして、何芳川教授にさらなる追悼の意を表します。何教授の思想、学説、道徳的態度という三つの光は永遠の光となり、天と地が続く限り生き続けるであろう。

2009年7月

＊目　　次＊

刊行にあたって　佐藤東洋士･････････････････････････ 3
刊行にあたって　呉　志攀･･･････････････････････････ 7
緒言　日本と中国を考える視点と本書の構成
　　　　　　　　　　　　寺井泰明／李　玉･･･････ 17

第一部　日中関係と共生

日中関係の現状と将来　　衛藤瀋吉･･････････････････ 25
　　1 はじめに /25　　2 知識の背後にある交換経済 /26　　3 人類の文化の伝播 /27
　　4 日本における中国語の重要性 /30　　5 中国古典と日本文化 /32　　6 文化の伝播と
　　ナショナリズム /34　　7 おわりに　思春期ナショナリズムを越えて /35

交流の強化と理解の促進　　李　玉････････････････････ 37
　──過去2年間中国民衆の対日世論調査結果をもとに
　　1 中国大衆の対日世論は悪化継続 /38　　2 中日関係改善への展望：理性的思考を求
　　めて /41　　3 中日関係改善の方途：先ず交流の強化から /44

日系企業の対中認識　　小松　出････････････････････ 49
　　1 はじめに /49　　2 日本の対中 FDI の推移と特徴 /50　　3 アンケート調査から /54
　　4「チャイナリスク」の検討 /63　　5 まとめと今後の課題 /65

古代中国人の日本観の変遷　　王　暁秋････････････････ 67
　　1 はじめに /67　　2 茫漠とした初期認識─『山海経』から『三国志』へ /68
　　3 呼称の変化─「倭国伝」から「日本伝」へ /70　　4 イメージの良し悪し─「君子」
　　から「倭寇」へ /73　　5 認識の深化─『日本考略』から『吾妻鏡補』へ /77
　　6 古代中国人の日本観の特徴と示唆 /80

「文化力」で発光する東アジアを　　為田英一郎･････････ 83
　　1 アジアの明日を切り開く視座 /83　　2「情報格差」が拡大、貧富の差も加速 /86
　　3 一極構造の危うさとアジア民衆の連帯 /88　　4「文化力」を基底においたアジア

を /91　5 文化力の涵養、多様なチャンネルが必須 /92

日本古代文明の史的考察　　厳　紹璗 ············ 97
――「海洋の日本文明」史観について

1 問題の提起：東アジア文明史実に対する海洋文明論の挑戦 /97　2「日本文明史」の考察はいかにあるべきか /99　3 日本文明史を構成する材料としての中国文明の成果についての考察 /100　4 日本文明史研究のための「文化力」という視点の確立と利用 /104

東アジアの発展モデルと成長の持続性　　劉　敬文 ·········· 107
――韓国、台湾、マレーシアモデルと中国の比較を兼ねて

1 はじめに /107　2 東アジアモデルへのアプローチ /108　3 韓国モデル＝財閥主導による圧縮成長モデル /109　4 台湾モデル＝中小企業主導による均衡成長モデル /113　5 マレーシアモデル＝ FDI 主導による構造転換モデル /116　6 東アジアの開発モデルと持続的成長―韓国、台湾、マレーシアモデルの比較 /121　7 むすびにかえて―東アジアモデルと中国 /124

第二部　日中の環境保護

環境保護と人文的配慮　　何　芳川 ················ 129
1 人類と自然の歴史の 3 段階 /129　2 近代中日の産業と自然 /131　3 環境意識の誕生と向上 /133　4 今日求められる人文的配慮とは /135

中華人民共和国成立後西安水問題の発生過程とその解決への一歩
　　　　　　　　　　包　茂紅 ·················· 139

1 はじめに /139　2 中華人民共和国成立後西安水問題の発生及び影響 /140　3 西安水問題の主な原因 /142　4 西安水問題を解決するための第一歩 /145　5 結び /147

グリーン公衆便所の水汚染抑制と景観緑化における土壌浸透濾過システムのモデル・プロジェクトに関する研究　　呉　為中他 ··· 149

1 はじめに /149　2 実験用材料と土壌浸透濾過技術 /150　3 研究結果 /152　4 結論 /157

気候変化と漁業との連動　　高橋　劭‥‥‥‥‥‥‥‥‥‥ 159
　　1 はじめに /159　　2 近年の中国長江域豪雨多発と温暖化 /159　　3 レジームシフト /162　　4 海洋汚染と魚 /163　　5 まとめ /164

中国自動車産業の発展とマイカー増加による環境問題とその対策
　　　　　　　　　　　呉　為中‥‥‥‥‥‥‥‥‥‥ 187
　　1 中国自動車産業の歩み /187　　2 自動車のもたらす環境問題 /188　　3 制御策 /197

環境触媒　　土屋　晉‥‥‥‥‥‥‥‥‥‥‥‥‥‥‥ 203
　──被害者＝加害者を避ける賢者の石
　　1 はじめに /203　　2 環境汚染物質の発生源 /203　　3 環境対策の問題点 /204　　4 自動車触媒とは /205　　5 自動車触媒の特徴 /205　　6 自動車触媒の仕組み /205　　7 実用触媒における工夫の一例 /207　　8 ディーゼルエンジンの場合 /208　　9 おわりに /208

東京都『環境確保条例・自動車公害対策』の施行と事後評価
　　　　　　　　　　　小礒　明‥‥‥‥‥‥‥‥‥‥ 209
　──ディーゼル自動車規制とアセスメント
　　1 まえがき /209　　2 ディーゼル車規制の実行 /210　　3 環境基準とその評価方法 /215　　4 大気汚染測定と広報のシステム化確立 /218　　5 ディーゼル規制のアセスメント・改善効果 /225　　6 今後の課題と必要な政策 /226　　7 まとめ /229

道路環境モデリングによる高度道路交通システムの導入効果の推定
　　　　　　　　　　　坪田幸政‥‥‥‥‥‥‥‥‥‥ 231
　　1 はじめに /231　　2 ロードプライシングの導入効果 /233　　3 高速道路における速度制御の効果 /237　　4 おわりに /240

北東アジアのエネルギー問題とエネルギー協力　　包　茂紅‥‥ 243
　　1 はじめに /243　　2 北東アジアのエネルギー問題 /244　　3 北東アジアのエネルギー協力の必要性 /250　　4 北東アジアのエネルギー協力の進展と問題 /256　　5 結びと余談 /263

第三部　新しい時代の新人文主義

新人文主義、そして日中共生への展望　　佐藤東洋士……… 267
1 はじめに /267　　2 人文主義と中国近代化 /267　　3 戦後60年の再認識 /268　　4「グローバル化」の時代の相互信頼 /269　　5「共生の時代」へ日中の梯として /271

危機に立つ人文主義　　坂部　恵………………… 273
――近・現代日本の精神状況
1 はじめに /273　　2 西洋ルネサンスの人文主義 /274　　3 人文科学の成立と性格 /276　　4 人文科学の危機 /277　　5 大学再編成の中での人文科学 /279　　6 人文主義の生きる道 /280

『老子』に見る「無為自然」とその現代的意義　　植田渥雄…… 283
1 無為自然 /283　　2 儒家、法家との関係 /287　　3 中華思想の相互補完性 /291　　4 むすび /294

老子における「道」の原義及びその理論と実践的意義
　　　　　楼　宇烈………………… 297
1 老子における「道」の原義についての考察 /297　　2 老子の「道」「因循為用」「柔弱随時」思想の理論と実践的意義 /304

新人文主義精神の構築と伝統倫理の止揚　　劉　金才……… 307
――二宮尊徳思想の示唆に基づいて
1 中国とヨーロッパにおける「人文精神」の変遷 /308　　2「儒教」の理想と「報徳・推譲倫理」/311

日本近現代仏教の発展と変遷　　魏　常海…………… 319
1 日本仏教の時代区分 /319　　2 明治時代の仏教研究 /320　　3 大正時代の仏教研究 /323　　4 第2次世界大戦の終結による仏教界の転換 /324　　5 近現代仏教の中日比較 /330

調和社会とキリスト教思想の可能性　　小﨑　眞…………… 335

——近現代におけるプロテスタント・キリスト教女子教育の一断片
　　　1 はじめに /335　　2 朝陽門外に生きたキリスト者（清水美穂）/337　　3 美穂に内在する思想 /339　　4 キリスト教思想の今日的意義：調和社会を目指し /346

第四部　日中の文化交流

古代詩歌の中の友情　　　程　郁綴 ・・・・・・・・・・・・・・・・・・・・・・・ 355
　　1 友道の伝統 /355　　2 友情の渇望を謳った詩歌 /357　　3 惜別の詩歌 /360　　4 永続する友情を賛美する詩歌 /364　　5 中日詩人の友情の交流 /366

植物名から見た古代日本人の中国観　　　寺井泰明 ・・・・・・・・・・・・・ 371
　　1 はじめに /371　　2「ぐみ」と「茱萸」/372　　3 古代日本における漢語の受容と中国観 /377

日本における漢文教育と斯文会の活動　　　石川忠久 ・・・・・・・・・・・ 381
　　1 湯島聖堂・昌平黌とその変遷 /381　　2 漢文教育における斯文会の役割 /383
　　3 斯文会の活動と今後の展望 /385

1930年代の日中文学者の交流について　　　太田哲男 ・・・・・・・・・・ 387
　　——雑誌『文藝』を中心に
　　1 はじめに /387　　2 改造社の小川五郎 /387　　3『文藝』の日中文学者往復書簡 /389　　4『文藝』と『改造』にみる中国 /391　　5 小川五郎、日中交流への思い /391　　6 おわりに /395

中日近現代小説における「家」について　　　于　栄勝 ・・・・・・・・・ 397
　　——巴金と藤村の『家』を中心に
　　1 大家族の問題 /399　　2「真実」と「虚構」について /399　　3「代表」と「個別」について /400　　4「放蕩」の意味について /401　　5 崩壊しつつある「家」の意味について /401　　6 創作の意義について /402

特別寄稿　何芳川先生を悼む

何芳川教授を偲ぶ　李　玉 ·· 405
何芳川教授の「文化建設と文化自覚」について　李　玉 ······· 409
大河を思わせるひと　何芳川先生　佐藤東洋士 ················ 413

桜美林大学・北京大学シンポジウムプログラム
　　　　　　　　　　（第5～8回）············ 416
執筆者紹介 ·· 419
編集後記　張　平／李　玉 ································· 425

緒言

日本と中国を考える視点と本書の構成

寺井泰明
桜美林大学副学長

李　玉
北京大学アジア太平洋研究院副院長

　本書は2004年から2007年までの4年間にわたる、桜美林大学と北京大学の学術交流の成果をまとめたものである。

　桜美林大学と北京大学との学術交流は1998年に始まり、2007年で10周年を迎えた。その前半にあたる1998年から2001年までの4年間の成果は、両校共編『新しい日中関係への提言』として2004年に日本で上梓されている。今回の出版は、これを受け継いだものであり、両校共編の学術交流論文集の第2集となる。

　両校の学術交流の発端については、上記『新しい日中関係への提言』の序論に、その経緯が記されているのでここでは言及しないが、シンポジウムの第1回以降、両校の交流は次第に強化され、ほぼ年一度シンポジウムを開催するようになった。そしてそのテーマは一貫した共通のものであった。それは、まさしく「新しい日中関係への提言」であり、具体的には「新人文主義」、「共生」、「環境」の三つのことばに集約することができる。三つのことばのそれぞれが物語る内容については、やはり『新しい日中関係への提言』の総論編に収められた論文に詳しいが、ここにその概略を紹介しておきたい。

　「新人文主義」は当時北京大学の副学長で、今は亡き何芳川教授が提唱されたものである。何芳川教授が提唱するところの「新人文主義」とは次

のように言うことができる。科学技術、とりわけ情報技術の急速な発展に伴い、かつての人文主義は衰退し、人間の精神生活は貧弱になった。同時に拝金主義や道徳の退廃など様々な問題が表面化した。これら、科学技術がもたらした新しい問題は道徳的、倫理的な人文的見地から解決していかねばならない。そのために大学は、科学精神と調和のとれた、新しい人文主義を追究、樹立し、それを社会へ発信する基地とならねばならない。また、そうした人材の育成に努めねばならない——といったことを提言したものである。

何教授は言う。「人々の生活はさらに物質的に裕福になるであろうが、精神的な生活は貧しくなるであろう。また、世界周遊は一層容易になるであろうが、隣に誰が住んでいるのかも分からなくなるであろう。人類は月に到達できるであろうが、親友の心の内の世界までは入り込めないであろう。そして、人生の旅路で空前の孤独と寂寞を感じながら、ロビンソンクルーソーのように誰一人いない孤島で天を仰ぐのみとなるであろう……」。教授は物質の豊かさに対して精神生活の貧困を指摘し、行く末の危うさを憂えられたのである。

次の「共生」は桜美林大学学長・佐藤東洋士教授が提唱されたものである。何教授と同じく、豊かな物質文明の影の部分を問題とするが、視線は人と人の争いに注がれる。

20世紀の科学の進歩は、ライト兄弟の飛行成功に始まり、宇宙に居住空間を建設するまでに至った。生活物資は豊かになり、空前の消費生活を享受できるまでになった。しかし、一方では、2度の大戦を経験したばかりか、多くの局地戦争や経済の大恐慌も発生し、自然環境の破壊も深刻な事態を招くこととなった。「共生」は本来、生物がひと所に棲み、互いに利益を与えあいつつ生きることをいう語であるが、今は、人と自然、人と人、民族と民族、国家と国家が、相互に尊重し、補い、利益を与え合うという意味で重要であり、何教授の提唱される「新人文主義」を確固たるものとするためのエンジンとなるであろう、と指摘されたのである。

この提唱は人権問題や民族問題、政治問題、ひいては環境問題と幅広い問題を解く鍵となるものであるが、もちろん日中関係の将来をも念頭に置

いたもので、教育者として、次世代を担う若者たちに指針を与えようとするものでもあった。

　三つ目の「環境」は衛藤瀋吉・東京大学名誉教授が重要問題として提起したものである。

　環境破壊は物の豊かさを求めた結果であり、「共生」のためにはどうしても解決しなくてはならない、具体的にして最大の問題である。直接的には科学的な解決法の探求が必要であるが、文化的な考察、人文主義的な解決法が求められる問題でもある。その意味で、「新人文主義」とも密接に関係する。文化が発展するためには物的な基礎が強固でなければならず、さらに経済活動を支える自然環境が十全でなくてはならない。空気がきれいで水が豊かでなければ文化の発展は望めない。水が涸れ森の破壊されたところでは都市も荒廃してしまうのが歴史上の事実である。環境問題は国境を越えて人類共通の脅威である。日中両国は手を携えてこの危機に当たらねばならない──衛藤教授はこのように力説された。

　10年にわたる学術交流、8回におよぶシンポジウムは、これら三つのことばに代表されるテーマを中心として議論が展開されてきた。そのほかこれらのテーマを補うものとして、経済問題についてもよく討論された。

　この10年の間には実に様々なことがあった。アメリカでの同時多発テロやサーズ（SARS）の騒ぎもあった。しかし、両校の交流にとっては何芳川教授と衛藤瀋吉教授を喪ったことが最大の損失ではなかったかと思う。両教授に対し、衷心よりの感謝を申し上げると同時に、お二人に心からの哀悼の意を表したい。

　このたび、この論集を日本語と中国語と、二つの言語で出版する運びとなったのは大変喜ばしいことである。そのうえ、桜美林大学学長・佐藤東洋士教授と北京大学校務委員会常務副主任・呉志攀教授に序文をいただくことができた。

　先に述べたように、この論文集はこれまでのテーマを引き継いでいる。収録した論文も「新人文主義」「共生」「環境」という三つのテーマに沿っ

緒言　日本と中国を考える視点と本書の構成

たものである。論集は四つの部分から構成されている。その内容をかいつまんで紹介すると次のようになる。

　第一部「日中関係と共生」には7篇の論文が収録されているが、それぞれ違った角度から日中関係そして東アジア文化等についての議論が行われている。衞藤瀋吉教授の論文は日中関係の現状と今後について分析をしている。李玉教授の論文は中国の大衆の対日世論調査に関するデータを基に、交流を強化し、相互理解を深めることが日中関係を改善する重要な方法のひとつだと述べている。王暁秋先生と小松出先生の論文は古代中国人の日本観の変遷、そして日系企業の中国に対する認識を通して日中の相互認識について述べている。為田英一郎教授と厳紹璗教授の論文は東アジア文化に関する問題について論じている。劉敬文教授の論文は経済発展の東アジアモデルについて分析している。

　第二部「日中の環境保護」には9篇の論文が収められている。理論と実践の両方から環境保護とエネルギー問題についての議論が行われている。何芳川教授の論文は人類と自然、環境保護意識と実態の間の関係について述べ、環境保護の理念と意識の中にある人文的配慮を明らかにし、環境保護を人文的配慮の高みから再認識している。小礒明教授、土屋晉教授、高橋劭教授、坪田幸政教授、そして呉為中教授らの論文は水管理、気候の変化と漁業、自動車産業、交通管理そして汚染防止等環境保護における具体的な問題について研究している。包茂紅教授の論文はエネルギーとエネルギー協力について分析している。

　第三部は「新しい時代の新人文主義」には7篇の論文が収録されている。これらの論文は「新人文主義」とそれに関わる問題についての議論が行われている。佐藤東洋士教授の論文は近代文化の発展という視点から新しい時代には新しい人文主義が必要だとし、新しい世紀では、人類はヒューマニティーを大事にし、「豊かな心」を求め、共に生きる「共生」の時代を創造することによって、地球環境、人口増加、南北格差等人類の共通する問題を解決していかなくてはならないと指摘している。坂部恵教授の論文は人文科学と人文主義が直面する危機とその解決策（人文的素養と判断力

を高め、情報を公開し、人文主義精神をもって環境問題を考え、解決すること）について述べている。劉金才教授の論文は江戸時代の思想家・二宮尊徳の思想を分析し、新人文主義の構築について論じている。魏常海教授の論文は日本の近現代仏教の発展、変遷そしてその特徴を分析している。小﨑眞教授の論文は近現代におけるキリスト教プロテスタントの女子教育を例に、キリスト教の信仰と調和の取れた社会のありかたとを関連づけ、キリスト教の思想の今日における意義を明らかにしている。楼宇烈教授と植田渥雄教授の論文は老子の「道」そして「無為自然」の意味と実践について考察している。

　第四部「日中の文化交流」には5篇の論文が収録されている。これらの論文は異なる領域における日中両国の文化と相互交流の問題について論じている。程郁綴教授の論文は古代の著名な詩人の詩を通して中国文学と文化に内在する友を尊び、友情を重んじる伝統について述べている。寺井泰明教授の論文は植物の名称についての考証を通して古代日本における漢文の受容と日本人の中国観について述べ、文化の地域性と変質について論述している。石川忠久教授の論文は湯島聖堂斯文会の活動と漢文教育を通して斯文会の儒学、古典教育に果たしてきた役割について述べている。太田哲男教授の論文は雑誌『文藝』の編集者の活動を例に、30年代の日中文学者の交流について紹介している。于栄勝教授の論文は巴金と藤村の同名小説『家』を主軸に、内容、創作方法そして小説の意義等について比較、分析している。

　最後の「特別寄稿」には故人となった何芳川教授を追悼する文章3篇が収録されている。李玉教授の文章では何芳川教授の生涯を紹介し、他の1編では何芳川教授の述べる「文化建設」の主な内容とその「文化自覚」についての理解と分析を紹介している。佐藤東洋士学長の文章は何芳川教授との交流、そして北京大学と桜美林大学との交流における何芳川教授の貢献を回想している。佐藤学長は最後にこう述べている。「なにをもって何先生のご厚情、ご恩顧に報いるか、なにによって友情の証しを立てるかについて、もはや、迷うところはありません。私たちが創りあげた北京大学・桜美林大学両校のこの学術交流の場をいっそう力強く弾んだものへ質

量を高めていく課業、それが残された者たちが担うべき務めなのだと思うのです。」

　最後に、断っておきたいことがある。この論集に収録されている論文は、学術論議の自由と作者の観点への尊重という考えに基づき、編者による加筆は一切されておらず、文責は作者が負う。それぞれの論文の観点はすべて作者個人のものであり、北京大学と桜美林大学を代表するものではない。

　この論集の出版にあたり、貴重な原稿を寄せてくださった皆様方、この論集の出版のためにご協力を賜った方々、特に翻訳に関わってくださった皆様に心から感謝を申し上げる次第である。
　また日本語版の出版には、はる書房の佐久間章仁氏に多大なご尽力をいただいた。厚く御礼を申し上げる。
　この論集には不備なところが多々あるかと思うが、ご指摘いただければ幸いである。

2009 年 6 月

第一部
日中関係と共生

日中関係の現状と将来

衞藤瀋吉

1 はじめに

　皆さま、おはようございます。私は東京大学で国際関係史を30年以上教えてまいりまして、その後、亜細亜大学という小さな大学の学長をして、カナダのメソディストのミッションスクールであります東洋英和女学院というところの院長をして、2年前に任期が来てやめました。古い友人の李玉先生、それから久しぶりにお会いした程郁綴先生、それからその他、新しい4人の中国からのお友達を歓迎いたします。
　何芳川副学長が亡くなられたことは、私にとっても大変残念なことでありまして、長い間たいへん親しく付き合ってまいりました、私の年若の友人でありますが、人間的にはたいへん尊敬をしておりました。何芳川教授が取り組まれた日中の友好を増進する課題は、決して容易なことではありません。否、むしろ、放っておけば日中関係は悪化する、緊張が次第に激しくなっていく、そういう傾向にあるものだと、私は分析しております。

2 知識の背後にある交換経済

　プロイセンとフランスは200年にわたって対立してまいりました。今でこそアメリカ合衆国とカナダとは友好関係にありますが、そのアメリカとカナダとの関係は実に対立と戦争に満ちていたのであります。座っていいですか？（笑）のみならず、中国4,000年の歴史を顧みてみても、周辺諸国との、あるいは周辺諸民族との戦いに明け暮れていたのであります。

　私は、社会科学者として訓練を受けましたので、理想主義を説くことをあまり訓練されておりません。そして、現実をありのままに見ることに力を注ぐように訓練されてまいりました。今ここに集まっているわれわれは、みな「文化」で月給をもらっている、その意味では大変程度の高い人種でございます。しかし、その背後には、必ず交換経済があった。われわれの給料は物的な交換、有無相通ずる関係の中から出てくる利潤が巡りめぐって、収入になっているということ、これが鉄則であります。

　でありますから、たとえば有名な瑠璃、ラピスラズリと言えば、世界中に通ずる瑠璃の石は、アフガニスタンでしか出ませんが、現在それがモロッコでも発見され、中国でも発見されています。つまりラピスラズリという貴重な美しい石が、アジア大陸、ヨーロッパ大陸を流通したのは、まさに利益を求める人間の本能とも言うべきものによってであります。絹についても同様なことが言えます。従って、中国の文献に残っている日本についての記録、山海経、あるいは泰伯の伝説、徐福の伝説、あるいは非常に詳しい『魏志倭人伝』の記録、すべてその背後には、すでに交換経済があったからこそ、未知の国について、未知の地方についてあれだけの知識が蓄積されたのだというふうに、私は解釈するのであります。

　でありますから、大和朝廷が遣隋使を危険を冒して派遣し、あるいは遣唐使を派遣したのは、すべて中国の王朝が進んでいるから、その進んでいるところを学ぼうとするはっきりした意図を持っていたのであります。その意味で、大変な海の旅の危険を冒しながら、遣隋使、遣唐使をあえて派遣しました、そのわれわれの祖先を思うときに、単なる文化の交流だけではなく、進んだものを受容しよう、受け取ろうとする大変な情熱があって、

それの背後には交換経済、中国にしかない貴重なものを日本に持ってこようとする強い意欲があったのを、忘れてはいけないと思います。

3 人類の文化の伝播

　2004年、私は、寧波、紹興、奉化と旅をする機会がありまして、寧波の町でかつて遣唐使がやっと海を渡って、無事生きて、中国大陸に着いた、ほっとした場所、明州市舶司の場所が残っていないか、しきりに探したのであります。ありました。街中の小さなデパートの入り口の脇に、明州市舶司の跡であるという石組みが掘ってありまして、私はそれを見たときに、千余年にわたって私、日本人の祖先が必死になって進んだ中国の文化を受け入れ、そしてより高い生活水準、よりすぐれた文化活動を求めてきたことを思い返しながら、しばし感慨に暮れたのであります。

　このように先進文化を受け入れ、先進国がつくっているすぐれたものを手に入れるというのが、いわば人類の文化の伝播の基本形であるといたしますならば、日本と中国とはその後もたとえば勘合貿易、これは明代、明の礼部がつかさどった、「礼」は礼儀・作法の「礼」ですね、礼部というのがつかさどった日本との貿易でありますし、それからよく知られているのでは、平戸貿易。それから江戸時代、270年の長崎貿易、すべてその狭いチャンネルを通じて、日本は中国大陸のすぐれたものを受け入れてきたのであります。

　長崎貿易の時代の末のほうになりますと、ヨーロッパの勢力が次々と東アジアを訪れてまいります。日本の知識人はすべて大変な危機感を持ちました。そして、長崎に勤務しておりました中川忠英という人は、『清俗記聞』という本を書きまして、それを見ますとびっくりするほど清朝について正確な記録が残っております。たくさんの絵がありますが、その絵はすべて長崎に来た中国の商人に教わったものでありまして、兵士の絵、鎧の絵、武器の絵、すべて中川自身は見たこともない、それを見事に正確に描いているのであります。

　日本の県立図書館、あるいは東大の図書館にももちろんありますが、

「アヘン異聞」、あるいはそれに類した題の写本がたくさんございます。それはすべてアヘン戦争についての長崎での聞き書きを、ひそかに各藩の侍たちが写し取ったものであります。長崎の聞き書きは、幕府はそれを写すことを禁じていたはずでありますが、にもかかわらず、各藩がひそかに「アヘン異聞」と同じようなアヘン戦争の経過をたどった写本を写して、それを読んでいたということは、私、非常な感銘を持って、私たちの祖先の努力を敬意を持って皆さま方にご紹介したいのであります。これについて時間を取ることが許されませんので、魏源の『海国図志』、それから万国公法、国際法についての最初の漢文の本でございます、そういったものが日本では大変流布したということを申し上げたいと思います。

　そういったわけで、私たちは中国の文化、中国の文物について、必死になってこれを学び取ろうといたしました結果、日本の政府が交換経済を大規模にすることを望まなかったにもかかわらず、中国大陸との商業、交換経済は非常に発達をし、かつ文化の摂取のルートとして重要視されていたのであります。結果として東アジアにおける王朝の上下関係、朝貢関係の中に日本は組み入れられ、常に中国中央王朝から見て一段下に格付けされてまいりました。それは阿倍仲麻呂、藤原清河などという人々が唐の王朝に仕えて、朝貢国の人間としてあえて甘んじてそれを受け入れた。多くの「るがくしょう」、平安時代には留学生のことを「るがくしょう」と呼んだと書いてございますので、わざと「るがくしょう」というのをここに平仮名で書きました。この人たちは中国の中央王朝より格の低いことを自覚しながら、一所懸命勉強したのであります。

　そして、中国の言葉を知るために、日本人は独自の「返り点」「送りがな」という読み方を発展させたのであります。戦争が終わりまして日本が敗れたのち、「返り点」「送りがな」は伝統的、古い中国の受け入れ方であってよろしくないという意見もずいぶんございました。東京大学でも中国語を「返り点」「送りがな」で読むことを禁ずる教授もおられました。しかし、千数百年の歴史を顧みますとき、この「返り点」「送りがな」の読み方がどんなに日本人にとって、中国語を理解しやすくしたか、それは大変なものであったと思うのであります。

一方で、交換経済による共通の目標、中国にとっても利益になり、日本にとっても利益になるその意味では、「ノンゼロサム・ゲイムズ」（non-zero-sum games）としての交換経済、交流、それからそれを順調ならしむるための大変苦労しての言語の習得、それから習得技術、これは日本を中国文化圏の中に組み入れる、しかも日本独自の文化系を保ちながら組み入れる、そういった歴史を持つことができたんだと思います。

　一つだけ例を挙げさせていただきます。今の中国東北地方の東ロシアとの国境に、興凱湖という大きな湖がございますが、その周辺に渤海という王朝が成立しておりました。この渤海と日本とは非常に緊密な交流があったようでありまして、日本の渤海史の専門家は、その交流について詳細に記しております。私も幾つかの資料を見ますと、日本の舞姫が渤海を通じて長安の都に献上されたという記録が、旧唐書の中に出てまいります。たぶん舞姫以外に日本のほうから渤海に差し出すものはなかったのではないかと思いますが、渤海から渤海を通じて日本は中国の文化をずいぶん受け入れたのであります。

　日本の『和漢朗詠集』という詩集の中に、大江朝綱という人がうたった渤海の使節との別れを惜しむ詩がございます。日本流に読みますと、「前途程遠し。思いを鴈山の暮(ゆうべ)の雲に馳せ、後會期遙かなり、霑纓航路の暁の涙に潤す」（原文：前途程遠。馳思於鴈山之暮雲。後會期遥。霑纓於鴻臚之曉涙。）となりますが、「鴈山」は中国の山ですね。山西省。日本人は見たこともない。しかし、「鴈山の暮の雲」というと、何か別れ、寂寥(せきりょう)、寂しい気持ちがピッと来る。それから、西国の使節をもてなすための鴻臚(コウロ)館(カン)という役所が、日本では福岡と舞鶴にあったといわれておりますが、そこで別れの涙を持つ。しかし鴻臚という役所の名前は、これは中国の中央王朝が付けた名前であって、日本人には関係ないはずなのですが、気持ちの上では、中国の文化がそのまま日本人の気持ちの中に移し植えられているというふうに考えていいだろうと思うのであります。

4 日本における中国語の重要性

　そこで、皆さま方のレジュメの一番終わりの「附」というところを見ていただきたいのであります。李白の、阿倍仲麻呂が遭難して死んだということを聞いたとき、その噂を聞いたときの詩は、皆さまご存じでありますので、ここに書いただけで読むのはもう省略いたします。

　それよりはるか時代が下がった江戸時代の頼山陽（らいさんよう）という詩人の二つの詩をご紹介したいのであります。一つは岳飛をうたった詩でありまして、これを見るとまるで南宋の遺臣の詩であるかのごとく、岳飛をたたえ、そして燕雲十六州、あるいは河北・河南の百郡、多くの郡が外敵のために占領されていることを嘆く。その詩はとても外国人がうたったとは思えない詩であります。それから同じ頼山陽の長崎に旅したときの詩がたくさん残っておりますが、その中の一つを引用させていただきます。姑蘇の人、つまり蘇州の人、楊兆元というのと、どこか飲み屋で会ったんでしょうね。それで文字で意思が通じるので非常にうれしくて、彼がつくった詩がまったく蘇州の一商人にしかすぎない楊兆元を褒めたたえている。念のため、読みますと、「萍水相会う、且く杯を挙ぐ。酔魂恍訝として蘇臺に到る。見よ君の眉宇秀でること虚のごとく、猶虎丘の山翠の来るを帯びる」。虎丘山は蘇州の郊外にあるんだそうですが、そこに居るかのような気がすると。まったく蘇州に行ったこともない。山陽がもう長崎で蘇州の人と会って、うれしくてしょうがない。きっとずいぶん酒をおごったに違いない。その風景がここに出てくる、描かれているのであります。

　そこでレジュメの元へ戻らせていただきまして、ローマ字のⅡ、アラビア数字の2、言語のB、「中国語の学習」というところに話を進めさせていただきます。

　幕末、国を開きましてから、中国との交流がいっそう緊密になりましたときに、中国語を勉強するのに「返り点」「送りがな」という読み方をいたしました。これは長く明治の知識人の間に続けられて、昭和になっても、たとえば私が学生のときは漢文という授業がございまして、ここにいらっしゃる石川先生などは、その漢文で「飯を食っている」大家であります、

漢文の先生というのは大変な尊敬を受けたものであります。

　中国語の重要性は、明治政府から大正政府におきましても認識されていたのでありまして、義和団事件の賠償金が文化事業に使われるということになりましたときに、日本政府は対支文化事業部という役所を組織して、留学生を多く中国に派遣しました。ことに注目すべきは小学校を出て、中等学校に入った年ごろの男の子を、中国の学校に派遣したのであります。それだけではございませんで、民間でも中国語を勉強して、中国で何か商売をすると。あるいは中国の情報を集めて、いわばスパイですね、軍事探偵的な役割を果たすという日本人は、決して少なくなかったのであります。一部例を挙げさせていただきますと、浦敬一は中国語を勉強して、今の新疆省のほうに旅をして、ロシアの東アジア進出を探りたいという情熱に堪えがたく、武漢におきまして中国語を勉強しはじめたのでありますが、言葉が上手にならないうちに薬をいっぱい持って、蘭州のほうに旅立ち、新疆目がけて歩いていきまして、そのまま行方不明になりました。言葉がちっとも上手でなかったそうであります。石川伍一も薬を売って、中国の田舎を歩き回って、中国の事情を探った一人でありまして、甲午日清戦争のときに天津で日本人はすべて引き上げるように政府が指令したにもかかわらず、石川は残りました。

　次にあります荒尾精は、樂善堂という薬屋をつくって、上海、武漢などで薬の行商をする石川とか浦敬一とか、そういう人たちを養成した人であります。もともと軍人だったのですが、樂善堂の主人として、薬屋で大変な成功を収めます。荒尾精は薬屋の元締めとしても有名でありますけれども、もう一つここでご紹介しておきたいのは、中国のことをよく知っていた荒尾は、日清戦争で賠償金を取ることに反対いたします。

　ちょっと時間が足りなくなりそうですので、次へ進みます。次に楢原陳政という名前を挙げましたが、これは井上家から楢原家に養子に行きましたので、元井上陳政、のち楢原陳政、旧清国の外交官であります何如璋、黄遵憲辺りがその才を惜しみまして、14〜15歳だったと思いますが、少年楢原を中国へ連れていきます。

　楢原は中国で、中国の古典を勉強し、中国語を勉強し、そして当時の儒

学者として一世を風靡していた兪曲園(ゆきょくえん)の門下に入ります。楢原は、後、外務省に雇われまして、下関馬関条約の日本側の通訳を務め、その中国語の能力は高く評価されました。そして、1900年、義和団事件のとき、北京の公使館区域に籠城した一人でありまして、けがをして、そのけががもとで若くして死にます。惜しい人ですが、この人が書き残した中国事情を紹介した本は、今なお古典としてわれわれが珍重するところであります。

次の宮崎滔天は大変、今、有名になりましたが、彼が孫文と筆談、筆で文字を書いて会話をしておりますが、それは漢文なんですね。いかに千余年の間の日本の中国文化受け入れが普及していたか、おわかりになるかと思います。

5 中国古典と日本文化

そしてそういう中国文化についての教養を背景にいたしまして、たとえば幸田露伴という作家の『運命』、これは『女仙外史』という中国の本、永楽帝の天下を取る話を背景にしたものでありますが、それを種本にしたものでありますが、大変な名文で、われわれはこれを少年のころ愛読したものであります。

次の土井晩翠、正しくは戸籍上は、「つちいばんすい」であったそうですが、みな「どい」「どい」と言うので、本人も「どい」にしてしまったという詩人です。この人も、たとえば諸葛孔明を主題にした叙事詩『万里の長城』を手掛けた長詩などは、明治の日本人の間に常識として普及されたものであります。

中島敦、この人も『李陵』という小説、朗々として詠ずべき名文であります。

井上靖の『天平の甍』その他はご存じの方も多いので、これは省略させていただきます。

次の陳舜臣という作家、彼の『阿片戦争』は、資料はどこでも手に入るアヘン戦争についての、中国側でまとめた資料集でありますが、それを近代資本主義の発展という歴史の枠の中に入れた、非常に面白い作品であり

第一部　日中関係と共生

ます。

　井上靖に『風濤』という小説がありますが、これは『高麗史節要』というものを種本にしております。『高麗史節要』はつまらない。しかし、『風濤』は非常に面白い。作家の筆にかかると、中国の古典、中国の歴史の本がいきいきとして踊り出してくるのであります。

　次に、浅田次郎とありますが、これは清朝についての小説、非常に面白いそうですが、私、読んでおりませんので、「面白いそうだ」ということでご紹介いたします。長い中国古典を受け入れる伝統の中で育った日本文化をわれわれは、最近軽視しているのではないか。非常に遺憾であるという感じを持っております。これを少し向きを変えて、明治維新以後、日本がヨーロッパの先進文化を受け入れるときに、大変な努力をし、大変なお金を使っている。アメリカのラブカースという大学が今でもあります。ニューヨークの南のほうにございますが、その辺りは日本の留学生が明治時代に争って行ったところでありまして、その中にはここに伊勢多平太、これは日本のアナポリスの兵学校に入って、そして日本の海軍の組織をつくった男、それから次の日下辺太郎は、これは数学の秀才でありまして、日本にヨーロッパ風の数学を取り入れた、受け入れた先駆者であります。こういう人たちがみな日本の高等教育の中枢にあって、ヨーロッパ文明の伝授、普及をはかってまいりました。

　岩倉具視の言と伝えられているものに、「病に倒れる者が続出しても、留学はとどめるべきでない」という言葉があるそうであります。それほど欧米の先進文明の受容に必死であったのが明治時代だといえましょう。明治の政治があって、伊藤博文、井上馨、共に明治政府を主導した人で、山口県の出身でありますが、彼らが少年のころ、脱国してロンドンに留学をいたしましたときに、日本の政府が攘夷、外国を討つことに決まったという新聞報道を見まして、彼ら留学生は夜を徹して議論し、伊藤、井上は死を覚悟して日本に帰国いたします。井上は暗殺されかかって、大けがをいたしますが、伊藤は幸いに免れて、二人とも明治の指導者になります。明治の指導者の中には民衆の世論、国民感情と異なって、極めて冷静に国際社会を分析したものが非常に多かったのであります。

33

6 文化の伝播とナショナリズム

　最後に、ナショナリズムの問題と、こういう文化の交流、交換、伝播の問題とを結び付けてみたいと思います。明治のナショナリズムは、いわば青春のナショナリズムで、炎のように日本中心の思想が燃え盛っておりました。大井憲太郎は一方で自由民権を主張していながら、他方で朝鮮に圧政があるならば、自由民権を守る自分たちは朝鮮に軍を動かして、圧政を覆すのが義務であるという論理を展開いたしまして、朝鮮出兵、朝鮮征服、李朝の転覆を志したのであります。次の山路愛山は、非常に評判の高かった明治末期の評論家でありますが、彼はレジュメの一番終わりの「附」に引用してございますように、「日本人と支那人は他人ではない。国境はない。結果として日本人の自由になるのが支那である」という考え方を主張していくのであります。これでは中国人に明治のナショナリズムが受け入れられるわけがない。はたしてこういった人たちの考え方が、昭和に入って日本の政治を、対中国政策をゆがめてしまったわけであります。

　多少違った人もおりました。この北一輝という人は、中国人の留学生が日本に来て、「日本で学ぶ者は愛国主義である、その愛国主義が中国に広がったとき、中国と日本は対立せざるをえない」という予言をしております。その通りでありまして、次の Lin Yutang の『Moment in Peking』の中に、日本人から街中で殴られた中国人の青年が、愛国の情熱を引き起こされ、日本人が取り扱っていたアヘンをやめる話が出てまいります。孫平化氏の『私の履歴書』の中には、「少年のとき、満鉄の汽車の中で日本人に殴られた、それが自分を抗日へ追いやったのだ」ということが書いてございます。

　われわれは、このような過去を持っている。このような過去の経験を生かしていかなければならない。これが今日の私の申し上げるべきことでありまして、長い間中国の文化を学んできたのだから、それを失うことなしに相互に先進文化を吸収しあうその情熱はよろしいが、「自分だけが、自分の民族だけが偉い」と考える思春期のナショナリズム、これを乗り越えていかなければならない。乗り越えるための留学なんだということを申し

上げたいのであります。壮年時の成熟したナショナリズム、大人のナショナリズムを、われわれは相互にくみ取らねばいけない、己のものとしなければならない。文化交流は一方的先進文化の学習ではなくて、相互の理解にならなければならない。これが私の結論であります。

　最近の日中関係の歴史の中で、そういった相手の気持ちを理解しようという考え方が、日本の外交官の中に確かにありました。阿倍守太郎は外務省の政務局長だったときに、清朝を元に戻そうとした軍閥ですが、曹錕の軍隊が南京に入ったとき、日本人が殺傷されます。政務局長の阿倍守太郎は「それによって日中関係が崩れてはいけない」と主張いたしました。阿倍はそのために暗殺されます。1927年、時の上海総領事の矢田七太郎は、イギリスやフランスの軍隊が共同租界でデモンストレーションをやっているのを批判しまして、「あんなことをすれば中国人を怒らせるだけではないか」と書き残しております。その文書は東京の外交文書室に残っております。1927年3月、上海・南京に北伐軍が進撃いたしましたときに、イギリスとフランスとアメリカは出兵して、外国人居留民を保護する主張をいたします。時の外務大臣、幣原喜重郎は、「軍隊を出せば中国の軍人は敗れてちりぢりになって、そして外国軍に抵抗するだろう。ちりぢりになっている中国軍と戦えば、どこが心臓部であるかわからない、そのような意味のない出兵は反対である」という長文の主張をいたしまして、イギリス、アメリカに出兵を思いとどまらせております。残念ながら、このような考え方は昭和に入って日本政府の中で少数派になりまして、結局、日本政府の政策として実現しえなかったのであります。

7 おわりに　思春期ナショナリズムを越えて

　日中関係の現状は、今、このような極めて危険な思春期ナショナリズム、あるいは自分の国だけのことしか考えない考え方が、次第に多くの人の考え方の中に広がっております。中国でもそうでしょうが、日本でもそうです。これを将来抑えて、もっと相互に理解するように、歴史の流れを変えていくのが、私たちの日中友好の大切な目標だろうと思います。現在、楽

観論は許されない非常に危険な状況であるということをあえて申し上げて、私の話を終わりたいと思います。

　私、本来、桜美林大学から報告を依頼されたとき、論文、文章できちんと書くことを了承いたしました。お約束をいたしました。にもかかわらず、その後、緑内障が非常に悪化しまして、こちらの目が使えなくなりました。

　そのためにレジュメしか提出できなかった。張平老師に大変ご迷惑をかけ、皆さま方に無駄な時間を費やさせたことをお詫びいたします。終わります。

（張平テープ起こし・整理）

交流の強化と理解の促進
過去2年間中国民衆の対日世論調査結果をもとに

李　玉

　中日関係は周知の原因によって低迷状態にある。いつになればこの低迷から抜け出せるのか、どうすれば抜け出せるか、すでに世間の関心を集める話題となっている。様々な意見が出ているが、交流を強化し、相互の了解と理解を促進するのが中日関係を改善するための重要な道だという意見が、最も多くの支持を受けている。本論では、過去2年間に実施された中国民衆の対日世論調査の結果を元に、浅見を述べてみたい。

　本論で使うデータは日本言論NPO、中国日報と北京大学国際関係学院が2005年5、6月と2006年5、6月に中国の民衆を対象に実施したアンケート結果に拠っている。アンケートは都市部住民と大学生に分けて行った。大学生は千余人（2005年1,148人、2006年1,140人）の協力を得た。在籍先は北京大学、清華大学、中国人民大学、外交学院、北京国際関係学院の五つの大学である。都市部住民も1,000人以上（2005年1,938人、2006年1,613人）の回答が得られた。在住都市は、2005年は北京、上海、広州、成都、瀋陽、西安の6都市であるが、2006年は西安を除く5都市であった。

交流の強化と理解の促進

1 中国大衆の対日世論は悪化継続

対日印象や中日関係の総合評価についての回答データを見ると、中国民衆の対日世論は全般的に悪化している。中国民衆の目に映る日本のイメージが悪くなり、中日関係も楽観視されていない。

1.1 1980年以降の中国民衆の対日好感度の変化について

・1995年以前

「日本が好きだ」の割合が「嫌いだ」を上回る。

1995年3月に実施された中国民衆の対日認識調査によると、日本が「好きだ」と答えたのは約53%で、「嫌いだ」の回答は約35%だった。

・1996年以降

「好きだ」の割合が次第に低下し、「嫌いだ」の割合が上昇。

1999年11月に行われたテレビ調査と中日相互意識調査によると、日本が「好きだ」と答えた者の割合（46%）が「嫌いだ」と答えた者の割合（53%）を下回っている。

・2001年以降

「好きだ」の割合がより顕著に低下している。

2002年8月に行った北京市民を対象とする対日認識調査では、「好きだ」の回答は9.9%、「嫌いだ」の回答は54.1%となっている。2005年の調査では、日本に対する印象が「あまりよくない」「よくない」と答えた大学生は58%、都市部住民は62.9%で、「よい」「比較的とよい」と答えた大学生は5.3%、都市部住民は11.6%となっている。

1.2 1980年以降の中国民衆の対日印象の変化について

・1995年以前

1992年11月に実施された第2回中日相互印象調査では大多数の被調査者が「日本は豊かで現代的な国である」と答えている。日本人に対する

肯定的な評価としては、主に「勤勉」「進取の精神がある」「知恵に富む」があり、否定的な評価として主に「信用しがたい」「気が小さい」「理解しがたい」がある。

・1996年以降

1996年12月『中国青年報』の行った調査では、「日本というとどんなことを思いうかべるか」という質問に対して、(1) 南京大虐殺が84%、(2)「日本鬼子」と抗日戦争が81%、(3) 武士道が58%、(4) 桜が51%、(5) 尖閣諸島問題が49%、……(10) 日本人の結束団結と仕事への熱心さが36%となっている。

1999年8月に行った第3回中日世論調査では、「日本というとどんなことを思いうかべるか」との質問に対して、「南京大虐殺」「侵略者」「軍国主義」「侵略の否定」「凶暴と残酷」など、回答の60%が日本に対してマイナスイメージを持っていた。回答の20%は、「経済成長」「高い生活水準」「団結」「真面目で、志を持っている」など、日本にプラスなイメージを持つものだった。

2005年大学生を対象として行った調査では、「日本というとどんなことを思いうかべるか」という質問に対して、「南京大虐殺」が50.9%、「中国を侵略した日本軍」が40.4%、「桜」が40.1%、「日本製電気製品」が34.3%、「靖国神社」が31.5%という回答結果となっている。

1.3 1980年以降の中日関係に対する民衆の総合的評価の変化

(1) 中日関係の現状

・1995年以前

1988年8月中日共同で行った世論調査によると「中日関係は良好である」と認める回答は51%だった。

・1996年以降

1999年11月のテレビ調査と中日相互意識調査では、「中日関係はよくない」と答えたのが59%、「良好である」と答えたのが37%となっている。

2005年実施された大学生を対象とする調査では、中日関係が「大変よ

い」と「割とよい」の回答は1.5%、「あまりよくない」「とてもよくない」と答えたのが78.2%を占めている。
(2) これからの中日関係についての展望
・1995年以前
　1988年8月に行われた中日共同世論調査によれば、「今後中日友好関係の強化を望む」と答えた回答は89%となっている。
・1996年以降
　2003年11月新浪網（http://www.sina.com.cn/）の実施した国際意識調査では、これからの中日関係について楽観的な見方を示した回答者は10.5%で、悲観的だとするのは73.4%、予測できないと答えたのは16.1%である。
　2005年実施の大学生を対象とする調査では、中日関係についてあまり楽観的でないと答えたのは71.6%となっていた。
(3) 中日関係に影響を与える主な要素
　1995年3月実施の中国民衆の対日認識調査では、第2次世界大戦中の中国やその他のアジアの国々における日本軍の行為が中日関係の発展を妨げていると思うかという質問に54%の回答者が「はい」、29%が「いいえ」と答えている。
　1996年12月『中国青年報』の実施した対日認識調査では、中日関係を妨げている主な原因は何かという質問に、侵略の歴史に対する日本の態度をあげたものが最も多く、94%に達していた。
　2005年と2006年に行った大学生対象の調査では、中日関係を妨げている主な問題は何かとの質問に2回とも歴史問題だと答えた回答が最も多く、2005年は94.5%、2006年は91.8%であった。
　2006年都市部住民に行った調査では、なぜ日本によくない印象を持つのかとの質問に対し、上位3位までの回答が歴史問題と関わるものであった。「日本の侵華戦争」と答えたのは71.7%、「靖国神社参拝などに関する言動言行」は64.4%、「未解決のままの歴史問題」は60.9%となっている。
　これらの調査結果の示すデータは、歴史問題が中日関係を妨げる難問に

なっているという中国民衆の共通する見方を裏付けている。特に注目したいのは、歴史問題の中でもこのごろ靖国参拝の問題がますます際だってきている点である。2006年に実施された大学生対象の調査では、「日本というとどんなことを思いうかべるか」の質問に「靖国神社」と答えた割合は2005年5位の31.5%から3位の41.5%に上昇している。このような調査結果は靖国参拝の問題をめぐって長期にわたって繰り返されてきた論争と対峙が、中国の民衆の間で靖国神社の持つ日本を象徴する意味合いを著しく強めたことを物語っている。

以上見てきた三つの変化の結果として、対日世論の悪化と中日関係の低迷が現れた。このような現状に対して人々はひどく心配すると同時に深く考えもし、解決策を模索している。

2 中日関係改善への展望：理性的思考を求めて

中日関係を考えるとき、まず考えるのがこれからの中日関係である。中日関係は低迷状態から抜けだし、安定且つ健全に発展する軌道に乗ることができるのだろうか。その答えは当然「できる」であるはずだ。理由は、世論調査の結果の示す次の二つの示唆にある。この二つの示唆は期待と自信を与えてくれる。

2.1 示唆その1：知恵は理性にあり、理性は示唆を与える

中国民衆の対日イメージは相当低下し、中日関係をも楽観視していない。これは調査結果の示すとおりだが、しかし、中国の民衆が日本に対して持つ見方が感情的で、非理性的だとする説を決して支持するものではない。世論調査の示すところによれば、中国民衆の見方の多くはかなり理性的であることが分かる。主に次の五つの点から指摘することができる。

（1）中国の民衆は良好な中日関係の重要性を一貫して認めている。また、中日両国の地域での協力をも支持している。例えば、2006年に行った都市部住民を対象とする調査では、中日関係が「アジアのその他の国々との

交流の強化と理解の促進

関係と同じように重要である」と答えたのが26%、「米国との関係と同じように重要である」と答えたのが21.3%、中日関係は「これからの中国の発展にとって重要」または「比較的に重要」であると答えたのが71.2%であった。

2005年に行った大学生を対象とする調査では、中日両国の地域における諸問題（朝鮮半島、環境、地域での平和活動、病気予防と治療など）での協力を「支持する」と答えたのが73.5%、「あまり支持しない」、または「支持しない」と答えたのが20.9%であった。

中国の民衆は長期的、かつ将来を視野に入れた大局観を持っていることを以上のような認識に窺うことができる。

（2）中国の民衆は中日の経済関係と経済交流についていつも肯定的な見方をし、双方の経済関係を重要視している。大多数の人が経済交流は両国にとって有益であると認識している。たとえば、2005年に行った大学生を対象とする調査では、中日間の経済関係は双方に有益であるとする回答は69.4%で、中国にのみ有利であるとする回答は13.2%、日本にのみ有利であるとする回答は19.9%となっている。この調査結果は、中国民衆の現実的な利益観を反映している。

（3）2005年4月の対日デモについては、都市部住民を対象とした2005年の調査結果によると、同情的態度を示し、デモが起きたのは「日本側に責任があり、当然の結果」だとする回答は31%、「やむを得ないことではあるが、日本人や日本企業に対する極端な行為は支持しない」とする回答は20.9%、「責任は日本側にあるが、デモは適切なものではない」とする回答は19.7%となっている。この調査結果から、多くの中国の民衆が理性的な考え方をしていること、極端な反日行為を支持しない、または条件つき支持しかしていないことが分かる。

（4）尖閣諸島問題については、2006年に行った大学生を対象とする調査結果によれば、多くの学生が過激な行為を支持しない。「相手が挑発しなければ、議論を止め共同開発を行ってもよい」とする回答が33.6%、「国際法に基づいて解決すべきだ」と答えたのは32.9%、「積極的に島に上陸するなどの措置を取るべきだ」と答えたのが28%となっている。

第一部　日中関係と共生

（5）日本製品の不買運動の問題については、2006年大学生を対象に行った「日本製品の所有と使用」についての調査結果によると、「現時点での日本製品の受け入れ態度」に関する質問について、「気にしない」とする回答が 42.7％、「比較的に受け入れている」とする回答が 30.6％、「あまり受け入れない」とする回答が 13.6％、「まったく受け入れない」とする回答は僅か 5.5％ となっている。一時期騒がれていた日本製品不買の呼びかけが民衆にそれほど大きな影響を与えていないことが分かる。

　これらの調査結果から分かるように、中国の民衆は愛国心と理性、感情と利益、個別問題と大局との間に理性を失っていない。消極的で、マイナス要素となる非理性的な一面が取り上げられている時こそ、積極的で、プラス要素となる、理性的な認識の存在により深く関心を払い、このような積極的で有利な要素に目を向け、これらの要素が中日関係に希望と良い影響をもたらしてくれることを認識しなければならない。したがって、感情的で非理性的な要素を解消し、それが生まれないようにするために、理性的な思考の持つ役割をできるだけ生かす必要がある。中日関係を改善し、健全な発展を推し進めていかなければならない。理性的思考には優れた知恵がある。その知恵は示唆を与えてくれる。その示唆があれば、より有効な対話、話し合いを行うことができる。歩み寄りと協力が生まれ、中日関係の改善と安定的な発展が可能になる。

2.2 示唆その 2：マイナス面にも改善があり、期待を持たせてくれる

　2006年の調査結果によれば、日本に対する印象が「悪い」と「あまりよくない」と答えた大学生は 11.2％、都市部住民は 6％ それぞれ減少した。「大変よい」と「比較的よい」と答えた大学生は 2.5％ 増、都市部住民は 2.9％ 増となっている。また過去 1 年の間日本に対する印象が改善されたと答えたのは都市部住民の 32.8％ にのぼっている。中日関係についての見方を見れば、中日関係が「よくない」と答えた都市部住民の割合は 13.7％ 減り、「普通だ」とする回答は 15.1％ 近く上昇した。中日関係の改善について民衆の関心が非常に高く、小泉首相の退任によって中日関係

交流の強化と理解の促進

が改善される可能性の予測について、57.3%の大学生が中日関係の発展は「日本の次期首相の態度次第だ」と答えている。今後数年の間中日関係が改善される可能性について期待を持つ都市部住民は41.4%、悲観的な見方をする人（20.1%）より多い。

2006年の調査結果を見る限り、国民世論では否定的な見方が優勢ではあるが、2005年の調査結果と較べると、多少の改善が見られる。この改善は微小なものとはいえ、前向きなメッセージと期待を与えてくれるものである。

3 中日関係改善の方途：先ず交流の強化から

アンケートには中国民衆の日本に関する知識、日本との接触と交流及びそのルートなどに関するデータもあり、考えさせられるものである。

3.1 日本について中国民衆が知っていること

（1）2006年都市部住民を対象に行った調査では、「20世紀以来日本と関係する大事件」についての質問で知っているとの回答が多かったのは「抗日戦争」（89.3%）、「米国による広島と長崎への原子爆弾投下」（64.7%）、「中日友好平和条約」（36.8%）、「日露戦争」（34.4%）、「PKO」（23.7%）、「極東国際軍事裁判」（23.6%）、「小泉改革」（23.2%）であった。

（2）2006年大学生を対象に行った調査では、「どのような日本人について最もよく知っているか」という質問に対して「小説、映画やドラマ、アニメの登場人物」と答えたのが39.8%、「政治関係の人物」が34.4%、「歌手、映画スター、スポーツ選手など」が11%となっている。

（3）2005年に行った調査では、今日の日本社会における主な政治思潮が何かという質問について、大学生で回答が多かったのは、「民族主義」が77.3%、「国家主義」が63.9%、「軍国主義」が58.7%となっており、都市部住民では回答が多かったのは、「軍国主義」が60.3%、「民族主義」が49.5%、「国家主義」が34.1%となっている。

（4）2006年の調査で、現在日本が直面している最も重大な問題は何かとの質問に対して、大学生では「外交危機、隣国からの不信感」が77.3％、「経済の停滞」が52％、「政治改革」が40.5％となっている。都市部住民では「高齢化」が40.5％、「隣国との外交失敗」が39.1％で、「政党政治の改革」が25.4％となっている。

3.2 中国の民衆と日本人との接触や交流

2006年の調査では「日本に行ったことがない」と答えた大学生は97.7％、都市部住民は98.8％であった。「日本人と直接交流がある」と答えた大学生は9.4％で、「日本人と接触したことがない」と答えた大学生は56.1％、「日本人と知り合ったことがない」と答えた都市部住民92.9％、「たまにしか日本人と接したことがない」と答えた大学生は30.5％となっている。

3.3 中国の民衆が日本を知る主な経路

2005年の調査結果によると、中国の民衆が日本と中日関係についての情報を得る主な経路は三つある。一つ目は中国のニュースメディアで、大学生は95.9％、都市部住民は90.4％である。そのうち大学生の場合「インターネット」が60.2％、「テレビ」が23.3％、「新聞・雑誌」が16.1％となる。2番目は中国の教科書、書籍と映画やテレビドラマ。大学生は77.1％で、都市部住民は54.0％である。3番目は話題の議論や紹介による。大学生は49.7％で、都市部住民は39.0％である。

3.4 民間交流の役割についての中国民衆の見方

2006年の調査では、民間交流は中日関係の改善に「比較的重要」または「非常に重要」と答えた都市部住民は76.7％、「重要でない」と答えたのは僅か18.6％であった。民間交流が重要だと答えた大学生は77.7％と

なっている。

　調査結果の示す、中国民衆の日本について知っていること、日本に対する理解の程度を見れば、中国民衆が日本のことを知る情報は依然として間接的なもので、限られた初歩的なものであることが分かる。しかしながら、この調査結果は再度 2005 年の調査結果を裏付けている。つまり、中国民衆の日本認識は必ずしも本当の日本を全面的且つ正確に捉えたものでない。ただし、ある側面から中国民衆の視点と思考様式、及び日本についての懸念と関心を反映しているといえるだろう。そしてそれは、次の二つの要素に関連している。ひとつは中国民衆の日本を知る情報源が中国のニュースメディアや中国の教科書、書籍、映画やテレビドラマなど、限られたものであること。今ひとつは日本人との直接的な接触、交流が極めて少ないということである。日本に行ったことがある人や日本人と親しい付き合いを持つ人の占める割合は非常に少ない。

　したがって、中日双方が情報コミュニケーションのルートを拡大し、積極的に民間交流を推し進めることが重要である。中日の民衆が直接接触する機会が多ければ、より多くの情報や知識を獲得し、相互理解を深めることができる。相互理解が深まれば、より全面的で客観的な相互認識に至ることが可能となる。そうすれば、両国の世論の悪化を抑止し、好転させ、中日関係の改善を促進することができる。歴史的な印象と現実的な要素の重なりが中国国民の見方を大きく左右している。中国国民の日本と中日関係についての見方は、歴史的な要素、現実に起きている問題、接触と交流の程度及び情報獲得の経路など多くの要素の相互作用によって生まれるものである。中日関係の改善と民間世論の回復には一層の努力と時間が必要である。

（張平訳）

参考資料
高井潔司・劉志明『中日相互意識与伝媒的作用』NICCS 出版、2005 年 11 月。

李玉「六十年来中国対日本認識的演変」李玉・梁雲祥編『文明視角下的中日関係』香港社会科学出版社、2006 年、pp.50-70。
李玉・範士明「2005 年中国公衆対日世論調査報告」『第 1 届北京・東京論壇』2005.8.23、『中国日報網』2005.8.24。
＿＿＿＿＿＿「2006 年中国公衆対日世論調査報告」『第 2 届北京・東京論壇』2006.8.3。

日系企業の対中認識

小松　出

1 はじめに

　日中関係が「政冷経熱」といわれて久しい。経済面においても1990年代半ばより「中国脅威論」論争が起こるなど、決して良好な経済関係にはなかった。低迷の続く日本経済にとって、世界の工場として経済発展著しい隣国の中国経済の存在はまさに脅威であり、共生のパートナーではなかった。その脅威論の背景となったのが90年代中期より急増してきた日本の対中直接投資であった。この急激な対中直接投資が国内産業の空洞化と雇用の減少を促進し、さらなる景気の後退を憂慮させたのであった。

　一方、中国の経済発展にとって、外国直接投資（Foreign Direct Investment、以下FDIと略す）は必要不可欠であった。本来、FDIは単なる生産拠点としての生産ライン・プラントの移転ではなく、経営資源全体の移転を意味する。つまり、生産面でのノウハウ・技術以外に経営ノウハウ、ブランド、対外販売ルートといった有形無形の経営資源全体の移転なのである。78年以降の改革開放政策により、沿海地域を中心として対外開放は進展してきたが、貿易品構造は依然として第1次産品と低付加価値製品中心であった。90年代中頃、より具体的には、92年の鄧小平の南巡講話以降に急増してきたFDIによって中国の工業生産構造と貿易品

構造は急変した。80年代末の第2次天安門事件で懸念された中国のカントリーリスクは南巡講話とそれ以後の改革の進展により払拭され、FDI導入→生産拡大→輸出増加→更なるFDI導入、という「投資と貿易」の好循環モデルが構築された。90年代を通じた旺盛なFDI投資と誘致の結果、2004年には世界のTOP500社のうち400社以上が中国で生産活動をおこなうこととなり、まさに「世界の工場」となったのであった。さらに、2001年末の中国のWTO加盟により、13億人の中国国内市場の開放は漸次的に実現することとなった。従来の中国で生産しその後第三国或いは投資国へと輸出をする形態から、中国国内市場を指向する形態へと転換することとなった。

　本論においては、FDI決定の論理から日系企業の（中国での経営・生産活動と）「対中認識」を検討する。なお、日系企業の「対中認識」とは2004年時点での「反日運動」を契機に急速に顕在化・増大化している「チャイナリスク」への企業論理からの対応・アプローチ、として捉えることとし、詳細は後述する。また、日系企業のFDI決定の基礎データとしては、JETRO（日本貿易振興会）がおこなった日系企業を対象とするアンケート調査を用いた。

2 日本の対中FDIの推移と特徴

　FDIとは経営資源全体の移転を指している。それ故に、投資面では生産設備等のハード面だけではなく、主要人員や無形のノウハウ・技術投資を含むので投資企業側からするとその投資決定には様々な考慮すべき要因がある。投資国（home country）のFDI決定要因は、制度的側面、政治・社会的側面、経済的側面に大別できる（図1）。

　この3側面自体は相互に関連しており、投資決定も総合的に判断される。例えば、受資国（host country）の市場成長可能性が大きくても、政治・社会的側面が不安定であれば膨大なサンクコストを生じたり、資金回収の長期化が必要な大規模投資ではリスクが大きすぎることとなる。つまり、カントリーリスクが大きいと判断される。このカントリーリスクは、

第一部　日中関係と共生

図1　投資国のFDI決定における3側面

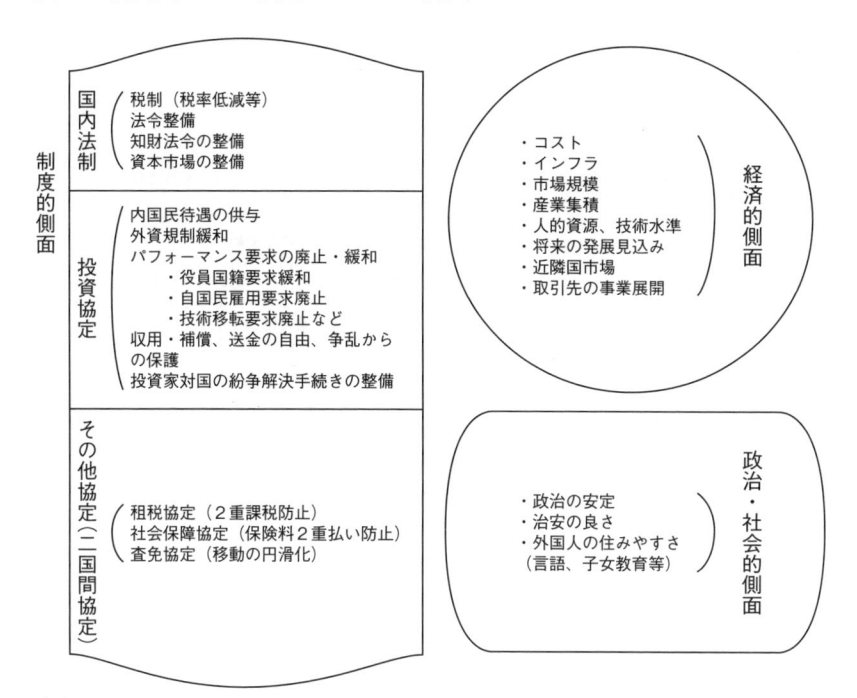

```
制度的側面
  国内法制
    ・税制（税率低減等）
    ・法令整備
    ・知財法令の整備
    ・資本市場の整備
  投資協定
    ・内国民待遇の供与
    ・外資規制緩和
    ・パフォーマンス要求の廃止・緩和
      ・役員国籍要求緩和
      ・自国民雇用要求廃止
      ・技術移転要求廃止など
    ・収用・補償、送金の自由、争乱からの保護
    ・投資家対国の紛争解決手続きの整備
  その他協定（二国間協定）
    ・租税協定（2重課税防止）
    ・社会保障協定（保険料2重払い防止）
    ・査免協定（移動の円滑化）

経済的側面
  ・コスト
  ・インフラ
  ・市場規模
  ・産業集積
  ・人的資源、技術水準
  ・将来の発展見込み
  ・近隣国市場
  ・取引先の事業展開

政治・社会的側面
  ・政治の安定
  ・治安の良さ
  ・外国人の住みやすさ
   （言語、子女教育等）
```

出典：http://www.mofa.go.jp/mofaj/gaiko/investment/pdfs/bunseki.Pdf　p.2 より引用。

　当然のことながら、各国家・地域に固有な特徴があり、上記3側面とその各構成項目が全ての対象国・地域に均質的に該当するわけではない。
　特に、日本にとって対中国へのFDI決定要因は「チャイナリスク」と称される特殊な要因を持っている（図2）。
　実質的に、80年代中期の経済特区の設置から開始された中国のFDI招致の初期段階では、特に政治・社会的側面にネガティブな要因が多く、ポジティブな要因である経済的側面を上回っていた。そのため、多くの外国投資は小規模な委託加工形態に留まっていた。生産性投資としては、投資規模が少なく、操業開始が容易で、回収が早く、そして労働集約型のアパレル産業等が大半を占めたのも当然であった。現地での工業化レベルが低

51

日系企業の対中認識

図2　チャイナリスクの3側面

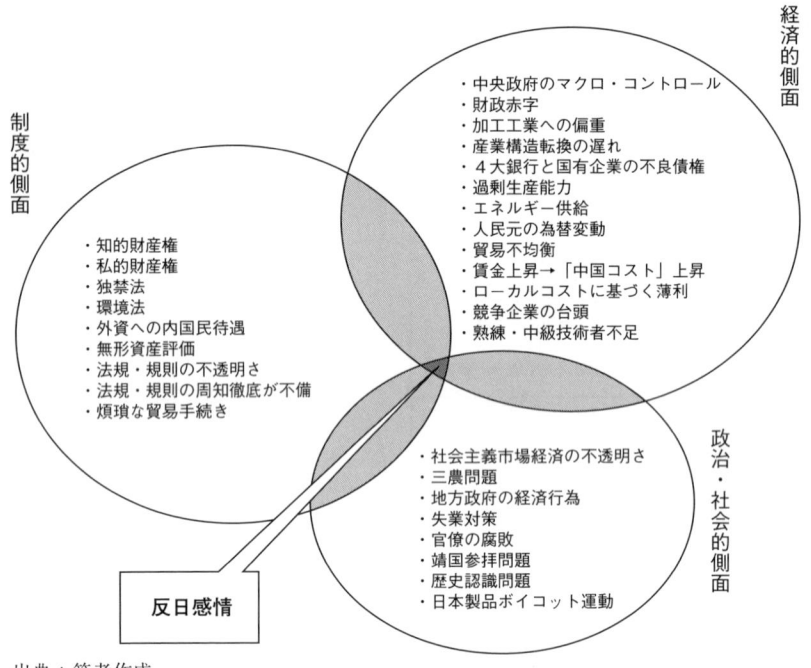

経済的側面
・中央政府のマクロ・コントロール
・財政赤字
・加工工業への偏重
・産業構造転換の遅れ
・4大銀行と国有企業の不良債権
・過剰生産能力
・エネルギー供給
・人民元の為替変動
・貿易不均衡
・賃金上昇→「中国コスト」上昇
・ローカルコストに基づく薄利
・競争企業の台頭
・熟練・中級技術者不足

制度的側面
・知的財産権
・私的財産権
・独禁法
・環境法
・外資への内国民待遇
・無形資産評価
・法規・規則の不透明さ
・法規・規則の周知徹底が不備
・煩瑣な貿易手続き

政治・社会的側面
・社会主義市場経済の不透明さ
・三農問題
・地方政府の経済行為
・失業対策
・官僚の腐敗
・靖国参拝問題
・歴史認識問題
・日本製品ボイコット運動

反日感情

出典：筆者作成。

い段階では、投資企業が現地で部品・中間財を調達するのは困難であることと、当時の中国では外資系企業の経済活動が国内経済に波及することを極めて限定的に捉えていた（いわゆる「両頭在外」）ことから「三来一補」での委託加工になった。しかし80年代末に、経済特区の成果が評価され、更なる対外開放を進展させようとした段階で、第2次天安門事件が起こった。この事件を契機に西欧諸国が経済交流の遮断を実施したために、進展し始めていたFDI導入と対外開放の更なる促進方針は大きく影響を受けたが、92年の鄧小平の南巡講話により改革開放政策の継続発展が保障された。中国国内の投資も進展し、94年には経済過熱を引き起こしたが、諸外国のFDIも回復し、以後98年まで急上昇した。この段階までは、まさに政治・社会的要因が不安定であったといえる。一方、経済特区（経済

開放地域）から経済開発都市及び各種経済開放地域へと進展したことで、対外経済開放地域は点から沿海地域の線・帯へと拡大した。その過程において、FDIを積極的に招致するために地方政府は中央から譲渡された承認権限を用いて、FDI企業に減免税やインフラ建設面での各種の優遇措置も与えた。こうした地方政府主導のFDIの積極招致過程で、制度的側面でのネガティブな要因もかなり改善されてきた。

一方、経済的側面の諸要因にはポジティブな評価が与えられ、対中FDI決定の主要因といえる。特に、「中国コスト」である。この「中国コスト」とは安価な生産要素価格のことであり、主要には膨大な農村労働力人口を背景とした、無限に供給可能な労働力を指している。実際、80年代後半からの沿海地域の経済発展を支えていたのは、沿海地域へ流入する全国からの民工（農村からの出稼ぎ労働者＝農民工ともいう）であった。しかしながら無尽蔵に供給可能であったはずの民工であるが、02年以降華南地域を中心に民工荒（民工不足）が出現し始め、次第に深刻化してきている。

こうした3側面でのネガティブな各要因はカントリーリスクといえるが、日中間だけに存在する「チャイナリスク」がある。図2での政治・社会的側面での「反日感情」であり、他2側面へも影響を与える要因であり、3側面の重複する中心部に位置する。これについては後述する。

さて、日本の対中FDIはどのような推移と特徴を持っているのであろうか？　図3は対アジアと対中国へのFDI実績の推移であり、90年代末のアジア通貨危機以降の減少傾向も新世紀に入り右肩上がりの増加傾向にある。2004～05年度は日中サッカー戦や日本の国連常任理事国入り問題等を契機として反日デモやWEB上での日本批判が澎湃と湧き上がったにもかかわらず、FDI実績においては何らの影響も受けていない。更に、図4は日本の総FDIに占める対北米・対アジア・対中国の比率であるが、対中国FDIは未だ低水準にあり、今後の発展可能性は大きい。とはいえ、対アジア全体への実績額・投資比率も上昇傾向にあり、CHINA + ONE（中国へのリスク分散）傾向も存在していると思われる。

図3　日本の対アジア・中国FDI推移：実行金額ベース

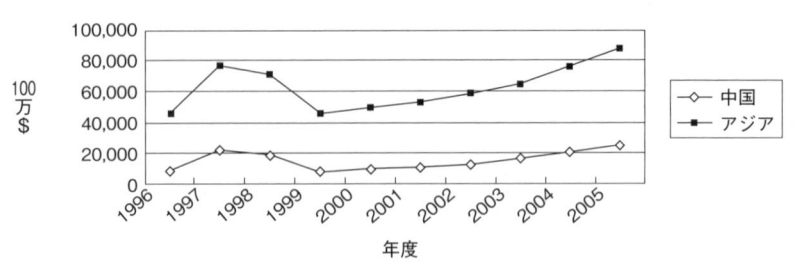

出典：www.jetro.go.jp/jpn/stats/fdi/data/jfdi921_12.Xls より作成。

図4　日本の対北米・中・アジアFDI比

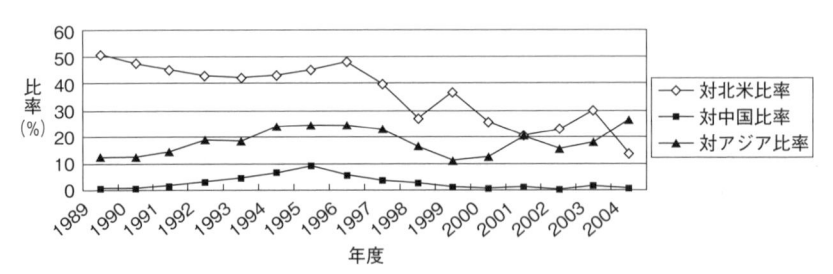

出典：http://www.joi.or.jp/JBIC/200407taigai.Pdf　より作成。

3 アンケート調査から

　日本ではJETROが海外日系企業の経営状況について、毎年各種アンケート調査をおこなっている。本稿では、05年の反日デモ以降に実施されたアンケート調査を元に、中国での日系企業のビジネス展開上で抱える問題点を取りあげて検討する。こうした調査の優位性としては、アジアあるいは北東アジアの他諸国での日系企業をも対象としていることで、前述した日系企業の対中経営展開が、FDIとしての経営のメリット・デメリットを中心に合理的に比較できると考える。参考にした調査報告は、①「在アジア日系製造業の経営実態─中国・香港・台湾・韓国編（2005年度調

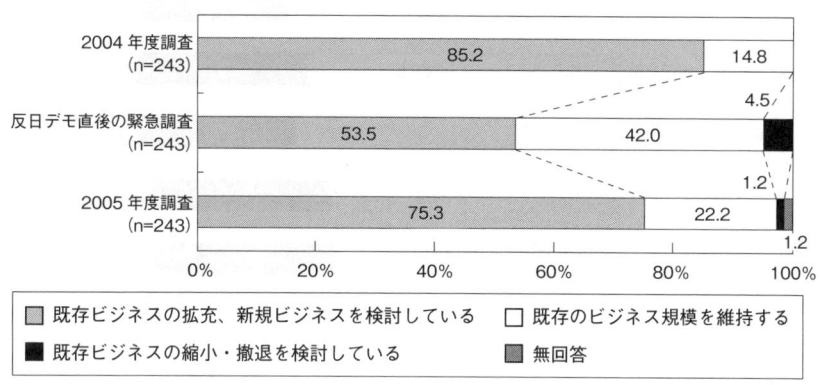

図5 中国との今後（3年程度）のビジネス展開（同一企業ベースで前年度、緊急アンケートとの比較）

調査	既存ビジネスの拡充、新規ビジネスを検討している	既存のビジネス規模を維持する	既存ビジネスの縮小・撤退を検討している	無回答
2004年度調査 (n=243)	85.2	14.8		
反日デモ直後の緊急調査 (n=243)	53.5	42.0	4.5	
2005年度調査 (n=243)	75.3	22.2	1.2	1.2

出典：JETRO『平成17年度日本企業の海外事業展開に関するアンケート調査』2006年3月 p.57より引用。

査）」、②「平成17年度日本企業の海外事業展開に関するアンケート調査（2006年3月）」である。この2調査はほぼ同時期に実施され、また本稿の主旨である日系企業の対中認識とその他地域との比較の点において有意である。以下、1.「反日デモの影響」、2.「中国でのビジネス展開」、3.「中国でのビジネス展開への問題点」、4.「マイナス要因への対処方法」に関して整理してみる。

3.1 反日デモの影響

「反日デモの影響」であるが、②が採り上げている（母集団は243社で比較可能な04年以降の3年度連続調査を全て回答した企業）。反日デモ直後（05年5月）に緊急実施した調査では「（3年以内の）中国でのビジネス展開（貿易、業務委託、技術提携、直接投資）」に関して「現状維持」が42%（102社、04年度調査では14.8%）へと急増した（図5）。

また「既存ビジネスの縮小・撤退を検討している」企業は4.5%（11社、04年調査度では0%）と増加し、反面「既存ビジネスの拡充、新規ビジ

日系企業の対中認識

図6　中国での反日デモの影響（全体）

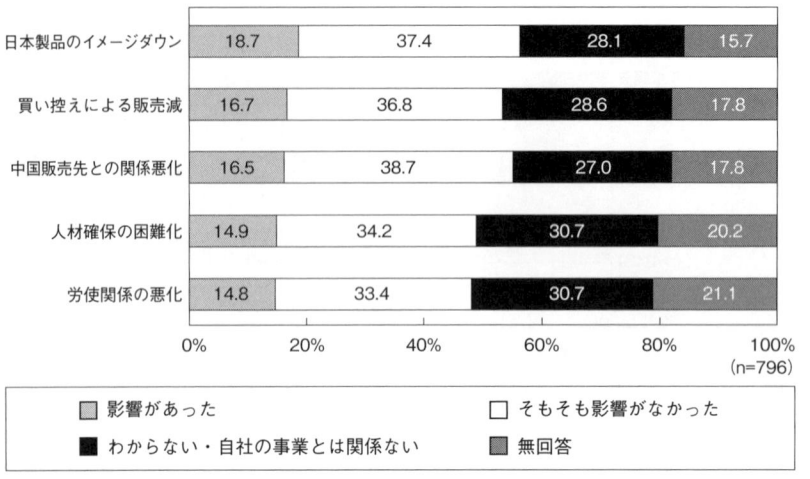

	影響があった	そもそも影響がなかった	わからない・自社の事業とは関係ない	無回答
日本製品のイメージダウン	18.7	37.4	28.1	15.7
買い控えによる販売減	16.7	36.8	28.6	17.8
中国販売先との関係悪化	16.5	38.7	27.0	17.8
人材確保の困難化	14.9	34.2	30.7	20.2
労使関係の悪化	14.8	33.4	30.7	21.1

(n=796)

出典：図5と同じ。p.13より引用。

ネスを検討している」のは53.5%（130社、04年度調査では85.2%）へと減少していた。現状維持を今後の中国国内情勢の展開を静観するという、比較的ネガティブなビジネス展開と捉えると、反日デモはかなりの影響を持ったと言える。

　しかしながら、約半年を経過した05年末から06年初に実施した調査では、前回急増した「現状維持」が22.2%、「縮小・撤退」が1.2%へと減少し、「拡充、新規ビジネス」が75.3%へと回復している。これは、反日デモの情勢が表面的には急激に沈静化したことを評価したものである。

　また、具体的な影響面を見ても、「日本製品のイメージダウン」（18.7%）、「買い控えによる販売減」（16.7%）、「中国販売先との関係悪化」（16.5%）、「人材確保の困難化」（14.9%）、「労使関係の悪化」（14.8%）にしか過ぎず、共通して3割強が「そもそも影響がなかった」としている（図6）。

第一部　日中関係と共生

図7　中国での（今後3年程度）のビジネス展開（前年調査との比較）

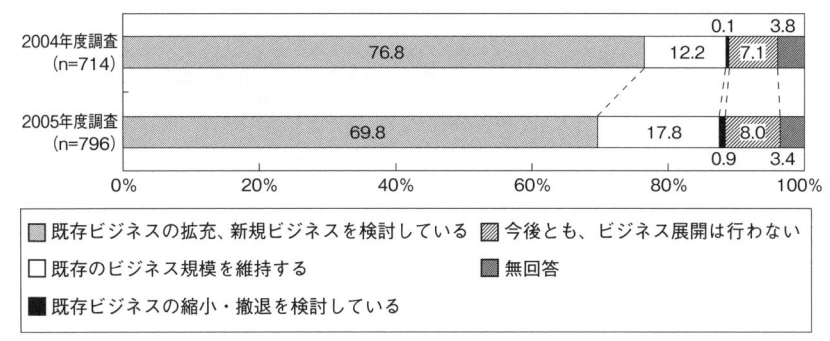

調査	既存ビジネスの拡充、新規ビジネスを検討している	既存のビジネス規模を維持する	既存ビジネスの縮小・撤退を検討している	今後とも、ビジネス展開は行わない	無回答
2004年度調査 (n=714)	76.8	12.2	0.1	7.1	3.8
2005年度調査 (n=796)	69.8	17.8	0.9	8.0	3.4

出典：図5と同じ。p.55より引用。

3.2 中国でのビジネス展開

「中国でのビジネス展開」について、今後1～2年の比較的短期的方針から見てみる。「既存ビジネスの拡充、新規ビジネスを検討」している企業は、69.8％（556社、母集団796社）と04度調査（76.8％、母集団714社）より減少し、一方「現状維持」は12.2％（87社）から17.8％（142社）へと増加した。「縮小・撤退」は0.1％（7社）から0.9％（7社）の増加にとどまっている（図7）。

中国とのビジネス関係別にみると、現在中国とビジネス関係がある企業では76.4％と4分の3以上が「拡充、新規ビジネス」と回答している。また、現在中国とのビジネス関係がない企業においても、今後の「新規ビジネスの取り組みを検討している」企業が31社と約3割にのぼる。具体的なビジネス展開の内容別に、「拡充、新規ビジネス」と回答した企業の割合をみると、輸出のみでは約3分の2、現地生産ありでは8割強の比率にのぼり、これらの企業では対中国ビジネスに対する積極姿勢が見られる。輸入のみの企業は同比率が5割弱にとどまり、「拡充、新規ビジネス」と「現状維持」に回答が二分されている（表1）。また、企業規模別では、中小企業が「拡充、新規ビジネス」とする企業の割合が大企業と比べて低い傾向にある。

表1 中国との今後3年程度のビジネス展開（ビジネス展開内容別）

(単位：%)

	社数	既存ビジネスの拡充、新規ビジネスを検討している	既存ビジネス規模を維持する	既存ビジネスの縮小・撤退を検討している	今後ともビジネス展開は行わない	無回答
中国とのビジネス関係あり	683	76.4	20.8	1.0	–	1.8
中国とのビジネス関係なし	105	29.5	–	–	60.0	10.5
中国への輸出のみ	113	65.5	31.9	1.8	–	0.9
中国からの輸入のみ	60	46.7	45.0	3.3	–	5.0
中国で現地生産あり	346	82.1	15.9	0.9	–	1.2
総計	796	69.8	17.8	0.9	8.0	3.4

出典：図5と同じ。p.56より引用。（未回答あり）

表2 販売・営業面での問題点（回答比率上位5位、複数回答、有効回答445社）

(単位：%)

国・地域名	第1位	第2位	第3位	第4位	第5位
総数	主要取引先からの値下げ要請 60.0	競合相手の台頭 43.6	新規顧客の開拓困難 29.9	主要販売市場の低迷 23.1	売掛金回収の停滞 21.3
中国	主要取引先からの値下げ要請 57.5	競合相手の台頭 46.0	新規顧客の開拓困難 31.2	売掛金回収の停滞 27.7	世界的な供給過剰構造による販売価格の下落 20.7
香港	主要取引先からの値下げ要請 77.3	競合相手の台頭 52.3	世界的な供給過剰構造による販売価格の下落 29.5	進出国・地域市場への模倣品・類似品の流入 27.3	主要販売市場の低迷 22.7
台湾	主要取引先からの値下げ要請 54.8	主要販売市場の低迷 43.8	新規顧客の開拓困難 34.2	競合相手の台頭 32.9	進出国・地域市場への模倣品・類似品の流入 19.2
韓国	主要取引先からの値下げ要請 67.4	競合相手の台頭 37.2	新規顧客の開拓困難 27.9	主要販売市場の低迷／進出国・地域市場への模倣品・類似品の流入 25.6	

出典：JETRO『在アジア日系製造業の経営実態－中国・香港・台湾・韓国編』2006年3月 p.12より引用。

3.3 中国でのビジネス展開への問題点

「中国でのビジネス展開への問題点」について①を用い（母集団398社）、A. 販売・営業面、B. 生産面、C. 財務・金融・為替面、D. 貿易制度

表3 生産面での問題点（回答比率上位5位、複数回答、有効回答437社）

(単位：％)

国・地域名	第1位	第2位	第3位	第4位	第5位
総数	調達コストの上昇	品質管理の難しさ	限界に近づきつつあるコスト削減	有能技術者の確保が困難	原材料・部品の現地調達の難しさ
	46.9	44.2	41.6	39.8	33.0
中国	品質管理の難しさ	有能技術者の確保が困難	調達コストの上昇	原材料・部品の現地調達の難しさ	限界に近づきつつあるコスト削減
	50.5	47.0	46.7	40.4	37.5
香港	限界に近づきつつあるコスト削減	調達コストの上昇	品質管理の難しさ	熟練労働者の確保が困難／原材料・部品の現地調達の難しさ	
	56.8	45.5	36.4	29.5	
台湾	調達コストの上昇	限界に近づきつつあるコスト削減	品質管理の難しさ	有能技術者の確保が困難	熟練労働者の確保が困難
	54.3	47.1	38.6	32.9	20.0
韓国	限界に近づきつつあるコスト削減	調達コストの上昇	有能技術者の確保が困難	品質管理の難しさ／原材料・部品の現地調達の難しさ	
	44.7	36.8	18.4	15.8	

出典：表2と同じ。p.13より引用。

面で韓国・台湾・香港と比較する。

A. 販売・営業面

ほぼ共通しているのは、第1位「主要取引先からの値下げ要請」、第2位「競合相手の台頭」、第3位「新規顧客の開拓困難」である。中国の特徴としては、4位の「売掛金回収の停滞」があるが、総じて中国と他国・地域と大きな相違はない（表2）。

B. 生産面

中国以外の国々では1、2位が「限界に近づきつつあるコスト削減」と「調達コストの上昇」であったが、中国では「品質管理の難しさ」と「有能技術者の確保が困難」となった。「コスト削減」は5位であり、比率も最も低い37.5％であった。さらに、「原材料・部品の現地調達の難しさ」が40.4％と高比率となった。この点からは、アジア他諸国・地域よりも中国への新規参入及び費用削減の余地が大きいことがわかる（表3）。

表4 財務・金融・為替面での問題点（回答比率上位5位、複数回答、有効回答423社）

(単位：%)

国・地域名	第1位	第2位	第3位	第4位	第5位
総数	現地通貨の対円為替レートの変動	現地通貨の対ドル為替レートの変動	財務（法人税、移転価格課税など）の負担	円の対ドル為替レートの変動	設備投資に必要なキャッシュフローの不足
	39.5	33.1	31.0	30.3	20.1
中国	現地通貨の対円為替レートの変動	現地通貨の対ドル為替レートの変動	財務（法人税、移転価格課税など）の負担		資金調達・決済にかかわる厳しい規制
	40.1	33.9		32.8	25.2
香港	円の対ドル為替レートの変動	財務（法人税、移転価格課税など）の負担	現地通貨の対円為替レートの変動	現地通貨の対ドル為替レートの変動	設備投資に必要なキャッシュフローの不足
	46.5	30.2	27.9	16.3	14.0
台湾	現地通貨の対ドル為替レートの変動	現地通貨の対円為替レートの変動	財務（法人税、移転価格課税など）の負担	設備投資に必要なキャッシュフローの不足	円の対ドル為替レートの変動
	36.8	32.4	30.9	14.7	13.2
韓国	現地通貨の対円為替レートの変動	現地通貨の対ドル為替レートの変動	設備投資に必要なキャッシュフローの不足／円の対ドル為替レートの変動		円の対ドル為替レートの変動
	60.5	39.5	18.4		15.8

出典：表2と同じ。p.14より引用。

表5 貿易制度面での問題点（回答比率上位5位、複数回答、有効回答398社）

(単位：%)

国・地域名	第1位	第2位	第3位	第4位	第5位
総数	通関手続きが煩雑	通関手続きに時間を要する	通知・規則内容の周知徹底が不十分	関税の課税評価の査定が不明瞭	関税分類の認定基準が不明瞭
	53.5	45.5	35.2	25.6	24.1
中国	通関手続きが煩雑	通関手続きに時間を要する	通知・規則内容の周知徹底が不十分	関税の課税評価の査定が不明瞭	関税分類の認定基準が不明瞭
	64.1	53.0	43.0	28.5	27.8
香港	通関手続きが煩雑	通関手続きに時間を要する	通知・規則内容の周知徹底が不十分	関税の課税評価の査定が不明瞭／関税分類の認定基準が不明瞭	
	56.1	41.5	29.3	17.1	
台湾	通関手続きに時間を要する	関税の課税評価の査定が不明瞭	関税分類の認定基準が不明瞭	通関手続きが煩雑／通知・規則内容の周知徹底が不十分	
	25.5	18.2	16.4	14.5	
韓国	通関手続きが煩雑	関税の課税評価の査定が不明瞭	通関手続きに時間を要する	関税分類の認定基準が不明瞭	通知・規則内容の周知徹底が不十分
	28.1	25.0	21.9	15.6	12.5

出典：表2と同じ。p.15より引用。

C. 財務・金融・為替面

　共通しているのは為替レートへの懸念である。中国の場合は、05年7月に為替レートシステム変更がありながらも、対米＄レート上昇率は2%程度と依然小幅であり、将来的にも大きな変動がないことが予測されるために、対日輸出入にかかわる「対円為替レートの変動」が1位を占めている。ちなみに、対米＄切り上げについては、42.1%企業が「影響なし」で、「若干のプラスの影響」「若干のマイナスの影響」を加えると90.7%となった。レート問題以外では、「財務（法人税、移転価格課税など）の負担」が韓国以外で総じて高比率である（表4）。

D. 貿易制度面

　共通して「通関手続きが煩雑」と「通関手続きに時間を要する」が首位を占めた。中国の特徴としては、全ての項目で高比率であること、「通知・規則内容の周知徹底が不十分」が他諸国・地域に比して高率であることである。総じて中国の貿易制度面での未整備と国内各地での規則の不徹底・不統一が問題となっている（表5）。

3.4 問題点への対処方法

　「問題点への対処方法」に関しては②を用いる。当面の懸念事項は、今後人民元がさらに切り上げられる可能性があげられる。上述したように、将来的に楽観視している反面、大幅な切り上げの可能性を完全に否定できない。もし切り上げがあったとして、採算がとれなくなる切り上げ幅としては、「10〜15%未満」が26%（39社、母集団150社）で最も多く、次いで「5〜10%未満」と「20〜25%未満」がともに16%（24社）となり、平均は15.8%となった。現状の対米＄推移から見てもまだ余裕がある水準といえる（図8）。

　一方、もし採算がとれなくなった場合の対応としては、「コスト削減に努める」が46%（69社）と最も高比率であり、次いで「現地生産拠点で生産の効率化に努める」（36.7%、55社）、「中国からの輸入を第三国に切

図8　採算がとれなくなる人民元切り上げ幅（全体）

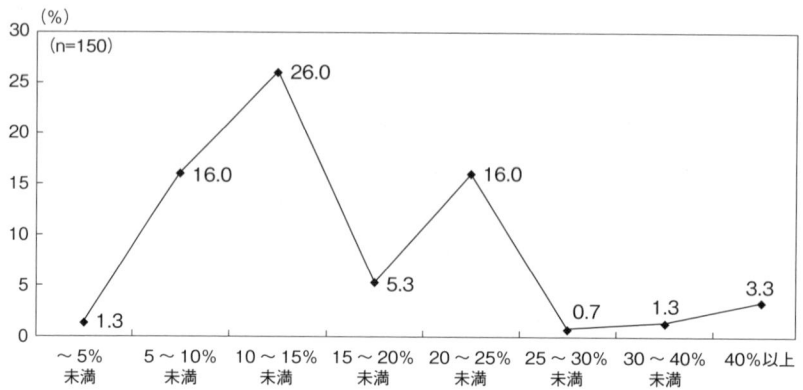

(%)
(n=150)

～5%未満: 1.3
5～10%未満: 16.0
10～15%未満: 26.0
15～20%未満: 5.3
20～25%未満: 16.0
25～30%未満: 0.7
30～40%未満: 1.3
40%以上: 3.3

注）人民元切り上げの影響がマイナスになると回答した企業に対する構成比。無回答が30.0%。
出典：図5と同じ。p.63より引用。

り替える」（31.3%、47社）、「中国からの輸入を減らす、とりやめる」（28.0%、42社）、「中国での現地販売を増やす」（26.7%、40社）がそれぞれ3割前後を占めている。また、「現地生産拠点で原材料・部品の輸入を増やす」（10.0%、15社）よりも「生産拠点を中国から第三国に移転する」（17.3%、26社）が高比率であり、さらに「中国の生産拠点を縮小、撤廃する」（9.3%、14社）を加えるとかなりの高比率となる（図9）。

　アンケート調査結果から見る日系企業の中国ビジネス展開には、未だ制度面での問題点が多く残されている。特に、貿易関連をはじめ多くの諸規定・条例等の不統一による地域間格差がある。05年の反日デモのビジネス展開への影響は直接大きくはなかったようであり、今後の対米・対日為替レート変動への懸念の方が強い。とはいえ、今後何らかの状況変化により、経営不振に直面した場合には「コスト削減」、「生産効率化」での対応が主流を占めている。中国での生産・輸入拠点の移転或いは撤退・縮小という選択肢も比率的には無視できない状況となっている。しかしながら、今後の中国国内各種市場の更なる開放に応じて従来からの輸出志向型から内需志向型への転換をおこなう企業が多い。世界の自動車メーカーはほぼ

図9　中国事業の採算がとれなくなった場合の対応策（全体）

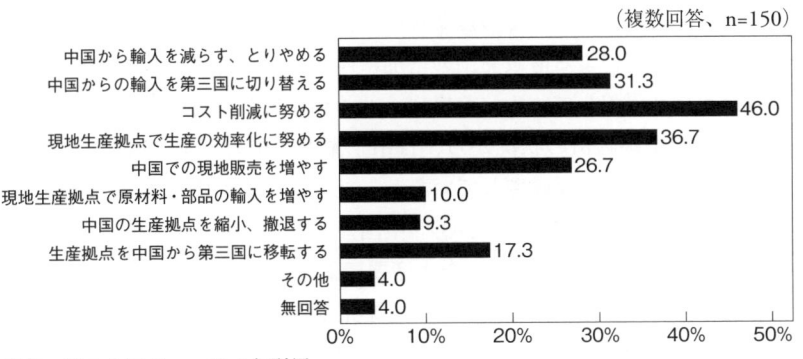

(複数回答、n=150)

項目	%
中国から輸入を減らす、とりやめる	28.0
中国からの輸入を第三国に切り替える	31.3
コスト削減に努める	46.0
現地生産拠点で生産の効率化に努める	36.7
中国での現地販売を増やす	26.7
現地生産拠点で原材料・部品の輸入を増やす	10.0
中国の生産拠点を縮小、撤退する	9.3
生産拠点を中国から第三国に移転する	17.3
その他	4.0
無回答	4.0

出典：図5と同じ。p.64より引用。

　全て中国でのビジネスを展開している。日本企業も出揃い、いわゆる系列下にある部品メーカーも、現地生産能力増強方針のもと、陸続と中国へ生産拠点を移している。日系FDIの製造業と非製造業比率は製造業が約7割を占めているが、今後も更なる製造業中心の増加傾向が続くと思われる。

4 「チャイナリスク」の検討

　アンケート調査結果で見たように、現在の中国経済には日系企業のビジネス展開には様々な問題が残されている。また、対中FDI決定要因から見ても対欧米諸国FDIとの違いは製造業の進出比率が高いことにあり、比較的安価で優秀な労働力と現地生産施設等のインフラ建設費用が安価である、税収等の面での各種優遇措置があること等が主要な経済面での決定要因であった。地元各級政府にとっても、地方経済振興にとってFDI招致は重要であり、現在でも、開発区ブームは中央政府のマクロ・コントロールが効かないほど全国的に進展している。中・西部地域のみならず、沿岸地域でも更なる開発区建設がおこなわれ、各種優遇措置を実施しFDIを招致している。特に、02年以降の地方・中央政府と関連省庁への訴訟と陳情数の増加がそれを示唆している。その背景には、分税制以後の地方

各級政府の財政収入の減少と更なる雇用吸収拡大の必要があげられる。特に、三農問題解消策としての農業税の廃止による税収の減少、農村への公共投資の強化等による財政支出の増加に伴って、県及び県以下の地方政府財政はかなり逼迫している（前出「チャイナリスク」図参照）。

　こうした中国経済の状況から、日系企業の対中ビジネス展開でのアンケート調査では十分反映されていなかった「チャイナリスク」要因として次の四つがあげられる。まず、①「中国コスト」の上昇がある。前述したように、「中国コスト」は安価な生産要素価格を指し、理論的に無限に供給可能な労働力とその低労働力コストを主要内容としていた。しかしながら、02年以降華南地域を中心に民工荒（民工不足）が出現し始め、次第に深刻化しつつあるとともに、今年6月の深圳での最低賃金引き上げを皮切りに沿海各都市で最低賃金が引き上げられている。この最低賃金引き上げは民工荒対策の一環であるが、各地の物価上昇率等を勘案して決定される以上、民工のみならず正規労働者賃金へも影響が出てくる可能性は大きい。主要な対中FDI決定要因であった「中国コスト」の上昇傾向は、今後の日系企業のビジネス展開にとって懸念すべき要因となりつつある。

　次に、②「人材確保」・「人材不足」があげられる。この点はアンケートにも反映されていたが、「熟練労働者」、「中・高級技術者」、「管理職要員」が不足している。上海市地区の日系企業ではこの10年間に年平均10%の賃金上昇をおこなってきているが、離職率は未だ15.1%と高比率である。欧米系企業のみならず、現地関連企業の台頭も人材争奪戦に拍車をかけている。

　③番目に、知的財産権問題がある。従来より、コピー商品、類似商品による企業と「ブランド」イメージへの悪影響は計り知れない。一方、「中国コスト」と為替レートに規定されるローカル価格により、販売収入面での利益は比較的に薄利である。これに対して、日系企業は安易な低価格戦略よりも「ブランド」戦略をとっている。比較的中・高級品としての「ブランド」イメージを維持しながらシェアを拡大するために、日系企業は高付加価値な新製品を継続的に中国市場へ投入する、いわゆる「先行者」利益の獲得へと転換を図らざるを得なくなっている。

④番目に「反日感情」がある。アンケート調査では影響が軽微とされた「反日デモ」であるが、過小評価されているのではないか。アンケート項目での「日本商品の買い控え」、「店頭からの撤廃」という直接的な反日（製品）行為だけでなく、実際には反日感情＝反日本製品・反日系企業というイメージが定着しつつあると思われる。より具体的には、反日と愛国主義を掲げて日系企業の「イメージ」と「ブランド」をターゲットとして展開する「愛国ビジネス」がある。「民族産業振興」や「中国独自のブランド創造」等のキャッチコピーは、現段階では容易に「愛国主義」、「民族主義」そして「反日」に結びつき、「愛国主義」的消費者を取り込んでいく。その意味では、前出の図2の「チャイナリスクの3側面」での重複する中心部には根深い「反日感情」が存在しており、各側面へ影響を及ぼす可能性が大きい。

5 まとめと今後の課題

　中国の日系企業が当面直面しているビジネス上の問題点は「チャイナリスク」に内包されるであろう。そして、その中心にある問題点は「反日感情」である。しかし、「反日感情」は日系企業の中国での経営活動においてさほど影響を及ぼしてはいないと認識されている。つまり、「人材確保の困難さ」、「賃金上昇＝コスト上昇」、「販売不振」等の現象は経営努力によって改善・解決できる問題であると認識している。その背景には、品質の良い製品を選択する際に「反日感情」は問題外である、という極めて経済合理主義的認識が存在していると思われる。また、充分「反日感情」の影響を認識しているとしても、競争勢力が台頭している状況では、経営方針は短・中期構想に集中せざるを得ない。また、日系企業への批判点として「経営の現地化」の遅れがあり、「ローカルスタッフへの不信」が「反日感情」に結びついているのである。

　確かに、一企業が「反日感情」に対応していくには限界があり、国家レベルで問題を根本的に対処していくことが必要である。一方、日系企業は中国国内市場と消費者に距離を置きすぎているのではないであろうか。現

段階の中国市場では多くの製品選択肢があり、経済合理的な消費者にとっても、「反日感情」は重要な選択基準となっている。市場からの反応に適応するためには、「経営の現地化」をより促進し、中国市場に受け入れられる企業とブランド創りに努めるべきであろう。

古代中国人の日本観の変遷

王　曉秋

1 はじめに

　中日の相互認識、つまり中国人の日本観と日本人の中国観は、日本研究と中日関係史研究の重要な課題である。ある意味では、中日関係史は中日相互認識の歴史であると言える。相互認識は、相互の往来と交流によって生まれるものである。そして、相互認識が両国間の交流に決定的な影響を与える。たとえば、親善か又は疎遠か、友好か又は敵対か、平和か又は戦争かなどである。このようなさまざまなつきあい方を通して、相互認識がさらに深められ、そして中日関係の発展と変化が促進されるのである。

　中日間の相互認識は、動的であり、発展的である。時間、空間、環境の歴史的変遷に伴って変化してきた。両国の国内情勢、関係及び取り巻く国際情勢の変化による影響を受ける一方、両国の歴史や関係の変遷に影響を与える。

　中日間の相互認識は、また多元的で、階層的である。社会的身分や地位、利害の異なる階層や集団、及び個人によっては異なる認識を持つだろう。そして、異なる方法や形態を用いて表現する。

　歴史を鑑とし、未来を展望すると言われる。2,000年にわたる中日関係史において、双方がどのように相手を認識してきたのか、中国人の日本観

と日本人の中国観が各時代においてどのように変化してきたのか、相互理解を促進したもの、または妨害したものは何であるか、そこからいかなる歴史的経験や教訓を学ぶことができるのか、今日の中日両国がどのようにすれば相互理解を深め、より健全な、安定した、友好的、協力的な関係を築くことができるのかについて、我々は深く、具体的に研究しなければならない。

中日の相互認識をめぐる従来の研究は、近・現代及び特定の事件に関するものが多い。筆者は、十数年前に『近代中国人の日本観の変遷』と題する論文を北京大学日本研究センターの刊行物『日本学』第3号（北京大学出版社、1991年）に発表したことがあるが、本論は、近代以前の中国人のもつ日本認識、即ち古代中国人の日本観の変遷について、ある程度の考察、論述を行うものである。

2 茫漠とした初期認識――『山海経』から『三国志』へ

日本に関する認識が文字に記録されたのは、早くも戦国時代から秦、漢の時代（紀元前1世紀前）に遡られる。『山海経』の『海内北経』に「蓋国在鉅燕南、倭北、倭属燕」と記されており、その位置が中国大陸の東にあると言う。それが中国古代書籍において初めての「倭」に関する記載とされている。その後、「倭」は中国人の日本に対する特定の呼称として定着した。学者の考証によれば「倭」とは「委」という漢字に人偏を付けたもので、本来柔順の意味であり、特に貶す意味で使う表現ではないという。一説に、日本語の我という読みの当て字であるとも言われている。[1]

紀元前1世紀頃西漢の司馬遷はその史書『史記』においては、直接「倭」や「日本」に言及しないが、同書「秦始皇本記」と「匯南衡山列伝」の中で、秦の始皇帝の命により方士徐福は、男女及び百工を率いて東海の「三神山」に赴き長寿不老の薬を探し求めたと記述している。徐福は出かけたまま戻らなかったが、「平原広沢」の地を見つけ、自ら王となったと

---

1) 沈仁安『日本起源考』昆侖出版社、2004年、pp.26-28。

言う。司馬遷は、徐福は日本に行ったとは言っていない。が、後の人はこの記述から、徐福は日本に渡ったという伝説を多く作った。徐福はすでに日本への移民によって日本に先進的文名を伝播する上古時代の中日交流の象徴的人物となっている。同時に、上古時代の中国人の日本観は神話伝説的で、「秘境仙島」のベールを被っていることが分かる。

　紀元1世紀頃東漢の班固が著した『漢書』「地理志燕地」の条には、「楽浪海中有倭人、分為百余国、以歳時来献見云」[2]とある。日本を指す「倭」という文字が中国古代正史に見えるのは、これが初見である。漢武帝の時、中国は朝鮮の西北部に楽浪郡を置いたため、これを窓口に日本に関する知識を得ることができた。「倭人」は中国の東の海に住む民族であり、部落規模の多くの小国に分かれており、漢王朝と朝貢関係を持っていたと、『漢書』には明確に記されている。この記載は古代中国人の持つ日本に関する最初の明確的な認識として画期的意義を持つ。また、同書には倭人を含む東夷は「天性柔順」であると記されている点も注目に値する。

　史書の成立時間順で言えば、最初に日本について伝記を書いた中国古代正史は紀元3世紀（289年）陳寿の著した『三国志』である。通常「魏志倭人伝」と略称されているが、正確には『三国志』巻30「魏志・烏丸鮮卑東夷伝」における倭人の条ということになる。日本の地理的位置と当時（弥生時代）の日本列島の社会形態や政治制度、経済物産、風俗人情、及び中日間の往来と朝貢について記述しているが、字数にして約2,000字にのぼる。この倭人伝は古代中国人の日本に対する基本認識を定めたものであり、3世紀頃の日本上代史の研究において最も権威的な史料である。同書は、景初2年（238年）に日本邪馬台女王国が中国に使節を派遣、魏帝に朝貢し、魏の明帝は女王卑弥呼に「親魏倭王」と冊封する詔書を下し、「金印紫綬」及び多くの賞賜を賜った史実を記し、日本は中国に朝貢し、自らを臣と称したこと、「不窃盗、少争訟、尊卑各有差序」という礼儀の邦であること、及び「黥面文身」「食生菜」「性嗜酒」「出真珠青玉」など異国の情景を描いている。その後の古代中国人の日本認識に大きな影響を

---

2)「地理志燕地条」班固『漢書』巻28。

与えている。

　王朝の成立順で言えば、初めて王朝の正史に日本伝の項目を立てたのは5世紀（445年）范曄の著した『後漢書』である。同書巻115「東夷伝」に「倭伝」が見られる。その成立は『三国志』より150年遅れ、内容はほとんど『三国志』を参照しているが、東漢の間に行われた中日間の最初の使節の往来という重要な史実を加えている。即ち、「建武中元2年（57年）、倭奴国が奉貢朝賀」し、漢の光武帝が「印綬を以って賜っ」たとある。この記述は1784年九州福岡県志賀島で出土した「漢委奴国王」の金印によって裏付けられた。日本の民俗、情景についての記述──「男子皆黥面文身、以其紋左右大小、別尊卑之差」「人性嗜酒、多寿考」「女子不淫、不妬」、「風俗不窃盗、少争訟」3)とあるのは、ほぼ『三国志』を踏襲している。

　『三国志』以外に、魏晋南北朝の他の六つの正史──『晋書』、『宋書』、『南斉書』、『梁書』、『南史』、『北史』にもそれぞれ「倭伝」、或いは「倭人伝」、「倭国伝」がある。うち最も価値あるのは、『宋書』「倭国伝」である。主に南北朝の劉宋時代における中日通交関係の歴史を記述しているが、特筆すべきは日本倭五王に関する重要な史料、及び漢文で書かれた倭王武遣使奉貢の表である。この時期における中国士大夫の日本観を形成する情報は主に遣使、朝貢、冊封及び華夷態勢の構築などに限られ、日本に対する認識は初歩的で皮相的なものであったことが分かる。

3 呼称の変化──「倭国伝」から「日本伝」へ

　隋唐の頃（6〜9世紀）は、古代における中日文化交流の最盛期である。日本は次から次へと遣隋使、遣唐使及び留学生、留学僧を中国に派遣した。往来、接触の増加に伴って、中国人の日本認識も進歩した。朝廷の修史による正史を見れば、日本に対する呼称の変化も重要な現れである。

　『隋書』は636年、唐の宰相魏徴の監修のもとで編纂された。同書「東

---

3)「東夷伝・倭伝」范曄『後漢書』巻115。

夷伝」に「倭国伝」がある。以前の史書を踏襲せず、王朝史の記述方法を採用して隋王朝における中日両国の通交往来の歴史を記している。高い史料価値を持ち、以降の正史日本伝の記述にも多く援用されている。『隋書』の記述には、当時の中国帝王や士大夫の華夷思想が現れている。「倭王以天為兄、以日為弟、天未明時出聴政……日出便停理務」という日本使節の言葉を聞いた隋の文帝は機嫌を損ない「此大無義理」と言って改めさせる命を下した。また隋の煬帝が日本の国書に「日出処天子致書、日没処天子无恙」とあるのを見て、それを喜ばず、「蛮夷書有無礼者、勿復以聞」と鴻臚卿に言ったという。一方『隋書』には聖徳太子が制定した十二階の冠位名称が記述されている。また、「至隋其王始製冠、以錦彩為之、以金銀鏤花為飾」「其王朝会、必陳設儀仗、奏其国楽」「人頗恬静、罕争訟、少盗賊」「敬仏法」「性質直、有雅風」「婦人不淫妬」[4]など、『隋書』に日本の制度、礼俗についての記述が見える。これは、中国人の日本認識が進歩したこと、日本の存在を認めたことの現れでもある。

　唐の正史には『旧唐書』と『新唐書』の2種類がある。日本が遣唐使を派遣したことや中日文化交流についての記述はあるが、簡略に過ぎ、派遣の回数や活動に関する記述に遺漏が多く、唐の時代における中日交流の盛況に相応しいものとはとても言えない。その主な理由は唐王朝の支配階級が日本をあまり重要視しなかったことに求められる。但し、『新・旧唐書』における日本に対する呼称の変化は注目に値する点である。後晋劉昫の撰になる『旧唐書』「東夷伝」には、「倭国伝」と「日本伝」が併存している。「倭国伝」では、「倭国者、古倭奴国也」と言い、唐の太宗の貞観年における中日往来について記述している。一方「日本伝」には「日本国者、倭国之別種也」と見える。そして倭国がなぜ日本に改名されたかについて、「以其国在日辺、故以日本為名。或曰：倭国自悪其名不雅、改為日本。或云日本旧小国、并倭国之地」[5]と、三つの解釈をあげている。それに則天武后が長安3年（703年）以降の中日往来をも記述している。北宋の欧陽脩、宋祁らの撰になる『新唐書』巻220「東夷伝」には「日本伝」しかなく、

---

4)「東夷伝・倭国伝」魏征ら『隋書』巻81。
5)「東夷伝・日本伝」劉昫『旧唐書』巻119。

71

古代中国人の日本観の変遷

日本のことを「古倭奴也」と言う。唐の高宗咸亨年（670年）の日本「遣使賀平高麗」の記述に続いて、改名の3種の理由にも触れている。「後稍習夏音、悪倭名、更号日本。使者自言：国近日所出、以為名。或云日本乃小国、為倭所併、故冒其号」と。しかし、当時中国の士大夫はこの改名の理由には疑いを持っていた。『旧唐書』には「其人入朝者、多自矜大、不以実対、故中国疑焉」[6]とある。『新唐書』にも「使者不以情、故疑焉」[7]とある。但し、『新・旧唐書』によれば、日本の改名は咸亨元年（670年）～長安3年の間で、信用して大過はない。当時の日本は大化の改新（645年）が起こり白村江の戦い（663年）で唐軍に敗れた直後であるから、イメージアップと自主性向上を図るため、「近日所出」という地理的位置に基づいて倭国を日本と改めたのであろう。「名従主人」という中国正史の編纂方針に基づき、唐以降の歴代正史はいずれも「日本伝」と改めた。

　宋代の間、日本とは国交がなかった。だが、民間の貿易や僧侶の行き来はかなり盛んだった。『宋史』は元の宰相トクトの編纂によるもので、計469巻、分量が多く、史料が豊富である。従来の正史に「四夷伝」とあったのを「外国伝」と改めているのが特徴の一つである。これは、元王朝が蒙古人の支配であることと関係があるだろう。

　『宋史』巻491「外国伝」に「日本伝」があり、古代中国人の日本観の新しい進展を示すものである。最大の進歩は、中国に来た日本人の筆談や日本人の提供した資料に基づいて日本を記述しているところである。従来の史書にない新しい認識が多く加えられた。例えば、多くの紙幅を使って日本東大寺僧奝然の入宋を記述している。奝然の筆談によって日本の国情や物産について知ることができた。それに、「王年代記」に書かれている64代天皇の系譜や、中国と往来する大事件及び日本の五畿、七道、三島の地理区画を抄録している。宋の太宗皇帝が奝然を引見し、紫衣を賜った。日本は「国士一姓伝継、臣下皆世官」という奝然の言葉を聞いた太宗皇帝は大変感嘆し、「此島夷耳、乃世祚遐久、其臣亦継襲不絶、此蓋古之道也」と、中国の王朝交替の激しさを嘆き、「講求治本、不敢遐逸」と自らを激

---

6)「東夷伝・日本伝」劉昫『旧唐書』巻119。
7)「東夷伝・日本伝」欧陽脩、宋祁ら『新唐書』巻220。

励し、日本天皇のように子孫世襲を実現し、「無窮之業」を建てようと考えた。[8]中国の封建帝王、宋の太宗皇帝の日本観を見ることができる。

『元史』は明の宋濂らの編集になるもので、日本伝は再び「外夷伝」に収められた。『元史』の「日本伝」は主に、元日外交関係を記し、元の世祖フビライが行った2回の対日戦争を詳述している。これは、官修正史の日本伝に初めて見られる中日両国の反目、交戦に関する詳細な記載である。元軍の日本遠征の失敗に触れ、「十万之衆、得還者三人耳」[9]と書いている。この部分は後人のよく援用するところとなったが、本当は誇張した表現で、おそらく命からがら逃げ帰った征日将軍莫清等3人のことをいったものであろう。元代も中日の民間貿易や僧侶の行き来が活発であったが、官修正史の『元史』「日本伝」には記載されていない。こういう方面にはあまり関心がなかったという当時の中国の支配者の日本観を反映している。

4 イメージの良し悪し——「君子」から「倭寇」へ

歴代の正史以外に、中国古代の文学作品に描かれた日本人像も、古代中国人の日本観の現れである。

唐王朝は、中日文化交流の最盛期であった。日本の遣唐使や入唐留学生、留学僧の来華は跡を絶たなかった。唐代の詩人の作った日本人との交友、送別の詩は夥しい数になる。唐の皇帝さえ日本の遣唐使に詩作を贈った。たとえば、752年、唐の玄宗皇帝李隆基が遣唐使の藤原清河を引見した際、その立ち居振る舞いの優雅さに感心し、日本を「礼儀君子の国」と褒めた。絵師にその肖像画を描かせて収蔵した。翌年藤原が帰国する時、唐の玄宗皇帝は宴席を設け、詩を贈り別れを惜しんだ。「因驚彼君子、王化遠昭昭」[10]と藤原を「君子」と賞賛し、君主の徳可を遠く海外に伝えようとした。

唐代の多くの著名な詩人が阿部仲麻侶（中国名晁衡、朝衡）と詩文の交流があり、交誼を結んだ。彼は留学生として来華したが、後に唐の役人に

---

8)「外国伝・日本伝」トクトら『宋史』巻491。
9)「外夷伝・日本伝」宋濂ら『元史』巻208。
10) 李隆基「送日本使」『全唐詩逸巻』上。

なった。特に有名な詩人王維が作った「送秘書晁監還日本国」に触れなければならないが、この詩には1,000字近くにのぼる長い序文が付されている。序文には「海東国日本為大、服聖人之訓、有君子之風、正朔本乎夏時、衣裳同乎漢制」とあり、阿部仲麻呂のことを「詠七子之詩、佩兩國之印、恢我王度、喩彼藩臣」[11]と褒め、仲麻呂を中日友好使節として評価している。仲麻呂のほかに唐代の詩人に尊敬され、賞賛された日本僧侶も少なからずいた。たとえば、詩人劉禹錫の作になる「贈日本僧人智蔵」には「為問中華學道者、幾人雄猛得寧馨」[12]とあり、智蔵の剛毅、敬虔、闊達な人格を讃えている。詩人朱千乗は日本の空海和尚に贈った詩に「文字冠儒宗」、「能梵書、工八體、繕倶舎、精三乗」[13]と空海を賞賛している。詩人陸亀蒙は日本の留学僧園載が帰国時に大量の漢籍、仏教を持って帰ったことを讃え、「九流三藏一時傾」「從此遺編東去後、卻應荒外有諸生」[14]と詠んでいる。これらの唐代の詩人が日本の友人に贈った詩文には真摯な友情が込められている。中日友好を賞賛し、美しい日本人像を描いている。当時日本人は中国文化、制度を学び、「化夷為夏」―中国文明を受け入れるのに大変熱心であった。これは、中国人の日本観を変えた主な理由である。また日本の使節や文人、僧侶たちの見せた品行、才気、人柄など個人的な魅力も唐代の詩人の賛美と尊敬を博し、唐代の文人の間に広く日本に対する友好的で、親しみやすい認識が生まれた。

下って宋代や元代の文学作品にも日本の僧侶や文人に贈った惜別の詩や日本刀、日本の扇子に対する題詠がたくさん見られる。たとえば、宋代の欧陽脩の著した名作「日本刀歌」は、「宝刀近出日本国、越賈得之滄海東」と日本刀の精巧さと美しさを讃え、そして「傳聞其国居大島、土壤沃饒風俗好」「朝貢獻屢往来、士人往往工詞藻」[15]と日本に対する認識を書いている。宋代の書家先中令の日本僧侶寂照に贈った詩に「為愛華風情、扶桑夢自

---

11) 王維「送秘書晁監還日本国」『全唐詩』巻127。
12) 劉禹錫「贈日本僧人智蔵」『全唐詩』巻395。
13) 朱千乗「送日本国送日本空海上人」揚知秋編注『歴代中日友誼詩選』書目文献出版社、1986年、p.28。
14) 陸亀蒙「聞園載上人挾儒書泊釈典帰日本国、更作一絶以送」『全唐詩』巻629。
15) 欧陽脩「日本刀歌」『欧陽脩集』巻54。

消[16]」と書かれている。元代の詩人丁夏が日本僧侶銛仲剛に贈った送別詩には「扶桑人不悪」「有人有国天性良」とある。日本の学僧銛仲剛を讃え、詩・文ともに素晴らしく、海国日本の「圭与璋[17]」――即ち日本の国宝であると讃辞を惜しまなかった。

　元代では、日本征伐の戦争が2度あった。後に倭寇の騒擾があり、中日間は敵対感情が現れた。元代の文学作品には早くも「蕞爾倭奴」のような日本を貶める表現が使われた。たとえば白朴の作になる「欄花漫・題闕分」には「蕞爾倭奴、抗衡上国、挑禍中原[18]」とある。呉萊の「論倭」にも「遂以倭奴海東蕞爾之区……奉使無礼、恃險弄兵[19]」と書かれている。

　明代では、中日関係は断続的で、関係のいい時もあれば悪い時もあった。それに長年にわたる倭寇の侵入、明末の抗倭援朝戦争がある一方、少なからぬ遣明使や入明僧の来華もあった。そのため、明代の文学作品に見られる日本像は多元性、多面性、多変性を持つ複雑な様相を見せている。また、時期や地域、階層による中国人の日本観の差異も現れている。

　倭寇の侵入は、明代の最も深刻な社会問題の一つであった。日本の一部の大名、武士、浪人が中国沿海の海賊や密輸商人と結託し、元末から明末にかけての300年間の長きにわたって、中国東南沿海地域で武力騒擾を行った。特に明の嘉靖年以降は甚だしかった。倭寇の虐殺、略奪、婦女暴行などは中国沿海地域の社会経済と人々の安全と財産を酷く破壊するものであった。中国官民の倭寇に対する敵視や怨恨、不快感も激しいものであった。『明史』「日本伝」は最初から最後まで倭寇の記述で埋められた。その掉尾は「終明之世、通倭之禁甚厳、閭巷小民、至指倭詈罵、甚以嚇其小児女云[20]」と記述されている。明代の文学作品にも、倭寇の狡猾で野蛮、残忍な姿が描かれている。この時期は古代中国人の日本観の転換期となった。

　明代の詩文や筆記、通俗小説には、中国人民に耐え難い苦痛をもたらし

---

16) 先中令「贈日本僧寂照」『歴代中日友誼詩選』p.82。
17) 丁夏「扶桑行、送銛仲剛東帰」『元詩選二集』巻16。
18) 白朴「欄花漫・題闕分」『天籟集』巻下。
19) 呉萊「論倭」『淵頴集』巻2。
20) 「外国伝・日本伝」張廷玉『明史』巻322。

た倭寇の暴行を暴露、指弾した作品が多い。孫承恩の書いた「詛倭詞」は「吾于倭非世仇兮、曷加我以暴凶。乘我不備、突而其沖。樂土居民、任汝焚劫。兵刃橫加、誰敢爾掣。伐我骨肉、父母弟昆。漂血暴尸、尽空閭門。……死者枕籍、生者奔亡」と指弾し、倭寇が来ると民家は焼き払われ、人々は住む家を失い、「祖屋成灰爐、倭夷狠毒情」「幾年労積累、一日変灰爐」と倭寇の酷い暴行を訴えた。

　明代の詩文や小説には、凶悪、狡猾、残忍な倭寇の姿が描かれている。王世貞は「倭寇勇而憨、不甚別生死。毎戦輒赤体、提三尺刀舞而前、无能捍者」と描写している。憑夢龍の『喩世明言』収録の通俗小説「楊八老越国奇逢」には「原来倭寇逢着中国之人、也不尽数殺戮。擄得婦女、恣意奸淫、……其男子但是老弱、便加殺害。若是強壮的、就把来剃了頭髮、抹上油漆、假充倭子、毎遇厮殺、便推他去当頭陣」と書かれている。

　しかしながら、一方では明代の文学作品に、日本の入明僧と中日の友情を賞賛するものも少なくない。たとえば、日本の著名な画僧雪舟等楊が中国に２年間滞在中、多くの中国の詩人や画家と交際した。中国の詩人徐璉の「送別雪舟」という詩は「家住蓬莱弱水湾、丰姿瀟洒出塵寰。久聞詩賦超方外、剩有丹青落世間」とあって、雪舟の多芸多才を賞賛する。副都御史徐楓岡は日本の入明僧即休を「美哉休師之有道也」と賞賛し、「継拝天子、不忘恩也；再謁士夫、知所尚也。宜其業之精而芸之博矣」と評価する。即休への送別詩には「即休老人賦性奇、不嗜名利惟書詩」「両貢天朝得真伝、成仙作佛復奚疑」と書く。明代の中国士大夫は個々人の文化的、道徳的基準と表現で交際した日本の友人を描いたのである。

21）孫承恩「詛倭詞」『文簡集』巻 11。
22）孫承恩「慰侄孫友仁昌祖居宅俱罹寇毀二首」『文簡集』巻 17。
23）王世貞「倭志」『弇州四部稿』巻 80。
24）憑夢龍「楊八老越国奇逢」『喩世明言』巻 18。
25）徐璉「送別雪舟」『歴代中日友誼詩選』p.114。
26）徐楓岡「送即休師帰国序」伊藤松編『隣交徴書』2 篇巻 2。

5 認識の深化――『日本考略』から『吾妻鏡補』へ

　歴代の官修正史の日本伝は、中国古代の支配者と士大夫の持つ日本認識を詳しく示すものであり、また主要な表現手段であった。また、往々にしてその時期の日本に対する認識の主流を示すものである。明代以前は、個人の書いたもので、日本のことだけを扱った書物や日本研究の書物がほとんどなく、詩文や筆記、野史に散見する程度であった。明代になって、倭寇の襲来に対する防御や、それとの戦いの必要性から、日本研究の個人による著述が民間に現れた。これは、古代中国人の対日本認識の進展を反映したものであり、日本認識における官修正史による独占的主導の状況を破ったのである。とりわけ明の後期嘉靖、万暦年の間、倭寇の被害がますます深刻になったため、倭寇のことを知る必要に迫られて、江浙沿海地域の政府と軍隊の官僚や士大夫文人たちが自主的に日本関係の書物を編纂したり、著すようになった。これらの書物の情報は、外史の記載を援用するほかに、中国と日本を行き来する商人や使者及び捕虜となった倭寇などから収集している。実際に日本に渡って現地調査を行う人もいた。そのため、明代の中国人対日本認識はそれまでない斬新なレベルに達した。

　明代嘉靖年、浙江定海の文人薛俊の著した『日本考略』は、中国古代における最初の日本研究専門書といえる。内容は「沿革」、「彊域」、「山川」、「土産」、「制度」、「風習」、「朝貢」、「寇辺」、「寄語」等と計17項目（十七略ともいう）からなる。同書は表現が比較的に簡略で、歴代の正史からの抄出が多く、過ちさえ少なからず見られるといった点は指摘できるが、明代の日本研究に先鞭を付けた著書としての評価は動かない。同書「朝貢略」の項目は漢代から明代嘉靖2年の「争貢事件」まで記述している。「寇辺略」は明初から嘉靖年までの倭寇騒擾を記述している。特に「寄語略」は明代の日本研究書における最初の試みで、即ち漢字を使って日本語の発音を記している。15類350語が収録さている。中国で最初の日漢辞書といわれている。薛俊は自分の見聞をもとに、倭寇について、「夷性多

狡詐、狠貪、往往窺伺、得間則肆為寇掠」[27]「狼子野心、剽掠其本性也」「倭尤反復无常、或服或叛、詭譎莫測」[28]と書いている。

明代万歴年印刷刊行された侯継高の『日本風土記』と李言恭、郝傑の『日本考』は、学者の考証により、同じ書物の別版であることが判明した[29]。著者はいずれも上級将校で、倭寇防御のために編纂されたものである。同書は計5巻、内容は「倭国事略」、「沿革」、「彊域」、「風俗」、「物産」、「歌謡」、「言語」、「詩文」など100もの項目からなる。うち「寄語」は56類に分かれ、計1,186語が収録されている。和文の仮名を示す「伊呂波歌」（同書は「以路法」と表記している）や、和歌39首を紹介し、初めて和歌漢訳の試みがなされているのは注目すべきである。同書には日本の地図も付けられている。「倭国事略」において、著者は「日本之民、有貧有富、有淑有慝。富而淑者或登貢舶而来、或登商舶而来。凡在寇舶、皆貧与悪者也」と、来華の日本人を区別すべきと主張する。「欲望彼国之約束諸夷、断断乎不能也」[30]とも述べている。

比較的広く影響を及ぼしたのは昆山人鄭若曾が編纂した『籌海図編』で、防倭、抗倭を目的とした海防全書である。計13巻、内容も図表も充実している。うち巻2は中日関係についての研究で、「王官使倭事略」と「倭奴朝貢事略」があり、中日使節の往来の史実を記載している。渡日案内図、即ち中日航海図も付されている。「倭国事略」には一部の倭寇の出身地域や活動の規則性についての考察が書かれており、倭国図と入寇図などが付いている。同書は内容が充実していて、価値が高い。

明代の日本研究の最高水準を示すのは、鄭舜功の著になる『日本一鑑』である。1556年、著者鄭舜功は総督楊宣の派遣によって「夷情探訪」のために日本に渡り、半年日本に滞在し、広く実地調査と資料収集を行った。日本にいる間、「諳其風俗、詢其地位、得聞其説、得閲其書」[31]という。そのため、同書は内容豊富で、情報が多く信憑性が高い。古代中国人の日本観

---

27) 薛俊「沿革略」『日本考略』。
28) 薛俊「寇辺略」『日本考略』。
29) 汪向栄「関於「日本考」」『日本考』中華書局、1983年を参照。
30) 「倭国事略」李言恭・郝傑『日本考』。
31) 鄭舜功「序」『日本一鑑』。

に現れた新しい進歩である。例えば「寄語」欄に 3,401 の日本語が収録され、明代の日本研究書の最たるものである。同書は日本の文書典籍を利用し、日本の官吏制度、人物、器物、風土などについてこれまでにない詳細な紹介が書かれている。たとえば、「職員」欄には 300 あまりの官職名、「草木」欄には 360 あまりもの植物が収録されている。

この 4 種の書物は明代の個人研究による日本研究の代表作である。それ以外にまた『皇明馭倭録』、『倭変事略』、『倭患源考』など計十数種の日本に関する個人著書があるが、紹介は割愛する。

清代に入ると、倭寇がなくなり、それに清王朝が海禁、鎖国の政策を取ったため、中日間は長崎貿易を除き、直接の往来は少なく、中国士大夫の日本に対する関心も薄れていった。故に、清代中葉以前は、個人による日本研究の書物は僅か数種に過ぎない。たとえば、乾隆年間長崎で貿易をしたことのある商人で画家でもある汪鵬という人の著した『袖海篇』という本は、基本的に長崎見聞録と言ってよい。彼は日本にかなり良い印象を持っていた。日本は、政治の上では儒家孔孟の教えを用い、豊かな経済力を持ち、文化の面では中華の文化を尊ぶと見た彼は、同書で「日本為海東富強之国」「長崎一名瓊浦、風土甚佳、山輝川媚、人之聡慧霊敏不亜中華男女、無廃時曠職、其教頗有方」、「明周官之礼、習孔氏之書」[32]と日本を賞賛している。

台湾総兵であった陳倫炯は、1710 年南洋と日本を遊歴し、その著書『海国聞見録』にある「東洋記」は日本の政治、経済、文化についてある程度の認識を示しており、たとえば「受封漢朝、王服中国」「習中華文字、読以倭音」「予奪之権軍国政事柄于上将軍」「禄厚足以養廉、故少犯法」「倘若浄潔、街衢時為拭滌」「通文芸者為高士、優以礼、免于徭」「至于男女眉目肌理、不敢比勝中華、亦非諸番所能比擬、実為東方精華之気所萃」[33]といった賛美の辞もある。彼の示した認識と讃辞は後人のよく援用するところとなった。

清代中葉以前個人による日本研究の代表作的な著書は、翁廣平の『吾妻

---

32) 汪鵬「小方壺齋輿地叢紗」第二帙『袖海篇』。
33) 陳倫炯「東洋記」『海国聞見録』。

79

鏡補』である。翁廣平は、江蘇省呉江県の「窮郷樸朴学之士」で、博学多才であった。日本の史書『吾妻鏡』が不十分で、「海東諸国、日本為大」と思った彼は、「可備海東一方之掌故也」[34]として、日本通志の編纂を思い立った。7年の時間をかけて、収集、援用した中日両国の書籍は190余種にのぼる。嘉慶19年（1814年）『吾妻鏡補』（別名『日本国志』）を完成した。近代史の学者黄遵憲の同名著書より70年も早い。しかし惜しくも同書は刊行に至らず、巻28と巻30の抄本だけが現存する。同書は内容が豊富で多岐にわたる。うち世系住10巻は日本天皇の系譜と中日関係を記した編年史となっている。ほかに「地理志」、「風土志」、「食貨志」、「通商条規」、「職官志」、「芸文志」などがあり、日本の歴史、地理、政治、経済、文化、風習、物産など各方面に及んでいる。特に「芸文志」は日本人の詩作146篇、及び100種以上にのぼる中国人の書いた日本関係著述目録を収録している。古代中国人の日本認識集大成と言っても過言ではない。だが、翁氏は日本での実地調査をしておらず、同書はほとんど既存文献にある記載を並べ替え、引用している。既存文献の過ちもそのまま受け継ぎ、著者自身の見解や評論も見られない。日本に対する認識を深める進展は認められない。同書は印刷刊行されず、世間に広く知られることもなく、歴史に埋もれていたと言える。

6 古代中国人の日本観の特徴と示唆

述べてきたところを総合し、古代中国人の日本観の変化を要約すれば、おおよそ以下のような特徴がある。

第1、中国は世界でも最も早く日本を知り、日本の歴史を記録した国である。それに2千余年にわたって日本についての記載を中断したことがない。紀元1世紀成立の『漢書』「地理志」には中国の史籍における日本に関する明確な記載がある。紀元3世紀成立の『三国志』「魏志倭人伝」には世界でも最も早く日本の国情についての具体的な認識が書かれた。漢

34）翁廣平「序」『吾妻鏡補』（日本）朋友書店影印本、1997年。

代から清代にいたるまでの中国の官修正史(俗称二十四史)には、日本に関する伝記——倭国伝または日本伝を特設した史書は16数えられる。歴代の各種野史、個人著書、筆記、詩文にも日本に関する記述が多く見られる。

　第2、古代中国人の対日本認識は進展が緩慢であった。漸進的ではあったが、認識の進展と深化はあった。だが、実地考察の欠乏と華夷思想等の影響で、旧説の踏襲と巷の伝聞に止まるものが多い。故に、清朝の半ばにいたっても対日本認識は未だに模糊たる状態にあり、阿片戦争後の魏源の名著『海国図誌』に日本は長崎、薩摩、対馬の3島からなるといった間違った記述まで見られる[35]。

　第3、古代中国人の日本認識は、主として友好的で善意のあるものであり、理想郷的な、神秘的な色彩を帯びたものさえある。例えば日本を「神仙之島」「君子之国」「珠宝之国」として描くなど。特に中国に来た日本の文人や僧侶に贈る詩文に多い。元代と明代だけ、中国沿海地域における倭寇の暴行のために、残忍で悪質な日本人倭寇のマイナスイメージが現れた。

　第4、古代中国人の日本観は、多元多層的である。支配階級の意識を表し、世論の主流を左右するのは官修正史の日本伝である。無論唐、宋、元、明、清各代における中日文人、僧侶の交わした詩文や、明、清の間に現れた日本に関する個人の著述も無視できない。渡日経験のある商人や文人、日本に漂着した舟乗りの見聞録には庶民の日本認識を見ることができる。

　古代中国人の日本観の変遷を振り返って見た時に、我々はいくつかの歴史的経験と教訓を見いだすことができる。

　まず、友好的な国交を持つ国家関係は、相互の認識を促進するのに重要な条件であり環境である。東漢以来、両国の使節の往来、とりわけ隋・唐の頃に日本が派遣した遣隋使や遣唐使は中日間の相互認識を大きく促進した。逆に清朝政府と徳川幕府が外国との通交を禁じ鎖国の政策を取り、政府間の国交を止め、民間の貿易活動を制限したように、両国が国交を断絶し、往来を断ってしまうと、相互認識は阻碍される。特にあってはならな

---

35) 魏源『海国図誌』百巻本巻17。

いのは、侵略戦争を起こし、隣国の領土や国民の安全を脅かすことである。両国の相互認識に深刻な悪影響を与え、相手方に激しい嫌悪感を生じさせる。たとえば、元朝が発動した征日戦争が日本人に反感を持たせ、元寇と目された。また、日本の倭寇が中国の沿海地域で行った殺戮や略奪のような暴行は残忍、貪欲、悪質といったマイナスイメージを中国人に与えた。

　第２、文化交流は中日の相互認識と友好感情を深める重要なルートであり、経済貿易と物品交流も相互認識の重要な架け橋である。古代、中日両国は共に漢字文化圏に属し、漢文学、儒学、仏教などの分野で共通の信仰と共通理解が多くあった。漢字、漢文、漢詩、漢籍が媒介となり、両国の相互認識のために大きな役割を果たした。中日両国は朝貢貿易、民間貿易及び日本刀、日本扇、中国の書籍、物品の交流を通して相互認識を促進した。

　第３、中日両国の人的交流の中で見られる態度や相互尊重は相互認識と理解に大きな影響を及ぼす。古代、中国に来た日本の使節、文人、僧侶の品行、才識及び人格的魅力は、古代中国人に良い印象を与えた。一方日本の一部の悪徳商人、海賊、浪人の劣悪な行い、とりわけ倭寇の残虐と貪婪は、中国人にマイナス印象を焼き付け、日本人のイメージを極端に悪くした。また、著書や詩文で相手を攻撃し、悪口を言い、甚しきは悪し様にイメージを歪める言論は深刻な事態を生じさせてしまい、客観的相互認識を妨げる。

（張平訳）

「文化力」で発光する東アジアを

為田英一郎

1 アジアの明日を切り開く視座

　時代を読み解くキーワードのひとつは「共生」である。みながひとしく心やすらかに、みながひとしく豊かに暮らせる社会を創る……全人類の課題が「共生」にかかっていることについては、いま、世界的な規模でその認識が共有されつつある。

　そして、もう一歩そこから踏み出して「共生の空間」実現に至る道筋を探ろうと努めるならば、地球人口の過半数が集まるこのアジアで互恵共存の枠組みを確かなものとする強固な拠点を築きあげることがアジアに生きる私たちの責務でもあることにも気づく。

　2005年2月に北京大学で催された第6回北京大学・桜美林大学学術大会で、私はそのように前置きしたうえで、日本、中国、それに韓国を主軸に据えた「東アジア共同体」の構想について報告した。その際、とりわけ力点をおいて説明に努めたのが「文化」の領域に関しての連携の強化であった。従来の共同体論議は政治と経済の分野でのシステムのありように過度に傾斜し、「共生」を芯の部分で支える「こころ」の検証が不在になりがちで、それが私には不満なのだった。報告では「EUやNAFTAと並立することになるこの共同体は、その特性を高度な『文化力』におき、ア

「文化力」で発光する東アジアを

ジアの多様性を『文化力』にまで昇華させることによって独自性を高める」とのアプローチを提示し、「アジアの世紀」の内実を整える必要を強調して結びとした。今回、再びこの視点からアジアの明日を論じようと試みるについては、当然のこと、「こころ」の問題の論議をいっそう深めることによって共同体を実現の可能性濃いものにしていこうと考えるからにほかならない。アジアにおいて協力、連帯、統合のエネルギーの核となるものこそ東アジアがもつ潜在的な文化力なのだ。私はそう確信する。

思えば、2005年冬の第6回学術大会は、小泉首相の靖国参拝を直接のきっかけとする不協和の風が日中間に吹き荒れるなかで幕を開けた。しかし、席に連なる研究者らの間には外界の寒気とはまったく別な、相互理解を至上の目的におくことでいささかの齟齬もない、ぬくもりの空気が満ちていた。日ごとにとげとげしさを増す日中両国関係を無視したり過小評価したりするのではないが、参加者らは短絡的な感情の吐露や近視眼的な対症療法にとらわれた主張を排し、決して悲観せず、悠久の未来をみつめながら、真の友好を志向し、真剣なまなざしで語りあった。そのことを私は忘れない。

だが、ここで、もっと記憶さるべき、もっと大きなうねりのような精神の高揚があの会場で目撃されたことを付記しないわけにいかぬ。それは、桜美林大学側の基調報告に立った坂部恵教授が冒頭、「北京大学の何芳川先生が提唱されてこられた『新人文主義』に共感する」と述べたことに始まる。さらにそれを受けて、北京大学の劉金才教授が「新人文主義」の角度から照明を当てた新たな二宮尊徳像を描きだしてみせた。「新人文主義」が北京・桜美林両大学学術交流の通奏低音として響きわたるようになった起点がまさに、あの日であった。忘れてならない、とするのはそのことである。年輪を刻みつづける私たち両校の学術交流だが、このときに「新人文主義」を基調とするという志の共有が成り、私たちはさらに豊かな発展を遂げる可能性を手にした。

いまは亡き何芳川院長が「新人文主義」に関して明快な定義づけをおこなったのは、それにさかのぼる2001年11月の第4回学術大会であった。「ハイテクが日進月歩の発展を遂げるこの21世紀、社会は極端な物質化

のプレッシャーのもとにおかれるようになった」と先生は述べ、矛盾の解決に取り組むときにまた新たな矛盾が生じる現状を指摘した。「豊かなこころ」を忘れた効率一辺倒、利益最優先の時代が、人々にほんとうのしあわせを与えることはない——先生が発する警告には周囲を圧する力があった。

　私もまた、何院長の説かれた「新人文主義」への共鳴を躊躇するものでない。アジアの明日を切り開く視座を創る人々の列に加わりながら、先生の遺訓に学びたいと痛切に思う。「こころ」を重視した東アジア共同体の構築・再論を試みる動機はそこにある。

　▽　論集に再録しようとしているこの報告内容は2006年11月に桜美林大学で催された第7回共同シンポジウムで発表したものだが、それから2年半が経過したいまの国際状況は当時と大きく変わっている。最たるものが「100年に1度の規模」とされる経済危機である。米国の住宅バブルの崩壊に端を発した混乱は全世界に広がり、国際通貨基金（IMF）予測によれば2009年の世界経済の成長率は0.5％と第2次世界大戦後最悪を記録する見込みとなった（2009年1月末）。一方、国際労働機関（ILO）予測は2009年の世界の失業者数は史上初めて2億人を突破するとしている（同1月末）。1929年に始まった世界大恐慌の再現といってよい惨状だ。この大変動のため、小論には若干の補筆の必要が生じた。加筆、補遺の部分は▽のマークをつけて各項の末尾に置く。

　▽　しかし、出来した世界的な混乱にもかかわらず、何芳川院長が唱えた「新人文主義」の状況認識に修正を加える必要はまったくない。私の報告で明らかなように、院長はすでに7年余も前に時代が利益優先に流れていることへの憂慮を表明、拝金主義の風潮に警告を発していた。2009年1月、米国ではchangeを訴えて大統領に当選したバラク・オバマが就任演説の中で「（この経済危機は）一部の者の強欲（greed）と無責任の結果だが、私たちみなが困難な選択

をおこなって新しい時代に備えることができなかった結果だ」と述べて喝采を浴びた。何院長はこうした悪疾蔓延の兆しを早くも21世紀初頭に指摘し警告していたのであった。

　ついでにいえば、情報化社会が生み出した寡占状況への過度の傾斜を危機だととらえた私の小論についても論旨を変更する必要はない。私が予見した通りに「経済」は「社会」を混乱に引き入れ、過誤なき地球市民の生活が脅かされる事態が眼前に広がっている。小論第3項以下で取り上げた一極主義（単辺主義）への危惧についていえば、むしろ今回の世界的な経済危機によって米国の「独り勝ち」状況は後退を余儀なくされつつあり、時代は私の主張する方向に沿って動こうとしているかにみえる。立論は誤っていなかったと勇気づけられている。

2「情報格差」が拡大、貧富の差も加速

　私の主たる関心事である「高度情報化社会の到来とアジア」に引き寄せて何院長の時代状況把握の正しさを立証しようと試みるならば、矛盾は「情報格差；結果としての富の偏在」として鋭く浮かびあがる。

　私は2001年の学術大会で、レスター・ブラウンらの『地球白書1999-2000』が報じた「世界で最も富裕な225人の資産合計は1兆ドルを超えている。それは、地球人口を二分して、貧しいほうの半分の人びとが年間に手にする所得の合計額に匹敵する」の告発内容に依拠しつつ、いまわれわれが生きるこの社会にはこれまで人類が経験したどの時代にもみなかった貧富の差が表出しているのだ、と報告した。

　看過できないのは、地球規模でみるこの「貧富の差」の拡大が私の発表した01年以降、いっそう速度をあげて進行している点だ。

　シラク仏大統領は2005年1月のダボス会議（世界経済フォーラム年次総会）のビデオ演説でその後の状況を簡潔に描き出している。①貧富の格差は気の遠くなる規模に達した。OECD加盟国と途上国の1人当たりの所得格差は1980年に30倍だったが、今日では80倍に広がった。②

2004年、世界企業上位100社の売上高は総額7兆ドルを超えた。最上位2社の売上高の総額はアフリカ大陸全体の国内総生産（GDP）を上回っている。③経済のグローバル化に関わっているのは世界人口の3分の1にすぎない、がその主内容である（2005年1月、在日フランス大使館報道資料）。シラク演説は「このような状況は道義的にみても容認できない」と断じているが、貧富の差の拡大は以後もつづいているとみてさしつかえあるまい。

『地球白書』は、最も金持ちとされる3人だけを取り出して、彼ら3人の個人資産の総額だけでも世界最貧48カ国のGNPの合計額を上回るとしているのだが、私はその金持ち3人のトップがマイクロソフト社のビル・ゲイツ会長であり、他の2氏もまたIT革命の成功者であることに着目、いま眼前に進行している情報格差こそが富の偏在を生み出している主因なのだと2001年学術大会で指摘した。たしかに情報化の進展はめざましいが、ものごとにはつねに光と影の二面がある。情報機器をあやつれないばかりか、コンピュータの購入すらままならない人びとは情報化の波に乗り損ね、社会の最下層に沈殿することを余儀なくされる。1997年にアジアのほぼ全域を包み込んだ金融危機を思い起こせば、この情報格差が国家間に大いなる「ひずみ」を持ち込んでいる事実についても容易に理解がいく。ヘッジファンドの総帥ジョージ・ソロスがほとんど彼単独の力で人口2,260万のマレーシアの国家財政を翻弄した光景はまだ記憶に新しい。

▽　小論を発表した2006年秋以降いままでの間に起きた状況の変化が何だったかといえば、情報格差がいっそう拡大するとともに、それが「金融工学」なる錬金術と結びつくことによって、ごく一部のgreedyな人間を気前よく太らせたことであった。そして世界はそのあと一気に恐慌に突っ込んでいく。IT革命の寵児らの独走と、金融界のgreedの暴走とは「飽くなき利益の追求」という点で同根のものである。この経緯については、ブッシュ米政権の8年間を振り返ることだけで容易に理解できる。ITバブルの真っ最中に成立したこの政権はネオコン（新保守主義）の思考に染まり、経済では

市場原理主義を、対外政策では強力な軍事覇権国家の道を無反省にひた走り、そして最後に失速した。オバマ民主党政権の誕生は、米国民がついに greed な流れとの絶縁を決意した証明となるものであろう。

▽　情報格差の拡大は 2006 年の発表以後も確実にすすんでいる。日本国内の動向に関しては総務省の情報通信白書（2007 年版）が取り上げている。PC と携帯電話でのインターネット利用率を世代別にみると、50 代と 60 代前半だけを比べても約 20 ポイントの差がついていて、高齢者は情報化の波に乗れずにいる。各種情報機器の利用の度合いは年代、性、住んでいる地域などによって歴然とした差が生じている。年収 200 万円以下の所帯でのインターネット利用率は 52.9％、600 万円以上 800 万円未満では 78.3％、2,000 万円以上では 86.4％。白書が示すデータは日本にも厳然とした情報格差が存在することを教える。

3　一極構造の危うさとアジア民衆の連帯

　同時に視野に入れておくべきものが政治、経済、社会、文化、すべての領域ですすむ一極化（単辺主義）現象である。世界の不安要素はまさにここに源泉をもつ。

　現在、世界貿易の 4 分の 3 は多国籍企業の支配下にあり、その多国籍企業は世界の生産資本の 3 分の 1 を支配している。この状況は IT 革命があって初めて生まれたものであり、しかも多国籍企業のほとんどが米国を基地にしている。これについても私は 2001 年の報告で詳細に論じた。いま、IT 革命の展開がみせつけているものは、米国の「独り勝ち」といってよい状況なのである。

　たとえば、米国の圧倒的な風圧を受けている隣国カナダの場合をみる。NGO 組織「Council Of Canadian」共同議長の Maude Bahrow の報告によると、この 10 年間に同国の生産工場の 4 分の 1 が閉鎖された。注目す

べきは文化の衰退現象で、「北米自由貿易協定によってカナダは自国の出版産業を保護する権利を失い、書店の棚をみてもカナダの雑誌は 15％に満たない」と彼女は証言する。米国製映画や米国製音楽の世界市場席巻については説明の要はあるまい。この風がいまアジアに吹きつけている。

　情報化の進展とボーダレス状況の深化に代表される 21 世紀文明に私たちが描いた夢は、「共生」の希求にも重なって、「地球市民みなが多様性を最大限の幅で認めながら、最も普遍性の高いところに照準を合わせて協力しあい、みながひとしく豊かで心やすらかに暮らせる社会の実現」にあったが、その多様性の尊重と暮らしの安定とが根元から揺さぶられて危うくなっているのである。グローバリゼーションが進む世界においては、情報発信システムの多極化こそが地球市民の暮らしの安全と安定とを広く約束する。北米に中枢機能をおく NAFTA と欧州の広範な地域を包み込む EU に並立するかたちで、日、中、韓を軸にした東アジア共同体を創設するのが急務とするのはここに根拠がある。

　しかも共同体の創設は、過去のどの時期よりも実現可能性を濃くしている。直接のきっかけは中国の躍進である。9％台成長を維持しつづけてきた中国は、2004 年度の貿易額で史上初めて 1 兆ドルを超え、文字通り世界経済の牽引車としての力を身につけた。日本の技術力は依然、世界の先端を行き、ソフトパワーはその勢いを失っていない。「韓流」にみるように、韓国が映像の分野でみせた発信力も注目される。3 者が対等の協働者として連携を強化していくことにより、米国、EU、東アジアの 3 極構造が安定した形で有効に機能する形がみえてきた。

　▽　米国の経済的な優位性が崩れたことで、早くも「世界の無極化」などと言い出す向きも出てきた。しかし、グローバリズムがその根底から動きを止めることはない。注目すべきは世界同時不況による悲鳴が各地であがった 2008 年 11 月、ただちにワシントンに集まったのがそれまでの主要 8 カ国（G8）ではなく、中進国を含めた 20 カ国（G20）だったことだ。当然のことながら、これには中国も加わっている。おそらくは この G20 のほうがこれからの国際協調に

欠かせない枠組みになっていくとみられる。一方で、EUは新しい金融システムを創出するための論議を内部ではじめた。今後の世界はブロックごとの結束を強化しながら国際協調を図っていく方向ですすむのであろうことを予想させる動きといえよう。第7回共同シンポジウムで私が予測した米国、EU、東アジアの3極を成立させる環境はこうして整いつつある。それはまた、東アジア共同体の構築を急ぐことについての時代の要請でもあろう。

▽　とはいえブロックの形成が容易な道のりでないことも確かである。東アジア共同体実現の道筋を考えていく際、私たちは円や元、韓国ウォンの実力をみきわめつつ、世界の基軸通貨の新たなかたちを模索する作業を迫られることになる。しかし、いずれの通貨も失墜したとはいえ米国ドルを凌駕する信認を得る力の持ち合わせはなく、当面は地域の共通通貨にとどまるとみられる。同時に、このたびの世界的な経済危機のさなか、日中韓3国がその国家経済の体質にきわめて脆弱な部分を共通にもっている事実も露呈した。過度に輸出に頼る（つまりは今度の危機で混乱の元凶と指弾された米国民の過剰消費によりかかる）基礎体力の貧しさがそれである。

　こうした弱点をどのようにして乗り越えていくかが当面の最重要課題だが、EUが重ねてきた域内各国の和解、相互理解、協調に向けた努力の集積がここで教訓として私たちの前に浮かび上がる。日中韓3国による辛抱強い調整作業がすぐにも始められなければならない。実のところ、この作業を支えていくエネルギーの素も「文化力」なのだ。共通の岩盤を探りあてようと始動するとき、東アジアの「こころ」の紐帯が他の何よりも貴重な支えになってくる。次項で紹介しているように、何芳川院長が「人文精神の伝統」を語っているのが示唆的である。

4「文化力」を基底においたアジアを

　生産力重視の時代はすでに去った。私たちの里程標は変わったのだ。時代はもはや経済の伸張だけをめざすやりかたを許さなくなっている。東アジア共同体の光源は「文化力」であるのが望ましい。「文化力」は生産一辺倒の思想の対岸にある。そして、これこそがアジアの真の勃興に内実を与えるものなのである。

　国連開発計画（UNDP）が提唱する「人間開発指数」は平均寿命、教育達成度、購買力を基準にした国民1人当たりの所得をもとに生活の質を測ろうとする試みだが、東アジアはこうした生活満足度の比較で他地域に優位性を誇りうる成長、成熟のポテンシャルを十二分にもっている。私たちはその確認から出発しなければなるまい。「生活の質の向上」を第一義にした共同体づくりの道筋を歩き通すなか、「文化」が大きな課題になってくる。アジアの多様性を「文化力」にまで昇華させていくことが求められるようになる。

　再び学術大会の回顧になるが、何芳川院長は2001年の第4回学術大会で「新しい世紀を迎えた日中関係」のテーマで基調報告し、「いまこそ私たちは歴史的な観点をしっかり固め、今後の両国文化交流をすすめねばならない」との決意を示した。さらに院長は「人文主義を欠いた知識経済時代は不完全な時代であり、人文主義を欠いた国家と民族は不完全な民族である」と言い切った。小論の冒頭で第6回学術大会の発表風景に言及したが、あの会場でわが耳がとらえた通奏低音とは、冷徹に時代を見据えた何芳川先生の熱い警世の言葉が創り出したものだったのである。「新人文主義」はこうして両大学の学術交流を基底の部分で活性化させる地下水脈の働きをもつに至る。ここで再度、そのことについて注意を喚起しておきたい。

　小論との関わりで重要に思えるのは、何院長が残した警世の言葉には「こころ」を忘れた物質文明の潮流が支配的になることへの憂慮が強くにじみ出ている、その点である。記録には「拝金主義」、「道徳の退廃」などの表現ものぞく。「文化力」涵養が至上にして喫緊の課題であることを私

はここに見いだす。表面、院長はただ IT 革命が産み落とす退廃現象について警告を発しているように見受けられるが、同時に、古代中国文明の絢爛を繰り返し述べながら「人文精神の伝統」について言及されてもいる。ここのところは「文化の一極支配」に対する拒絶の闡明にも通じる。何院長が発した警告は大いなる普遍性をもち、情報格差の深刻化、世界規模での貧富の差の拡大、米国による一極支配化に対しても私たちが鈍感であることを許さないかのように苛烈に響く。

▽ 中国政府は 2008 年末までに中国語を世界に広めるための学習センター「孔子学院」を世界 188 カ所に設置、出先国の民衆との文化交流の拠点として友好を促進している。私たちが具体像としていま目にすることのできる「文化力」のひとつがまさにこれである。日本政府もこれにならって 2009 年度から 3 年間の事業として日本語学習センターを世界 100 地点に置くことにした。私はこの報告(第 4 項冒頭)で「アジアの真の勃興に内実を与えるもの」として文化力を挙げたが、これらの文化センターが東アジア域内に数多くつくられることは「内実」を与える第一歩の作業となる。できうれば、域内に設けるセンターには e-learning のような地域住民の暮らしの場にまで入り込めるきめ細かいシステムが備えられているのが望ましい。

5 文化力の涵養、多様なチャンネルが必須

現下の日中関係は政府最高首脳の会談も途絶えたままで良好な状況にあるとはいいがたい。小泉首相の靖国参拝が引き金になって北京、上海など主要都市で若者たちの反日デモまでが起きた。当然、日本の世論も硬化する。最新の日本マスコミの世論調査をみても、中国に対して「悪い印象」を持つと答えた日本人が計 67％ に達している(『読売新聞』2006 年 9 月 13 日付け朝刊)。ほぼ同じころ東京で開かれた植民地文化研究会では、中国の清華大学教授が「2006 年春、中国の若者たちを対象におこなった意

識調査で日本人の一般的なイメージを聞いたところ、53％が『信頼しがたい』とし、39％が『近づきがたい』と答えた」と報告した（『朝日新聞』2006年8月3日付け朝刊）。Fundamentalなところで共同体の創設の条件は熟しているのだが、政府間にとどまらず、民衆同士の交流レベルにおいても熱気はたしかに冷めている。しかし、アジアは悠久を基調とする。眼前の些事にとらわれず、なすべき基本の作業をひとつひとつ愚直に積み上げていくしかあるまい。

　2001年の何芳川院長基調報告は「日中間の教育交流によって人材の育成に励み、人類文化発展のなか光彩を放つ東洋文明の再興」を強くうたいあげている。全アジア人の連帯を見据えた気宇壮大な提言であるが、同時に、アジアの今日と明日を生きようとする私たちへのきわめて現実的で具体的な助言であり、東アジア共同体構築の指針の提示になっている。

　文化力によって東アジアは勃興する――何芳川院長は私たちにその確認を求めているかのようである。

　　▽　現在の日中関係、日韓関係はまずは平穏を保っている。首相が靖国参拝を繰り返した小泉時代の険悪な空気は消えた。しかし、それは、国内に波乱を呼ぶもとになる要因はなるべく表に出すまいとする政府同士が暗黙の合意でつくりだしている「良好な関係」であって、民衆同士の友好が深まったがゆえの安定という姿にはほど遠い。そう私はみる。日本全般の歴史認識が変わらぬかぎり、近隣アジアの国々に「反日」の火が噴くことは今後も絶えないにちがいない。

　　　歴史を直視し歴史に深く学ぶのは日本人の側の責務である。自民族が犯した加虐の行為をつぶさに検証し、過ちを2度と繰り返さないとの決意を固め、歴史に対する誠実さの点で近隣アジア諸国の信頼をかちうる努力を私たち日本人は怠ってはならない。

　　▽　中国大陸から朝鮮半島をへて日本列島につらなる東アジア地域でひとつの共同体を構築しようとする考えを奇異な発想だと退ける向きは多くあるまい。日中韓3国だけを取り上げても、ともに漢字

文化をもち、ともに儒教文明のなかで国づくりに励んできた歴史的体験を有しており、共通項を多くかかえるからだ。だが、そのことばかりに目をやって、われらは文化・文明を共有する仲間だなどと短絡して安易な共同体づくりに走り出すのは危険である。共通項よりは多様性に着目して作業をすすめることが肝要であろう。

▽　違いは国家間のみならず、性差、地域差、所得の差、年齢差などの広がりをみせる。とくに世代間の価値観の相違が興味深い。国の枠を超えた世代間の対立、見方を変えれば国境を超えて連帯したオール・シニアとオール・ヤングの局面となって表れることもあろう。緊張をはらむが、反面、知的に弾んだ社会に変わる。

　中国のTV局のブログで起きた論争だが、故宮内にできたスターバックスのコーヒー店をめぐって、ある者は「中国の伝統文化に対する侵害だ」といきまいた。聖域に西欧文化が入り込むのは不快きわまりない、との思いからなのであろう。しかし、別なある者は「ただのコーヒーショップにすぎないではないか」と反論し、伝統文化を持ち出してことの当否を論じようとするその行為そのものに異を唱えた。2007年5月にソウルで催された日中韓3国研究機関合同シンポジウムで張明・中国現代国際関係研究院准教授が紹介した一幕だが、このような論議が起きること自体が文化現象なのだ。それが国境を超えてのディベートとなる。共同体の中身はこうした文化的衝突を繰り返すなかで磨かれていく。そして、地域ブロックとしての東アジアは知的に活気づき、発光する。

▽　2005年にソウルで催された第3次日韓国際学術シンポジウムで私は「日韓文化交流の到達点」と題する報告をおこなったが、そのなかで情報行動に関わってこれまでのアジアに例をみない出来事の進行について触れた。これも文化力を考える際の検証材料となりうる事象に思える。

　「冬ソナ現象」と私は呼んだ——正確には韓国放送公社（KBS）

制作の連続テレビドラマ『冬のソナタ』が 2003 年に日本の NHK 衛星放送で放映されると、中高年女性の間でブレークした。その間のハプニングを指して「現象」とした。韓国人男優が日本のスターを押しのけて人気の頂点に祀り上げられ、ドラマのロケ地訪問で航空便が連日満席になるなど、その熱狂ぶりは 1965 年の日韓国交正常化以来ついぞ両国民が目にしたことのないものだった。なぜ隣国のドラマが日本の中高年女性のこころをかくまでにとらえたかが問題だが、日本側テレビ局の専門家らの見方は、日本ではとうに「若い視聴者の好みに合わない」と見捨てられてしまった純愛もの路線を真正面から取り扱ったところにある、との点で一致していた。ヤング嗜好におもねる番組ばかりで欲求不満をつのらせていたおばさまたちが異国製の「せつないお話」にめぐりあって歓喜したというのが実相に近い。

　私はそこに文化交流の新たな型の芽生えを見いだす。自国文化のメーンストリームになじまないものを感じた人びとがためらわずに隣国の文化にチャンネルを合わす。それが可能な時代が到来したというわけなのだ。文化力をエネルギー源にもつ東アジアの共同体構築は多様な人々の多様な意思にもとづいてすすめられる。当然のこと、多様なチャンネルが用意されねばならぬ。何院長の示した道を歩みながら、アジアの民衆が待ち望む共同体づくりのため、つねに新しいものへの挑戦をつづけなければならないということなのだろう。

日本古代文明の史的考察
「海洋の日本文明」史観について

厳　紹璗

1 問題の提起：
東アジア文明史実に対する海洋文明論の挑戦

　1990年代半ばからの10年間で、「海洋日本文明論」（Concept of Oceanic Japanese Civilization）と称される「文化史観」が日本の知識人の階層から一般市民の間に浸透し、広汎な社会的影響を持ち無視できないものとなった。

　1995年、大学共同利用機関法人・国際日本文化研究センター教授である川勝平太が『早稲田政治経済学雑誌』に「文明の海洋史観」を発表し、「日本海洋文明観」を掲げた。1996年川勝平太は著書『海から見た歴史』（藤原書店）を出版した。1997年、日本の「国家テレビ」という性格を持つNHKの番組「人間講座」に出演し、3カ月間にわたって「近代はアジアの海から」と題する講義を行った。同年、中央公論社より同氏の著書『文明の海洋史観』が出版され、2000年9月川勝平太の「海洋日本文明論」に呼応して中央公論社より白石隆の『海の帝国：アジアをどう考えるか』が刊行された。2001年、PHP研究所も川勝平太の『海洋連邦論』を出版。2003年7月、東京大学教授浜下武志と川勝平太の共同編著『海と資本主義』（東洋経済新報社）が出版されている。

このように日本の学術界ではたちまちにして比較的広い層にわたって呼応する言論が多く現れた。そしてついに「日本海洋文明論」は今日流行の先端を行く「学術」潮流となったのである。

　川勝の述べるところによれば、いわゆる「文明」と「帝国」は、いずれも「大陸世界」を舞台として誕生したものであるが、「近代国家」は「海域世界」から生まれたものである。もし、2,000年にわたるヨーロッパの歴史が「イスラム化」からの脱却である「脱亜」の歴史であるとすれば、2,000年来の日本の歴史は「中国化」からの脱却という、「脱亜」の歴史なのである。これが、「海洋日本文明論」の核心となる観点である。

　白石隆は『海の帝国：アジアをどう考えるか』において「一体日本はアジアに属するのか？」という、普通の人間には奇異とも思える問いかけをしている。「今、我々が言う『日本』というのは、アジアの中の日本なのか？　はたまたアジアと並列している日本なのか？」と白石は問う。また「『大陸アジア』は農民と地主とのアジアであり、農本主義のアジアである。中国では未だに『海洋アジア』に反する生存秩序が維持されている。だから、『海洋アジア』は中国以外のアジアを指す。」とも言う。

　言わんとすることは非常に明確である。いわゆる「日本海洋文明論」とは、つまるところ文明史の立場から日本の世界における位置付けをし直そうとする「文明史観」ということである。このような「文明史観」は強烈な民族ショービニズムの「絶対的優越感」を基本的な趣旨とするもので、2,000年来の「東アジア文明」の形成と発展の歴史を完全に抹殺し、日本がアジア大陸文明の滋養を摂取したという基本的事実から離脱した日本の虚像を作り、「孤島文明」の幻影を作り、日本国民や世界の人々の「東アジア文明構築」に持つイメージを曲げようとしている。

　「日本海洋文明論」は文明研究の理論の一つと言うより、日本の古代文明から中国文明の深い影響を完全に洗い落とそうとする「洗剤」だと言うべきである。根本的にいうと、このような「文明史観」は本質的に中国文化を相手取った挑発であり、今の日本の、国家主義イデオロギーを支える文化的基礎となっている。

第一部　日中関係と共生

2「日本文明史」の考察はいかにあるべきか

　イデオロギーの偏見を持たない、成熟した文明史研究者であれば、事実を基礎に自らの「文明史観」を構築する。理性ある学者であれば、さまざまな、学術的個性を持つ日本文明史研究方法があってしかるべきである。しかし、どのような方法で日本文明史を研究しようとも、「未開の時代」から「文明の時代」へ、即ち石器、狩猟、無文字時代から金属道具、稲作農耕、文字書写の時代へと向かう2,000年近くの日本の「文明史」を考察する際、少なくとも三つの次元の文化的視野を持たなければならないと思う。

　一つ目は、日本列島の本土の「文明的事実」に立脚する叙述である。例えば、縄文時代、弥生時代、飛鳥時代、奈良時代から江戸時代、明治時代、昭和時代、平成時代にかけての「文明発展の状態」の事実に立脚した叙述。

　二つ目は、ある特定の時代の文明を構成する内的、基本的な「素材要素」と「原動力要素」の解析である。例えば、縄文時代から弥生時代へ躍進する時にその「文明的特徴」を示した「素材」とは何であるか。これらの「素材」の価値と意義はいったい何であるか。如何なる文明の特徴も全て「社会的産物」である。これらの「産物」がいったいどのような「成分」から成り立っており、それらの成分がどこから来たものなのか、そしてその「産物」を成り立たせるのにいかなる文化的役割を担っているのかを研究するのが学者の仕事である。そうしなければ、こうした文明の本質的意義を知ることはできないであろう。日本の文明史について言えば、その重要な文明的事実の一つ一つ、例えば、稲作農耕の形成、或いは文字としての「仮名」の形成等々、いずれも日本列島本島以外の他民族が創造した無数の「文明素材」を含んでいる。では、外来の「文明素材」の支援がなかったとすれば、日本文明はどのような状態のものになるのだろうか。簡単に想像してみれば分かることだが、日本の日立、松下、三菱等の企業が、もし海外からの「材料」や「動力」の支援をなくしてしまうと、どんな製品を生産することができるというのだろうか。

　事実、世界文明史の立場から言うと、「未開の」時代の生活状態から抜

99

け出し「文明の」時代に入った民族において、その文明の発展と発達はすべて世界文明の「相互影響」の中にあって実現したものである。今日の世界には「純粋な民族文化」というのは存在せず、日本も決して例外ではありえない。「純粋な民族文化」をでっち上げる如何なる理論であろうと、忌憚なく言わせてもらえば、それは研究者の完全な無知によるものか、でなければ学術本来の域を越えた研究者自身の政治的イデオロギーの実利的要請によるものである。

　三つ目は、特定の文明の事実を説明し、その内在の素材や原動力を分析する際、人類共通の基本的な思考の特徴と、さまざまの精神と物事の実像についての叙述に関心を払う文化的視野である。そうすれば、個別の民族文明にある、人類共通の思考と創造力を示すものと、その民族が特定の生存状況から生み出した独自の特徴の現われとを見分けることができ、さらに個別の民族文明の世界文明に占める地位とそれの持つ価値を認めることができる。

　日本の「海洋文明論」者は上述の三つの文化的次元において、学者として持つべき「文化的視野」を喪失したため、彼らの描き示す「日本文明史」は、日本文明の「虚影」に過ぎず、日本文明の「実像」では決してない。

3 日本文明史を構成する材料としての中国文明の成果についての考察

　人類文明の発達史の中で、黄河、長江、珠江を中心とするアジア東部に位置する「華夏文明」はこれまでに途切れたことはなく、また形態上の「変異」もなかった。それどころか、この文明はそれを生み出した土地を越えて、アジアの東部に中国大陸、朝鮮半島、日本列島及びインドシナ半島東部を含む「漢字文化」を中心とする「東アジア文明区域」を形成した。

　「東アジア文明区域」の特徴をこのように言い表すとき、それはある「価値観念」を評価または主張しようとしているのではなく、科学と理性の態度をもってある特定の「文明の形態」を考察しているのである。

第一部　日中関係と共生

　日本列島は古代「東アジア文明区域」の活発な構成員として、「東アジア文明」の「相互影響」の中にいた。もし「多次元多文化」の文化的視野から「日本文明の歴史的過程」を考察するのであれば、少なくとも以下に挙げる10項目の分析を通して、日本文明の体系を構成する豊かな「華夏文明」を見ることができる。

（1）考古学の証明するところによると、中国雲貴高原に起源を発する「稲作農耕」は、日本列島の居住民が「未開の時代」を抜け出し、「文明の時代」に前進する、即ち「縄文時代」から「弥生時代」へと飛躍的な発展を成し遂げたもっとも主要な「生産力」である。

（2）『日本書紀』等の古文献の記載や文化財などの資料によると、紀元前3世紀より紀元4世紀にかけて数万の「華夏族」の人々が日本列島に移住した。彼らは当時東アジアで最先端の生産技術、たとえば「紡織」、「漆工」、「鞍」、「漢方医術」等を伝えた。『論語』を中心とする文献著作が伝えられたのもこの頃である。物質的にも精神的にも日本の古代国家建設に強力な基盤を築いた。

（3）紀元5世紀頃、仏教が朝鮮半島を経て日本列島に伝わった。以来1,500年にわたる日本民衆の「仏」の信仰が始まるわけだが、その巨大な文化の潮流は日本社会のほぼすべての階層に深い影響を及ぼした。仏教は南アジアで生まれたが、日本の仏教は南アジアの原産地から直接伝わったのではなく、仏教各教派の学説や経典、法会儀式はすべて中国華夏大陸の解釈を経て、日本へと伝わったのである。その中で、経典はごく少数の「書道テキスト」としてのサンスクリット原典を除けば、その他は全て漢訳文献であった。

（4）『日本書紀』等の古文献の記載によると、日本列島では7世紀ごろより古代国家が形成されたが、国家制度の制定において、中国華夏族の相対的に成熟した豊かな政治観念や道徳倫理観念が日本の古代国家の基本理論を構成した。

（5）『古事記』を代表とする8世紀初期に構成された日本の「記紀神話」は、天皇の神聖さを述べた「国家神話」の系統であるが、それは日本民族の「天皇信仰」や「神道崇拝」の最も根本的な心理的基礎となった。比較

文化論の立場から言うと、これは日本原始神話を基礎とする「変異神話体」と言える。中国華夏族文明の中の「道学と道教観念」「儒学倫理」「方士と方術の生命理論」等は「記紀神話」の構成に関わり、強力な観念的支柱となった。

(6) 日本民族自身の書記文字の形成と確立は、非常に長い道のりを辿っている。4世紀ごろから公文書の文体として「漢文」が使用され、7、8世紀ごろから発音記号として「漢字」が使われ「万葉仮名」が生まれた。10世紀ごろ漢字隷書の偏旁や抽象化された草書体から「片仮名」と「平仮名」が創出された。これらの段階的過程はすべて「漢字」を基本的文字素材としている。「仮名文字」の出現は日本民族の「言文一致」を実現させ、日本社会が文明化の過程において最終的に「未開の」社会の残余から抜け出す根本的な印となった。

(7) 8世紀より12世紀にかけての奈良・平安時代に日本文明史上初の文化興隆期を迎え、広い意味での「漢文文学」と「和文文学」において共に輝かしい業績を残した。時代を特徴付けるこの「文化興隆」は「漢文学」でも「和文文学」でも華夏の「漢文化」における「先秦・両漢・魏晋南北朝・隋唐文学」の伝播、選別と吸収を文化的基礎の一つとするものである。「和文文学」の代表である『万葉集』にあっても、「万葉」という名前自体「華夏文化」との深層的且つ内在的つながりを示している。以降の日本文学の発展においても、「五山文学」には多くの「唐宋文学」の素材を発見することができる。江戸時代の文学には多くの「宋元明清文学」の素材、日本の前近代文学である江戸の「読本」には明清時代の口語通俗文学の素材が多く見られる。

(8) 日本列島は12世紀末より武士による政権争奪の内乱状態に陥り、それは400年近く続いた。それより以前に生まれた「日本文明の成果」は長い、残酷な戦火によってほぼ壊滅されてしまった。この400年間で辛うじて日本文明の息を保ったのは、「禅宗」と「禅宗寺院」だけである。14世紀鎌倉で建立された「鎌倉五山」と、15世紀京都で確立した「京都五山」が日本中世紀時代における「文明」の印と「文化」の「集合地」となった。

「禅宗」は仏教が中国に伝わった後に華夏の大地で形成された完全なる「中国風」の仏教教派である。「五山」は中国南宋時代に杭州と寧波両地に集中した「禅宗」の「大本山」制度である。日本の「五山文化」には主な内容が三つある。一つは禅宗の教理である。その伝道者には中国に求法した日本僧侶もいれば、伝法のために渡日した中国僧侶もいる。二つめは宋代新儒学である。その伝来は全く中日僧侶の往来によるものである。後期には明代の心学も伝えられている。三つめは木版印刷である。中国から日本へ渡った職人が木版印刷の主な技術を伝え、中国の漢籍や漢訳仏典を印刷した。

「五山文化」は平安文化と江戸文化を結ぶ唯一の接点であり、日本上古文化と近世文化を結ぶ唯一の通路である。

(9) 17世紀の初め徳川幕府成立後、その支配を実施するための「幕府イデオロギー」が徐々に確立された。このイデオロギーは「神道」を基礎とし、儒学の「宋学」をその理論の枠組とする。幕府初代の学術領袖であった林羅山は、「神道」にも「宋学」にも極めて深い教養を兼ね備えていた。彼に始まる林一族も200年間にわたって「宋学」の大本山となった。「宋学」の興隆により江戸時代には「文人学術」が生まれた。これは日本文明史上最初の「文人学術」である。この「文人学術」は神道学説と儒学や中国諸子百家をその主な内容とした。特に注意したいのは、日本の「国学」派を代表する学者は、ほとんど例外なく極めて優秀な「漢文化」教育を受けていることである。現在の「本居宣長記念館」には、本居宣長が学んだ多くの漢籍が陳列されており、それらの漢籍には宣長の書き残した多くの「読書の心得」が残っている。

(10) 16世紀ごろにキリスト教宣教師が日本に渡ってきた。日本列島とヨーロッパ文化を結ぶ通路が初めてできた。現存史料によると、日本に渡った初期のスペイン、イタリア、ポルトガル等の宣教師は、みな中国のマカオでの生活や布教の経験があり、マカオから日本へ直接渡った少数以外は、その殆どが中国内地で布教をしながらだんだんと日本列島に移ったのである。この布教の経由は、仏教が中国を経て日本に伝わった事例と酷似している。徳川幕府による「禁教」の後、処刑を免れた宣教師やごく一

部の日本人信者は、長崎で貿易をする中国商船で中国本土に逃亡した。そして中国本土を経てマカオに亡命した。マカオにはこの時に日本を脱出した宣教師や日本人信者の墓が今でも残っている。彼らは日本文明史におけるこの特殊な段階の歴史の証しとして、永遠に中国の土地に留まっている。これと関連するもう一つの重要な文化的事実だが、中国本土を経由して日本に渡ったヨーロッパの宣教師が、中国での布教のため、ヨーロッパの言語にある概念や語彙を中国語に翻訳する際、中国の文化的伝統に従って対応する漢字語彙を求めた。明治時代、日本が西洋文化を受容する過程で、日本の学者は宣教師らが提供したこれらの資料を参考に「主」「文化」「文明」「幸福」等といった新しい漢字日本語語彙を創造した。これらのことばは日本近代語彙の重要な部分となった。

　以上は日本古代文明の内部構成に対して行ったごく簡単な分析である。日本文明史における基本的な事実は、2,000年近くにわたる東アジアの歴史の中で、アジア大陸の文明、特に「華夏文明」は、日本文明が発生し、発展するためにほぼすべての重要な側面において充分な栄養素を提供し、そして内在化してその確かな発展を促すための原動力となり、共に東アジアの豊かで多彩な古代文明を作ったということである。これは、「日本の海洋文明史観」に説かれるところの「2,000年来の日本の歴史は中国化から抜け出す『脱亜』の歴史である」とする「日本文明史」とは、全く異なる「日本文明史」である。

4 日本文明史研究のための「文化力」という視点の確立と利用

　日本文明史を研究する際、「文化力」という視点を確立し、そしてそれを利用するということは、本質において「科学的理性」という視点を確立し、それを利用しようとする努力である。
　「日本海洋文明史観」を持つ学者の根本的な欠陥は、「文化力」の視点を喪失してしまったということである。彼らは「文化力」の視点から「日本

文明史」を研究しているのではなく、いわゆる「日本文明史」の「自己解説」を通して、世界における日本として新たに「日本」のために歴史と未来における位置づけを与えようと目論んだわけである。ならば、こう聞いてみたくなる。日本は自身の歴史と現実をもって、世界の人々の間にその地位やイメージをすでに作り上げたのではなかろうか？「海洋文明論者」は言う、いや、あれはちがうのだと。彼らは、日本の世界的地位は、いわゆる2,000年の間常に「中国化」に抵抗してきたという基礎の上に成り立っているのであり、海洋地域としての「独特」にして「純粋」な文明の基礎の上に成り立つべきだと言うのである。簡潔に言えば、日本は世界中で唯一無二のもっとも優秀な「神の国」だという地位を、彼らが確立しようとしているのである。

　極めて率直に言うと、中国の「日本学」研究者の一人である私が「日本海洋文明論」を読む時、北一輝の『日本列島改造論』や大川周明の『日本二千六百年史』を読む時に感じるのと大して変わらないものをしばしば感じるのである。

　この二つは極めて異なる世界と東アジアの「文化的文脈」の中で生まれた言説なのだと、なるべく自戒をしているのだが、しかし彼らの間にこれほど似通った「世界観」「東アジア観」「中国観」と「日本観」が存在するのにはいつも驚かずにはいられない。

　科学の発達と進歩は、必ずしも人文学研究者の学術観を高めるとは限らない。なぜならば、科学より強大且つ残酷な力があって、人類文明史を研究する際人文学研究者が持つべき文化的視野を遮断してしまうのである。その力とは、つまり極端なナショナリズムと極端な国家主義の支配下にある政治の需要と政治の利益なのである。人文学者が特定の政治的要請を表現するための道具となってしまった時、その学者が従事するいわゆる研究と呼ばれるものは、「サーズ」や「エイズ」のような社会を害するウイルスになってしまう。

　はっきり言ってしまえば、現在流行っている「日本海洋文明史観」は、このような社会ウイルスであり、日本国民の正常な文化心理を害し、東アジア地域と中日間の政治から文化に至るまでの各方面の正常な関係をも害

しているのである。
　中国と日本における東アジア各国文明史に関する研究は、研究者が「文化力」の基本的な視点を確立し、学術研究の「政治化」を排除しなければならない。そうすればこそ、両国の文化研究が「理解の上で協力を強化し、協力の上で理解を促進する」ことができるのである。
　　　　　　　　　　　　　　　　　　　　　　　　　　　（張平訳）

東アジアの発展モデルと成長の持続性
韓国、台湾、マレーシアモデルと中国の比較を兼ねて

劉　敬文

1 はじめに

　2008年は、中国にとって北京オリンピックとともに、改革・開放30周年を迎えた節目の年である。ここ30年近くにわたって、中国経済はほぼ10％の年間成長率を達成し、目覚しい高成長街道を驀進し続けている半面、「三大格差」といわれる都市部と農村部の格差、地域格差、貧富の格差のほかに、産業間の格差などアンバランスの問題が顕在化され、成長の持続性が問われている。
　こうした問題は、世界各国共有のものもあれば、途上国固有のものもあり、また中国特有のものもある。とすれば、いかにアンバランスの問題を抱えながら成長の持続性をキープし続けられるかが現実かつ普遍的意義をもつ課題として、その対応を迫られる。
　拙論では、成長の持続性あるいは持続的成長という命題全般について論じるのではなく、国際比較を通じて、発展モデル、特に不均衡発展モデルと成長の持続性の関係を明らかにしたうえ、現段階における中国経済の政策的課題を探りたい。

2 東アジアモデルへのアプローチ

　東アジア経済は、過去 40 年余りの間、人類史上において未曾有の高成長を続け、「経済的奇跡」を成し遂げたと評され（World Bank 1993）、いわゆる「東アジアモデル」は、未だに貧困に喘いでいる低所得国家にとって発展の福音といわれるまでに至った。しかし 1997 年 7 月、タイで起きた通貨危機はたちまちのうちに周辺の国々へ波及し、世界銀行の姉妹機関である国際通貨基金（IMF）の緊急救済融資を受けざるを得ないほど泥沼状態に陥る国も現れた[1]。ばら色のアジアは何時となく伝染病にでもかかったように見えた時期もあったが、21 世紀の幕開けとともに、アジア通貨危機の試練を受けた東アジア諸国はすっかり危機から脱出し、その持続的成長のポテンシャルが再び世界の注目を集めるようになった。

　東アジアの地域的定義についていうと、さまざまな論議を呼び起こすものの、世界銀行の概念を踏まえれば、日本、中国、朝鮮半島および東南アジア諸国連合（ASEAN）をさすものと理解される[2]。これらの東アジア諸国は、国土、人口、産業構造、一人当たりの GDP、天然資源および宗教、政治体制、経済運営体制においてさまざまに異なっており、多様性がその最たる特徴としてクローズアップされる。

　東アジアの高成長のなかで、抜きん出ている国または地域として、世界最多の人口を有する中国、都市国家ないし国際物流仲介貿易港（entrepot）を特徴とするシンガポール、1998 年に中国に返還された香港が、当然ながらこれに含まれる。ところで、人口規模、領土の大きさ、一人当たりの GDP といった比較可能な三つの変数をふまえれば、韓国、台湾、マレーシアが模範事例としてふさわしいものである。またこれらの国または地域の経済発展の経験は途上国に示唆を示す発展モデルとして広範囲にわたって有効であると力説されている（Chenery 1975; Syrquin 1989; 安忠栄 2000）。そして何よりもこれらの三つの国または地域の共通した特性として、①輸出指向型＝対外指向型、②資源分配における強力な政府介入型

---

[1] 安忠栄『現代東アジア経済論』2000 年。
[2] 世界銀行『東アジアの奇跡』1993 年。

＝政府主導型で高成長を成し遂げた点をあげることができる。

3 韓国モデル＝財閥主導による圧縮成長モデル

　1960年代以来、韓国経済は高成長軌道に乗り、「圧縮成長」といわれる産業構造の高度化を短期間内に達成した。その背景と特徴の一つは、国家主導・財閥主導の輸出促進政策によって推し進められたことである（Amsden 1989; Ahn Choog Yong 1996; World Bank 1993）。第2には、輸出促進政策のなかで、輸出促進戦略産業の設定と金融配給がその二本柱をなしていたことがあげられる。この戦略の基本的な発想は日本の亜流といっても過言ではないものの、マクロ経済政策、安保環境、賃金の決定、外資依存、そして政策決定プロセスなどにおいて日本との間に著しい相違があった。第3には、製造業中心、金融従属といった産業間の力関係が認められることである。この産業間の構図が短期間内に韓国経済を「圧縮成長」の達成に導いた根本的な政策的ポイントである半面、皮肉にもアジア通貨危機に陥らせた主要因の一つになった。

3.1 輸出指向型工業化と輸出奨励制度

　1950～60年代を通じて多くの新生独立国家が非加盟運動と国内指向の輸入代替政策を活発に行うのとは裏腹に、朴正煕政権は1961年から輸出立国政策を推進してきた。そもそも、この輸出指向型工業化政策は、エネルギーと食料を購入する外貨を確保することからスタートしたが、その中心的な政策的構成は輸出奨励システムである[3]。

　輸出立国の政策ポイントについては、概ね①外国直接投資（FDI）の誘致により国内の「無限労働供給」を活用すること、②国内市場での需要充足より海外市場への拡大をターゲットにすること、③政府主導による輸出主導型工業化という三つにほぼ集約される。そのメカニズムは図1が示

---

[3] 朴正煕政権は「民族中興と祖国の近代化」を統治理念として掲げ、その執政の1961～79年の約20年にわたって強力なリーダーシップで輸出立国政策を推進した。

図1 政府主導による輸出指向型工業化のメカニズム

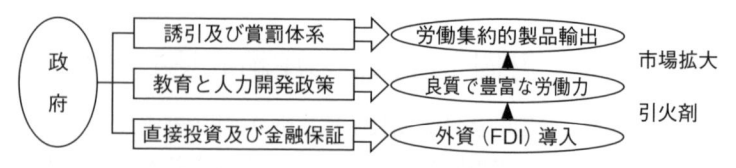

```
                誘引及び賞罰体系    ⇒  労働集約的製品輸出
                                                         市場拡大
 政府  ⇒  教育と人力開発政策    ⇒  良質で豊富な労働力
                                                         引火剤
                直接投資及び金融保証  ⇒  外資（FDI）導入
```

資料：安忠栄『現代東アジア経済論』岩波書店、2000年。

している。

　輸出奨励制度では、自動的に承認されることを前提とした輸出優待金融と輸出生産用の中間財輸入に対する非関税および関税減免制度（関税還付制）が特筆される。これらの奨励制度のほかに、支援手段として、①輸出生産用の中間財投入と輸出販売に対する国内間接税の減免、②輸出所得に対する直接税の減免（1973年廃止）、③輸出用の原資材輸入に対する減耗許容制、④輸出実績を踏まえた輸入業の営業許可リンク制、⑤輸出用の中間財の国内供給者に対する関税及び間接税の減免、⑥主要輸出産業の固定資産に対する加速償却制の許容などが加わる[4]。1970年に輸出支援金融が総貸出金に占めるシェアは19.5％であったのに対し、1980年に当該シェアは35％までに上昇した[5]。

3.2 政府主導型工業化と財閥の形成

　1960年代の輸出促進政策は無差別であるというならば1970年代に入ってからは政府の強力な介入による選別的な支援が一般的になったといえる。第1次5カ年計画期（1962～66年）においては、肥料、製油、化学、化繊のほかに、総合製鉄所の建設も支援の対象であった。
　第2次5カ年計画期（1967～71年）には、機械、造船、繊維近代化、

---

[4] 韓国の輸出指向型体制は1962～66年の第1次開発5カ年計画から本格的に始動し、1964～65年の為替制度と金利改革を通じて総合的かつ一貫した輸出奨励制度として確立した。
[5] 韓国銀行『経済統計年鑑』1963年及び1981年。

電子工業、石油化学、鉄鋼、非金属製鉄等の産業を振興するための法律が制定された。このことから韓国政府の選別的な産業育成の意思を垣間見ることができる。1960年代末、朴政権が具体的に鉄鋼、ポリ塩化ビニール（PVC）、合板、皮革、自動車、造船の6業種に対する政策方向を提示し、さらに1973年1月に、80年代には重化学工業製品の輸出比率を50％以上にするという目標を組み入れた「重化学工業宣言」を発表した。この政策は第1次オイルショックにより、同年2月に「重化学工業育成計画変更方針」として修正せざるを得なかったが、重化学工業を重点的に発展させる政府の方針はその後も貫かれた。

こうした中で、1950年代から活動を始めた一部の創業世代は、1960年代以来の輸出ドライブ政策と政府の資金配分によって潤ってきた。これらの企業は、事業規模の拡大と多角化を通じて、家族を所有、支配、経営の中心とする複合企業集団（conglomerate business group）に成長することができた。三星、現代、LG、大宇などがその代表的な存在である。1973〜78年の間、GDPと製造業に占める10大財閥のシェアは、それぞれ5.1％と18.9％から13.9％と23.4％までに上昇し[6]、1973年の「重化学工業宣言」を境目に、財閥主導による工業化は本格的に始動した（表1）。

表1　韓国財閥形成のルート

形成のルート	モデル企業
①セメント、化学、鉄鋼などに対する産業支援政策によって大企業群が形成	
②吸収・合併（M&A）による大企業の拡張	大宇、現代、韓進、東亜など
③個別の産業育成・振興法に助けられて企業拡張、経営の多角化、技術革新に力を入れてきた企業が1970〜80年代まで持続的に成長を成し遂げる	
④一部の大企業がベトナム戦争の軍事特需により成長の契機を掴んだ	大宇の繊維、韓進の荷役業、真洋の靴など
⑤土地開発によって建設およびセメントを中心とした大企業の成長	現代、東亜、双竜など

6）司空壱『世界ノ中ノ韓国経済』1993年。

3.3 「圧縮成長」モデルの成果と限界

　韓国経済の近代化を成し遂げさせた「圧縮成長」モデルは、① 1970 年代以降、重化学工業による規模経済（economy of scale）、輸出産業化及び防衛産業育成のための戦略産業の設定、②目標を達成するための政府主導による特恵的金融配給、税金減免措置、③量的拡大のための財閥の事業多角化といった三つのポイントでまとめることができる（安忠栄 2000）。

　「圧縮成長」の結果として、30 年という短い間に、韓国をアジアのもっとも貧しい農業国から世界的な製造業輸出基地にした。この中で、韓国の財閥は、鉄鋼、半導体、自動車、機械類、石油化学など重厚長大型分野において決定的な貢献をしたことも否めない事実である。

　一方、1997 年のアジア通貨危機の中で、韓国は IMF の管轄下に置かれるという非運の目にあった。その原因を追究すると、国内外環境の変化に機敏に適応できないことがその最大のポイントであったといわざるを得ない。このことが「圧縮成長」モデルの限界を露呈したものでもあった。

　具体的にいえば、まず国際会計基準または WTO の基準との隔たりが大きかったことがあげられる。金融と企業の中に蔓延しているモラル・ハザードの背景には、①重化学工業のための産業優位型システム、②行政による金融従属型システム、③銀行の自立的経営の不在、貸出審査機能の欠如などの構造的な問題が深刻に存在していた。次に短期資本の依存度が高く、1996 年末には GDP に占める総外債の 63.5％に及んだこと、さらに韓国の主力産業が世界範囲において供給過剰になっており、投資すればするほど損失をこうむるという悪循環が生じ、30 大財閥の負債率を 1997 年初めの平均 400％の水準から 1997 年末に IMF 管理体制に入ってから 516％へと上昇させた原因になったと指摘される[7]。

---

7) ブーズ・アレンとハミルトン『韓国報告書』1997 年、安忠栄『圧縮成長モデルの限界と克服』1998 年。

4 台湾モデル＝中小企業主導による均衡成長モデル

　台湾は韓国より5年も早く、1958年から輸入代替戦略から輸出促進戦略への転換を取り始め、農工並行と中小企業主導の発展戦略によって成長と均衡分配（growth with equity）を同時に達成したモデルケースといわれるまでに成長を遂げた。またアジアのどの国家と地域よりも先に先進的な金融制度を定着させようとしてきた。アジア通貨危機のなか、その衝撃を受けることなく一歩離れた安全地帯に立つことに成功した。

表2　戦後における台湾経済発展の時期わけ

No.	年	内容
①	1949～52	土地改革と再建の期間
②	1953～57	輸入代替工業化の段階
③	1958～72	輸出振興の時期（韓国より5年ほど先行）
④	1973～80	工業振興と新輸出成長期
⑤	1981～96	新技術と経済近代化の期間
⑥	1997～現在	21世紀のアジア・太平洋地域における経済運営の中心として台湾を浮上させようとする長期発展計画を追及する時期

4.1 輸入代替型戦略から輸出指向型戦略への転換

　台湾は、韓国と同じように、天然資源の貧困を克服するための経済発展の代替的な手段を捜し求めていた。1949～52年の間に土地改革を成功させたという点において本格的な工業化のための初期条件は韓国と類似情況が生まれ、そして工業化が始まって以来、高い教育熱と貯蓄率という点でも韓国と同じである。

　台湾では、1953～57年の間、工業化を実現するための戦略として輸入代替工業化戦略を取った。結果的には、経済が停滞し、資本と中間財の輸入増大と輸出不振は貿易赤字を引き起こした。また国内の市場が狭小であったため、輸入代替工業化が経済成長の突破口となることはなかった。

　そこで、1958年から本格的に輸出促進戦略への転換に取り掛かった。その代表的な措置としては、①通貨切り下げ（devaluation）と複数為替

レート制から単一為替レート制への転換、②低金利融資制度を中心とする輸出奨励制度の導入、③輸出商品に対する数量制限の撤廃（World Bank 1993, pp.131-132）といったものがあげられるが、1950～60年代初めに至るまでのアメリカの援助は、技術移転と外国資本の流入をもたらすうえでの源泉となり、その後も外国の直接投資が重要な役割を果たしてきたことに注目したい。

　台湾の発展戦略が順調に転換できた背景には、政府の強力な介入があってこそのことといわなければならない。具体的にいうと、①公企業の所有から高度の輸入制限政策に至るまで、そして特恵金融などの広範囲な分野において多くの政府介入があった。②選別的な産業政策は生産増大にフォーカスをあわせたものである。③中小企業主導型発展の産業組織が競争促進的であった。

表3　台湾の産業構造変化と産業部門別の成長率

(単位：%)

	対GDP比率					年間成長率		
	1960	1970	1980	1990	1997	65～80	80～90	90～97
農業	28	15	8	4	3	2.3	8.0	0.3
第二次産業	27	37	46	41	35	13.7	8.0	4.6
（製造業）	(19)	(29)	(36)	(33)	(28)	(14.6)	(8.5)	(4.4)
サービス業	45	48	46	55	62	9.5	8.8	8.0
GDP	100	100	100	100	100	9.9	8.0	6.4
一人当たりGNP（経常US㌦）	154	389	2,344	8,111	13,233	―	―	―

出典：Council for Economic Planning and Development *Taiwan Statistical Data Book*. Republic of China, 1998.

表4　台湾の輸出と内需の成長寄与度

(単位：%)

期間	内需拡大効果	輸出拡大効果	輸入代替効果
1955～61	61.6	22.5	7.7
1961～66	63.2	35.0	0.5
1966～71	51.4	45.9	5.7
1971～76	34.7	67.6	-2.4

出典：Kuo, S. W. *The Taiwan Economy in Transition*. Westview Press, 1983, p.149.

4.2 中小企業主導型工業化およびその特徴

　台湾では三星や現代のような巨大企業は存在しない。たとえば、1983年の数値では、三星は年間売上高が59億ドル、13万7,000人の従業員を有するのに対し、台湾の最大の民間企業であるフォモサ・プラスチック（Fomosa・Plastic）でも16億ドルの年間売上高、3万1,200人の従業員を抱えるに過ぎなかった。効率的な奨励制度を導入することと、中小企業を積極的に誘致することこそが、台湾の輸出産業を成功に導いた大きなポイントである。

(1) 輸出を牽引する製造分野の中小企業

　1971年当時、製造業分野において総数4万4,054社の企業が存在していたが、うち68％が20名未満の従業員を抱える小企業、23％は50名以上の従業員を雇う中規模の企業である。これらの中小企業の特徴は次のように考えられる。①企業規模による分業—小規模企業が衣服、繊維、皮革製品、木材と竹製品、基礎金属製品、機械設備などで、規模のより大きい企業は食品飲料、タバコ、紙、印刷、化学、そして非鉄金属製品に偏る。②農工並行型発展—台湾中小企業の立地の特徴の一つは在郷型が多く、小都市付近に三つの台湾中小企業群の基盤が形成されている。③植民地政策の遺産—日本が台湾を支配していた当時においてサトウキビなどを原材料とする加工・生産は主に台湾人によって行われたが、朝鮮の場合は日本の民間資本の進出によって植民地工業へと発達した点である（溝口・梅原1988）。

(2) 中小企業が製造部門の生産性増大に寄与する理由

　これについて、パック（Park 1992）は、①生産工程および意思決定における驚くべきといえるほどの柔軟性、②零細のため労働組合が組織化されておらず、経営者は労働者をより効率的に管理しうること、③下請けと企業間の連携による規模の経済の活用、④多国籍企業との下請け分業を通じてノウハウと技術移転の学習効果といった四つの側面で説明している。そもそも華僑のネットワークが世界を網羅する中で、台湾の企業が国際の隙間市場を探すのになんら困難もなく、輸入先とのビジネスにおいても小

ロット・多品種の戦略を武器にして貿易摩擦を避けることもできた。

4.3 グローバルスタンダードと台湾の金融制度の効率性

　台湾は、後進的な金融環境に置かれていたアジアのなかで、堅実な金融制度を確立していた。「アジアの優等生」ともいえる台湾の金融制度はつぎの3点に集約できる。①グローバルスタンダードの導入と制度運営。BISの自己資金要件を、バーゼル条約が締結された翌年の1989年にすでに制度化している。ちなみに、日本は1998年に、韓国は1998年にそれぞれ制度化した。②中央銀行の独立性と透明性。中央銀行が発行した『金融統計月報』では、台湾における全ての銀行の平均不良債券比率が掲載される。③徹底的な金融監督システムのもとで運営されていることである。

　台湾が東アジア通貨危機の影響を受けずに済んだのは、その政策基調が次の原則に忠実であったためと指摘される（安忠栄 2000）。第1に経済安定化政策に優先順位を置いてきたこと。第2に金融自由化、国際化、国営企業の民営化を同時に推進してきたこと。第3に海外輸出が沈滞化したときにも公共事業の拡大を持って対応したこと。公共投資事業ではBOT（build-operate-transfer）方式を活用し、台湾の公共インフラを高度化した。第4に金融監督体系を築くなど金融規律を整えてきたこと。第5に台湾の中小企業が資本市場と社債市場において簡単に直接金融を活用できたことである。

5 マレーシアモデル＝FDI主導による構造転換モデル

5.1 マレーシアモデルの概観

　マレーシアでは、経済開発の初期条件や開発方式において、韓国や台湾と比較すれば、つぎのような特徴を示している。①マレーシアは豊富な資源を有する。②韓国や台湾等の第1世代の工業振興国と地域より10年以上遅れながらマハティール首相のイニシアティブによって政府主導の工業

化を始めた。③外国直接投資の誘致と、日本、韓国、台湾の発展モデルを受け入れようとする東方政策（Look East Policy）に基づいた圧縮型工業化の達成に力を入れてきた。

マレーシアでは、伝統的に大単位のプランテーション（Plantation）で生産された第1次製品に大きく依存する経済構造で、GDPに占める製造部門の比重は僅か8％にも満たなかった。1960年代、マレーシアのGDP年間平均成長率は6％で、1970年から1980年までの第1次10カ年開発計画期（First Outline Perspective Plan）の間、GDP年間平均成長率は6.7％を示した。年代毎に相当の変動幅を有するものの、他の発展途上国に比べれば高い成長率をキープしてきた。

5.2 製造業主導の高成長と構造転換

1989～92年の間、マレーシアのGDP年間成長率は約8.8％で、さらに1993～97年のGDP年間平均成長率は8.7％を示し、世界でも最も高い成長水準に達する。GDPに占める製造業の比重では、1965年当時において、韓国の半分ほど、台湾の半分にも満たない程度であったが、急速な構造転換を行った後の1990年には、GDPに占める製造業の比重は韓国と同じレベルの27％へとアップし、さらに1994年には韓国と台湾よりはるかに高い32％の水準へ、97年には34.3％を示した。表5が示したように、こうした高度成長は、急速な産業構造転換によって達成されたものである。この意味において、マレーシアの発展政策はガーシェンクロンの提起した「後発性の利点」と発展代替手段をはっきりと示しているといえる。

(1) 急速な工業化に関する評価

サーキンとチェナリー（Syrquin & Chenery 1989）がマレーシアの所得と人口規模を用いた多国間横断回帰方程式を利用して推定した研究によれば、類似した所得水準から推定した多国間平均と比較すると、1965年の比重が大変低く、1980年代から世界平均水準との格差が縮小し、1990年には逆転した。1994年を境目に世界平均推定値をはるかに上回る水準に

まで達した

　また、世界銀行の 1995 年の世界開発報告書では、1965 〜 94 年の間、マレーシアは世界のどの国よりも急速な産業構造転換を成し遂げた国として分類された。1965 〜 90 年の間の製造業分野の比重の急速な伸長は、一方では農業比重の低下を意味したが、サービス業の比重についてはそれほど大きな変動はなかった。いいかえれば、急速な構造変動は製造業の劇的な躍進によって実現されたものである（安忠栄 2000）。

表5　GDP に占める産業別比重

(単位：%)

	1965	1975	1985	1988	1993	1997
農林漁業	31.5	27.7	20.8	21.1	16.1	11.6
鉱　　業	9.0	4.6	10.5	10.6	8.0	6.5
製造業	10.4	16.4	19.7	24.1	30.1	34.3
建設業	4.5	3.8	4.8	3.2	4.0	4.6
サービス業	44.6	47.5	44.2	41.0	41.8	43.0

出典：Bank Negara Malaysia *Money and Banking in Malaysia*. 1989 及び *Annual Report* 各年度。
引用：安忠栄『現代東アジア経済論』。

(2) 輸出指向政策と構造転換

　1970 年当時、マレーシアの製造業に占める輸出比重が 12％であったが、1990 年になると、当該比重が 60.4％までに増加した。産業構造転換、輸出指向政策、輸出構造の変化といった三者関係についていうならば、産業構造転換は輸出指向政策への旋回によって加速され、それはまた輸出の構造をも激変させたということになる。

　70 年代初めのころの製造業はまだ内需を賄うレベルに過ぎなかったが、木材とゴム生産のような天然資源依存型産業（resource based industries）の輸出先導部門が工業化をリードした。80 年代から製造業の成長先導部門は繊維や電子工業における労働集約的工程や組立て生産品に移り、輸出産業化した。その後、80 年代の工業化総合計画が推進され、国民車、メタノール、海綿鉄（sponge iron）、製紙産業のような重化学工業分野の産

業が政府によって育成された。1986〜90年の第5次開発計画期では、製造業の年間成長率は13.7%に達し、当初の6.4%という予測をはるかに上回った。これにより天然資源依存型産業（resource based industries）のみならず、天然資源によらない産業分野（non-resource based industries）にまで拡大される構造転換を伴い、産業内の分業体制も様変わりした。

5.3 FDI主導による構造転換およびその特徴

他の途上国と同じく、マレーシアでの外国直接投資は主として工業と農業に集中した。表6で明らかなように、1968年では外国企業が製造業生産額と固定資産のなかで半分を占めていた。工業化がかなり進展した後の1987年でも外資系企業は総固定資産の22%を保有し、製造業生産物の40%を占めていた。1980年後半からの10年間、途上国へのFDIが一時減少したにもかかわらず、マレーシアのFDI誘致政策は大きな成功を収め、東アジアに流入したFDI金額全体の25%を集めた。FDIは特に1980年代になってからマレーシアの構造転換に決定的な役割を果たした。

マレーシアのFDI誘致政策は、①専用工業団地の設定、②保税加工施設の設定、③マレーシア人と同一待遇の金融支援といった三本柱によって代表される。うち、③は80年代当時では稀にみるインセンティブシステムとして、FDI誘致の積極性と意気込みを端的に示す一方、韓国と台湾

表6　マレーシアの製造部門に占める外国企業比率

(単位：%)

	1968	1970	1972	1974	1979	1985	1987
企業数	6.0	n/a	14.9	11.3	9.2	7.6	9.3
固定資産	52.7	5.10	n/a	46.6	33.9	18.6	22.3
産出量	48.2	n/a	52.0	49.8	42.1	34.6	40.0
雇用	n/a	n/a	33.0	33.5	32.7	28.8	33.8

注）外国人に対する完全所有、また合作投資の中で外国人の持分が大きい場合のみを取り上げた。
出典：Rasiah, Rajah 1995.
引用：安忠栄『現代東アジア経済論』。

ではみられない特徴も多々みられた。

　第1に、FDIは韓国や台湾と違って輸入代替と輸出促進の両面において重要な役割を果たした。1970年代までのマレーシアでは、輸入代替と輸出指向戦略が混在していたため、先導産業に進出した外国企業は、1958年の先導産業条例（Pioneer Industrial Ordinance）などに定められた特別優遇を受ける一方、輸入関税保護などを享受することもできた（Rasiah, Rajah 1995）。そのなかで、輸出指向体制の中で生産がスタートしたが、結果的に輸入代替産業に育っていく産業もあり、自動車産業がその典型的な例である。

　政策の一貫性を欠いたにもかかわらず、外国人投資家たちがマレーシアの産業構造高度化政策から魅力的なインセンティブを受け、結果的に天然資源依存型産業（resource based industries）から天然資源非依存型産業（non-resource based industries）への産業構造の転換に大きく寄与した。

　第2に、FDIの誘致と公企業の民営化が並行して行われた。マレーシアは重化学工業化政策を通じて公企業を育成しながら外国企業との合弁企業を推進する一方、1980年代後半からマレーシア重工業公司（Heavy Industries Corporations Malaysia: HICOM）を代表とする公企業の民営化を断行し、1990年までに約100件の公企業を民間に売却した。このことはより市場指向を意味するものであるが、外国企業との合弁事業を促進するためのインセンティブを提供する意図も明白に込められていた。1988年に、HICOMは三菱自動車との合弁投資を通じて、「Proton Sagaプロジェクト」といわれるマレーシアの最大の合弁事業、年間10万台の国民車を生産するプロジェクトを立ち上げた。

　第3に、FDIを積極的に誘致したにもかかわらず、自国企業との連携性が低い。韓国では外国資本を導入し、韓国人による企業経営を通じて吸収能力（absorptive capacity）を高めることに成功した。台湾はどちらかというと市場指向のマレーシアと韓国の中間に位置する折衷型である。マレーシアの問題は、受け皿としての民族系企業が少ないうえ、吸収能力が低いといったことにその本源的な原因を求めることができるとはいえ、封鎖輸出特区（export enclave）のなかに外国企業が限定される政策指向も

これらの問題にいたらせた大きなポイントである。

6 東アジアの開発モデルと持続的成長
——韓国、台湾、マレーシアモデルの比較

6.1 均衡成長論と不均衡成長論

　後進国が工業の近代化を達成するための戦略的選択肢として、たいてい均衡成長指向と不均衡成長指向のどちらかになるが、均衡から不均衡までの混合した性格をもつ第3の選択肢もある。均衡成長論とは、開発の全過程を通して、全産業に対する同水準の資源投入を行うことにより均衡的な成長を追及する。均衡成長論の代表的な論者 Nurkese, R. は「経済開発初段階からすべての産業が均等に開発されてこそ成長しうる」と主張する（1953）。

　これに対し、不均衡成長論は、産業間の連関効果をもって不均衡から均衡にいたるまでのメカニズムを説明し、開発の初期に「前後方産業連関効果（forward and backward linkage effects）を期待できる、きわめて大きな特定産業群を戦略的に選択し、集中的な開発を追及すべきだ」と論じる（不均衡成長論の代表的論者 Hirschman, A. O. 1958）。

　また、均衡から不均衡までの混合した性格をもつ第3の選択肢では、同じ時期に並行して均衡と不均衡を使い分けするものと、時期をずらして両者のどちらかを選択するものとに別れるが、どちらにしても、このいわゆる第3の選択肢の経済効果は、均衡成長論と不均衡成長論のメカニズムによって明らかにされるにほかならない。

6.2 東アジアモデルの比較

　第3節から5節の分析で明らかなように、韓国、台湾、マレーシアは、1980年代半ばの時点で、いずれも工業化を達成し、程度の差こそあれ中位所得国家または地域の基準をクリアした。また、政府主導の輸出指向型という戦略指向においても共通した性格をもつものといわなければならな

表7　韓国、台湾、マレーシアの均衡成長と不均衡成長の比較

韓国	不均衡的なアプローチだったと思われる側面が多かった。経済発展の初期段階では、資本と技術が不足しているために、全産業に対する同時的開発戦略は取りにくい場合があるが、70年代初めから、鉄鋼、造船、繊維産業などいくつかの戦略部門に対し集中的な投資を行い、不均衡発展戦略に踏み切った。
台湾	韓国に比べれば、相対的に均衡的な成長方式を取ってきた。台湾の場合は、開発の初期段階から農業と工業の均衡的な開発を追及した。
マレーシア	均衡から不均衡までの混合した性格を有するものである。マレーシアでは、豊富な天然資源（ゴム、食用油、スズ、石油）を基盤に資源依存型産業（resource based industries）の発展を追及したが、80年代の半ばからは非資源依存型産業（non-resource based industries）へと産業の中心を移し、一種の混合型不均衡の性格が強かった。

い。しかし、6.1に照らしてみれば、それぞれ均衡成長と不均衡成長の特徴ある展開を示している。不均衡成長的なアプローチとおもわれる側面が多かった韓国に相対して、台湾が均衡的な成長方式を取ってきたといえる。マレーシアにいたっては、まさに「第3の選択」といわれる、均衡から不均衡までの混合した性格をもつものである。表7が三つのモデルの相違を示している。

6.3 不均衡から均衡までの産業連関効果のメカニズム
　　　―マレーシアの事例―

　工業化の過程において、韓国、台湾、マレーシアは、均衡と不均衡の間で異なる展開をしてきたものの、1980年代半ばの時点では、総体的な産業別連関指数の順位が近いばかりでなく、上位業種の類型や産業構造も比較的類似するような傾向を示し、しかも産業連関指数の大きさや相対的順位がそれほど変化していなかった。従って、均衡成長と不均衡成長は動態的にみた場合、同じコインの表裏のような概念と理解することも可能である。ロングスパンでいうならば、連関効果の大きい産業に対し集中的に投資するという不均衡成長戦略は、需要創出によるトリクルダウン（trickle-down）効果を通じて、他の産業を同時に発展させることと繋がり、徐々

図2　自動車産業を例にした前後方産業連関効果
(forward and backward linkage effects)

■ 後方連関効果産業
・鉄鋼
・タイヤ（ゴム）
・ガラス
・ペイント（化学）
・電子
・機械
・その他

自動車産業振興

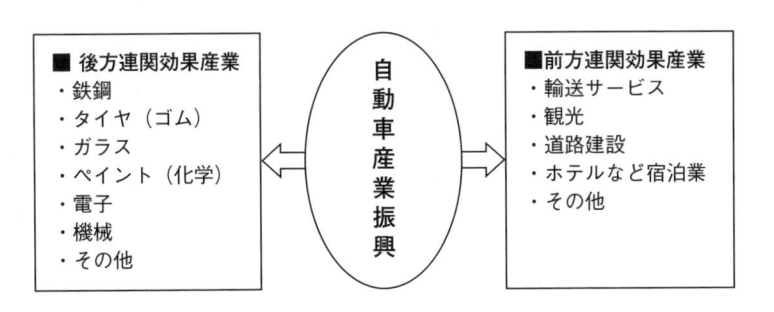

■ 前方連関効果産業
・輸送サービス
・観光
・道路建設
・ホテルなど宿泊業
・その他

表8　マレーシアの直接後方・前方・総後方連関効果[1]

	直接後方連関効果			前方連関効果			総後方連関効果		
	1978	1983	1987	1978	1983	1987	1978	1983	1987
①一次産業	19.1	25.0	22.4	44.2	49.2	51.7	141.8	156.6	141.6
②鉱業	19.2	19.5	11.3	57.9	49.4	44.1	140.8	142.6	119.6
③ RB[2]	73.3	77.0	65.1	41.0	49.8	43.5	227.8	250.7	208.5
④ NRB[3]	70.2	69.5	49.7	43.7	39.9	49.7	272.6	279.5	190.5
⑤建設	67.1	68.0	59.3	14.1	9.8	12.0	253.0	263.5	211.3
⑥ SOC	42.9	50.9	33.5	50.1	56.3	30.3	189.5	217.6	159.2
⑦サービス	31.9	34.3	30.0	26.0	28.5	26.9	165.8	175.5	151.8

注1）　国産と輸入の合計をさす。
　2）　RB＝資源依存型産業。
　3）　NRB＝非資源依存型産業。
出典：Malaysia' 60 × 60, 96 × 96Input-Output Tables から計算。具体的な内容は、
　　　Ahn, Chong Yong et al. 1993. を参照されたい。
引用：安忠栄 2000。

に産業間の均衡成長の経路に収斂する結果にいたる。不均衡成長からスタートした韓国やマレーシアの例がこのことを裏付けている。

　表8がマレーシアの産業を七つの部門に分類し、1978、83、87年の直接後方連関効果、前方連関効果、総後方連関効果を分析したものである。これらの指数からマレーシア経済のいくつかの動態的構造変化を読み取る

ことができる。第1に、第1次産業に比べて第2次産業の連関指数が一貫して圧倒的に高い。第2に、社会間接資本（SOC）およびサービス産業など、いわゆる第3次産業の連関指数が第1次産業より高いが、第2次産業より低く表れている。第3に、時間が経つにつれて産業間連関効果指数の格差が徐々に減ってきていると、安忠栄は指摘する。

7 むすびにかえて——東アジアモデルと中国

　そもそも、拙論の命題の副題を、野心的な「韓国、台湾、マレーシアモデルと中国の比較を中心に」としていたはずであるが、時間と字数の制限のため、やむなく「中心に」を「兼ねて」に縮小させることにした。今後の研究のメモにもということで、始まってもいない東アジアモデルと中国の比較に関するむすびの引き換えに、つぎの指摘を残しておきたい。

　第1に、本論で取り上げた韓国、台湾、マレーシアモデルの比較は、あくまでもサーキンとチェナリー（Syrquin & Chenery 1989）とヤタプロースとヌージェント（Yotopolous & Nugent 1987）の仮説を踏まえたものである。この仮説の前提が一定規模の国土と人口を持つ国家または地域である以上、東アジアモデルを世界最大規模の人口と国土をもつ中国との比較に用いるのには限界を感じるとともに、当該比較に関わる比較体系を再構築することの必要性が鮮明に映ってきている。とはいえ、これらのモデルに秘められた経験則が、高成長によりもたらされたゆがみの是正に腐心している中国にとって多大な政策的な示唆を示していることは、言うまでもない。

　第2に、東アジアの三つのモデルを比較対象にした場合、政府主導により対外指向戦略を導入したことにおいて、中国はこれらのモデルと共通した性格を持っている。また特定の産業群に対し集中的に投資してきたという意味では、韓国とマレーシアの間に位置する不均衡成長モデルに類似するように思われる。そしてFDIを積極的に誘致し、FDIへの依存度が高いことを踏まえれば、マレーシアとの共通項がないとはいいがたい。

　第3に、だからといって、中国がマレーシアモデルだと結論づけする

のは、あまりにも唐突である。まず、中国における工業化は年度によって対外輸出によるところが大きいものの、その基本は輸出、投資、個人消費といった三本柱をベースにしている。つぎに、受け皿としての民族系企業が少ないうえ、吸収能力が低いことが韓国、台湾との工業化の質的な格差に至らせたマレーシアに相対して、毛沢東時代に育った産業クラスターの存在が両者の根本的な違いをなしているといえる。したがって、個人消費の促進策、民族企業の成長によるFDIの経営ノウハウ、技術吸収能力の向上が中国における持続的成長を左右する決定的なポイントといって過言ではない。

　第4に、中国の対外開放は経済特区の点の段から、東部沿海地域の開放によって象徴される線の段階を経て西部開発、東北など古い重工業地域の振興で指向される面の段階に至っている。また中国における工業化は、基礎産業、支柱産業、ハイテク産業に指定された特別の産業群への集中投資から推移してきた。これら対外開放での地域間の漸進的なステップアップ、工業化における不均衡的政策指向は、地域格差、農村部と都市部との格差、産業間の格差、貧富の格差といったアンバランスをもたらした大きな原因ともなるものの、けっして持続成長を阻む戦略指向ではない。むしろ先導地域、先導産業の他地域、他産業へのトリクルダウンメカニズムをいかに効率的に活かすかが大国ならではの持続成長の潜在力を高めるための政策的ポイントではないかと指摘したい。

参考文献
安忠栄『圧縮成長モデルの限界と克服』三星研究所、1998年。
―――『現代東アジア経済論』岩波書店、2000年。
韓国銀行『経済統計年鑑』1963年と1981年。
金詠鎬『東アジア工業化と世界資本主義』東洋経済新聞社、1987年。
司空壱『世界ノ中ノ韓国経済』1993年。
世界銀行報告書『東アジアの奇跡』(East Asian Miracle)、1993年。
ブーズ・アレンとハミルトン『韓国報告書』毎日経済新聞社、1997年。
溝口敏行・梅原又司『旧日本植民地経済統計』東洋経済新聞社、1988年。

Ahn, Choong Yong "Korea-Japan Partnership in a Dynamic but Turbulent East Asian Economy" *Kokusai Keizai,* 1996, Vol.47.

Amsden, Alice H. *Asia's Next Giant: South Korea and Late Industrialization.* Oxford University Press, 1989.

Chenery H.B. & Syrquin M. *Patterns of Development, 1950-1970.* Oxford University Press, 1975.

Council for Economic Planning and Development *Taiwan Statistical Data Book.* Republic of China, 1998.

Kuo, S. W. *The Taiwan Economy in Transition.* Westview Press, 1983.

Rasiah, Rajah *Foreign Capital and Industrialization in Malaysia.* ST. Martin's Press, 1995.

Syrquin, Moshe & Chenery H.B. *Three Decades of Industrialization.* The World Bank Review, 1989, Vol.3.

Yotopoulos, Pan. A. & Jeffrey B. Nugent *A Balanced-Growth Version of the Linkage Hypothesis: A Test.* Quarterly of Economics, 1987.

第二部
日中の環境保護

環境保護と人文的配慮

何　芳川

　人類が誕生した時から、人類と自然との関係も発生した。この関係を表面的に見ると、あたかも人類が主動的な立場にあり、自然は受動的な立場にあるかのように見えるが、歴史という長い時間の流れにおいて見た時、両者は「互いに働きかける」関係にあることがよく分かる。人類が自然に働きかけた力だけ、自然はそれと同等の力で人類に働きかけてくるのである。

1 人類と自然の歴史の3段階

　歴史的発展の観点から見ると、人類と自然との関係は概ね次の3段階を経過してきたといえる。第1段階は、太古の昔から産業革命以前までの段階である。この段階では、人類はさまざまな形態の自然経済のもとで、自然に働きかけた。この歴史的段階では、人類と自然とは概ね安定した状態を保っていた。人類の生産力が低水準にあり、人間の社会的生産と生活による自然開発と自然消耗は多くの場合局部的、表層的なものである。このような局部的、表層的な開発と消耗も不可避的に自然を破壊したし、同時に必然的に自然からの懲罰を受けた。ただ、今日的な観点からすれば、この懲罰はかなり長い時間をかけながら徐々に現れてくるもので、懲罰の程度もかなり軽微なものである。

環境保護と人文的配慮

　第2段階は、産業革命から20世紀までの段階で、人類は産業経済のもとで、自然に働きかける。この歴史的段階では、人類と自然とは極めて緊張した状態にあった。産業革命と資本主義の経済形態の呼びかけに応じて、大量の社会的な生産力が、押し寄せる怒涛、流れ落ちる瀑布のごとく、人類社会の全面的発展を強力に推し進めた。人々の社会的物質生活と精神生活は大幅に豊かになり向上した。しかし、同時に人間による自然開発と消耗も地球規模で急速に広がっていった。その度合いも科学技術の猛烈な進歩に伴って、それ以前の段階とは比べようもないほど凄まじいものとなっていった。ゆえに、人類が生産と生活のために行った開発と消耗は、自然を大きく破壊したのである。資本主義は人類の自覚を呼び覚ましたが、この限られた自覚は、人類社会に巨大な進歩をもたらした一方、落とし穴も作ってしまった。自然破壊についてはほぼ無知か極めて不十分な認識しかなかった。そこには、奇妙な、相反する認識が生じている。即ち、通常、客観的な世界を認識するには絶えず自覚性を高め盲目性をなくさなければならないというが、しかし、この歴史的段階では、盲目性と自覚性が同時進行し、増長する現象が見られる。

　まさにこの数百年の間、人類は自然を大きく破壊し、また自然から厳しい懲罰を受けたのである。資本主義発祥の地である西欧と北米は、産業革命の故郷であり、いち早く産業革命を成し遂げた地域であるが、また同時に最初に空前の規模で自然を破壊した地域でもある。石炭採掘、冶金、紡績、製紙などの各種産業の発展は深刻な大気汚染と水質汚染をもたらした。英国を例にすると、テムズ川の生態環境は、18、19世紀の間にことごとく破壊し尽された。大英帝国の首都も「スモッグのロンドン」という悪名を戴いていた。20世紀のアメリカは、資本主義の牽引車であった。専門家の研究によると、資本主義の発展に伴い、アメリカ合衆国の星条旗のはためくところ——東から西、北から南まで、順次深刻な生態系の退化と環境の破壊がもたらされたと言う。20世紀30年代の草原砂塵に関する研究の実証したところによると、環境破壊の災難をもたらした主な原因は人類

の生産活動だと言われている。これと同時に、植民地主義列強が占領支配するアジア・アフリカ・ラテンアメリカの広大な立ち遅れた地域では、植民地主義者の際限のない資源略奪と身勝手な開発によって、森林の破壊、牧場の超負荷、土壌の侵食、気候の変異をもたらし、甚だしきは旱魃、飢饉、疫病の猛烈な蔓延まで起こした。社会主義の道を選んだ旧ソ連にしても「自然破壊……自然からの懲罰」という悪循環から逃れることは出来なかった。当時のソ連は経済建設を推し進める時、マルクス主義の最も信頼すべき著作者エンゲルスの、自然による人類への復讐に関する警告をまったく忘れ去り、開発だけに力を入れ、環境保護を顧みることがなかったために、さまざまな汚染が酷い状況にあった。フルシチョフ時代の開拓開墾運動だけでも、世界を震撼させた砂嵐を幾度も引き起こした。1960年3月16日から23日にかけての砂嵐で、被害面積は400万ヘクタールにものぼり、10億トンを超える土壌が吹き飛ばされた。「歴史学者がソ連とソビエト共産主義を考察し最終的な結論を出す時、彼らはその生態環境の絶滅を根拠に死刑判決を下すかもしれない……これほど系統的に長期にわたって、土地、空気、水と人民に被害を与えた大工業文明はほかにない。」こうした論評は感情的に過ぎた嫌いがあるかもしれないが、しかし、環境問題は間違いなく、旧ソ連の経済発展を停滞させ、そして最終的にはソ連を崩壊に至らしめた要因の一つである。これは紛れもない事実であろう。

2 近代中日の産業と自然

東アジアに位置する日本と中国は、一衣帯水の関係にあり、両国とも資本主義の後発の国である。しかし、日本はさまざまな要因によって明治維新が成功し、その勢いで脱亜入欧を果たし、資本主義の道を進んだ。第2次世界大戦後、日本は再び台頭し世界第2の経済大国となった。一方、中

---

1) Cronon, W. *Changes in the Land: Indians, Colonists and the Ecology of New England.* New York, 1883; Worster, D. *Dust Bowl, The Southern Plains in the 1930s.* New York, 1979.
2) 包茂紅「ソ連の環境破壊と環境主義運動」『陝西師範大学学報』2005年第4期。
3) W.M. トマス、A.O. オルノワ「ソ連とポストソ連の環境管理——鉛汚染の事例研究に得られる教訓」『人類環境』2001(2)。前掲包茂紅を参照。

国は遅々として進まず、紆余曲折を経て社会主義の道に進んだ。そして、鄧小平が推し進めた改革開放を経て、長足の進歩を遂げることができた。

しかし、この1世紀余の日中両国の現代化の歴史を振り返った時、開発のみに力を注ぎ、環境を顧みないという歴史的な限界が我々両国にも莫大な損害をもたらしたと認めざるを得ない。

明治維新の初期、日本は「殖産興業」の近代化国策を採った。そのために19世紀末早くも環境災害が表面化し始めた。そして、第2次大戦後、日本が再度経済の復興を成し遂げた時、悪名高い水俣病が発生した。ここ数年環境保護の意識を強化し、環境保護の措置を強力に実施し、世界でも注目を集める成果を挙げたとはいえ、根本的な問題の解決には至っていない。例えば、日本は今でも廃棄物の海洋投棄の最大国であり、毎年、太平洋と東シナ海に投棄する廃棄物は450万トンにものぼる[4]。

1949年中華人民共和国誕生後、中国では経済建設を進める中で客観的な法則を無視ないし破壊する状況が長期にわたって続いた。旧ソ連と同様、中国も環境問題は全く資本主義の産物であり、社会主義においては環境の問題など存在するはずもないと誤った考えを持っていた。そして、フルシチョフを批判する時に、フルシチョフ政権時代に生じた環境の問題を、資本主義を復活しようとしたために犯した罪として糾弾するだけであった。「我々は自然の恩恵をただ待っているだけではだめだ。我々の任務は自然に求め取ることだ。」旧ソ連が崇拝した農学者ミチューリンのこの言葉は、中国の中高の教科書に堂々と載っていた。

この言葉は億万にのぼる中国1世代の若者に影響を与えた。新しい工業団地に林立する煙突から吐き出される黒煙——社会主義建設の偉大な成果として詩人たちが情熱を込めて賛美した……。改革開放の政策が実施されると、中国の経済も急速に発展する軌道に乗った。環境保護の意識は、政府と民間の両方ともある程度は高まったが、種々の原因によって中国の環境破壊は根本から抑止と是正が行われたとは言い難い。それどころか、一部の地区や業種では依然として深刻化する傾向にあり、憂慮すべき状況

---

4) Mark, J.Valencia *A Maritime Regime for Northeast Gota*. Oxford University Press, 1996, p.189.

が続いている。例えば、大気汚染の面では、中国はアメリカに次ぐ世界第2の二酸化硫黄（SO$_2$）の放出国である。日本側のデータによると、日本で観測される硫黄酸化物の50%は中国起源とみられる。[5)]

3 環境意識の誕生と向上

　理論と理想主義の立場から言えば、人類と自然との関係の第3段階は、21世紀から始まっていると言える。つまり、我々が今創造し、記述している歴史から始まっている。この歴史的段階では、人類は知識経済のもとで自然に働きかけ、人類と自然とは調和的で持続的発展の可能な関係になくてならない。

　人類と自然との関係についての認識は、遥か遠い太古まで遡ることができる。古代の各民族の先達は、早くも環境保護の意識を持ち始め、それに様々な試みもしている。例えば、今から2,000年も前に、中国の老子は、宇宙自体が調和する働きを持っているという認識に基づいて、「人法地、地法天、天法道、道法自然（人は地に法り、地は天に法り、天は道に法り、道は自然に法る。）」という命題を提起し、万物は調和するものと主張した。一方、荘子は「太和万物」いう命題を掲げ、「順之以天道、行之以五徳、応之以自然（之に順うに天道を以てし、之を行うに五徳を以てし、之に応えるに自然を以てす）」と主張し、自然を尊ぶ生存環境思想を打ち出した。ただ、時代的社会的制限のため、このような意識と実践はまだ初期的なものであり、分散的でささやかなものであった。

　産業革命と資本主義の大きな発展が人類と自然との間に極めて緊張した関係を産みだし、空前の環境破壊をもたらした。人類に加えられる自然の懲罰と報復も未曾有の加速度と激しさをもって現れた。これら全てが人類に危機感と憂慮を強めさせた。20世紀の60年代から、人々は環境問題の歴史と現実について系統的な科学的な研究を始めた。そういう機運の中で環境史が生まれ、現代科学の一つとなった。この新しい学問分野、或いは

---

5) Matsuura, Shigenori "China's Air Pollution and Japan's Response to It" *International Affairs.* Vol .7. No.3, 1995, p.235.

学問分野の一領域の研究は学際的なものである。誕生後迅速に発展し、これからの発展が期待されている。

環境保護意識の向上と実践の強化、及び環境歴史研究の誕生は、産業革命と近代資本主義の急速な発展が始まって以来続けられてきた、開発のみに力を注ぎ環境を顧みない態度が、実は無限に広大な自然に対する人間の身の程知らずの、自我を極度に膨張させた病的なものであることに人々が気づき始めた現れである。資本主義にせよ社会主義にせよ、自然を無視し、自我のみを膨張させていくと、いずれは自然の容赦ない懲罰を逃れることができない。これは現実からの厳しい警告である。

今日の環境意識は、進歩的な世界観と歴史観の上に成り立っている。これは人類の根本的な利益に合致し、また人類社会が自然経済、産業経済から知識経済へ大きく転換する時代の流れ、歴史の潮流にも正しく適応するものである。

古代における自然経済という歴史的条件のもとでの人類の活動は、自覚性が低く盲目性が大きく、自然に対する人間の認識も、利用と改造も限られたものであった。特に人々の自然開発を行うための社会的生産力が低く、第一生産力——科学技術のレベルが低いため、自然に対する破壊も局部的で軽微なものであった。国家、民族や社会の発展水準を示すのは、人的資源占有の多寡であった。即ち、人口が多く人手の多い国家、民族や社会であれば、世界の先頭に立つことができた。人口、即ち人手の保有と増加が人々や社会全体の最も関心を持つところである以上、自然経済のもとで手作業に頼る簡単な労働による自然破壊は相対的に緩慢な歴史的過程となる。そして、自然の人類に対する懲罰と報復も同様に緩慢に進む歴史的な過程になる。このような破壊と懲罰は当然長い歴史の中で徐々に現れるものとなり、その程度も人々に自覚されないままに弱められる。人類の盲目的な行為の産む悪果も、長い歴史の中で容易に薄められる。

近代以来の産業経済の飛躍的な発展は、人類の文明を前例のない高みに押し上げた。近代科学技術が大きく発展し、蒸気、電力、電子と核技術が現れたおかげで、自然の開発、利用と改造にあたって人類の持つ歴史的自覚性もこれまでになく高まった。と同時に、このような自覚に酔いしれる

人類は、一方では意識するとしないとに関わらず大きな盲目性を持っている。この段階では、国家、民族や社会の発展水準を示すのは、自然資源である。即ち、自然資源の多い国家、民族や社会ほど、世界の先頭に並ぶことができる。自然資源の占有が社会全体が関心を寄せるところである以上、産業経済のもとで大型機械に頼る生産の複雑労働による自然破壊は当然日増しに加速する歴史的過程になる。そして、人類に対する自然の懲罰と報復も日増しに加速し猛威を振るう爆発的なものとなる。人類の盲目的行為による悪果も日を追って顕著になる。

　ハイテクノロジーの発展に伴って、人類は今、新しい経済時代へと進んでいる。これが知識経済の時代である。今アメリカは知識経済の初期段階にあり、西欧と日本はこの時代の玄関口に立っており、中国と第三世界の多くの発展途上国も、この新しい時代に進むために準備に余念がないと言ってよい。知識経済時代においては、国家、民族や社会の発展水準を示すのは、人類の知的資源、即ち人材、特に優れたブレインの占有である。人材、特に優れた人材、優れたブレインを多く持つ国家、民族や社会ほど、世界の先頭に立ち並ぶことができる。これは、知恵比べの時代である。自然経済の時代において人類と自然との関係に対する人間の認識は自覚性が低く盲目性が大きい。産業経済の時代では人類と自然との関係に対する人間の認識は自覚性も高ければ盲目性も大きかったとすれば、21世紀に始まる知識経済の時代では、人間のこの問題に関する認識は自覚性が日ごとに高まり盲目性は次第に減少する境地に達するとしなければならない。つまり、自然の開発、利用と改造を行う時、環境保護の意識と環境保護の実践が同時進行ないし先行すべきであるということである。

4　今日求められる人文的配慮とは

　環境保護の意識とその実践は、知識経済時代における人類の知恵を計る重要な指標であり、またこの時代における歴史の要請でもある。ここで強調したいのは、21世紀の人類の環境保護意識の中に人文主義的な配慮という重要な内容が含まれていなければならないことである。

環境保護と人文的配慮

　先に指摘したように、知識経済時代は知恵比べの時代であり、つまり人材競争の時代である。とすれば、この時代において人材、特に優れた人材の基準は何であろうか。筆者は、次の三つの条件を備え持つべきだと考える。第1に、全面的な高い素質、即ち非常に強い人文精神と豊かな人文学的教養を持つと共に、強靱な科学的精神と優れた科学的頭脳を有すること。第2に、絶えず更新される知識フレーム。第3は、人一倍強い創造の意識とその能力を持つことである。

　言うまでもなく、人文主義の素養はいまや新しい時代における人類の知恵に欠くべからざる部分となっている。人文的素養をもたない人類は、知恵のないか発達が不完全な人類に違いない。だから、21世紀の人類が人類と自然との関係を考える時、当然人文的配慮がなければならないと言うことができる。とすれば、人文的配慮は自ずと21世紀における人類の環境意識の中に浸透する。

　ここで言う環境保護理念と意識における人文的配慮は、次の三つの側面を持っていなければならない。

　第1、人文的配慮は真に普遍的な配慮でなければならない。環境保護の思想と理念は最初にアメリカ、西欧及び日本のような産業経済の発達した地域で生まれたのだが、少数の先進国及び地域だけを対象としたものであってはならない。21世紀の環境保護の理念と意識は、広範な発展途上国と地域、特に貧しく、立ち遅れた地域や民族、社会的階層により強い関心を寄せるものでなければならない。グローバル化の進展に伴って、人文的配慮は同時進行か先行するものであるべきである。

　第2、人文的配慮はまた、「下世」未来学的な性質を持つべきである。ここで言う「下世」とは仏教でいう来世でもなければキリスト教でいう天国でもなく、我々人類の後々の世代のことを言う。知識経済時代の人類と自然との関係は持続的発展が可能な関係だと言われている。人類にとって、環境保護の人文的な配慮は、正に全世界各民族の子々孫々への配慮であり、彼らの生存、発展と福祉に対する配慮である。

　第3、人文的配慮はまた、人類以外の自然に対する配慮であるべきである。特に人類の生存を支える地球の生態環境への配慮である。自然を無視

すること、環境を無視することは人類自身を無視することである。自然を破壊すること、環境を破壊することは人類の未来を破滅させることである。21世紀における人類の知恵はこのような水準に達していなければならない。人類は万物の霊長である。これは人類として栄誉あることである。しかし、この命題を勝手に極端に拡大し、人類と万物との関係を主従関係と見なし、「万物、みな我が為にあり」と考え、人類が自然万物を思うままに奪い取ることができると考えるのは大きな誤りである。もしもそうすれば、人類は必ず自らを辱めることになる。人類は万物の霊長だというのは、人類は人類として責任があるからである。人類自身に配慮し、自然万物にも配慮する。自然とともに生き、万物とともに栄えたいものである。

　未熟な意見であるが、皆さんと共に考えていきたい。　　　　　　（張平訳）

中華人民共和国成立後西安水問題の発生過程とその解決への一歩

包　茂紅

1 はじめに

　西安はかつて 13 の王朝の都となったことがある。現在は中国西部の重要な都市である。西安の水問題とは、中華人民共和国成立後に現れた、地下水位の上昇或いは下降と深刻な水不足などのことを指す。水問題は西安の工業と農業の生産、市民の生活に深刻な影響を与えたのみならず、極めて深刻な地質の問題を起こしている。西安の水問題の深刻さは西安の長い歴史上前例のないものだが、今日 300 あまりある中国の大都会や中型の都市では決して珍しくはなく、相当普遍性のある問題である。古来より西安は「八水繞長安（長安の周りを 8 本の川が囲繞する）」と言われたくらい水に恵まれた土地であった。何故中華人民共和国成立後にかくも深刻な水問題が発生したのか。また、西安はどのようにして水問題を解決したのか。これまでの中国西部環境史に関する研究は国民党時代までの農村部環境の歴史的変化に止まり、中華人民共和国成立後の西安水問題に関する科学的な研究は不十分である。本稿は都市環境史の研究方法を用い、西安水問題を研究する際、政策決定にも目を向け、政策決定の失敗を招いたマクロ的な背景を分析する。西安水問題の形成過程とその初歩的な解決を究明することによって、水問題はその時の中国全体の情勢のありかたと密接な

関係があること、水問題の抜本的な解決は経済発展のみに力を入れる偏った追求から調和的な社会の構築へと中国社会の全面的な転換にかかっていることを知ることができる。

2 中華人民共和国成立後西安水問題の発生及び影響

　西安は長い歴史を持っている。水の供給と使用は都市発展の過程において真剣に取り組まなければならない重要課題である。中華人民共和国成立後、社会主義経済建設の全面的な展開と急速な都市化によって、西安の水問題はますますクローズアップされてきた。西安の水問題は異なった二つの段階を経ている。1970年代までは水供給力の不足と地下水位の上昇がおもな問題であった。1970年代から1990年代の初めまでは、地下水位の下降と水供給力の深刻な不足による深刻な水不足が主要な問題であった。

　中華人民共和国の成立は西安市の発展と市民の生活に大きな変化をもたらした。生活用水で言えば上水道の使用がそうである。西安は1951年から浄水場の建設を始め、1952年10月から市内の住民に生活用水の提供を始め、1954年からは大規模な工業用水に水供給を始めた。1959年、西安市の浄水用水源の確保能力は1日当たり15.16万tであったが、1日当たりの水消費量は既に34万tに達した。水供給と需要のアンバランスは深刻な問題になった。当時提案された解決方法は、既存設備と自家用井戸の潜在能力の掘り起こし、新水源の開拓、新しい上水道網の敷設であった。しかし、供給不足の問題は緩和されるどころか、ますます深刻化した。上水道の供給範囲が急速に広がったため、過取水の問題がより一層深刻化したのである。

　水供給の問題を解決する努力を重ねると同時に、市政府は下水道の敷設、排水と排水管の水漏れ問題に取り組んだ。1975年には排水管の長さは382kmになった。それでも、排水工事は水使用量の増加に追い付いていけなかった。1958年以後西安で地下水位の上昇が深刻な問題となり、最大約3.5mの上昇が観測された。1964年地下水位上昇の面積は250km^{2}にまで広がった。地下水位の上昇は西安の産業と市民生活に大きな被害を与

えた。地盤沈下を起こし、建築物が損壊と倒壊の危険にさらされた。1964年南部郊外（興慶池周辺）で行われた調査によると被調査建築物の100%が影響を受け、うち28%は深刻な影響を受けていた。郊外では農耕地の過浸水により農作物の生育が難しくなった。1962年3,500畝の農地が水浸しになり、うち1,500畝の農地は耕作不能になった。文化大革命の間、排水インフラ建設計画の実施に不備があったため、西安市の地下水位上昇問題は深刻化の一途を辿った。

　改革開放政策が実施されると、西安市は経済が急速に発展し人口が急増した。水問題は深刻な水供給不足と地下水位の下降として現れた。1980年西安市の地下水源の貯蓄量は6.38億m^3、使用可能な地上水は1.87億m^3であったが、工業と農業の水使用量は10.12億m^3にのぼり、その差は1.87億m^3に達していた。1990年代初期になると、西安の水供給不足は更に深刻化し、1日当たり水不足量は40万m^3にのぼった。夏は約20%の地域が大変深刻な水不足に悩まされ、約60%の地域では水圧が深刻に不足していた。水不足は西安市の経済発展の足を引っ張り、市民生活と社会の安定に影を落とし、工業や農業用水をめぐる水争いが日常化し先鋭化していった。

　水の供給不足に随伴して発生したのは地下水位の急速な下降である。1970年測量された西安市の地下水位の深さは北西の郊外から南東の郊外まで約10～60mであった。1983年に行われた測量によると、20～100mにまで下降し、平均すると1年当たり約4mの下降になる。その影響は70km^2に及ぶ。水位の下降は地盤沈下を起こした。1983年測量によると、西安市では累計沈下値が100mm以上の地域は127.5km^2に達し、うち累計値が800mmを超えた地域も少なくない。また地盤沈下のひどいところでは非常に深刻な地割れが現れた。地質研究機関の調査によれば、西安市の市街地に顕著な活動が観測される地割れは10本あり、南はテレビ塔まで、北は辛家霊廟まで、東西は鏟河と皂河を境とする約150km^2の範囲に分布している。地割れ活動の激しいところでは毎年25mmの垂直移動が観測される。7～10年の間に地割れの南側の地盤沈下は100mmになる。そのため、大雁塔の頂上は西に886mm、北に170mm傾斜して

いる。その年平均して5.48mm傾いた。地割れは地下水の汚染をも悪化させた。西安地域の被圧地下水から検出されたフェノール、亜窒酸、クロムなどは標準値を超えている。地割れによる地下水変化との関連が考えられる。地割れに沿って浸透した汚染された自由地下水が深層被圧地下水に水質変化を起こしたのだろう。

　このように、中華人民共和国成立以降、西安は水道公共事業が絶えず発展してきた一方、非常に深刻な水問題に悩まされてきた。水不足、地下水位の異常な上昇と下降のいずれも西安の都市発展の足かせとなり、経済発展と市民生活に大きな損失をもたらし、更には社会の安定にも影響を与えた。

3 西安水問題の主な原因

　西安の水問題の原因について概ね二つの異なった意見がある。一つは『西安水利志』が指摘したものである。それによると、西安市政府は1954年陝西省水文地質1隊の提供したデータと関係専門家の提案を根拠に、西安市では川沿いの地下水が十分な水源を提供できると考え、鎬、灞、澧、皀、渭などの川の地下水工事を水供給の問題を解決する唯一の道とした。この指摘は暗に、西安の水危機を招いた主な原因は専門家が誤った提案をしたことにあるとするものである。しかし、当時の文献資料を調べると、北京探測設計院西安分院もその時「輞川河黄土砼ダム」建設による水供給案を出している。輞川ダム工事準備事務所まで設置したという。とすれば、中華人民共和国成立後の水問題の原因を専門家の誤った提案に帰するのは明らかに正しくない。ダム建設の提案を検討しなかったのは、ほかに理由があったに違いない。

　二つ目の意見は筆者が2004年7月末西安で現地調査をした時に、水道局長が提示したものである。それによると、この失策を招いた主な原因は当時の設計者と政府役人の経験不足にあるという。彼らの立てた西安の都市発展計画は状況の変化に適応できなかった。この意見は専門家にすべての責任を押し付け、水問題を深刻化させたのは全く技術問題だとする一つ

目の意見よりは真実に近い。だが、この意見も漠然としていて、事の核心を突いていないと思われる。西安は古来より引水と井戸水の汲み上げを水供給の二本柱としてきた経緯がある。国民党政府時代も、澧河の水を西安に引く方案を立てた。当時西安の人口は唐代の半分もなかった。西安に水を引いてくるという方法が常に西安の水供給の基本策であったことは、このことによっても裏付けられる。しかし西安は歴史の経験と教訓から学ぼうとしなかった。だから、当時水問題に速かに対応できなかった根本的な原因は経験不足にあるのではなく、西安の深刻な水問題を招いた深い原因がほかにあると言わなければならない。

　私見によれば、西安水問題の発生と解決は、当時の中国の政治・経済情勢、特に政治情勢と密接な関係がある。改革開放政策実施以前は「革命を行って生産を促進する」と言われていたように、経済は完全に政治に従属していた。

　中華人民共和国成立後、政府は搾取階級の消費都市であった西安を労働者が主役となる生産都市に転換しようとした。それまでの都市建設の経験はすべて搾取階級の堕落したものとして一蹴された。純粋に技術的なものも階級のレッテルを貼られイデオロギー化された。一方中国のプロレタリア階級は社会主義の都市建設の経験はなく、兄貴分のソ連に学ぶのが唯一の道であった。1953年ソ連の都市計画理論に基づいて、西安は『西安市1953～1972年都市総体計画』、『東西郊外詳細計画』と『短期発展計画』を制定し、国の正式な許可を得て実施を始めた。計画によると、既存の市街地を中心に西安を東、南、西の三方に拡大し、西安を「小型の精密機械の製造と紡織業を主とする工業都市、国家工業基地の一つ」として建設しようとした。第2次5カ年計画期間中に「大躍進」運動も間違いなく都市建設に影響を及ぼしたのであろう。西安を軽工業基地とする当初の位置づけから独立した工業体系を持つ総合的な工業都市にする計画へと変わっていった。具体的には、旧市街地を中心に四方へ拡大し、鍾楼から西華門までの区域を市街地の中心部と決め、東部郊外と西部郊外を工業区域にし、工業区域と旧市街地との間に住宅地を建設し、南部郊外を文化区域に、隴海鉄道以北を倉庫用地にするという計画である。以来30年の発展を経て、

中華人民共和国成立後西安水問題の発生過程とその解決への一歩

　西安の造成面積は 131km²、市内と郊外の合計人口は 1949 年の 227.33 万人から 1978 年の 498.10 万人に増加し、市内の人口密度は 1952 年の 1km² 当たり 254 人から 1978 年の 499 人に増加した。

　西安は都市規模の拡大を絶えず続けてきたが、都市計画の基本理念、計画を支える理論、計画立案の手順・方法、技術基準はいずれもそっくりそのままソ連のモデルを踏襲し守り続けてきた。ソ連モデルが準拠しているのは 1933 年「近代建築国際会議」で採択された決議『アテネ憲章』である。この決議では都市建設の中で決定的な役割を果たすのは機能標準だけで、具体的には「住む、働く、憩う、移動する」という四つの主な機能を言うとしている。このような都市建設モデルは強烈な理性的工業主義の色彩を持つもので、四つの機能を有機的に結びつけず、個人と社会との複雑な心理と生態活動をも考慮していない。ソ連モデルが導入されると、中国政府と国民が「一に貧窮二に空白」の現状を速く変えようとする熱情と結びつき、都市計画と建設の実践においていくつかの過ちを犯した。それは主に二つの面に現れている。一つは都市計画をその都市に限定して議論し、置かれている地域の計画を前提にしなかったこと。今一つは一面的に「生産優先建設」を強調し、「非生産的建設」を軽視したことである。都市計画をその都市に限定して議論するとは、つまり都市についての認識が非常に単純で、都市とその周辺地域の関連も考えなければ、経済と社会の発展が都市建設に求めた新たな要請をも考慮せず、ただ単に土地利用と建築に工夫を重ねることだけを重視し、結果的に「規模は大きすぎ、土地は広すぎ、新しさは求めすぎ、基準は高すぎた」といった問題を招いてしまった。西安の水問題で言うと、水需要の予測が甘すぎたため、現地の地下水による取水しか考えず、周辺地域からの水調達を都市建設における不可欠な有機的一部とする認識を持たなかった。「生産優先建設」は、主に工業投資を指していう。国民全体に役立つ投資という考えで、当時の計画経済体系の下では工業への投資は優先的に確保された。一方「非生産的建設」は主に都市公共事業などのインフラ施設や商業・サービス施設の建設を指す。これらへの投資は経済性と実用性の原則が適用され、確保できないことが多い。言うまでもなく都市の機能に支障を来してしまう。社会の発展が共

産主義の段階に入っても実用性と経済性の原則は重視される。資本主義国家のように無駄の多いことをしてはいけない。資本主義国家のそれはごく一部の人間のためにあるのだからと、ソ連の専門家が指摘していた。1954年から「復古主義」に対する批判を止め「派手好み、無駄遣い」への批判を始めた。不必要な行き過ぎの節約運動を開始し、重点工業投資を確保すると同時に、生活と公共サービスの施設建設を極度に削減した。甚だしきは従業員の寄宿舎と学校以外の非生産性施設建設をすべて停止するという指示まで出た。このような方針のもとで西安市の上下水道の施設建設は経済の発展に遅れを取るようになり、事の初めから歴史の借金を作ってしまった。

　上述のところをまとめると、西安の水問題を生じさせたのは専門家の設計ミスにその主要な原因があるのではない。設計に係わった役人の短見にあるのでもない。当時の国の政治情勢にあるのであったとしなければならない。「復古主義」を批判していた時は、都市建設に関して歴史上の経験と教訓に学ぶはずがないし、ソ連のモデルを全面的に取り入れていた時もインフラ施設の建設を重視し十分な資金を投入するはずがない。文化大革命の間は都市建設はほぼ混乱と無秩序の状態にあったといってよい。改革開放後、国策の転換があってはじめて西安の水問題が解決への第一歩を見ることができた。

4 西安水問題を解決するための第一歩

　深刻な水不足問題は西安市民の生活に大きな困難をもたらし、西安の経済と社会発展にとって致命的なボトルネックとなった。西安の水問題には中央政府も大きな関心を寄せた。1982年第5期人民代表大会第5回会議で承認された第6次5カ年計画（1981-1985）には西安等の都市における水供給不足問題の解決が盛り込まれた。1980年5月10日、西安市水道電力局は技術専門家を集め検討会議を開き、黒河から水を引き入れる提案に関する報告をまとめた。黒河引水案は西安の水危機を解決する最善策である。経済的な効果がよいのみならず、安定的な水源が確保でき、水質

も良く、都市の用水に最適の水源である。黒河引水工事によって1日当たり110万m³の水供給ができる。1995年に竣工されて以来、一定期間内に西安の急速な発展に必要な水需要に基本的に対応できた。

陝西省と西安市政府は歴史地理学者史念海氏の提案を採択し、秦嶺の北斜面の森林植生を復活させ、西安附近の河川水量を少しずつ改善し、西安への水供給能力を高めるとした。この措置は黒河から直接水を引くよりも更に一歩前進したと言える。西安周辺の河川水量増加に繋がるだけでなく、西安の局地気候の改善にも貢献するものである。

この二つの措置は水源開拓であるが、西安市は流量管理の措置も同時に採用した。西安市は『中華人民共和国環境保護法（試験的実施）』の規定に従い、水資源が不足している時は以前のような無制限の取水を改め、順次様々な節水政策を実施に移した。例えば、地下水取水金の徴収、上水道の計画的な水供給、工業用水のリサイクルなど。地下水取水の有料化は自家井戸の過取水を制限することによって地下水源の節約に貢献している。生活用水や産業用水の用途別に供給量を決める計画的水供給は、無駄遣いの防止に役立っている。規定量を超えた場合、その分の水使用には倍の料金を徴収する。西安市は大量に水を使用する工業用水の節水潜在力に注目し、リサイクルの利用率の向上に力を注いでいる。1986年末までに、42の循環型水再利用の工事を竣工させ、1日当たりのリサイクル量は16,800tあまりにのぼる。工業用水のリサイクルは節水に貢献するだけではなく、環境汚染を防ぐのにも有効的な措置である。リサイクルによって水の多用途化が実現し、汚水処理の総合利用ができた。西安市は何カ所も汚水浄化センターを建設し、排出された汚水を処理して再利用している。見学した「北石橋汚水浄化センター第1期プロジェクト」では1日当たりの処理能力は15万m³になる。処理された水の一部は近くの工場の冷却水や、都市環境衛生の用水としても利用されている。

述べてきたように、水不足の厳しい試練を経験した西安市はさまざまな措置を取ることによって、水の供給量を増しただけでなく、水の節約にも力を入れ、水供給不足を緩和した。しかし、西安における水の供給と需要のバランスはまだ完全に解決されたわけではないということも指摘したい。

黒河の引水プロジェクトの完成によって一時的に西安の水供給問題を解決したに過ぎない。その効果は間もなく限度が来るはずである。一方西安の水利用率はそれほど向上していない。節水の措置も緩い上効率よく実施されていない。それに西安の水状況にしてはあまりにも酷い水の無駄遣いが新たに発生している。より肝心なのは浪費型の生産方法と生活様式が抜本的に是正されていないことである。都市用水の継続的増加と西安及びその周辺地域の限られた水供給量との矛盾は決して完全に解決されたわけではない。

5 結び

　西安は内陸の半乾燥地域にあり、過去には長期にわたって過度な開発が行われてきたが、効率的な水供給の考えも生まれている。建国後当時の政治の要素で都市建設の政策が大きな失敗をもたらし、西安に前例のない水問題が生じた。中華人民共和国成立後の水問題はある程度までは人為的な危機だと言える。改革開放の背景の下で歴史的な教訓と科学的な政策を受け入れることによって西安の水問題は暫くの間基本的に解決した、或いは緩和できた。

　黒河からの引水は西安の水供給にとって解決策の初歩にすぎない。工業化と都市化のより一層の発展及び周辺地域の大規模な開発によって、西安の水の需要は継続的で大幅な増加が予想される。西安の水不足は長期的、もしくは永久の話題になるだろう。身を以て水不足の痛みを経験した西安は今、水の持続的な利用に向かって進んでいる。2003年、西安市は陝西省に国家級節水型社会構築の実験都市になる申し出をした。2004年、水利部は西安市を全国節水型社会構築の実験都市に指定することを承認した。西安は今「節水型社会の構築、持続的発展の実現」という新しい目標に向かって進んでいる。だが、これは正しい方向に踏み出した第一歩に過ぎない。すぐに取り組まなければならない問題が山積している。例えば、都市上水道の価格が低いため再生水販売が伸び悩み、浄水センターの稼働率が押さえ込まれ、維持のために国の財政支援を受けなければならない。西安

の水問題を根本的に解決するためにはまだまだ長い道のりがある。

　西安水問題は中国の数多くある大・中都市の経験した水問題の縮図である。水資源と経済発展との構造的な矛盾はしばらく続くと思われる。「南水北調」は一時的に水不足を緩和し、一部の地域の水問題を解決することができる。西安の黒河引水が同様の事例の一つである。しかし、他の地域からの水調達は経済、社会と生態の新しい問題を引き起こす可能性もある。経済発展モデルの抜本的な変革をすることなく、経済成長のモデルが大量水消費型から節水型へ転換せず、頭痛には頭痛薬という対症療法では、長い目で見れば、水問題の徹底解決を見ることができないどころか、ますます深刻化することだろう。都市の発展にはキャリング・キャパシティーを考慮しなければならない。地域環境と調和する都市こそこれから求められる都市である。　　　　　　　　　　　　　　　　　　　　（張平訳）

グリーン公衆便所の水汚染抑制と景観緑化における土壌浸透濾過システムのモデル・プロジェクトに関する研究

呉　為中、温　東輝、唐　孝炎、前川孝昭、
張　振亜、和　樹庄、陸　軼峰

1 はじめに

　土壌浸透濾過システムは、自然生態学の原理に基づき、省エネルギー、資源化を理念とし、プロジェクト化、実用化を目指す汚水浄化生態プロジェクト処理技術である。土壌に生息する土壌動物、微生物、地表で生長する植物の根系及び土壌の持つ物理的、化学的特性を利用した、土壌による汚水浄化の小型処理システムである。土壌浸透濾過システムの地表植物の選択、設計によって、新しいグリーン景観を作ることができる上、低コストでの運営管理、上質な再生水、外的影響を受けにくい等の特徴を持つ。

　ここ数年、水資源の欠乏の深刻化に伴い、土壌浸透濾過システムなどを含む、汚水の資源化再利用技術に関する研究と応用は、世界各国で広範な注目を集めている。アメリカでは約36%の農村及び離散型住居が土壌浸透濾過システムを利用している。アメリカの法律では生活汚水処理システムを設置するとき土壌浸透濾過システムの採用を優先的に検討するよう定めている。スウェーデン、フィンランド、ノルウェーなどの国では約100万世帯の離散型住宅が生活汚水の処理にこのシステムを利用している。日本でも似たような汚水浄化施設を作っている。

　この研究では中国雲南省昆明市の滇池湖畔の海埂公園内にある公衆便所

の排水処理を対象とした。もとの便所は粗末で旧く、観光地の便所として機能していなかった。それに便所の汚水が公園の川や池に放流され、富栄養化が発生していた。世界最先端の研究成果を利用し、現地の資源状況を考慮し、中国の国情に適合した、景観構築を損なわない汚染制御技術——グリーン便所モデル・プロジェクトの研究を行った。

2 実験用材料と土壌浸透濾過技術

2.1 土壌浸透濾過技術とは

中国雲南地域は年間平均気温が高く、日照時間も長い。土壌中の微生物、動物、地表植物などはいずれも良好な活性を保つことができるので、土壌による処理技術——土壌浸透濾過システム技術の利用に適している。都市生活汚水の処理には通常、通気性や浸水性のよい土壌を使う。図1は本プロジェクトで採用した人工強化土壌による浸透濾過システムの仕組みである。

図1　人工強化土壌浸透濾過システム

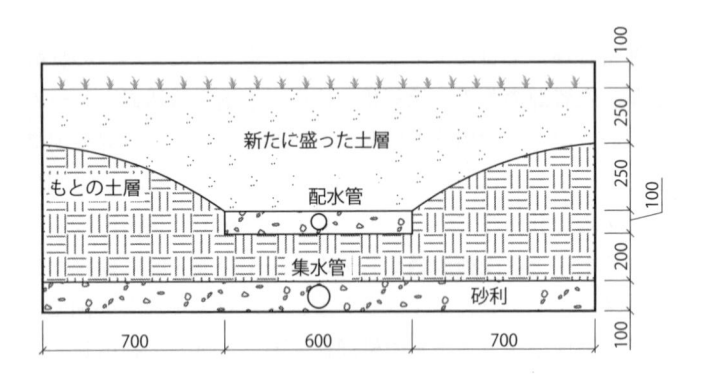

図2はシステムのフローを示す。公衆便所の汚水は、浄化槽を通って嫌気性調節槽に送られ、水質、水量の調節を行う。そこから出た水は自動的に土壌浸透濾過システムの配水系統に入り、土壌浸透濾過システムの物理的、化学的、生物学的浄化作用によって浄化される。処理後の水は集水系統によって集められた後、自動的に再利用水槽に入り、殺菌後、便所水洗用水か川や池の水源及び緑化に用いられる。

図2　土壌浸透濾過システムグリーン公衆便所プロセス

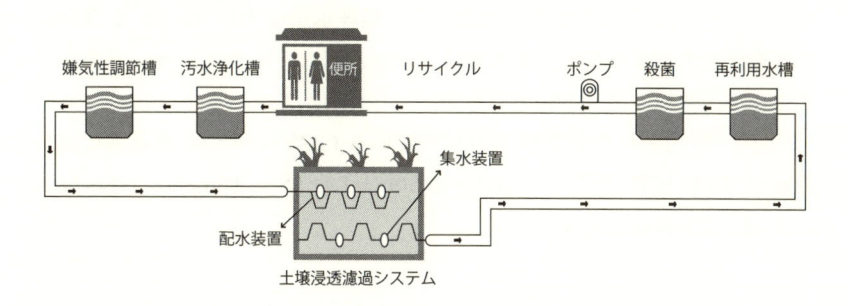

(1) 嫌気性調節槽
　嫌気性調節槽の主な役割は、汚水の集積、水質・水量の均一化を行うと同時に、土壌浸透濾過システムの詰まりを防止するために嫌気性処理と第1次沈殿を行い、一部の有機物と大部分の有機浮遊物を減らすことである。この実験では、生物を増やし浄化効率を高めるために嫌気性調節槽に繊維性の球状パッキンを入れている。

(2) 土壌浸透濾過システム
　このシステムは、配水系統、土壌浸透濾過系統、集水系統の3部分から構成される。
　人工浸透濾過土壌の配合：現地の赤土土壌は浸透性が悪く栄養分も少ない。土壌の浸透性と栄養分を高めるため、現地の良質土を配合し、必要に

応じて改良した。

　植物――芝生の選択：土壌浸透濾過システムは、汚水処理と緑地利用を結びつけた生態システムである。植物――芝生の選択はグリーン景観の構築と汚水処理効果の両面から検討しなければならない。今回の実験植物として黒麦草（ホソムギ）を選んだ。芝生の生育にしても汚染物の最終的な排出にしても、芝刈りは重要なポイントになる。

2.2 設計パラメータ

　このモデル・プロジェクトの設計上の処理水量は $10m^3/d$ で、システムの浸透濾過深さは 0.6 m、配水幅は 2.0 m、配水の長さは 20m、水力負荷は 2cm/d、敷地面積は $500m^2$ である。

　「生活一般用水の水質基準」の定めている CJ25.1-89 の排水基準に従い、出水の主な水質指標を CODcr ≦ 50mg/l、 SS ≦ 10mg/l、NH_3-N ≦ 20mg/l、TP ≦ 0.5mg/l とした。

2.3 運転管理と水質検査

　本システムは運転とメンテナンスが簡単であるため、公衆便所の管理員が兼任する。土壌浸透濾過システムの浄化効果は現地の環境監視部門が定期的にサンプル検査を行う。水質測定パラメータは主として、CODcr、TN、TP、SS と NH_3-N などがある。

3 研究結果

3.1 土壌浸透濾過システムの有機汚染物質浄化効果

　CODcr を有機汚染物質の指標とする。図 3 は、実験期間における土壌浸透濾過システムの有機汚染物質浄化効果を示す。公衆便所の排出糞尿濃度は波が激しく、287 ～ 984mg/l の幅を示している。平均濃度は 530mg/l

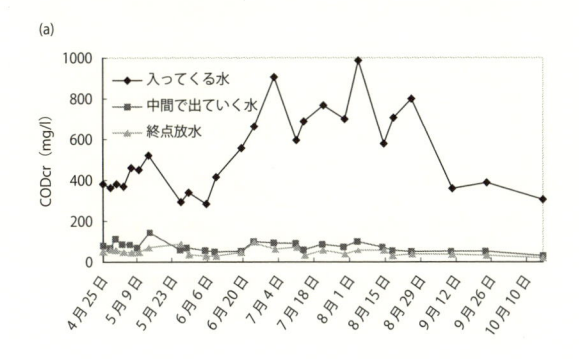

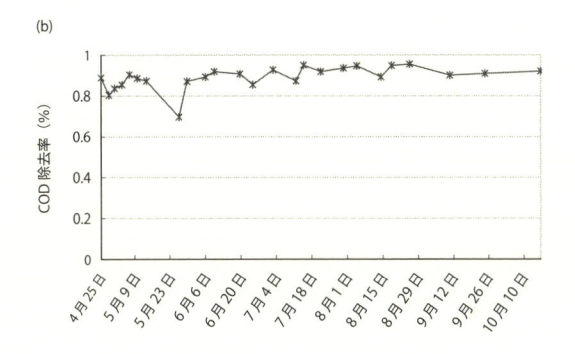

図3 土壌浸透濾過システムのCOD浄化効果

(a)
凡例: 入ってくる水、中間で出ていく水、終点放水
縦軸: CODcr (mg/l)
横軸: 4月25日～10月10日

(b)
縦軸: COD除去率 (%)
横軸: 4月25日～10月10日

となる。週末や休日になると来園客が急増し、入ってくる水のCOD濃度はピークに達する。7月初めから8月末の夏休みの間COD濃度は高水準に止まっているが、土壌浸透濾過システムの運転が安定すると、CODの除去率は90%前後を保ち、末端の出水平均濃度は25～99mg/lで、平均52.7mg/l、出水水質設計値（≦50mg/l）よりやや高い。

3.2 土壌浸透濾過システムの窒素（TN、NH₃-N）浄化効果

図4、図5が示すのは、土壌浸透濾過システムの実験期間中の窒素

図4 土壌浸透濾過システムの TN 浄化効果

(a)

(b)

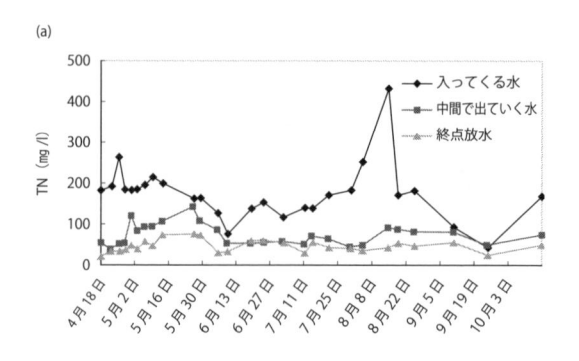

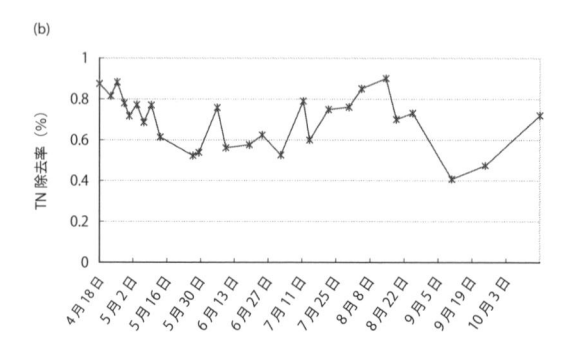

（TN、NH₃-N）浄化効果である。図で分かるように、糞尿汚水の窒素成分はアンモニア窒素が主で、入ってくる水の TN と NH₃-N の濃度は同じような変化傾向が見られる。TN の濃度範囲は 45.5 ～ 441mg/l で、平均値は 173.2mg/l になる。NH₃-N の濃度範囲は、38.7 ～ 4044.8mg/l で、平均値は 136.1mg/l になる。休日は来園客が多いため、TN、NH₃-N の濃度はいずれも高い水準を示している。濃度のピークは 8 月 14 日に現れている。入ってくる水の TN 濃度は非常に高い数値を見せている。TN の除去範囲は 40.5 ～ 90.2％で、上下が激しい。出水時の TN 含有量は 23.9 ～ 76.4mg/l である。システム出水時の NH₃-N 平均濃度は 16.4mg/l で、除去率は基本的に 90% 前後を保っている。

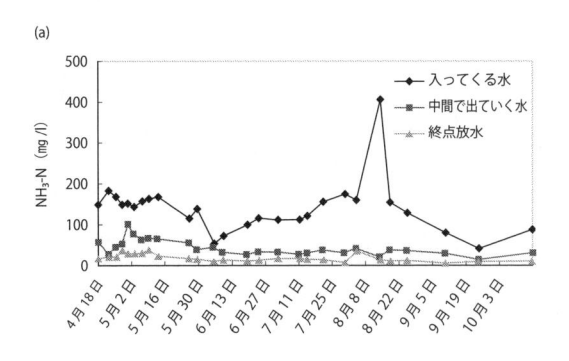

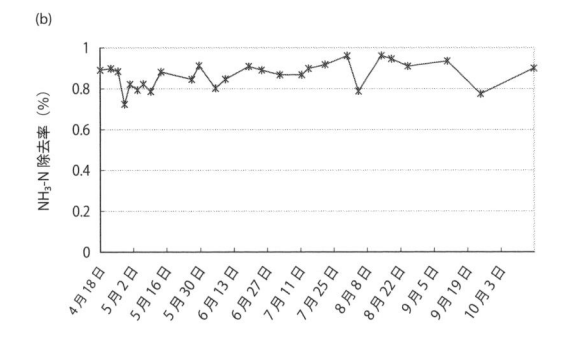

図5　土壌浸透濾過システムの NH₃-N の浄化効果

3.3 土壌浸透濾過システムの燐除去

　図6で示したのは、土壌浸透濾過システムの実験期間の全燐（TP）浄化効果である。システムに入ってくる水の TP 濃度も 2.72 〜 13.1mg/l とあり上下の幅が大きい。平均濃度は、8.10mg/l になる。土壌浸透濾過システムの運転が安定すると、TP の除去率の範囲は 84.3 〜 98.2％となり、末端出水の平均濃度は 0.39mg/l で、出水水質の設計値の要求を満たしている。

図6 土壌浸透濾過システムのTP浄化効果

(a) 入ってくる水／中間で出ていく水／終点放水

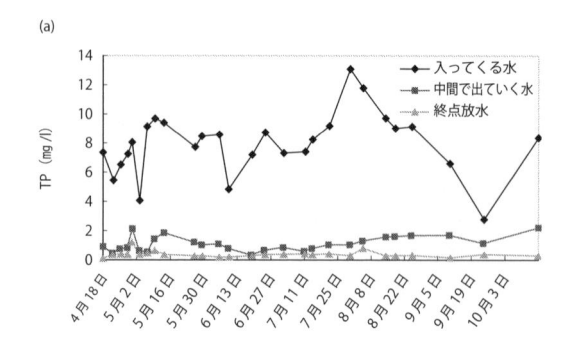

(b) TP除去率 (%)

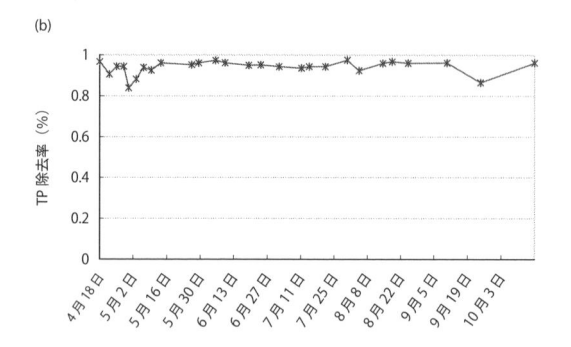

3.4 土壌浸透濾過システムの浮遊固体物質の除去

図7は、土壌浸透濾過システムの浮遊固体物質（SS）の浄化効果を示している。システムの進水SS濃度範囲は51～212mg/lの間で、平均濃度は95mg/lとかなり低い。これは、浄化槽での処理と嫌気性調節槽での沈殿作用と関係があり、入ってくる水のSSが低いと土壌内の目詰まり率を下げ、システムの運転の安定化に効果的である。システム運転安定時の末端出水範囲は4.0～16mg/lで、SS除去率の範囲は75.4～96.2％で、出水水質の設計値に適合する。

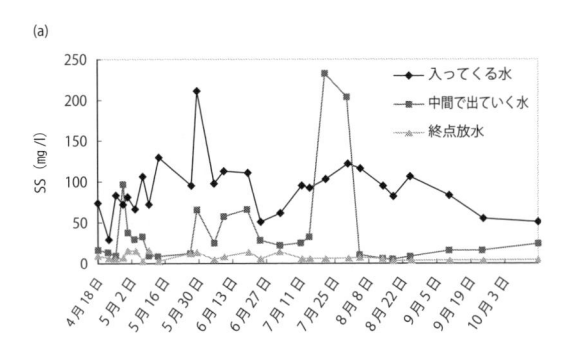

図7　土壌浸透濾過システムの SS 浄化効果

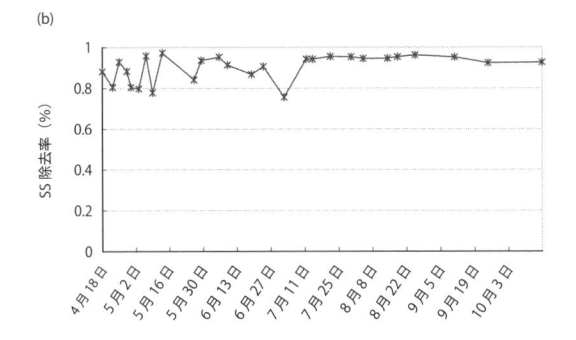

(a)

(b)

4 結論

　公衆便所汚染抑制における土壌浸透濾過システムの技術モデル・プロジェクトの研究を通して、次のような結論を得た。
　　1）　土壌浸透濾過システムの技術はグリーン景観の形成に貢献することができる。異臭など周りの環境に悪影響を与えることはない。
　　2）　入ってくる水が適度な汚染負荷条件下では、土壌浸透濾過システムの物理化学、微生物、動物及び地表植物の生物作用により、汚水浄化は設計値に達することができる。伝統的な土壌浸透濾過技

術に改善を行ったモデル・プロジェクトは一定の先進性、安定性を有し、中国の「生活一般用水の水質基準」CJ25.1-89 に達する安定的な出水水質を確保することができる。
3) 以上の条件を満たした上で、敷地面積を減らし、製造コストを下げ、操作管理においても仕事を軽減した。
4) 本システムで処理した水は循環利用、区域内での緑化や景観への水補給が可能である。雲南昆明海埂公園グリーン公衆便所に設置したこのモデル・プロジェクトでは、内部の水循環利用、汚水の「ゼロ排出」、水洗への再利用を実現した。
5) 雲南、広東、広西、海南などのような、年間平均気温が比較的に高く、日照時間が長く、土壌の微生物と植物が比較的に高い活性を有する地域では、実際の状況に応じた土壌浸透濾過システム技術の利用が可能である。
6) 土壌浸透濾過システムは専門的な管理員を必要としない。普段は芝刈りや巡回が主な仕事で、全体の緑化管理態勢に組み込むことが可能である。この運転費用は< 0.15 元（RMB）/m^3（汚水）で、中国の都市汚水処理場の運転費用と比べると遥かに安価である。

(張平訳)

気候変化と漁業との連動

高橋 劭

1 はじめに

"安い"、"おいしい"、"安全"な、寿司を食べたいと誰しも望みますが、魚の値段を決める漁獲高は年々大きく変動しています。そしてこの変動には最近の長江豪雨多発と何らかの関連があるようです。今や寿司ネタは世界各地から輸入され、時には海洋汚染域からの魚が混じっていることも考えられます。この講演では気候変化と魚をテーマに、最近の話題を紹介致します。

2 近年の中国長江域豪雨多発と温暖化

2.1 長江域降雨増加傾向

長江はチベット高原に発し、全長6,300km（世界第3位）で、流域面積は中国内陸の60％にも及び、700以上の支流を持っています（図1）。過去多くの洪水があり多大な被害が報じられていますが、最近では1995、1996、1998、1999年と5年間に4回も洪水がありました。特に1998年と1999年の洪水では、漢口での水位が28mを越え、武漢での7月の降

気候変化と漁業との連動

雨量は758mm、例年の5倍となり破堤が1、人為的堤防破壊が1、死者は1,320人と記録されています。

中国726地点で行われた降水量調査によると、1961～2000年までの40年間に長江中央南域で記録された6、7、8月の降水量、降水日数、降水強度はいずれも約40％増加しています。一方黄河域では逆に同程度の減少率になっています（図2a）。長江中央南域では特に1979年以降の降水量の増加が著しく、大気の気圧場の変化も観測されています。小笠原高気圧が強くなって西に勢力を張り出し、高層トラフ、すなわち低圧波は中国内陸域へ接近しています（図2b）。

2.2 アジアモンスーン豪雨機構

ビデオゾンデ観測により、アジアモンスーン域における豪雨機構が次第に明らかになってきました（図3a）。降水機構には水雲内だけで雨を降らす"暖かい雨"と氷晶成長による降雨、即ち"冷たい雨"があり、豪雨はこの暖かい雨型と冷たい雨型の強い連繋によって作られます。下層の水雲内の水滴は、活発に成長して大きな雨粒になり、0℃少し上層で凍結氷（雹）になります。一方上層から降る冷たい雨、すなわち霰も、下層から供給される過冷却水滴を捕捉して大きく成長します。そしてこれら凍結氷（雹）も、成長した霰も、落下して融解し下層の暖かい雨型雨滴群に混入することによって、水滴併合過程を加速します。このようにして強力な水の集積化が行われ豪雨をもたらすのです。

次に気圧場と豪雨形成の関係ですが、小笠原高気圧が西に勢力を拡大するとき南からの湿った空気の流入は、下層の水雲内の水滴成長を活発化させます（図3b）。一方上層のトラフすなわち低圧波の接近による寒気の流入は、雲の発達を助けるだけではなく寒気が氷晶核を多く含んでいるため霰形成を活発化させ、豪雨形成のための条件を整えます。

2.3 地球温暖化と植物生産

　小笠原高気圧が西側に勢力を増すのは、地球温暖化による地球規模の大気大循環が強化されるからだと考えられます。確かに地球温暖化は起こっています。地球表面平均気温はこの 100 年で約 0.7℃上昇し（図 4）、海水面は約 15cm 高くなっていますが、これは化石燃料使用により放出された炭酸ガスを主とする温暖化ガスの大気内蓄積によるものです。

　植物は炭酸ガスと水と可視光線で炭水化物を作ります。炭酸ガスの増加による温暖化で雪解けが早められ、植物生産も活発化するので可視光線吸収量が増大します。従って可視光線波長帯の大気外への反射量が減少します。人工衛星観測では植物による可視光線吸収量は近年増加していますが、それは中緯度で顕著に表れ、植物生産に換算して、5～55％増えています。このように植物圏の活性化は、ポイントバローでの炭酸ガス量変動とも符合し、特に 1989 年以降に増加しています。（図 5a, b）。

2.4 淡水化と魚

　長江流水量は 1 月が最小で 10,000m^3/s、7 月が最大で 45,000m^3/s です。しかし洪水のあった 1998 年 7 月下旬では中流流域各地で降雨量は 120％増加、流量は 80,000m^3/s を超え、多量の淡水が東シナ海に流出しました。それによって異常低塩分水が五島列島付近にまで張り出し、海の表層に安定層を形成、水温は日照で約 2℃上昇して、30℃にもなりました（図 6a, b）。そのため冷水性のマアジが不漁になり、代わって暖水性のバショウカジキやトビウオ類がよく漁れるようになりました（図 6c, d, e）。

　温暖化による海氷融解で海水の淡水化が広範囲に起こっています。親潮はこの 30 年で海水の混合層の厚みを 20m も減少したために、海水栄養分である亜硝酸 NO_3 は 17％、珪酸 SiO_4 は 29％減少となり、サケの成長もこの 20 年で約 20％減少しています（図 7a, b）。

気候変化と漁業との連動

3 レジームシフト

3.1 水温変化と回遊魚

　寿司ネタの多くは回遊魚です。カツオでは、孵化した稚魚は暖かい南洋で4歳ごろまで過ごし、5歳になって北上、三陸沖で秋まで豊富なエサを食べて成長します。そして水温低下に伴い再び南洋に向かいそこで産卵します（図8a）。
　サンマは冬から早春、房総半島沖から九州沖の範囲にある流れ藻に産卵します（図8b）。10日程で孵化した稚魚は4月から5月にかけて、東北沖へ向かう黒潮（15℃）に乗り成長して体長数 cm となり、5月から6月には黒潮を横切り千島列島に向かいます。豊富な餌を食べ体長約 20cm に成長して、8月下旬動物プランクトンが下層にもぐると南下を始めます。
　サケの孵化した稚魚は春まで川底で成長して下流へ移動し、4月から5月に海に出ます。海水温が17℃以上で沿岸から離れ約4年間北上回遊して、9月から10月には千島列島にそって南下し、母川に向かいます（図8c）。温暖化の進行で寒帯は北上し、サケ回遊域が減少するため、日本からのサケ絶滅が憂慮されています。このように回遊魚は海水温度に敏感なため、エルニーニョの時など西太平洋が冷たくなるので暖水性のビンナガは、南に向かい、亜熱帯水と暖水プールの境界域で産卵するウナギは、稚魚が黒潮に乗れないほど黒潮から離れた赤道域で産卵するでしょう（図9）。

3.2 大気と海洋の連動

　月流量偏差のスペクトラル解析によると、長江域漢口における豪雨は24年周期が卓越しています（図10a，b）。1974年頃から長江域で豪雨が頻発していますが、日本の漁業資源にも反映して、1974年以前はサンマとマアジが豊漁だったのが、1974年以降はマイワシが豊漁になっています（図11a）。このような漁獲変動は地球規模で起こっていて世界中で

第二部　日中の環境保護

1974年以前はカタクチイワシが、それ以降はマイワシが豊漁になりました（図11b）。しかし現在再びカタクチイワシ時代にさしかかっているようです（図12a,b）。このレジームシフトは温暖化の振動に関連していて、カタクチイワシ時代は寒気と冷水期間に、マイワシ時代は温暖と暖水期間に対応しています。更に、マイワシ時代にはアリューシャン低気圧が活発になっていることも知られています。

　シナリオは次の通りです。マイワシ時代、地球温暖化傾向が強まると南北の気温差が大きくなりアリューシャン低気圧が活発になります（図13a）。このアリューシャン低気圧は、北太平洋海流を強めて、熱帯からの暖かい海水の高緯度への輸送を助けるため、北太平洋は暖まり、温水を好むマイワシが増えます。日本でのマイワシの漁獲量は1960年には1万t、1984年には400万tに増加しました。又北太平洋海流の強化は北赤道反流と南赤道海流を弱めるため、温水が東岸に貯まり温水を好むマグロがペルー沖で増えるのです。

　逆にアリューシャン低気圧が弱まると赤道域からの熱輸送が弱まり、北太平洋はより冷たくなりカタクチイワシ時代になります（図13b）。そして北赤道反流も南赤道海流も強まり温水は西岸に貯まり、マグロはフイリピン域に移動します。

4 海洋汚染と魚

4.1 重金属類

　近年、海水汚染が進み、魚は汚染され、食物連鎖の頂点である海棲哺乳類は危険なまでに有害物質を体内に蓄積しています（図14a）。日本の太平洋沿岸に住むスジイルカは水銀を10 μg/g蓄積しています。これは水俣病患者の水銀蓄積量の30％で、肝臓には500％もの多量の蓄積がみられます。一方カドミウム量は腎臓に9 μg/gで、イタイイタイ病患者のカドミウム蓄積量の30％です。

4.2 農薬とダイオキシン

地球規模海洋汚染として憂慮されている汚染物質は農薬とダイオキシンですが、農薬にはHCH、HCB、CHL、DDT等があり熱帯域ではマラリア駆除などのためにいまだに使用されています（図14b）。ダイオキシンの元となるPCBは生産禁止になっているとはいえ、現在でもトランスやコンデンサーに使用されています。又ゴミ処理場からの自然発火によるダイオキシン発生は中緯度工業地帯を汚染し続けています。DDTはホルモン障害を、ダイオキシンはカネミオイル患者やベトナム枯葉剤患者に見られるようにガンや奇形をもたらします。

HCHやHCBは揮発性が高いので高緯度海水の汚染を引き起こし、DDTやPCBは大気内粒子と結合して放出域近傍に留まります。人間のダイオキシン許容量から換算して、魚の食材としての許容ダイオキシン汚染濃度は2pg/gでDDTは10,000ng/gです。

最近の調査によると二枚貝は中国沿岸ではDDTの許容量以上に汚染され（図14c）、日本近海ではPCBによる汚染が著しいと言われています（図14d）。最近の水産庁の調査でも魚のダイオキシン濃度は日本近海で危険なまでに高くなっています（図15）。日本の経度線上を南北に回遊するカツオは、すべての有機塩素化合物による汚染濃度が高く、南の温水域を東西に回遊するマグロは、地中海や大西洋でダイオキシンによる汚染度が高くなっています（図14e）。

5 まとめ

近年の長江域豪雨多発は温暖化による小笠原高気圧の強化が原因と考えられます。南からの下層への湿った空気の流入と上層低気圧波の接近とで豪雨形成条件が整います。洪水による淡水化は冷海水魚に大打撃を与えます。高緯度地域では地球温暖化による海氷融解で淡水化が広まるために栄養分が不足して魚の成長を妨げているようです。

中国長江流量スペクトル解析は豪雨の24年周期を示しています。これ

は地球温暖化の増加傾向変動及び太平洋における魚の入れ代わり周期と一致します。即ち大気温暖化変動は降雨のみならず海流を変化させ、その影響は漁獲高変動にまで及んでいます（図16）。

現在海が危険なまでに汚染されています。アジア大陸沿岸では農薬で、日本近海ではダイオキシンで、食材としての安全度を越えて魚が汚染されつつあります。安全な食材としての魚を求めるためには海の純化が急務です。

参考文献
沖山宗雄・鈴木克美編『日本の海洋生物』東海大学出版会、1999年、p.160。
川崎健『漁業資源』成山社、2000年、p.230。
志賀達・山本治・若木鈴夫「近年のPN線における海況と気象との関係」シンポジウム"長江洪水と東シナ海等の海洋汚染"、2003年、pp.49-78。
水産庁ホームページ「魚介類のダイオキシン類の解説」、2003年。
田辺伸介他『環境ホルモンの最前線』有斐閣選書、2002年、p.252。
東京大学海洋研究所『海洋のしくみ』日本実業出版社、1997年、p.170。
日本海洋学会『海と環境』講談社サイエンテイフィク、2002年、p.244。
_____『海と地球環境』東京大学出版会、1999年、p.409。
皆川昌幸「中国大陸における近年の降水量及び長江の流量について」シンポジウム"長江大洪水と東シナ海等の海洋汚染"、2003年、pp.1-31。
Chavez,F.P.,J.Ryan,S.E.Lluch-Cota and Miguel, N. C. "From Anchovies to Sardines and back:Multidecadal change in the Pacific ocean" *Science*. 299, 2003, pp.217-221.
Chiba, S., T. Ono, K. Tadokoro, T. Midorikawa and T. Seino "Increased stratification and decreased lower trophic level productivity in the Oyashiro region of the North Pacific: A 30-year retrospective study" *J. Oceanography*, 60, 2004, pp.149-162.
Endo, N., B. A. Ailikun, and T. Yasunari "Trends in precipitation amounts and number of rainy days and heavy rainfall events during summer in China from 1961 to 2000" *J. Meteor. Soc. Japan*. 83, 2005, pp.621-631.
Myneni, R,B.,C.D.Keeling, C. J. Tucker, G. Asrar and R. R. Nemani "Incresed plant growth in the northern high latitudes from 1981 to 1991" *Nature*. 386, 1997, pp.698-703.
Tadokoro,K.,S.Chiba,T.Ono,T.Midorikawa and T.Saino "Increase of stratification and decreased primary productivity in the subarctic North Pacific" 2003. To be submitted.
Takahashi,T., N. Yamaguchi and T. Kawano "Videosonde observation of torrential rain during Baiu season" *Atmos Res*. 58, 2001, pp.205-228.
Tanabe,S.,T.Mori,R.Tatsukawa and N.Miyazaki "Global pollution of marine mammals by PCB, DDT and HCH（BHC）" *Chemosphere*. 12, 1983, pp.1269-1275.

図1　長江流域と流量観測点

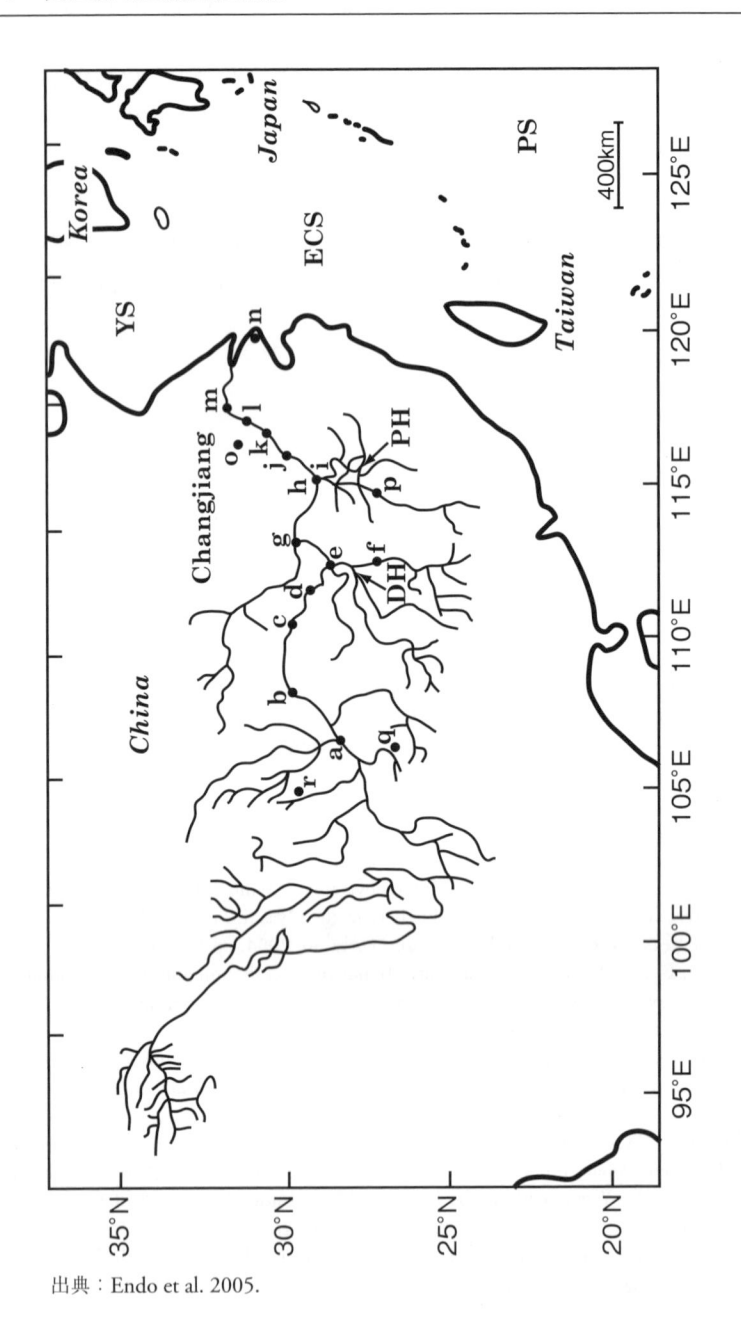

出典：Endo et al. 2005.

図2 長江域における降雨増加傾向

a 1961 − 2000（夏季）における年間降水量の平均値からの変動

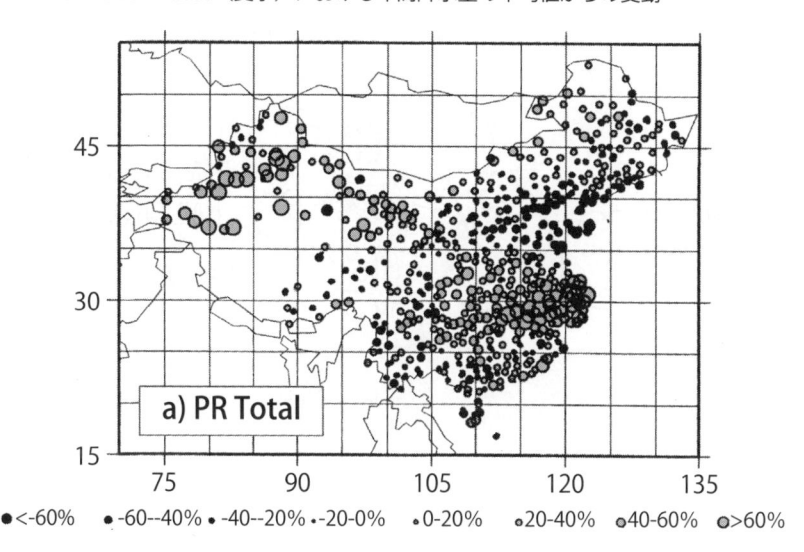

- ● <-60%
- ● -60--40%
- ● -40--20%
- ・ -20-0%
- ・ 0-20%
- ○ 20-40%
- ○ 40-60%
- ○ >60%

b 過去10年ごとの500mb面、5,860mの平均位置

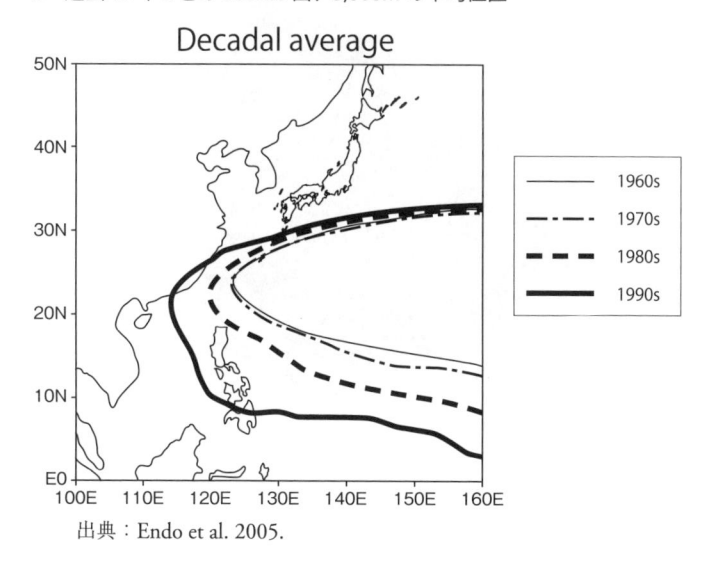

凡例：
- 1960s
- 1970s
- 1980s
- 1990s

出典：Endo et al. 2005.

図3 アジアモンスーン雨の豪雨機構とそのモデル

a 豪雨機構

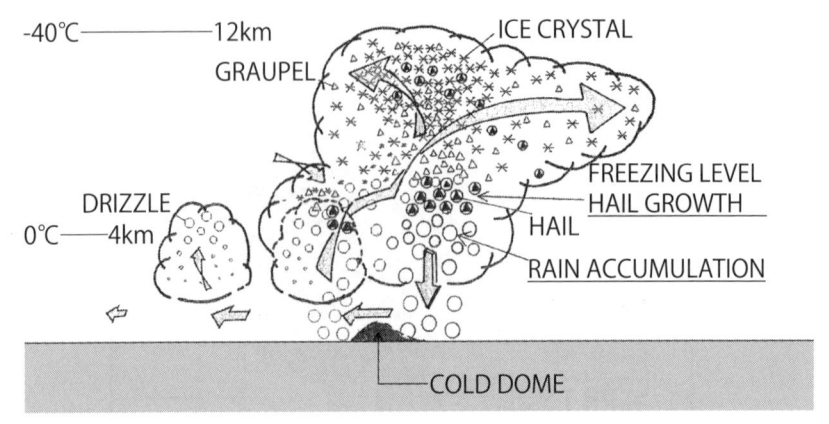

出典：Takahashi et al. 2001.

b 小笠原高気圧の強化と中国南部の豪雨モデル

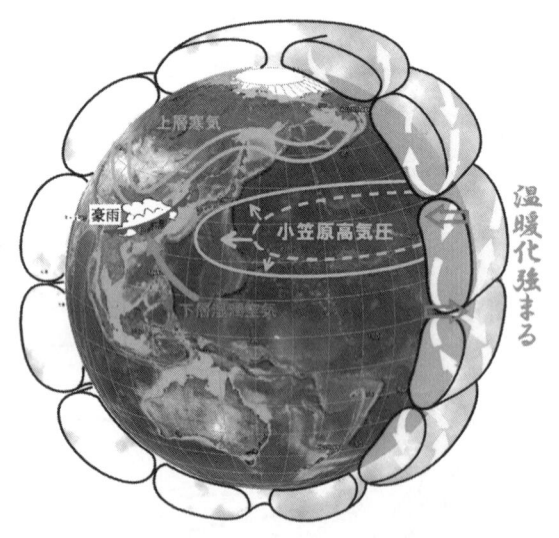

出典：筆者作成

図4　地球温暖化

70°N〜50°Sの海洋上の年平均気温の気候値からの偏差の変化

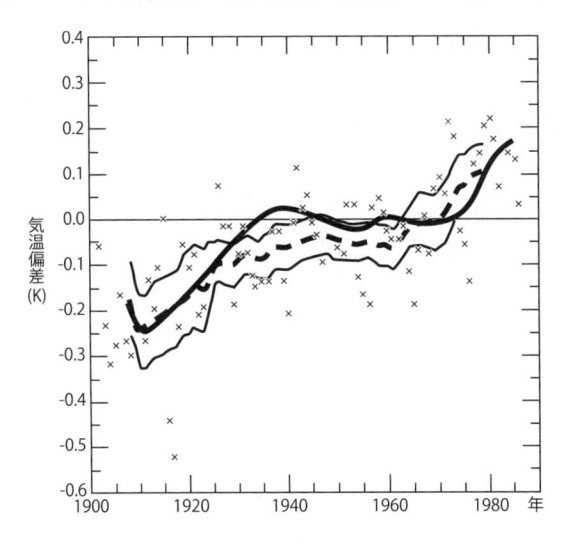

（注）×印は年平均値、実線は15年移動平均。破線はJones et al., J. Climate, 1988, pp.654-660による。細い実線は95%の信頼限界。

出典：山元龍三郎『天気』37、1990年、pp.289-305。

図5　地球温暖化と植物生産

a　月平均植物生産指数

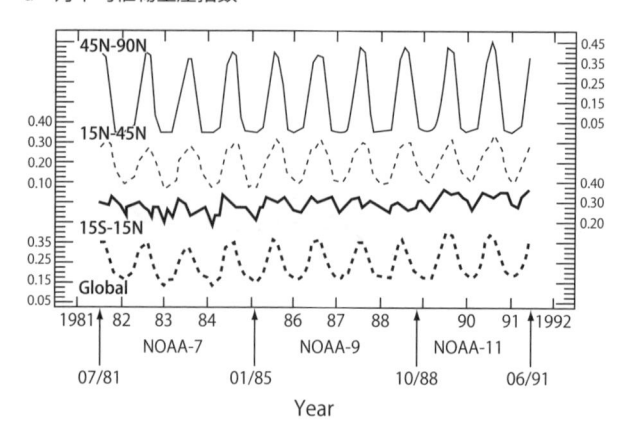

b　植物生産の増加

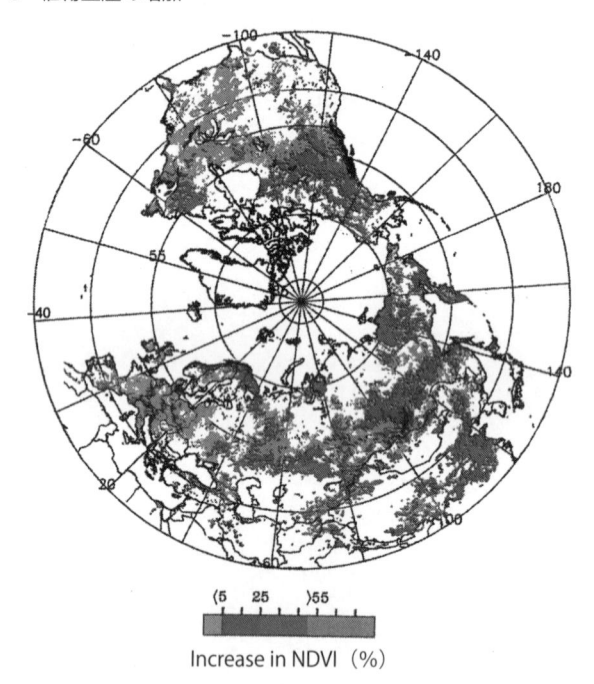

Increase in NDVI（%）

出典：Myneni, 1997.

図6　長江洪水による淡水化と漁獲高

a　塩分断面の時系列（単位；パーミル）

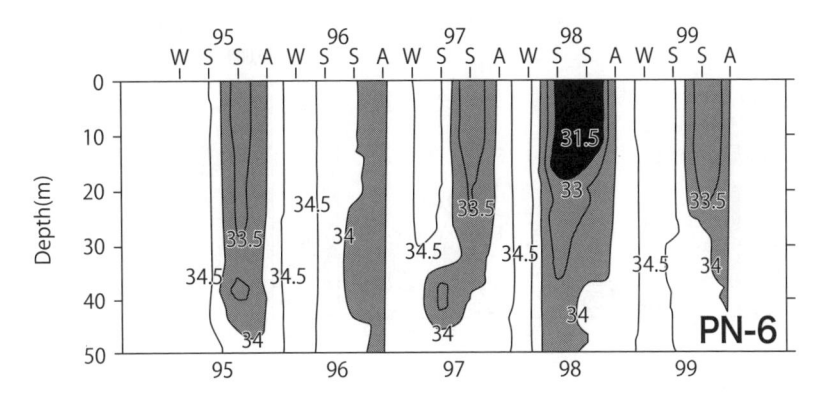

b　PN線及び東シナ海ブイの位置

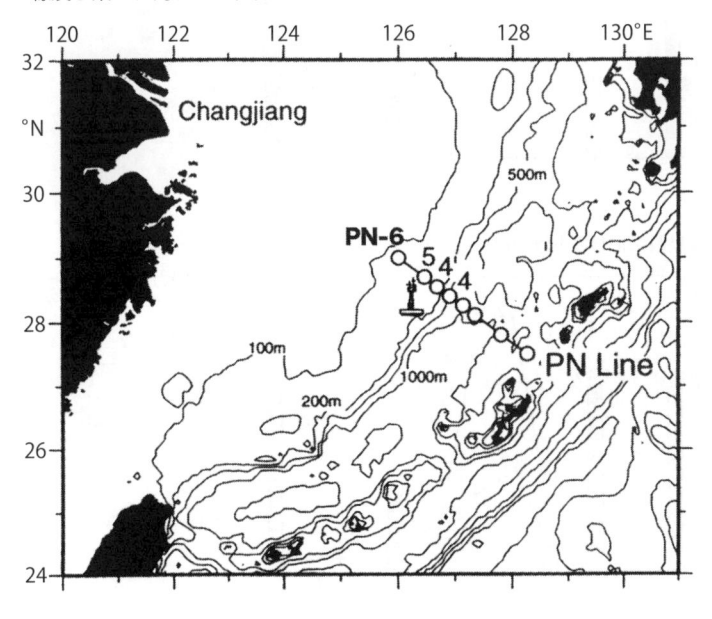

出典：志賀等 2003。

図6　長江洪水による淡水化と漁獲高

c　鹿児島県における塩分値とマアジ漁獲量（1998年）

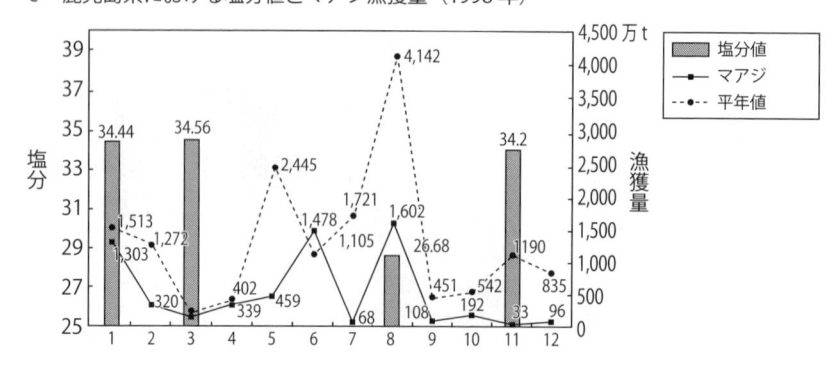

d　鹿児島県における塩分値とバショウカジキ漁獲量（1998年）

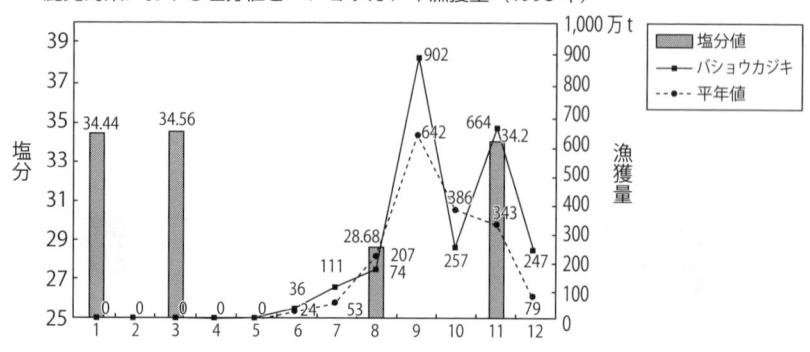

e　鹿児島県における塩分値とトビウオ類漁獲量（1998年）

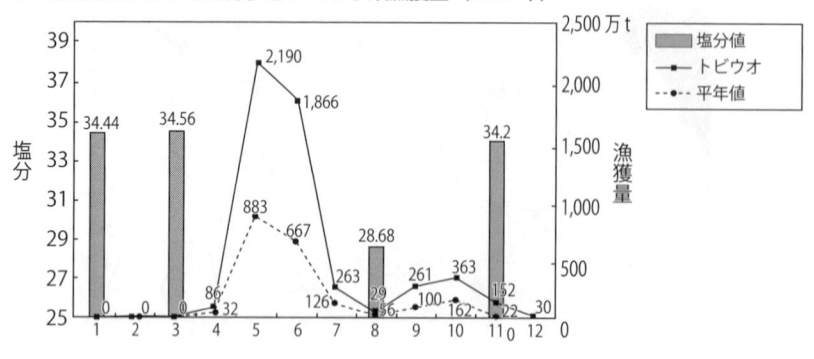

出典：志賀等 2003。

図7　親潮域でのサケ胴体長の年々変化

a　測定場所

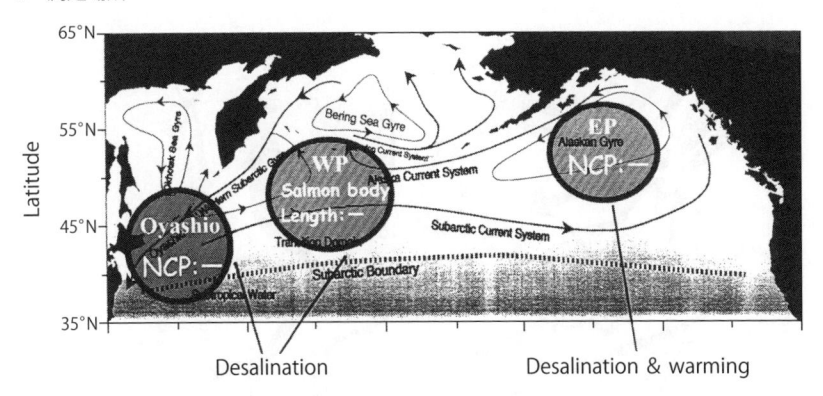

出典：Tadokoro et al. 2003.

b　サケ胴体長変化

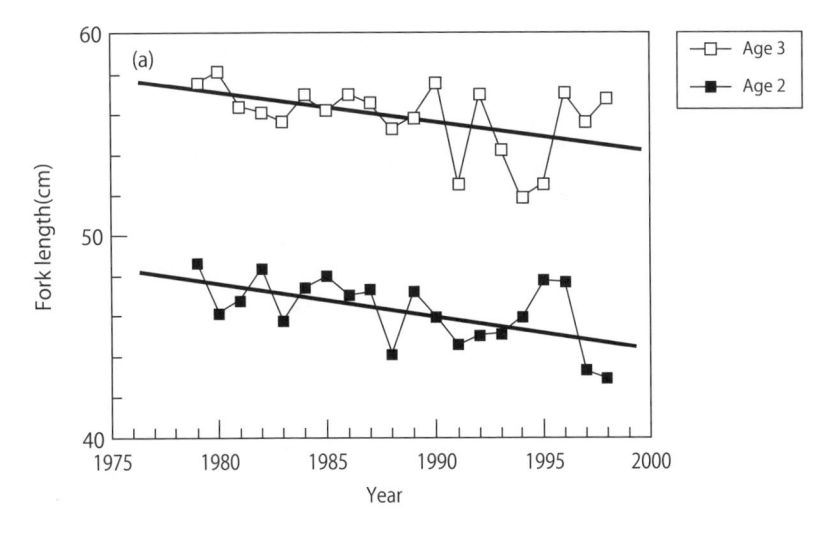

出典：Chiba et al. 2004.

図8　日本近海の魚

a　回遊魚と海流

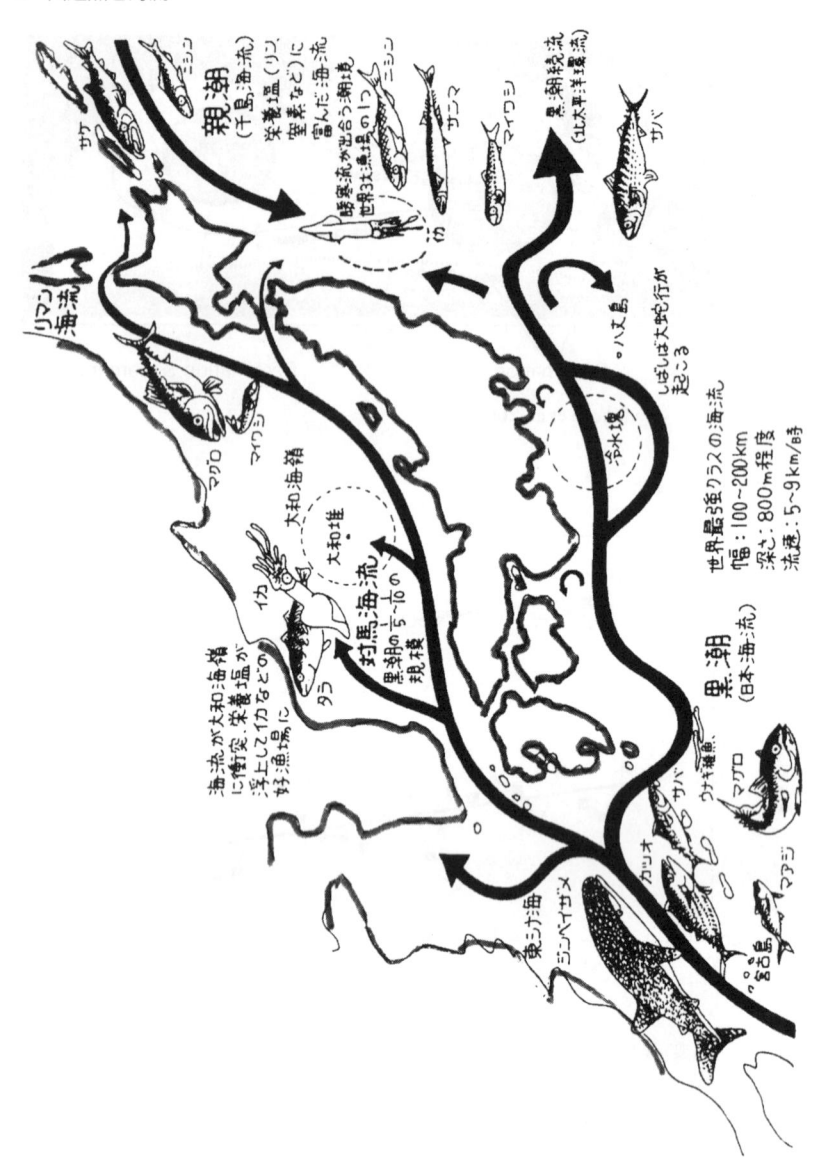

出典：東大海洋研 1997。

b サンマの生活

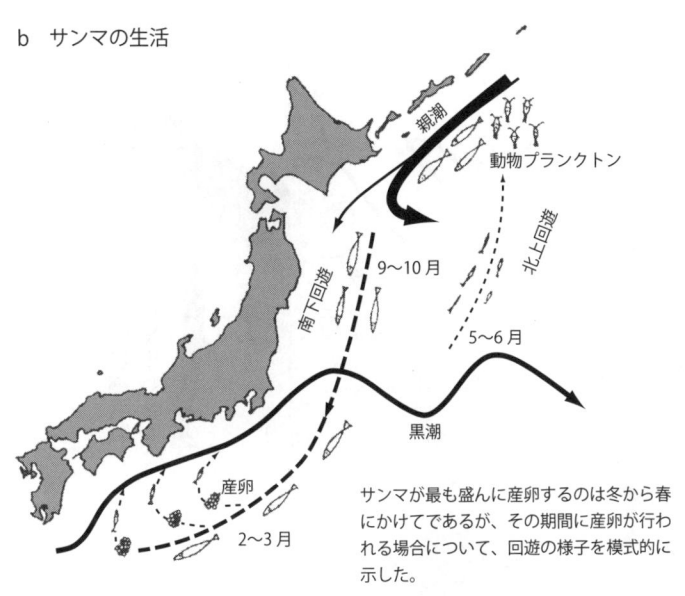

親潮
動物プランクトン
北上回遊
南下回遊
9～10月
5～6月
黒潮
産卵
2～3月

サンマが最も盛んに産卵するのは冬から春にかけてであるが、その期間に産卵が行われる場合について、回遊の様子を模式的に示した。

出典：日本海洋学会 1995。

c シロザケの遡上地方の分布と日本、南樺太および千島系群の回遊経路
（図中の数字は月を示す）

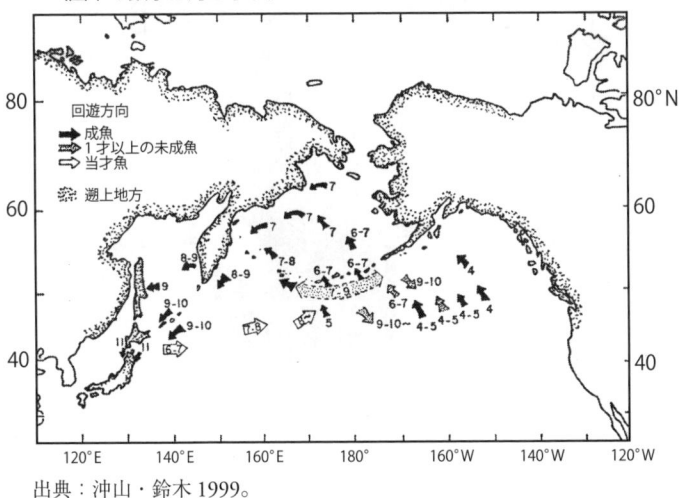

回遊方向
→ 成魚
⇒ 1才以上の未成魚
⇨ 当才魚
※※ 遡上地方

出典：沖山・鈴木 1999。

175

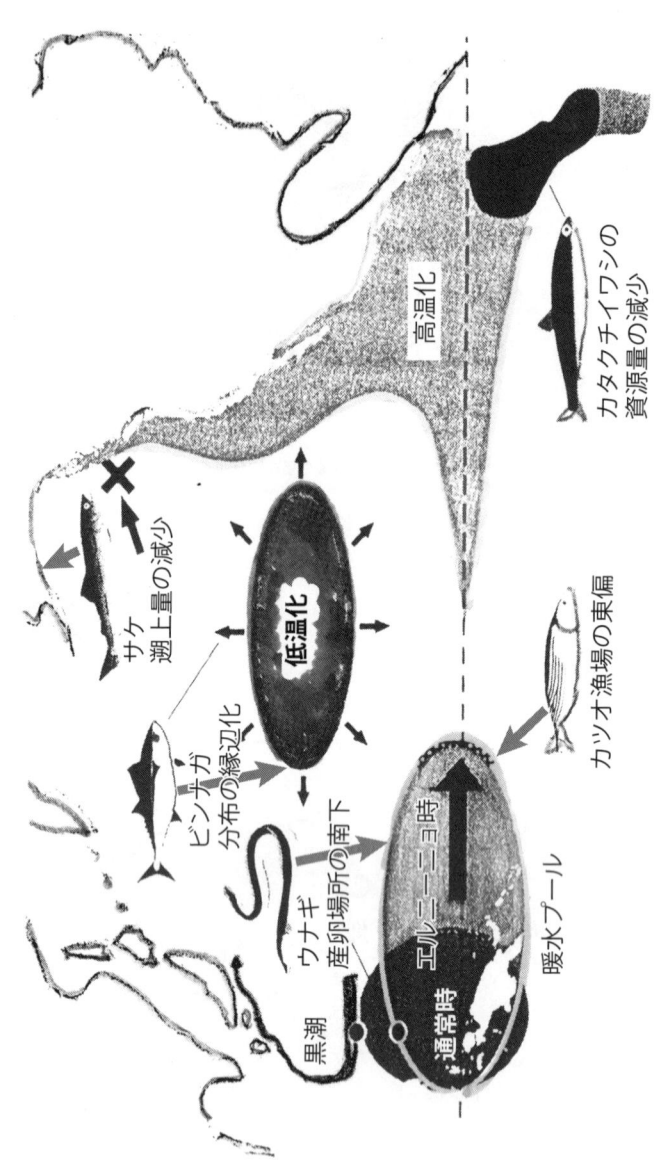

図9　エルニーニョによる魚類への影響

出典：日本海洋学会 2002。

図10　漢口における長江の月流量変化とパワースペクトラル解析

a　流水量

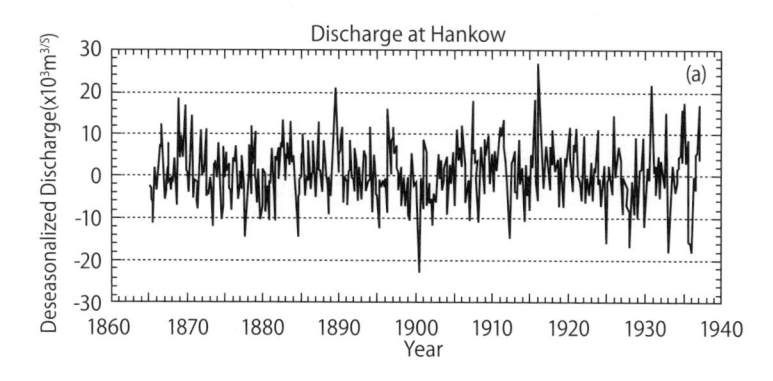

b　スペクトラル解析

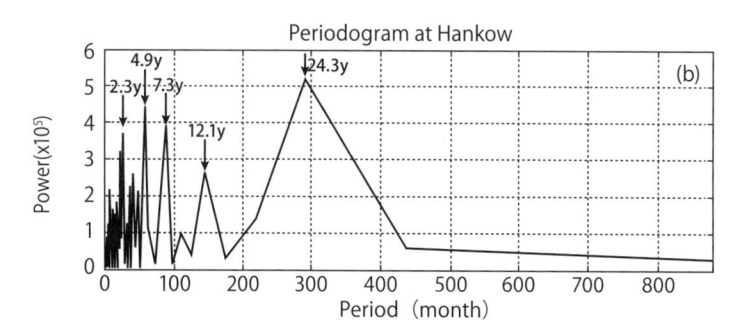

出典：皆川 2003。

図 11　漁獲高の年変動

a　日本近海における浮魚 5 種の生産量の時間的変化（1951－1997）

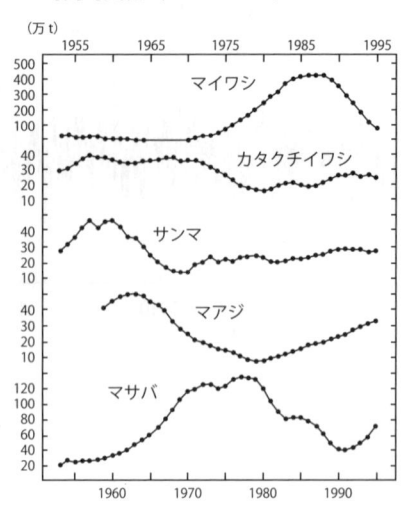

b　世界のマイワシ 4 種の漁獲量変動（1894－1997）
——ピークとトラフが同調している。

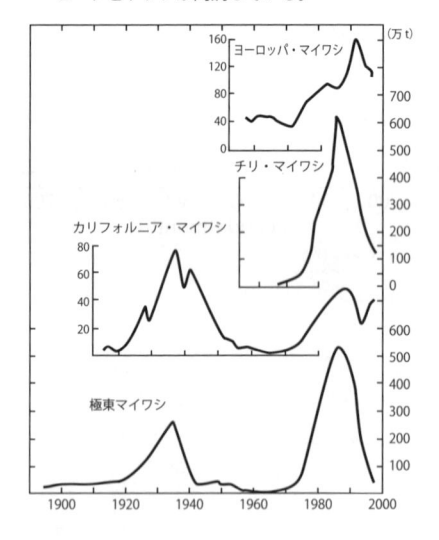

出典：川崎 2000。

図 12　地球温暖化と魚の入れ代わり

a　温暖化要素などの年変動

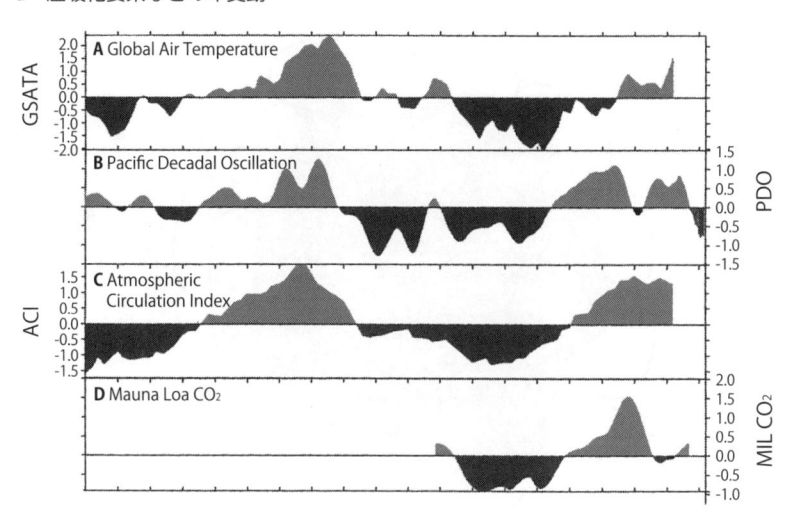

- A Global Air Temperature
- B Pacific Decadal Oscillation
- C Atmospheric Circulation Index
- D Mauna Loa CO_2

b　カタクチイワシ、マイワシ、海鳥の年変動

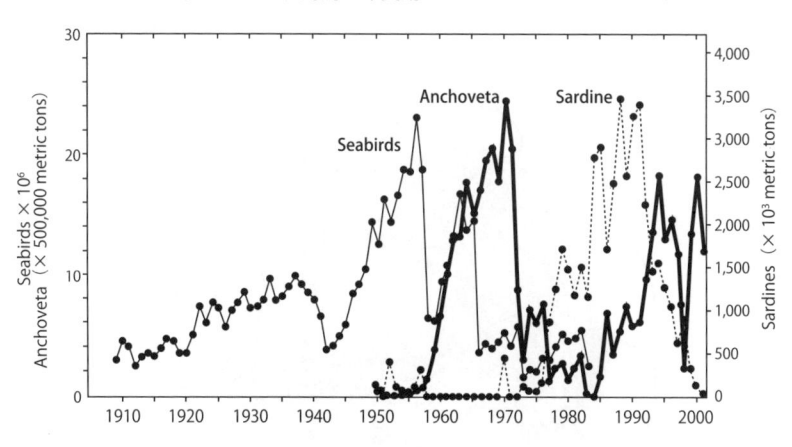

Seabirds, Anchoveta, Sardine

出典：Chavez et al. 2003.

図13　アリューシャン低気圧強弱の回遊魚への影響

a　マイワシ―モデル

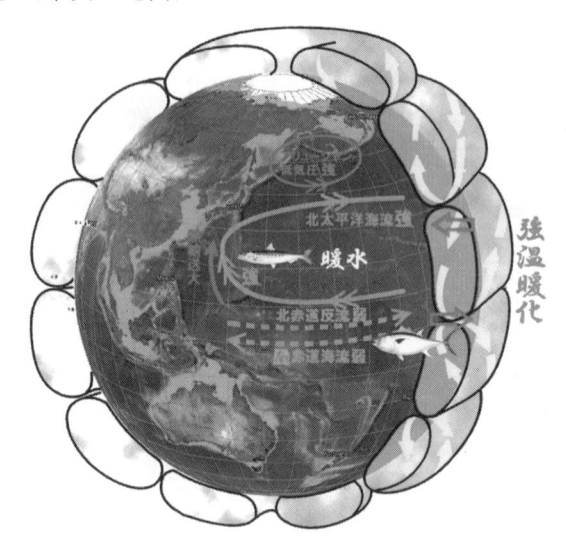

b　カタクチイワシ―モデル

出典：筆者作成

図14　有機塩素化合物汚染

a　ベーリング海から南極海までの表層海水と海棲哺乳動物に残留する有機塩素系化合物の分布

海棲哺乳動物体内の濃度（湿重脂皮当たり　μg/g）

PCB　DDT　BHC

イシイルカ
イシイルカ
イシイルカ
リクゼンイルカ
カマイルカ
スジイルカ
カズハゴンドウ

ハラジロカマイルカ

ウェッデルアザラシ

表層海水中の濃度（ng/l）

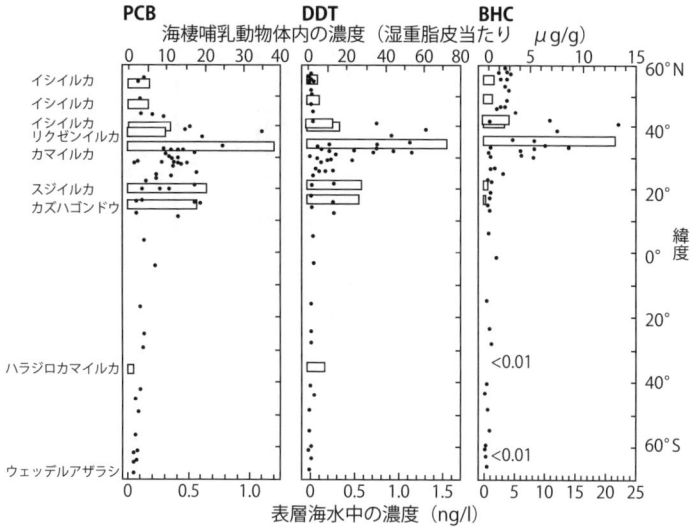

● ：表層海水中の濃度　　□：海棲哺乳動物体内の濃度

b　代表的な有機塩素化合物

DDT　HCH　CHL

HCB　PCBs　$m+n=1〜10$

出典：田辺等 2002、Tanabe et al. 1983.

図14　有機塩素化合物汚染

c　アジア海域における二枚貝イガイのDDTs汚染

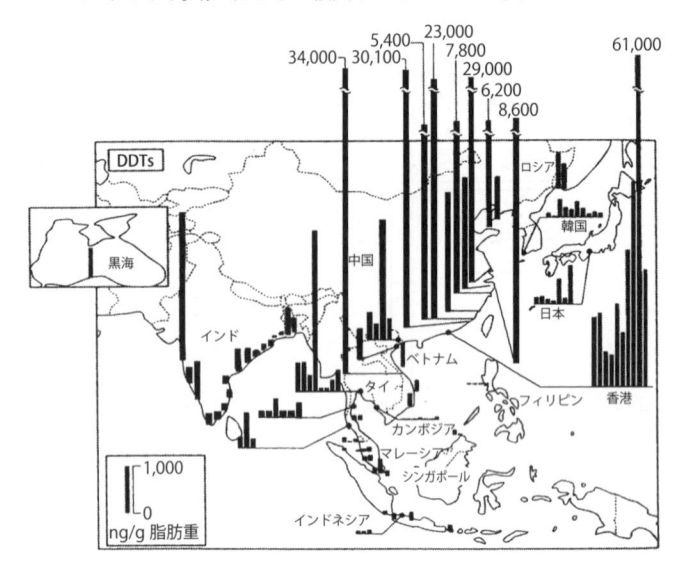

d　アジア海域における二枚貝イガイのPCBs汚染

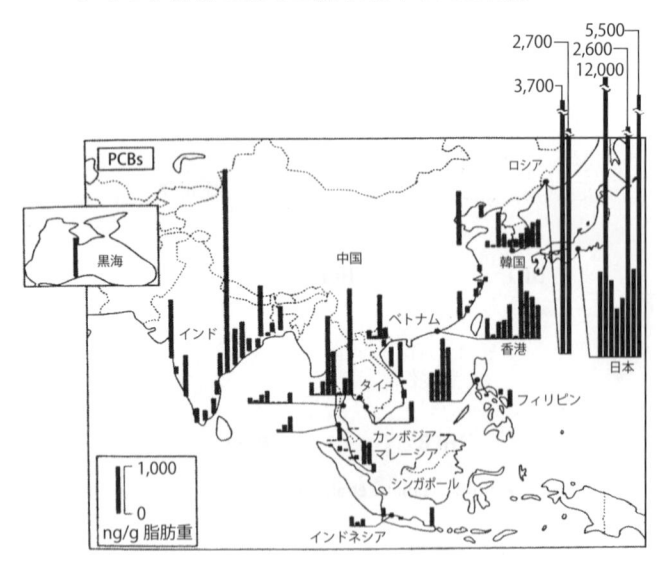

e　カツオから検出された有機塩素化合物の濃度分布

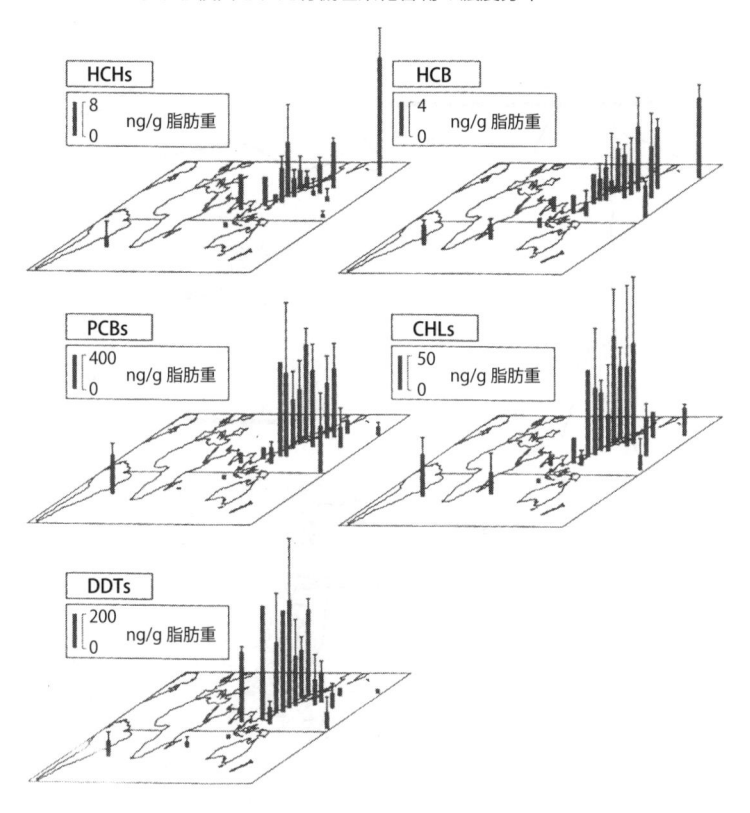

HCHs　8〜0 ng/g 脂肪重

HCB　4〜0 ng/g 脂肪重

PCBs　400〜0 ng/g 脂肪重

CHLs　50〜0 ng/g 脂肪重

DDTs　200〜0 ng/g 脂肪重

出典：田辺等 2002、Tanabe et al. 1983.

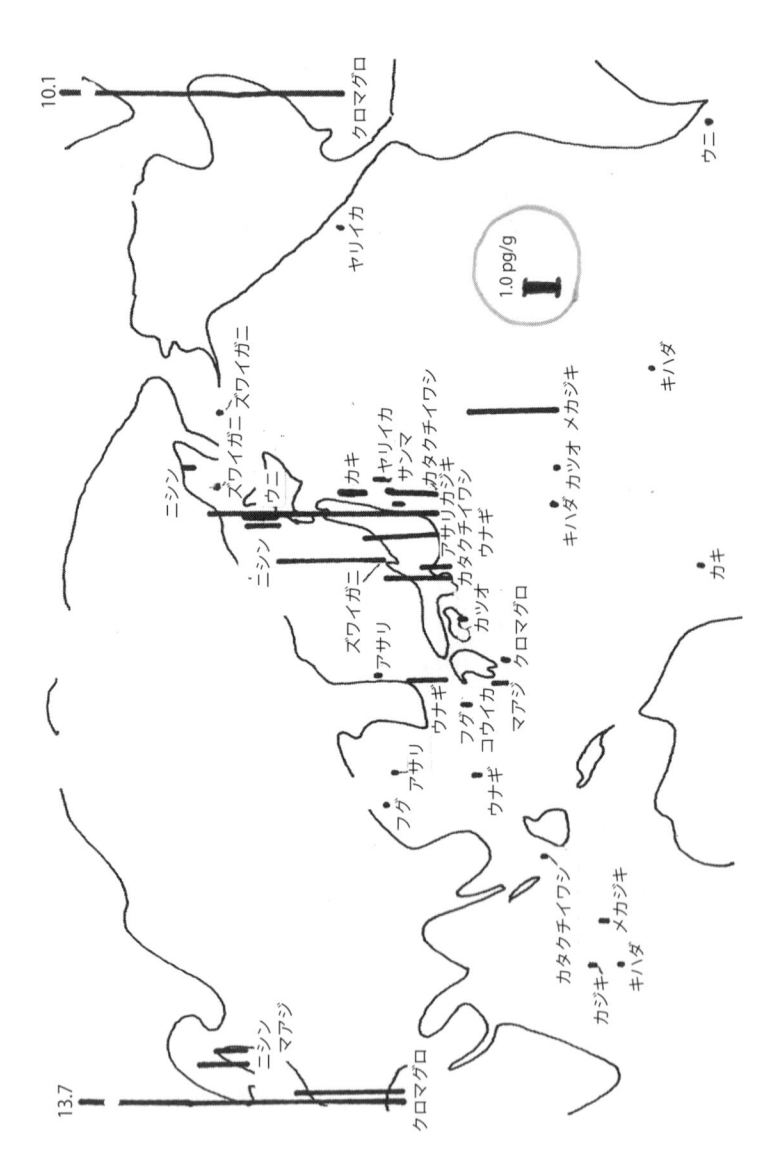

図15　魚介類のダイオキシン濃度

出典：水産庁ホームページ 2003。

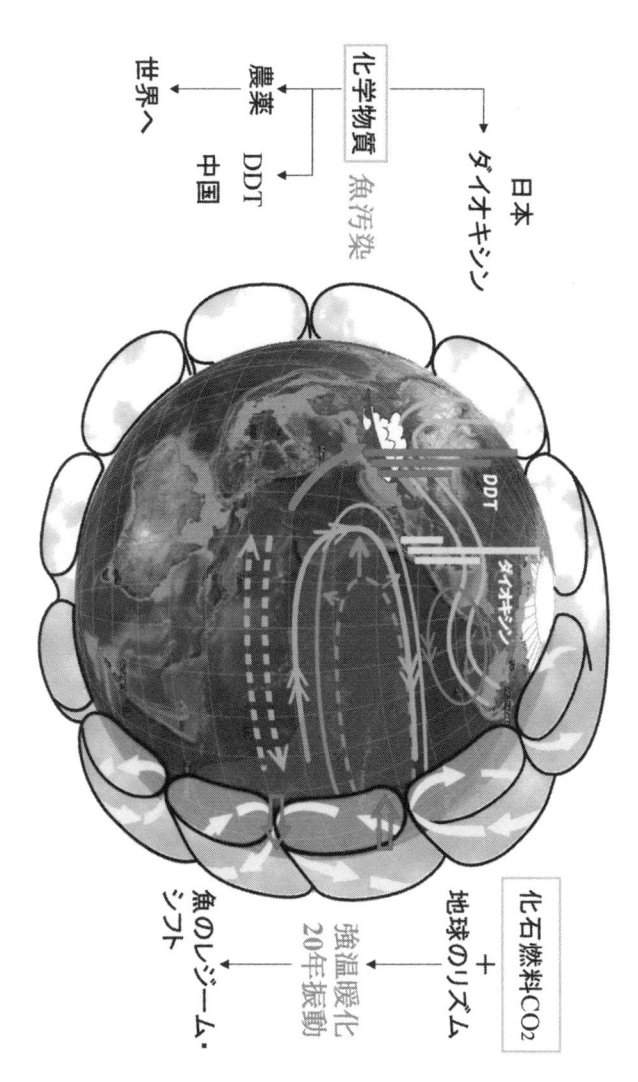

図16　レジームシフトと魚汚染の概念図

出典：筆者作成

中国自動車産業の発展と
マイカー増加による環境問題とその対策

呉　為中

1 中国自動車産業の歩み

　中国の自動車産業は過去3回のブームを経験している。1958年「大躍進政策」期間中に1回目のブームがおこった。国家による投資がない状況の下で、各地方が十分な準備もないまま自動車製造工場を設立した。そのため国産自動車のラインナップは豊富になったが、その一方では各地方が地元の利益を重視し、独立した体系化を過度に追い求めたことから、設備の重複建設や建設場所の不合理が生じ、その後の自動車産業の発展を阻碍する種を播いてしまった。70年代の初期に第2次自動車ブームが現れた。このブームは自動車生産拠点の分散という結果を招いた。それが後に自動車産業大規模経営化を妨げる主要な障害となった。1980年末までに、全中国には計58カ所の自動車製造工場と192カ所の改装工場、及び2,000カ所近いエンジン、部品工場があった。80年代の半ば頃に第3回自動車ブームがおこり、中小型の自動車工場が次々に現れ、自動車産業の地方分割を一層深刻化させた。その後、我が国は産業機構の調整に手をつけ、自動車生産の大規模化も見られはじめた。生産の集中化が徐々に実現し、製品構造の合理化も始まった。その時から我が国の自動車産業は本格的な全面的発展段階に入った。その段階の主な特徴として、改革開放、技術導入、

中外合資、自動車生産の国際化、計画経済の市場経済への全面的な転換を挙げることができる。現在、比較的充実した製品ラインナップを備え、生産能力や製品レベルも向上しつつある自動車産業体系が完成されつつあるが、一方で、「分散・乱雑・低劣」といった問題は依然として残っている。低水準の製造が繰り返され、技術が立ち後れ、自主的開発能力を持っていない。

　今我が国では自動車の保有量は飛躍的な上昇を見せている。2003年自動車生産と販売は共に400万台を突破し、自家用車の年度増加率は80%に達した。我が国は一挙に世界第4の自動車生産国、世界第3の自動車消費国となった。2004年以来、北京の自動車マーケットでは自動車の販売台数は月平均3.8万台の速さで増えている。2004年9月、北京の個人保有自動車の台数はすでに100万台を突破し、うち自家乗用車は65.6万台を数える。そのため、中国は真の「車時代」に入ったと言われるようになった。

2 自動車のもたらす環境問題

　自動車産業の急速な発展と自動車保有台数の急速な増加に伴って生み出された環境問題もますます人々の注目を集めるようになった。自動車による環境汚染は主に排気ガス汚染と騒音汚染に現れている。排気ガスによる汚染は汚染源の移動性や汚染状態の常態化と汚染被害の直接性などの特徴があり、自動車産業のマイナス面はすでに人々の正常な生活と国民経済の健全な発展を脅かしている。

　南方の多くの都市では、排気ガスは大気汚染の第1汚染源となっている。研究報告によると、広州市の大気汚染の主な汚染源は、排気ガスが22%、工業汚染源が20.4%、建築現場の揚塵汚染が19.2%を占めているという。中でも自動車の排気ガスは「最も我慢できない汚染物」だという市民の悪評である。

　北京の自動車汚染状況は依然として楽観視できない。日増しに激しくなる交通渋滞が、講じられている様々な抑制対策の効果を低下させ、頻繁な

第二部　日中の環境保護

写真1　北京市の道路では車が長い列をつくり、排気ガスは明るい街を曇らせてしまう

アイドリング、低速走行、加速、減速が自動車の排気ガスを倍増させている。市民は渋滞のため多くの時間を路上で浪費するだけではなく、健康基準を何倍も超えた有害なガスを吸ってしまう。

2.1 排気ガスによる汚染

自動車が走る原動力はエンジンの中で燃料を燃焼させることから得ている。自動車による汚染もまた燃料の燃焼する過程に生まれる副産物や燃料自身の揮発によってもたらされる。エンジンの排気、すなわち排気ガスに含まれている汚染物質には、主に炭化水素化合物、窒素酸化物、一酸化炭素、粒子状物質及びその他の微量な発癌性物質、たとえば黒煙、ベンゾピレン（BaP）などがある。このほか、燃料タンクへの給油やクランクケー

図1　自動車部分別汚染物排出比

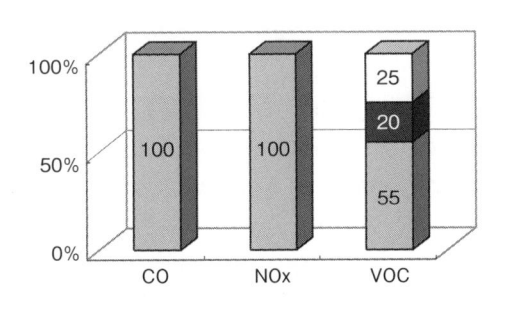

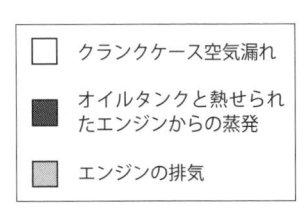

	CO	NOx	VOC
エンジンの排気	100	100	55
オイルタンクと熱せられたエンジンからの蒸発			20
クランクケース空気漏れ			25

189

スの空気漏れも揮発性有機物を排出して大気を汚染する。自動車各部分の汚染物排出のパーセンテージは図1に示す。次はそれぞれの汚染物の危害を紹介し、北京を例にしながら各種汚染物における自動車の占める割合を示したい。

(1) 炭化水素化合物

　自動車の排気ガスに含まれる炭化水素化合物はエンジン燃料の不完全燃焼によって生まれるものである。その殆どが有毒で、健康にさまざまな危害を及ぼす。その中の一部の炭化水素化合物は潜在的な発癌性を持っている。また、窒素化合物がある時、日光に照らされると、炭化水素化合物は反応を起こす。

　地面の近くではオゾンを発生させる。オゾンは光化学スモッグの主要成分の一つである。光化学スモッグは影響範囲が広く、対策の難しい都市での大気汚染である。北京で行われた調査によると、移動発生源（原動機付き車両）は北京市とその近郊の揮発性有機物の総排出量の48%を占め、主要な炭化水素化合物汚染源となっている（図2）。

図2　北京における揮発性有機物の排出源

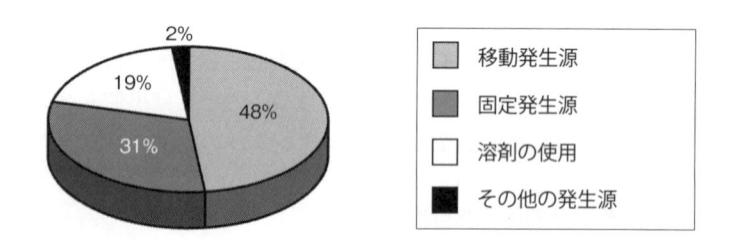

(2) 一酸化炭素（CO）

　燃料オイルの不完全燃焼によって発生するものである。自動車の速度が遅ければ遅いほど、排出量は増える。大きな都会では一酸化炭素の90%が排気ガスによる。一酸化炭素は無色、無味、無臭の気体なので、殆ど気付かれない。COが人体に及ぼす最大の危害は、人がCOを含んだ気体を吸いこんだ時、血液中のヘモグロビン（Hb）がすぐにCOと結合して一

酸化炭素ヘモグロビン（COHb）を生成するため、その分のHbが酸素と結合して酸素化ヘモグロビン（O₂Hb）を生成することができず、酸素運搬の機能を失う。そのため、人体の各器官に酸欠が発生し、特に脳組織と心臓が酸欠になるとすぐさま昏睡状態に陥り、死亡するケースもある。北京で行われた調査によると、移動発生源（原動機付き車両）は北京市とその近郊の一酸化炭素総排出量の74%を占め、固定発生源は26%を占める（図3）。北京市とその近郊の一酸化炭素汚染の主要発生源も自動車であることが分かる。

図3　北京における一酸化炭素排出源

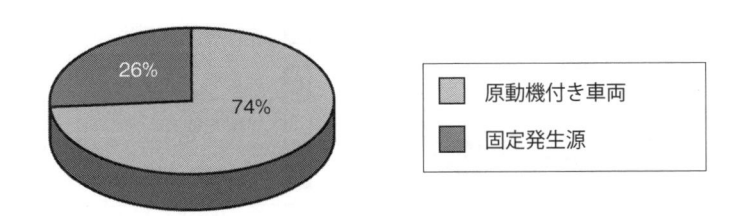

(3) 窒素酸化物（NOx）

排気ガスの主な成分はNOであるが、NOが空気中にはき出されるとすぐに酸化してNO₂になる。人や植物に対してNO₂は強い毒性を持っている。NO₂は毒性の強い腐蝕剤でもあり、空気中のNO₂が肺に吸いまれると、肺胞内で亜硝酸（HNO₂）と硝酸（HNO₃）が発生し、両方とも比較的強い刺激作用があるため、肺の毛細血管の通透性が増し、呼吸困難、咳、気管喘息、酷い場合は肺気腫などの疾病を引き起こす。炭化水素化合物と結合すると光化学スモッグを発生させ、目を傷つける。

北京で行われた調査によると、移動発生源（原動機付き車両）は北京市とその近郊の窒素酸化物総排出量の34%を占め、発電所が27%、工業発生源が26%をそれぞれ占める（図4）。北京市とその近郊の窒素酸化物の主要発生源も自動車であることが分かる。特に強調しておきたいのは、自動車の排気ガスは低空排出源であるため、大気汚染濃度における割合は排

図4 北京における窒素酸化物発生源

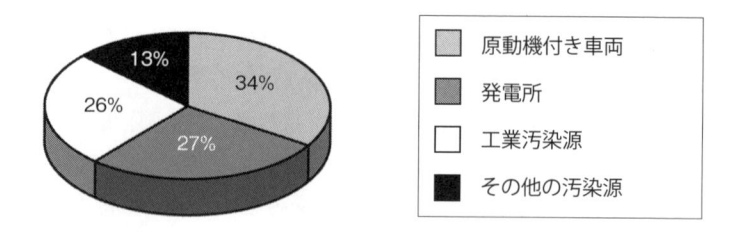

- 原動機付き車両 34%
- 発電所 27%
- 工業汚染源 26%
- その他の汚染源 13%

図5 北京における大気汚染源

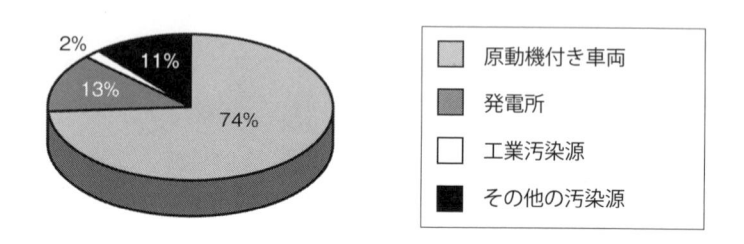

- 原動機付き車両 74%
- 発電所 13%
- 工業汚染源 2%
- その他の汚染源 11%

出総量における割合を遙かに超えるということである。北京市とその近郊の各種大気汚染源の中でも、大気窒素酸化物（NOx）濃度における原動機付き車両の割合は74%にも達している（図5）。

(4) 鉛（Pb）

　自動車が排出する鉛は大気中の鉛の97%を占め、大部分の粒子の直径は0.5μmか更に小さいため、長時間空気中に浮遊する。鉛濃度の高い気体に触れると、重い急性中毒症状を引き起こすが、このようなことはまれなケースで、よく見られるのは、長期にわたって低濃度の鉛を含有する大気を吸い込むことである。比較的大きい粒子が吸い込まれると気道の粘膜に付着し、痰とともに排出される。比較的小さな粒子だと気道経由で肺の奥まで入り込む。このごく少量の鉛含有気体が、慢性中毒症状を引き起こす。たとえば、めまい、頭痛、脱力感、不眠症、記憶力減退等の神経系統総合症。体内の各器官に蓄積された鉛がある一定の量に達すると、人体

の生理機能や造血機能が妨げられる。特に子供や幼児の中枢神経や造血機能には影響が大きい。[1] 長期慢性鉛中毒者の場合は、程度の差はあるが心臓や肺が侵され、知力の低下、注意力の散漫、酷い場合は痴呆症状を呈することもある。鉛は潜在的発癌性の強い物質でもあり、その潜伏期間は 20 ～ 30 年にもなる。最近の調査では、ここ数年児童の血液中の鉛含有量がすでに前の数世代の人をはるかに超えていることが報告されている。児童の健康を害している原因の一つが排気ガスなのである。

(5) 粒子状物質（TSP、PM10、PM2.5）

粒子状物質は空気中に浮遊する固体または液体の微粒子のことをいう。直径が比較的大きいか、色が黒であるものは、肉眼でも見える。例えば、自動車の排気管から出る黒煙がそうである。直径が非常に小さいものは、肉眼では見えないが、自動車の排気ガスの主なものはこの微少粒子状物質である。直径の大きさから言うと、粒子状物質は、総浮遊粒子状物質（TSP）、PM10（直径 10 μ 以下）、PM2.5（直径 2.5 μ 以下）に分けられる。発生源や環境への影響、人体への危害程度は必ずしも同じではない。PM2.5 は主に原動機付き車両や発電所、工業施設の燃料、及び一般家庭用の石炭、薪が燃焼する過程で発生する。二酸化硫黄や窒素酸化物、揮発性有機物などの気体汚染物質が大気中で反応を起こした場合も PM2.5 が発生することがある。PM10 は、主に自動車走行中の揚塵や材料の屋外保

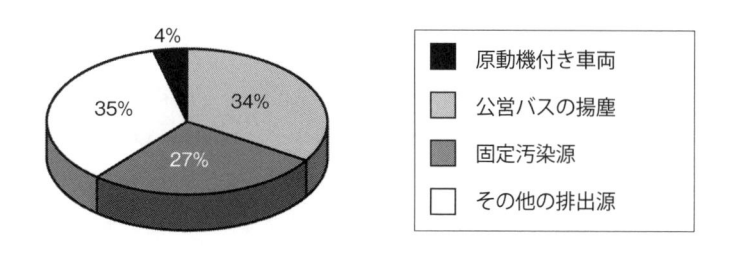

図 6　北京における TSP 発生源

- 原動機付き車両: 4%
- 公営バスの揚塵: 34%
- 固定汚染源: 27%
- その他の排出源: 35%

---

1) 児童が鉛中毒になりやすい理由は、鉛やその化合物が気道と胃腸を経由して吸収されるからである。とりわけ発育期の児童は、鉛の吸収率が成人より非常に高く、66.7%の鉛しか体外に排出されない。

図7 北京における PM10 発生源

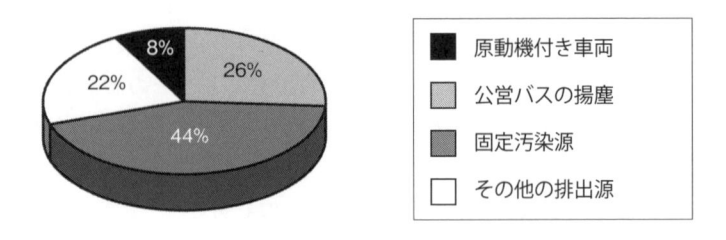

- 原動機付き車両: 8%
- 公営バスの揚塵: 22%
- 固定汚染源: 44%
- その他の排出源: 26%

図8 北京における PM2.5 発生源

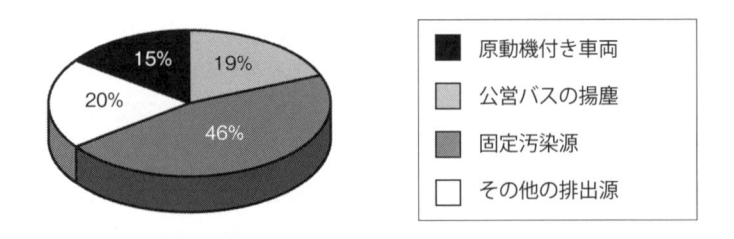

- 原動機付き車両: 15%
- 公営バスの揚塵: 20%
- 固定汚染源: 46%
- その他の排出源: 19%

管・輸送、粉砕、研磨によって発生するものである。自動車の走行による揚塵はTSPやPM10の主要な発生源でもある。

　北京で行われた調査によれば、原動機付き車両などの移動発生源は北京市とその近郊のTSP総排出量の4%、交通揚塵が34%を占め、合計すると固定発生源を上回る（図6）。PM10総排出量の割合では、移動発生源は8%、交通揚塵は26%を占める。合わせると、固定発生源に次ぐ高い割合を示している（図7）。PM2.5の排出量の割合では移動発生源は15%、交通揚塵は18%を占め、合計では固定発生源に次ぐ高いパーセンテージを示している（図8）。自動車と交通揚塵は北京市とその近郊TSPの主要発生源であり、PM10とPM2.5ではそれぞれ2番目に大きい発生源となっていることが分かる。北京PM2.5、PM10とTSPにおける各種排出源の占める排出量パーセンテージは図6、7、8に示した通りである。これらのデータの示すように、微少粒子状物質ほど自動車と交通揚塵の占める割

合が大きく、人体の健康に対する危害も大きい。

　また、自動車排気ガスは他の経路でも人体に間接的な影響を及ぼしている。例えば、紫外線の減少、光化学スモッグの発生、細菌数の増加などがそうである。また野菜を汚染したり、温室効果を助長させる原因になったりすることもある。光化学スモッグが発生する主な原因はNOxとHCである。空気中にこの二つの物質が存在するとき、強烈な太陽光線、無風状態、気温の逆転等の気候条件に出会うと、光化学スモッグが発生する。光化学スモッグの人体への主な影響は目や気道を刺激し、急性出血性結膜炎の罹患を増加させたり、喘息やその他の疾患の発作を引き起こしたりすることである。1970年、アメリカ・ロサンジェルスでは急性出血性結膜炎が128日もの長い期間にわたってはやり、市民の4分の3以上が罹患した。同年、東京でも光化学スモッグが発生し、2万人が急性出血性結膜炎に罹患した。

　中国国家環境保護総局の予測では、2005年の都市大気汚染に占める自動車排気ガスの割合は約79%になると見込まれている。我が国の都市における空気汚染は現在の煤煙と自動車との混合型汚染から自動車汚染に変わろうとしている。

2.2 騒音汚染

　長い間騒音環境にいると、聴力損失や聴覚域値の上昇を招いてしまう。大量の統計調査の明らかにしたところによれば、音圧レベル85dBの騒音環境で仕事をする人は、30年後に難聴の発病率は約8%、90dBでは20%、95dBでは30%になるという。

　聴力の正常な人が一定の時間90dB以上の大音量騒音を聞くと、一時的に聴力が下がることがある。通常、一過性聴覚域値移動（TTS）と呼ばれる。TTSが戻ることなく繰り返し90dB以上の騒音を聞くと、ついに聴力が回復できず、恒常性難聴や騒音性難聴（PTS）になることがある。

　我が国では、2002年に325の都市の道路交通騒音を測定した。測定結果によると、4.9%の都市では道路交通騒音汚染が深刻化し、17.2%の都

市は中度の汚染、64.3%の都市は軽度の汚染、13.6%の都市は道路交通の音環境が比較的良好だったという。別の調査では、2004年には36.4%の市民が騒音汚染が「比較的ひどい」、23.6%の市民が騒音汚染が「健康に深刻な影響がある」を選び、2001年と比べると、それぞれ10ポイント以上も高くなっていた。これらのデータはすべて自動車の騒音汚染が人々の生活に及ぼす影響がますます深刻化していることを示している。騒音は市民の仕事や休息に影響を与え、それによる訴訟やトラブルを多発させ、すでに都市における一大公害となっている。

2.3 ほかの方面（土地や交通など）

　北京を例にとると、ここ数年来、市内の道路は年成長率3%の速さで増え、自動車の数は15%、交通量は18%の速さで増加している。誰の目にも明らかなように、現在の北京市内の交通渋滞は深刻な問題となっている。ラッシュ時には、市内の主要道路での走行速度は約11km/hで、自転車の通常走行速度と同じである。渋滞は莫大な時間や経費を無駄にし、企業にも大きな損失を負わせている。北京は渋滞で年間約60億元の直接損失を出していると、経済学者の茅于軾は言う。

　我が国の原動力付き車両による石油消費は全国石油消費量の約3分の1以上を占める。国務院発展研究センター産業部の予測では、2010年と2020年の全国原動力付き車両の燃油需要はそれぞれ1.38億tと2.56億tとなり、その年の全国石油総需要量の43%と57%になる。国土資源部の予測では、同期の中国国産石油生産量は多くても2億tとされている。新たに増える石油の需要はますます輸入に頼らざるを得なくなる。

　自動車は「ガソリンを飲む」だけでなく「土地をも食う」。アメリカのワールドウォッチ研究所のシミュレーションによると、中国の高速道路の建設が「アメリカ速度」で進むのであれば、毎年150万haの耕地をアスファルトで舗装する計算になる。もし、中国の道路や駐車場の面積を「アメリカ水準」に合わせるとすれば、江西省か山東省に相当する面積の土地をコンクリートやアスファルトで舗装してしまうことになる。アメリカと

比べなくても、比較的倹約するヨーロッパや日本のレベルにしても2人に1台、1台あたりの土地使用面積が0.02haとすれば、中国の自動車台数が6億台に達した時、自動車の土地使用面積は1,300万haになる。これは中国の水稲栽培面積の半分よりも多い。

このように、自動車の発展は我々の健康に深刻な危害を及ぼすだけでなく、他の方面にもとても大きな影響を与えるのである。

3 制御策

自動車産業と都市環境保全との矛盾を解決するには、政府、企業と市民の三者が緊密な協力関係を結び、科学的な発展観でともに「責任意識、発展意識と環境保全意識」を兼ね備えたグリーン化自動車産業を提唱し、自動車産業と都市環境保全が両立する持続可能な発展を推し進め、両者の優良循環を促進しなければならない。主に技術対策と管理対策の側面から考えることができる。

3.1 技術対策

議論してきた自動車の最大の危害である排気ガスから見ると、中国の自動車は性能が劣っており、二輪自動車の排気ガス量が多いといった問題がある。中国の自動車製造業が排気ガスの排出制御技術やエンジン製造技術などの方面で先進国に大きく遅れを取っているため、国産車のガソリン消費が大きいし、燃費も低く、排出係数は先進国より遙かに高い。

ガソリンの品質向上は、自動車汚染対策の第一歩と言ってよい。目下の重点的な課題は次の二つにすべきであろう。一つは硫黄含有量を抑えること、もう一つはガソリン成分の改善である。具体的には次の三つの技術的措置が考えられる。

1) 排気ガス制御技術の採用。例えば、エンジンの改良、稀薄混合気の採用、排気の再燃焼、排気ガスの三元触媒反応（TWC：Three-Way Catalyzer）の採用等、そのいずれも窒素酸化物の排出を減少

させることができる。
2) 自動車燃料の改善。新規製造の自動車は、すべて無鉛ガソリン仕様にし、新型車には触媒転換装置を装備させ、できるだけ発癌性物質やその他の汚染物質の少ない低公害ガソリンを使用し、大気汚染を減らす。
3) 新型燃料の利用。例えば、エタノール混合ガソリン、メタノール、水素などを車の燃料として利用する。これらの燃料は燃焼性が優れているため、環境汚染を大幅に軽減できる。

　実際に研究開発が進められているクリーンエネルギー使用自動車には、CNG自動車、LPG自動車、アルコール類自動車、混合動力自動車、電動自動車や燃料電池自動車などがある。中国の主な乗用車であるシャレード、ジェッタ、サンタナ、小紅旗、富康などはLPGの研究開発に取り組んでいるが、その成果は良好で、コア技術の利用が可能になり、産業化のための技術の基礎を整えた。次に、LPG自動車の閉回路電子制御ガソリン噴射技術の研究を強化し、完全な閉回路電子制御噴射を実現させた上、使用燃料に適応した三元触媒装置を付け加えなければならない。中国のアルコール類燃料エンジンの基礎研究は比較的早くから行われており、すでに基本的な関連技術の開発に成功している。しかし、DME（ジメチルエーテル）を燃料に応用する研究は基本的に空白のままである。煤を原料として製造するDMEを自動車の原動力とするのは、中国の国情に適合しているので、その技術の研究開発は応用の面で比較的有望なものである。
　混合動力自動車の研究や応用面の開発では、中国はまだ初期的な段階にあり、現在数少ない大学や研究機関が前段階の研究に取り組んでいるだけである。投資を増やし、技術の研究を深めるべきである。
　中国でも電動自動車のコア技術の研究開発を一部行っており、多くの研究機関や大学がより進んだ、専門的な研究に取り組んでいるが、大部分の研究成果はまだ試作や実験段階に止まっている。燃料電池自動車の分野では、「863」特別プロジェクト「自動車用ニッケル水素電池の研究と産業化プロジェクト」の技術レベルが世界同類製品の先進レベルに達している。

その他に、電動機や電子制御技術についても多くの研究が進められており、関連技術はすでに成熟にむかっている。無段階制御、ベクトル制御、アイドル回転制御などの AC（交流）電動機のスピード調節技術は徐々に完成に近づいている。AC 電動機の同調・非同調はすでに DC（直流）電動機に代わって電動自動車用の電動機の主流となった。その効率は 90% 以上に達する。スイッチトリラクタンスモータ（SRM）の電動自動車での応用も実験的研究が進められている。これからの研究には、自動車での利用ができるように更に電池の性能を高め、価格を下げることが課題となる。電動自動車の実用化と商業化を促進するためには、バッテリーの軽量化、走行距離の延長、バッテリーの再利用と使用寿命の延長の問題も解決しなければならない。

3.2 管理対策

　以上述べてきた自動車排出ガスの低減にしても、電気自動車の開発にしても、自動車に着眼した技術革新である。しかし、技術だけでは不十分である。不断に改善されていくエンジンの設計や排気ガスの処理技術、ガソリンクオリティの向上、代替燃料やクリーン燃料への交代のほかに、よりきめこまやかな法律や法規の制定、より厳しい燃料基準と排出基準の設定、税徴収、料金の徴収、罰金から高排出車両の強制的な更新、一般的な交通管制条例から特別道路や走行時間の制限措置など、これらすべての試みを実践していかなければならない。排出ガスの低減措置の限界もあるし、伝統的な自動車をすべて電気自動車に切り替えるにも短期間では容易にできることではない。したがって、技術革新に取り組むと同時に、中国の国情に合った政策措置を制定、実施する必要がある。

　当面最も重要な取り組みは、バス、地下鉄、モノレール等の公共交通を大いに発展させることである。我が国の都市建設は「先にビルを建て、後で道を作る」というパターンなので、交通用地は少なく、道路の拡大も限られている。都市建設は公共交通優先の考えを取り入れるべきで、交通のインフラ建設、道路の設計、資金投入などの面から着手し、運送力の高い

公共交通への移行を実現することが大事である。
　環境保全基準を守る意識を定着させるためには、自動車の大衆消費の初期段階から社会に対して省エネと環境保全の強力な発信を行うべきだった。政府は直ちに自動車排気ガス排出基準を公布し、関係部門は厳格に実施しなければいけない。中国の自動車排出ガス対策は20世紀90年代より始まり、段々とスピードアップしてきた。1993年にはヨーロッパ20世紀の70年代に相当する排出基準を公布した。7年後にはヨーロッパ90年代初めの基準（Euro 1）にレベルアップした。2005年には全国でEuro 2が実施される予定である。排出量の大きい気化器使用の乗用車などは各大都市から消えつつある。2000年7月1日、含鉛ガソリンが全国規模で「ほとんど締め出」された。経済的条件の許す限り、特に北京や上海のような大都市では各種の環境保全基準を厳格に遵守し、率先して範を示すべきである。
　一方、街の緑化策として歩道の両側と車道の中央分離帯に草木を植えるのもいいし、ロータリーを作り、ロータリー内にも草木を植えることもできる。植物は粉塵や有害な気体を付着させたり、吸収したりすることができるので、環境汚染を減少し、騒音汚染の危害も軽減する効果がある。また、都市環境の美化にも役立ち、町の景観にも情趣が添えられる。
　先進国家では都市中心部の交通渋滞を緩和させ、空気汚染を軽減するために有効な措置が講じられるところもある。
　ドイツでは税収政策を採ることで自動車汚染に対応している。2001年1月から実施された自動車税収政策だが、その年の自動車納税額は自動車の出力と排出ガスの量によって算出される。このほかに補助金制度もあり、汚染ガスの排出量の少ない自動車に補助金が支払われる。この二つの規定のおかげで、何年も税金を一銭も払わずにすませているドライバーもいる。この政策にはすでに積極的な効果が現れ、自動車メーカーがより環境保全効果の高い自動車を生産するようになったという。
　ロンドンでは2003年2月より、東のロンドン塔から西のハイドパーク間の周囲21km^{2}の区域に進入するためには5ポンド（約7.5ユーロ）の通行税を支払うことになっている。しかし、公共の交通機関が老朽化して

いるため、ロンドン市長によって決裁・実施されたこの改革は、一部の市民から批判を受けている。ロンドン市政当局はこの交通渋滞を緩和するための税措置を実施することによって、ロンドンの自動車交通量を10％〜15％減らし、そして毎年徴収されるこの1.3億ポンド（約1.95億ユーロ）の通行税を公共交通運輸の発展に使うことにしている。ノルウェーではほとんどの大都市がロンドンのやり方を直接参考にして、ドライバーから都市進入料を徴収し、自動車交通量を抑制し汚染を減らそうとしている。

シンガポールでも早くから商業区域の交通量を制限する政策を採っていた。1975年にまず都市通行税制度を設け、ドライバーは毎日この通行税を払わなければならない。1998年、時間帯計算による電子徴収システムに切り替えた。この政策の実施によって、ラッシュ時（8時〜9時）の自動車交通量が減少した。一部の人が通行税のあまり高くない時間帯（7時30分〜8時、9時〜9時30分）にそこを通るようにしているからである。

またイタリア、メキシコ、タイ等でも効果的な措置がとられている。中国も情況に応じて参考にするといい。

現在、自動車産業発展における大きな課題は安全、環境保全と省エネの三つである。一般大衆の生活レベルが向上し、自動車産業は急成長を続けている。自動車産業の発展と環境保全との対立は長期的なものになるであろう。きれいな空気を守るためには、政府部門や自動車会社にとるべき責任があるのは言うまでもないが、市民一人一人の参加も必要である。なんと言っても、我々一人一人が汚染発生者でもあれば、汚染被害者でもある。できるだけ公共交通機関を利用し、自動車の利用を減らすとか、自動車はなるべくエコカーを使い、排気ガスの排出状況のチェックをまめにし、基準を上回るような時はすぐに修理に出す。修理してもだめで新車を購入する時は、低排出の車を購入するなど、あらゆる人がわれわれの共通の財産である環境を大切にするためにそれぞれ責任を果たさなければならない。

(張平訳)

環境触媒
被害者＝加害者を避ける賢者の石

土屋　晉

1 はじめに

　環境問題を考える場合、有害物質、汚染物質について考えることはもちろん重要であるが、それらを発生する側（加害者）と被害者がどういう位置づけにあるかも重要なので、本稿ではその点に注目して、環境触媒について考えてみたい。

2 環境汚染物質の発生源

　酸性雨の原因物質は、大気中に漂う硫黄酸化物や窒素酸化物である。石油や石炭に少量含まれる硫黄化合物は、燃焼により二酸化硫黄や三酸化硫黄になるがこれらを総称してSOxという。燃料は空気で高温燃焼させると空気中の窒素が酸素と反応して窒素酸化物になる。また燃料中に少量含まれる窒素化合物が燃焼により窒素酸化物になることもあり、これらを総称してNOxという。

　SOxは、自然界においても火山ガスや海洋の硫黄化合物の酸化により発生するが、近年は、石油、石炭などの化石燃料の燃焼による発生が急増している。発生源は、金属精錬工場、石油コンビナート、火力発電所であ

る。発生源の工場に排煙脱硫装置を設置すれば除去できる。

　SO_x は刺激性のガスで、ぜんそく、気管支炎、肺気腫などの原因になる。かつて日本で起こった「四日市ぜんそく」は工場排煙中の SO_x が主要原因と考えられている。硫黄分の多い石油しか購入できず、それをそのまま燃料に使用し、排煙から生成した SO_x を除去しなかった事も一因である。

　NO_x は、自然界において微生物や雷の作用でも発生するが、人為的発生源には火力発電所、工場、ディーゼルエンジン自動車、船舶、航空機などがある。工場などの固定発生源の排煙脱硝装置では、排ガス中にアンモニアを吹き込み、触媒を用いて NO_x を窒素と酸素に分解する。

　自動車のような移動発生源の場合、ガソリン車では、未燃焼ガソリン、一酸化炭素、SO_x、NO_x などは触媒を用いれば排ガスから除去できる。

　しかし、排ガス処理装置をつけていないガソリン自動車の走行している国も多い。特にディーゼル自動車には排ガス処理装置をつけていない国が多い。

3 環境対策の問題点

　SO_x、NO_x の固定発生源からの除去は、装置が多少大きくなってもかまわないので、比較的容易である。しかし自動車のような移動発生源の場合は、コンパクトで高性能の浄化装置が必要となるので、対策はより難しい。また工場では運転員はプロであるが、自動車の場合、運転者は普通の人（アマチュア）である。さらに固定発生源の場合は発生者（加害者）は企業、被害者は一般人と別グループと考えられるが、移動発生源（自動車）の場合は、加害者＝被害者である場合が多い。したがって、このような状態を解決する方策が必要であり、それが自動車触媒である。

　加害者＝被害者の図式は、家庭内でも起こり得る。たとえば、料理中に悪臭や刺激臭を発生させる場合である。排気によって除去できる場合もあるが、排気による解決ができないとき、有用なのが環境触媒である。無臭のガステーブルはその一例である。

4 自動車触媒とは

　ガソリン自動車排ガス中には、空気のほか、未燃焼燃料、燃料分解物、硫黄酸化物、窒素酸化物等多種類の物質が含まれており、それらを分解除去しているのが自動車触媒である。

　1970年代アメリカでマスキー法が成立し、自動車の排ガス規制が決まった。当時の技術レベルではできないことであったが、アメリカはその技術力の発展を信じ強行した。当時日本の自動車がアメリカに輸入され始めていた。小さかったが、燃費が良かった。多分アメリカは驚異に感じたのであろう。日本車の輸入を防ぐ意図があったかも知れない。しかしアメリカ車は排ガス浄化に成功しなかった。出来たのは日本車であった。

5 自動車触媒の特徴

　自動車排ガス問題の場合、多くの化学反応が同時に起こる。併発して進行する化学反応の制御に成功しても、問題はそれだけではない。自動車は停止したり、高速で走行したりする。運転スピードの変化に伴い、燃料供給状況やエンジン内温度が急激に変わる。また自動車は振動や揺れにさらされる。これは工場の場合と大違いである。条件変化は極めて厳しい。これらに対応できた一因は、セラミック技術の応用である。セラミックは、機械的衝撃にも熱変化にも耐えられる強いものが出来る。日本でハニカム構造の自動車触媒製造が成功した陰には、気候変化に伴う風雨や温度変化に耐える碍子の製造技術があった。そしてその技術は、景徳鎮製造技術に由来するものともいえよう。しかし残念ながら、当時の中国は自動車の触媒どころではなかった。

6 自動車触媒の仕組み

　やや専門的になるが、自動車触媒の作用機構を簡単に説明する。ガソリン自動車排ガス中の炭化水素（未燃焼燃料や燃料分解物）、一酸化炭素、

窒素酸化物等の濃度は、エンジンに供給される空気とガソリンの比率（空燃比）によって大きく変わる。このほか以前は硫黄酸化物も含まれていた。

　これは燃料ガソリン原料の石油中に、もともと含まれる物質である。したがって、あらかじめ石油からガソリンを製造する際に除けばよい。近年では、ガソリンには硫黄化合物はほとんど含まれていない。しかし、ディーゼル燃料にはまだかなり含まれている。

　空燃比が大きいと（ガソリン濃度が高いと）、一酸化炭素や炭化水素が増え、低いと一酸化炭素はほとんどなくなるが、窒素酸化物生成が大きくなる。換言すると、自動車の排ガス濃度、排ガス量は、走行状態で大きく変わる。アイドリング状態では、一酸化炭素と炭化水素濃度が高く、走行速度が上がるほど、窒素酸化物が増える。減速時には、炭化水素濃度が高く、窒素酸化物濃度が低い。排ガス温度は、エンジン回転数に応じて変化する。技術者の観点に立つと、反応物質の濃度及び組成、供給速度、反応温度が刻一刻めまぐるしく変化する化学反応を扱うということになる。自動車触媒の役割は、一酸化炭素、炭化水素、窒素酸化物を、無害の二酸化炭素、水蒸気、窒素に変化させることである。

　一酸化炭素、炭化水素、窒素酸化物を同時に除去できるのは、空燃比14.7付近である。

　この領域をウインドウと呼んでいる。排ガス組成をこの範囲に収めるために、触媒反応器の上流に酸素センサーを設置して、排ガス中の酸素濃度を測定しその情報をガソリン燃料噴射装置に伝え、エンジンへ供給する燃料の空燃比を常時制御している。

　自動車触媒は、800〜900℃、場合によっては1,000℃以上の高温にさらされる。未燃焼燃料や燃料分解物は、白金、パラジウム、ロジウム等の貴金属により分解できる。しかし貴金属は高価なので、できるだけ使用量を少なくして効率よく利用しなければならない。実際の触媒では、多孔質（硬いスポンジ状物体）の酸化アルミニウム上に貴金属を微粒子にして分散させてある。この酸化アルミニウムを担体というが、構造的に熱や振動に強くなければならないし、また単位質量当たりの表面積が大きくなければならない。

排ガス中の酸素濃度が変動すると、空燃比も変動するが、この変動はできるだけ少ないことが望ましい。近年触媒に酸化セリウムを添加すると、変動比が少なくなることがわかった。これは酸化セリウムには、速やかに酸素を吸ったり吐き出したりする性質があり、酸素の貯金箱のように働くためとされている。エンジンへの供給燃料をコンピュータ制御して空燃比を変化させるよりも、より直接的に酸素濃度を変化させることが出来る。

さらに酸化セリウムには、酸化アルミニウムの熱安定性を高める働きがあることもわかってきた。現在セリウムの主要用途は発火合金である。中国でも多く産出する。

7 実用触媒における工夫の一例

初等中等教育の学校における化学実験では、普通は1種類の反応を行う。

しかし自動車排ガス中には、多くの物質が含まれていて、それらの性質はまちまちである。自動車触媒の場では、十数種類の化学反応が、同じ場所で、同時に起こるのであるから、その取り扱い、制御は極めて難しい。

物質の最小単位は分子である。分子レベルで考えると、大きい分子もあれば、小さい分子もある。化学反応性が大きい分子もあれば小さい分子もある。

高価な貴金属を効率よく利用するために、折角細い金属粒子を担体上に広く分散させても、大きな分子がやってきて表面にくっつくと、かなり広い範囲を覆ってしまう。一般に、小さい分子よりも大きな分子の反応性は小さいので、効率的にも悪くなる。

そこで担持方法（担体上に金属微粒子を分散付着させる方法）に工夫が凝らされた。多孔質物体を担体として用い、あたかも卵の白身部分の表面ではなく、卵黄の表面部分に貴金属粒子が来るような形にする方法が開発された。小さな分子は内部まで侵入できるが、大きな分子は表面近くに留まる。したがって、ブロックされる有効部分が、少なくなり、常に小さな分子の反応は保証される。

8 ディーゼルエンジンの場合

　トラックやバスなどは、燃料にガソリンではなくディーゼル油（軽油）を使っている。それは、ディーゼルエンジンがガソリンエンジンよりもエネルギー効率が良いからである。しかし、排ガス浄化装置は装備していない。1年以上使用可能な装置の開発が遅れているためである。ガソリンエンジンとディーゼルエンジンとでは燃焼機構が違うので、違うタイプの触媒開発が必要である。ガソリンエンジン用では主として貴金属を使用するが、ディーゼルエンジンでは、主として銅を使用する。現状では、銅―ゼオライト系触媒（いわゆる Iwamoto catalyst）の改良品が有力である。

9 おわりに

　近年、社会ではコンピュータ万能のように考える人たちが居る。しかし科学では、実験研究でしか得られない成果が多い。触媒研究では、特に理論よりも実験が主である。理論研究やコンピュータ研究もあるが、それらはあくまで従である。理論がお粗末なこともあるが、制御すべき条件が多すぎて、コンピュータの能力を超えていることもある。さらにそもそも全ての制御条件が、まだはわかっていないことも大きい。中国には多くの触媒の実験研究者が居る。レベルの高い研究者も多いことは、国際的学術誌によって良く知られている。しかし中国は、残念ながらまだこれらの成果を生かし切れていないように思われる。

東京都『環境確保条例・自動車公害対策』の施行と事後評価
ディーゼル自動車規制とアセスメント
小礒　明

1 まえがき

　近年の我が国の環境政策は、先進世界の潮流である低炭素及び循環型の社会の構築に向けての転換政策を、先導するような取組を進めつつある。本論文は、その日本の環境政策の先進的役割を担っている大都市東京について、特に、大きな成果を収めた環境確保条例（自動車公害対策・ディーゼル車規制）に焦点を当て、環境政策の形成手法・条例化・実施並びに事後のアセスメント、将来計画などについて述べる。

　大気汚染に係わる代表的なものが、二酸化窒素 NO_2 や浮遊粒子状物質 SPM である。工場のばい煙に代表される産業型の公害は、各種の規制により改善されてきてはいたが、自動車からの浮遊粒子状物質 SPM や窒素酸化物 NO_x などは、増え続ける交通量やディーゼル車からの排出ガスが大きな原因となり、改善が進まず、東京の環境汚染は厳しい状況にあった。

　こうした中、「東京から国を変える」という石原都知事の強いメッセージの下、平成15（2003）年10月から東京都が実施したディーゼル車規制は、これまでの長い地方自治の歴史に残る画期的な施策として、評価を得、国内外で注目を集めた。

　浮遊粒子状物質 SPM[*] に関しては、平成14年度まで、幹線道路沿いな

どに設置された自動車排出ガス測定局の環境基準達成率が0%であったのが、平成17（2005）年度には初めて、すべての測定局で環境基準を達成し、以後平成20年度まで同様の結果を得た。また、都内における粒子状物質PMの排出量をみると、平成12年度では6,150t（内、自動車は52%に当たる約3,200t）であったが、平成17年度には、36%減の3,290t（内、自動車は31%に当たる約1,020t）の成果を挙げた。

このような東京の大気汚染の改善に大きな成果を挙げてきたディーゼル車規制について、その成果を分析し評価する。

＊浮遊粒子状物質SPMとは、大気中に浮遊している粒子状物質PMのうち、粒径が $10\mu m = 10 \times 0.001mm$ 以下の物質

2 ディーゼル車規制の実行

2.1 国の対策の遅れ

自動車からの排出量の内、粒子状物質PMの殆どはディーゼル車から排出されている。この排出ガスに含まれる粒子状物質PMは、発がん性があることが分かってきており、呼吸器系疾患、花粉症とも関係があることが指摘され、都民の健康に悪影響を与えていた。

しかしながら、粒子状物質PMに対する国の対策は不十分であり、長年にわたって対策が立ち遅れてきた。その原因を分析すると次の七つになる。

(1) 欧米に大幅に遅れた新車の粒子状物質PM規制：

ディーゼル車のPM規制が導入されたのは、1994年と遅く、規制基準をみても、欧米の1990年代初頭の粒子状物質PM規制値に追いつくのは1998年からの「長期規制」になってからと、実質的に欧米から10年近く遅れた。このため発がん性などが指摘される大量の粒子状物質PMが大気中に排出されることとなった。

(2) 粒子状物質PM低減に不可欠な「低硫黄軽油」の早期供給への怠慢：

自動車から排出される粒子状物質PMを除去する排出ガス浄化装置を

有効に機能させるためには、低硫黄軽油が不可欠であるが、その対応が遅れた。

(3) 大気汚染の元凶である「使用過程車対策」の無視：

東京の大気汚染を改善するためには、新車に対するPM規制だけでなく、従来の不十分な排出ガス規制によって製造され走行するディーゼル車（使用過程車）への対策が急務であったが、国は、使用過程車のPM減少対策として有効な装置（DPF）の開発に後ろ向きであった。

(4) 旧式ディーゼル車の走行放置：

ようやく使用過程車への規制として成立した「自動車NOx・PM法」の適用を延期し、旧式ディーゼル車が走行し続けることを放置した。

国は、平成13（2001）年に法律を改正して、使用過程車が排出する窒素酸化物NOxに加え、新たに粒子状物質PMを規制の対象としたが、都の再三の反対を無視して、当初案より最大2年半も規制開始を遅らせた。

(5) 軽油優遇税制によるディーゼル車の増加：

優遇税制により政策的につくられてきた、軽油が安くガソリンが高いという「燃料価格差」が、ディーゼル車の増加につながった。

(6)「不正軽油」の放置：

悪質な脱税の温床であり、都民の健康を脅かす「不正軽油」を放置した。不正軽油は、脱税の温床となるだけでなく、粒子状物質PMや窒素酸化物NOxを通常より多く排出する上に、その製造過程で発生する「硫酸ピッチ」が健康や環境を脅かすなど、多くの問題があったが、国は何の対策もとらず不正軽油を放置してしまった。

(7) 大気汚染被害者の早急な救済の責任回避：

被害者の早急な救済に背を向け、東京大気汚染公害訴訟の第1審後、控訴した。東京大気汚染公害訴訟は、国の自動車排出ガス対策の遅れを背景に健康被害者が訴えたもので、都は健康被害者の救済が優先されるべきと考え、控訴を取止めたが、国は大気汚染を放置した責任を自ら認めるべきにもかかわらず控訴してしまった。結果として、大気汚染被害者の救済に極めて消極的である印象を国民に与え、また救済対策が遅れてしまった。

2.2 国に先駆けた東京都の政策形成と実践

〔ディーゼル車 NO 作戦から規制の開始〕

　都は、こうした状況の打破を目指し、平成11（1999）年8月から「ディーゼル車 NO 作戦」を開始。そのため、下記に掲げる五つの提案を示し、自動車公害対策の方向に関する活発な議論と、ディーゼル車利用のあり方を変える行動を、都民や事業者の方々に呼びかけた。

「ディーゼル車 NO 作戦」五つの提案

　「提案1：都内では、ディーゼル乗用車には乗らない、買わない、売らない」

　「提案2：代替車のある業務用ディーゼル車は、ガソリン車などへの代替を義務づける」

　「提案3：排ガス浄化装置の開発を急ぎ、ディーゼル車への装着を義務づける」

　「提案4：軽油をガソリン車よりも安くしている優遇税制を是正する」

　「提案5：ディーゼル車排ガスの新長期規制（平成19年度目途）をクリアする車の早期開発により、規制の前倒しを可能にする」

　石原都知事は、「ディーゼル車 NO 作戦」の中で、再三にわたり、黒煙（すす）の入ったペットボトルを振りかざし、対策の必要性を訴えた。その他、議論の素材となる考え方やデータ等をまとめた情報冊子の連続発行、インターネット討論会の実施など、都民や事業者を巻き込んだ幅広いキャンペーンや PI（パブリック・インボルブメント）活動を行った。

　このような取組によって、ディーゼル車規制の機運が高まったことから、都は、都民の健康と安全な生活環境を確保するため、平成12年12月、「都民の健康と安全を確保する環境に関する条例」（通称：環境確保条例）を制定し、条例で定める PM 排出基準を満たさないディーゼル車の走行を都内全域（ただし、島しょを除く）で禁止する、という独自の走行規制（使用過程車規制）を国に先駆けて実施した。

　このディーゼル車排出ガス規制の概要は、次のとおりであった。

　規制はまず、平成15年10月1日から、国の新車に対する長期規制の基準で実施し（その基準を満たさない車両の走行を禁止）、平成18年4月

1日からは、2段階規制としてより基準を厳しく、国の新車に対する新短期規制と同じ値を適用した。対象となるディーゼル車は、バス、トラック及びこれらをベースにしたコンクリートミキサー車、清掃車、冷蔵冷凍車などの特種な自動車で、乗用車は除かれた。条例で定めたPM排出基準に適合しないディーゼル車は、都内を走行できないことになったが、新車登録から7年間は、規制の適用が猶予された。

　基準に適合しない車は、最新規制適合車や低公害車へ買い換えるか、知事が指定する粒子状物質を減少させる装置（PM減少装置）を装着させることとした。違反車両の都内走行が確認された場合、規制への迅速な対応を促した上で、行政処分として、車両の運行責任者に対し都内における運行禁止を命令し、従わなかった場合には、違反者の公表、50万円以下の罰金を適用することとした。

　運行禁止命令に至るまでの手続きとして、都は、違反ディーゼル車に対し、事業所への立入検査、路上・物流拠点等での車両検査、ビデオカメラによる走行車両の撮影などの取締りを行いつつ、平成16年6月からは、首都高速道路に設置した固定カメラの活用により都外からの流入車対策を強化するとともに、都民からの通報を受け付ける「黒煙ストップ110番」を開設した。

　平成21（2009）年6月末現在まで6年近くの期間において、延べ823カ所の路上・物流拠点等における車両検査、延べ571カ所でのビデオカメラによる走行車両の撮影を行い、441台もの違反車両を対象に、事業者への運行禁止命令を行っている。

2.3 ディーゼル車規制の推進力

　このディーゼル車排出ガス対策では、東京都だけでなく、都の呼びかけをきっかけにして、首都圏の8都県市（都のほか、埼玉県・千葉県・神奈川県、横浜市・川崎市・千葉市・さいたま市）が連携して取り組んだことが特徴である。

　東京都に隣接する埼玉・千葉・神奈川県は、平成15（2003）年10月

から同様の規制を実施した。条例で定める PM 排出基準は、規制開始以降、国の新車に対する長期規制と同じ値を適用してきたが、埼玉県は都と同様に、平成 18 年 4 月 1 日以降、2 段階規制として国の新短期規制と同じ値を適用した。

　また、政令指定都市 4 市の合意も得て、共同で PM 減少装置の指定を行うほか、違反車両の取締りなどを 8 都県市が足並みを揃えて実施する体制が整っている。この 8 都県市連携による取組は、地方主導の先駆的政策のモデルとしても注目されている。また、関係業界の協力も、ディーゼル車規制の大きな推進力となったので、この事例 2 件を、政策形成及び実行への重要な支援として紹介する。

　1 件目は、「低硫黄軽油の早期供給」：

　軽油中の硫黄分は、粒子状物質の量に影響するが、都の要請に真摯に応えた石油連盟の努力により、国の規制より 21 カ月も早い、平成 15 年 4 月から、全国で低硫黄軽油の供給が開始された。次いで、平成 17 年 1 月から、国の審議会が妥当としていた供給時期より 2 年前倒しで、「超低硫黄軽油」の供給が開始された。

　2 件目は、「低公害なディーゼル車の早期開発・販売、高性能な PM 減少装置の供給」：

　都からの協力要請に対し、日本自動車工業会や自動車メーカーは早期対策に向けて協力を表明した。実際に、「ディーゼル車 NO 作戦」開始以後、低公害車が急速に市場を拡大しつつある。

　さらに、規制の手法だけではなく、都民や事業者を誘導するための「環境づくり」が重要な役割を果たした。これは、ディーゼル車規制の導入を盛り込んだ「環境確保条例」を東京都議会が可決した際に付した意見を具体化したもので、厳しい経営環境にある中小零細運送事業者等が規制に対応できるように、PM 減少装置の装着や低公害車の購入費用に対する補助金制度、低公害車の購入費用の融資あっせん制度が実施された。

　平成 13（2001）年度から 19 年度にかけて、約 124 億円の補助金と約 800 億円の融資実績をあげており、これらが事業者の規制への対応を促進することとなった。

3 環境基準とその評価方法

3.1 大気汚染物質の性状と発生源

　大気汚染に係わる重要な物質と発生源について以下に列挙する。

(1) 窒素酸化物 NOx

　物を燃やすとき、空気中の窒素や燃料中の窒素が空気中の酸素と高温で反応すると、窒素酸化物となる。自動車、なかでもディーゼル自動車から多く排出されるが、工場、事業場からも排出される。刺激性があり窒素酸化物の汚染がひどい地域で生活していると呼吸器障害を起すといわれている。水に溶けると硝酸や亜硝酸となり酸性雨の原因物質の一つになる。環境基準が定められているのは二酸化窒素 NO_2 である。

(2) 浮遊粒子状物質 SPM

　大気中に浮遊している微粒子で粒径が $10\mu m$（$1\mu m = 0.001mm$）以下のものをいい、ディーゼル車から比較的多く排出されるが、工場や事業場からも排出される。また自然界でも発生する。浮遊粒子状物質の汚染がひどい地域で生活していると、呼吸器に沈着して慢性呼吸器疾患を引き起こすほか、微小粒子に含まれる有害物質によるさまざまな健康影響が懸念される。

(3) 光化学オキシダント Ox

　オキシダントとは酸化性物質と言う意味で、光化学オキシダントの大部分がオゾンである。空気中の窒素酸化物や炭化水素などが太陽からの紫外線を受けて、光化学反応を起こして生成される。光化学スモッグの原因物質となり、濃度が高くなると眼、喉等の痛みを引き起こす。また、植物にも被害を与えることになる。

(4) 硫黄酸化物 SOx

　石油、石炭などの燃料中の硫黄分が、燃焼によって酸化され発生する。呼吸器を刺激するため、汚染がひどい地域で生活していると慢性気管支炎や喘息性気管支炎を起こすといわれている。水に溶けると硫酸や亜硫酸となり、酸性雨の原因物質の一つとなる。環境基準が定められているのは、二酸化硫黄 SO_2 である。

(5) 一酸化炭素 CO

物が不完全燃焼する時発生する。多くは自動車から排出されるが、工場、事業場からも排出される。血液中のヘモグロビンと結合して、酸素を運搬する機能を阻害するので、一酸化炭素の汚染がひどくなるとめまい、全身倦怠などを生じる。

(6) ベンゼン C_6H_6

化学・薬品工業で溶剤、合成原料として使用されている。また、ガソリン中にも含まれており、自動車からも排出されている。大量に吸入すると急性中毒を起こし、頭痛、めまい、吐き気などがあらわれる。慢性作用としては、造血機能の障害と発がん作用が知られている。

(7) トリクロロエチレン C_2HCl_3

金属製品の洗浄剤、溶剤として広く用いられている。中枢神経障害や、肝臓・腎臓障害をもたらし、発がん物質である可能性が高いといわれている。

(8) テトラクロロエチレン C_2Cl_4

ドライクリーニング用洗浄剤、金属製品洗浄剤として広く用いられている。人体への影響としては、中枢神経障害や肝臓・腎臓障害をもたらし、発がん物質である可能性が高いといわれている。

(9) ジクロロメタン CH_2Cl_2

金属製品の洗浄剤、脱脂用溶剤、塗料のはく離剤などに用いられている。人体への影響としては中枢神経に対する麻酔作用があり、発がん物質の疑いがあるとされている。

3.2 環境基準

大気の汚染に係わる環境基準は、環境基本法により、人の健康を保護し、生活環境を保全する上で、維持されることが望ましい基準として、次の9物質について定めている。このうち特にディーゼル自動車に関係があるものは、窒素酸化物、浮遊粒子状物質などである。

表1　環境基準値

物質名	環境基準
二酸化窒素	1時間値の1日平均値が0.04ppmから0.06ppmまでのゾーン内、又は、それ以下であること。
浮遊粒子状物質	1時間値の1日平均値が0.10mg/m^{3}以下であり、かつ、1時間値が0.20mg/m^{3}以下であること。
光化学オキシダント	1時間値が0.06ppm以下であること。
二酸化硫黄	1時間値の1日平均値が0.04ppm以下であり、かつ、1時間値が0.1ppm以下であること。
一酸化炭素	1時間値の1日平均値が10ppm以下であり、かつ、1時間値の8時間平均値が20ppm以下であること。
ベンゼン	年平均値が0.003mg/m^{3}以下であること。
トリクロロエチレン	年平均値が0.2mg/m^{3}以下であること。
テトラクロロエチレン	年平均値が0.2mg/m^{3}以下であること。
ジクロロメタン	年平均値が0.15mg/m^{3}以下であること。

対象区域：工業専用地域、車道、その他の一般公衆が常時生活していない地域又は場所以外の区域。

3.3 環境基準の評価方法

(1) 二酸化硫黄、一酸化炭素、浮遊粒子状物質の場合：

①長期的評価

年間の1日平均値のうち、高い方から2％の範囲にあるもの（365日分の測定値がある場合は、7日分の測定値）を除外した後の最高値（2％除外値）を環境基準と比較して評価する。ただし、環境基準を超える日が2日以上連続した場合には、未達成と評価する。

②短期的評価

1時間値の1日平均もしくは8時間平均値または各1時間値を環境基準と比較して評価する。

(2) 二酸化窒素の場合：

年間の1日平均値のうち、低い方から98％に相当するもの（98％値）を環境基準と比較して評価する。

(3) 光化学オキシダント：

1時間値が0.06ppmを超えるときは、未達成と評価する。

(4) ベンゼン、トリクロロエチレン、テトラクロロエチレン、ジクロロメタン：

年平均値が環境基準値を超えるときは、未達成と評価する。

4 大気汚染測定と広報のシステム化確立

4.1 大気汚染常時監視測定局

　東京都は大気汚染測定のため常時監視測定局を設けているが、自動車排出ガスによる大気汚染を測定するために、道路沿道に設置する自動車排出ガス測定局と、住宅地域等に設置する一般環境大気測定局を設けている。

　平成 20（2008）年度には、東京都及び八王子市では一般環境大気測定局 47 局、自動車排出ガス測定局 35 局を設置して、常時監視体制を取っている。またこれ以外に、汚染の少ない地域の測定を行うための大気汚染測定所と、高度別の測定を行う立体測定局をそれぞれ 1 局ずつ配置している。

　常時監視測定局では、大気汚染物質として、二酸化硫黄、一酸化炭素、浮遊粒子状物質、窒素酸化物、光化学オキシダント、光化学オキシダントの原因物質の一つとされる炭化水素、及び酸性雨を測定している。大気汚染物質以外に、大気汚染状況を把握するための補助項目として、風向き、風速、温度、湿度、日射量も測定している。

　これらの測定項目は、汚染の実態に照らして測定地点を決めているため、個々の測定局ごとに測定項目は異なっている。また、光化学オキシダントはその発生機構に鑑みて、自動車排出ガス測定局では測定していない。

4.2 測定値の公開

　大気汚染測定値は、東京都環境局のホームページ上に 1 時間ごとの速報値が大気汚染地図情報として公開されるシステムを確立している。

　その測定値の一例を次に示す（2009 年 7 月 23 日 15 時速報値、図 1 から 12）。

第二部　日中の環境保護

図1　二酸化窒素測定値 NO₂

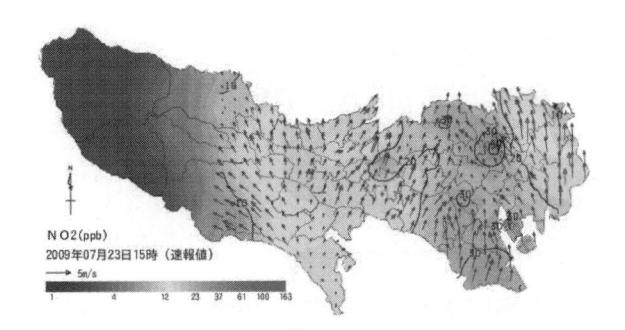

ppb：容積比や重量比を表す単位で、NO₂ が1ppb とは、空気 1m³ 中に NO₂ が 1mm³ 含まれる場合をいいます。
風向は、空気の進む方向を矢印で表しています（16方位）。
風速は、矢印の長さで表しています。

出典：東京都環境局環境改善部大気保全課。

図2　浮遊粒子状物質測定値 SPM

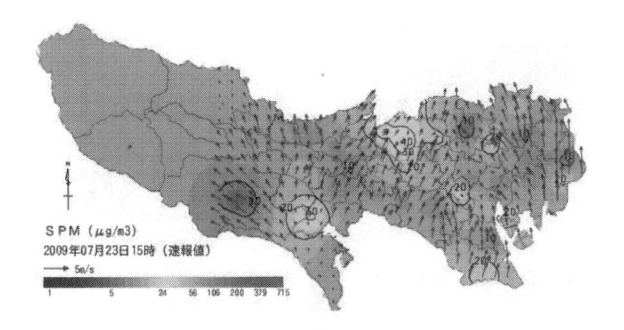

$\mu g/m^3$：重量濃度を表す単位で、SPM が $1\mu g/m^3$ とは、空気 1 m³ 中に SPM が 100 万分の 1g 含まれる場合をいいます。
風向は、空気の進む方向を矢印で表しています（16方位）。
風速は、矢印の長さで表しています。

出典：東京都環境局環境改善部大気保全課。

図3　オキシダント測定値 Ox

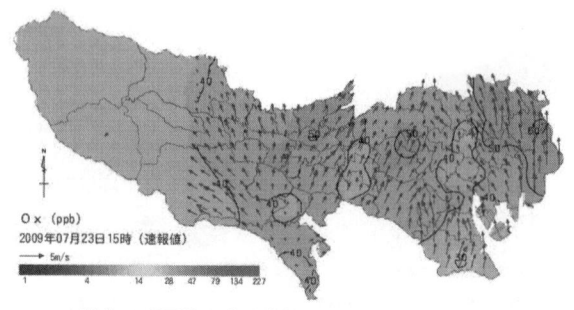

Ox（ppb）
2009年07月23日15時（速報値）
5m/s
1　4　14　28　47　79　134　227

ppb：容積比や重量比を表す単位で、Ox が 1ppb とは、空気 1 m^3 中に Ox が 1mm^3 含まれる場合をいいます。
風向は、空気の進む方向を矢印で表しています（16方位）。
風速は、矢印の長さで表しています。
　　　　　　　　出典：東京都環境局環境改善部大気保全課。

図4　二酸化硫黄測定値 SO$_2$

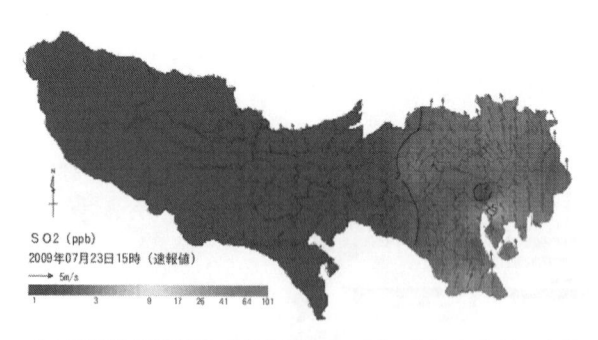

SO2（ppb）
2009年07月23日15時（速報値）
5m/s
1　3　9　17　26　41　64　101

ppb：容積比や重量比を表す単位で、SO$_2$ が 1ppb とは、空気 1 m^3 中に SO$_2$ が 1mm^3 含まれる場合をいいます。
風向は、空気の進む方向を矢印で表しています（16方位）。
風速は、矢印の長さで表しています。
　　　　　　　　出典：東京都環境局環境改善部大気保全課。

図5　一酸化炭素測定値 CO

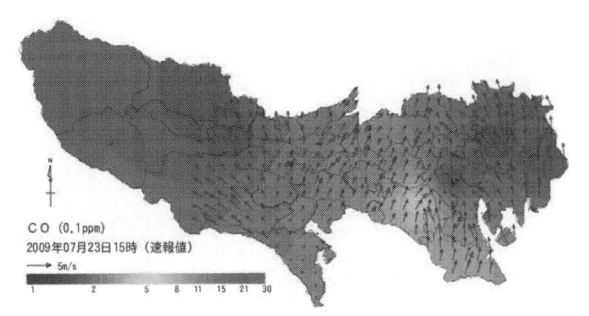

CO（0.1ppm）
2009年07月23日15時（速報値）
5m/s

0.1ppm：容積比や重量比を表す単位で、CO が 0.1ppm とは、空気 1 m³ 中に CO が 0.1cm³ 含まれる場合をいいます。
風向は、空気の進む方向を矢印で表しています（16方位）。
風速は、矢印の長さで表しています。
　　　　　　　　　出典：東京都環境局環境改善部大気保全課。

図6　一酸化窒素測定値 NO

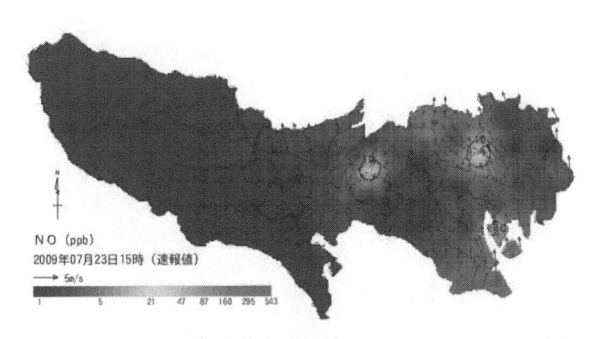

NO（ppb）
2009年07月23日15時（速報値）
5m/s

ppb：容積比や重量比を表す単位で、NO が 1ppb とは、空気 1 m³ 中に NO が 1mm³ 含まれる場合をいいます。
風向は、空気の進む方向を矢印で表しています（16方位）。
風速は、矢印の長さで表しています。
　　　　　　　　　出典：東京都環境局環境改善部大気保全課。

図7　窒素酸化物測定値 NOx

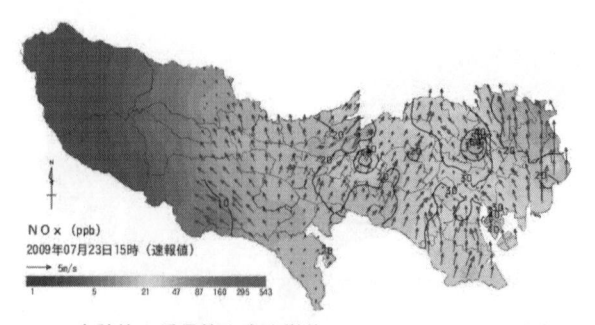

ppb：容積比や重量比を表す単位で、NOx1ppbとは、空気1 m^3中にNOxが $1mm^3$含まれる場合をいいます。
風向は、空気の進む方向を矢印で表しています（16方位）。
風速は、矢印の長さで表しています。
　　　　　　　　出典：東京都環境局環境改善部大気保全課。

図8　メタン測定値 CH₄

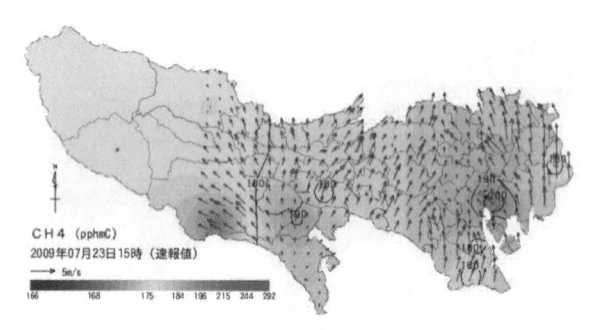

pphmC：大気中の炭化水素類を表す単位で、CH₄が1pphmCとは、空気1 m^3中にメタンが $10mm^3$含まれる場合をいいます。
風向は、空気の進む方向を矢印で表しています（16方位）。
風速は、矢印の長さで表しています。
　　　　　　　　出典：東京都環境局環境改善部大気保全課。

図9　ノンメタン炭化水素測定値 NMHC

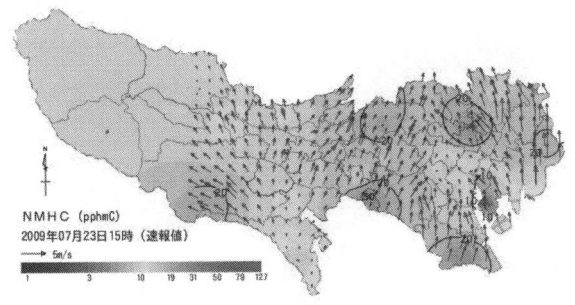

pphmC：大気中の炭化水素類を表す単位で、NMHCが1ppmhCとは、空気1m^{3}中にメタンに換算された物質が10mm^{3}含まれる場合をいいます。
風向は、空気の進む方向を矢印で表しています（16方位）。
風速は、矢印の長さで表しています。

出典：東京都環境局環境改善部大気保全課。

図10　気温測定値 TEMP

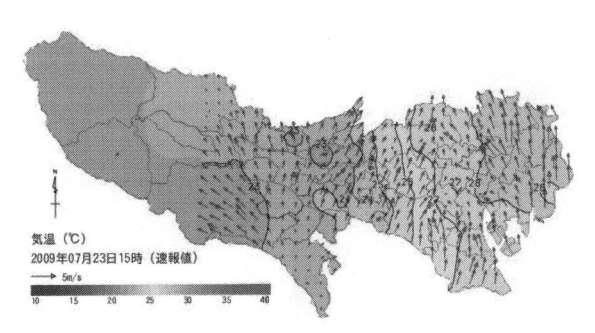

気温（℃）、大気の温度を℃単位で示します。風向は、空気の進む方向を矢印で表しています（16方位）。風速は、矢印の長さで表しています。

出典：東京都環境局環境改善部大気保全課。

東京都『環境確保条例・自動車公害対策』の施行と事後評価

図11　湿度測定値 HUM

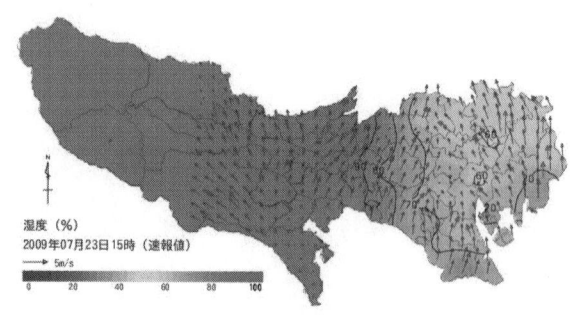

湿度（％）、相対湿度を％で示します。
風向は、空気の進む方向を矢印で表しています（16方位）。
風速は、矢印の長さで表しています。
　　　　　　　　　　　出典：東京都環境局環境改善部大気保全課。

図12　風速測定値 WV

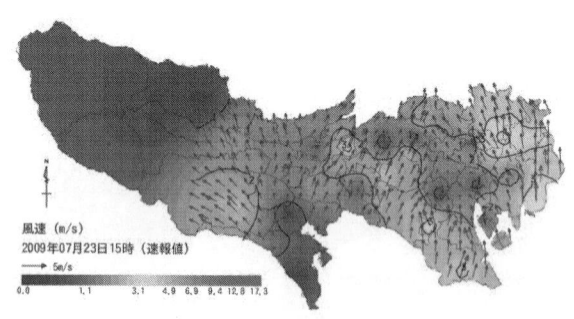

風速（m/s）、1秒間に大気が移動した距離をm単位で示します。
風向は、空気の進む方向を矢印で表しています（16方位）。
風速は、矢印の長さで表しています。
　　　　　　　　　　　出典：東京都環境局環境改善部大気保全課。

5 ディーゼル規制のアセスメント・改善効果

　ディーゼル車規制の成果は、大気環境が改善されたとの住民の評価や科学的データに現れている。

　一つには、規制開始以降、多くの都民から、手紙やメール等で「空気がきれいになった」という生活実感に根ざした声が多数寄せられた。

　次に、東京都環境科学研究所の調査結果がある。ディーゼル車の排出ガスに由来するカーボン（元素状炭素EC）や発がん物質（多環芳香族炭化水素）の調査を行った結果、気象などの影響を受けない自動車専用トンネルにおいて、規制前（平成13（2001）年）と比較して、平成15年9月から11月までの調査時では、カーボンは49％、発がん物質は最大58％低減しており（環状八号線井荻トンネル）、さらに、平成16年9月から11月までの調査時には、規制開始前と比べ、カーボンは68％、発がん物質は最大84％も低減するなど、改善効果が顕著に現れた。また、8都県市内にある全SPM測定局で環境基準を達成した。

　都内の測定局による大気環境の改善結果も現れているが、平成19年度における8都県市内の大気環境測定結果では、一般環境大気測定局及び自動車排出ガス測定局の全局（一般局276局、自排局117局）で、初めて浮遊粒子状物質SPMの環境基準を達成した。

　この測定結果でも、平成15年度以降に環境基準達成率が飛躍的に高くなっていたことを読み取ることができ、平成20年9月11日の8都県市の発表では、「今回の結果は、平成15年10月に施行した1都3県のディーゼル車運行規制を始めとした8都県市の自動車排出ガスに対する取組が大きく貢献したもの」と分析した（図13）。

東京都『環境確保条例・自動車公害対策』の施行と事後評価

図13　8都県市における環境基準達成の推移

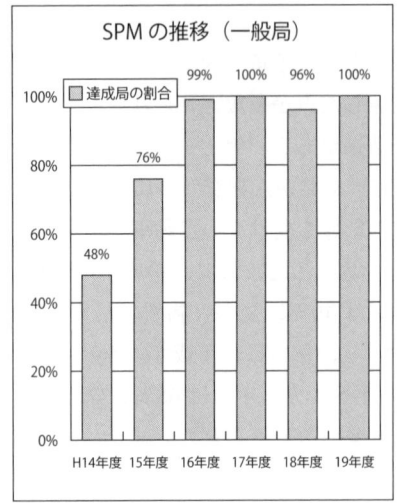

一般環境大気測定局　　　　　　自動車排出ガス測定局

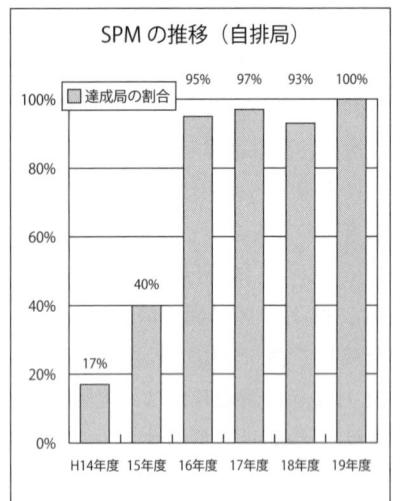

SPMの推移（一般局）　　　　　SPMの推移（自排局）

一般局：達成局の割合　H14年度 48%、15年度 76%、16年度 99%、17年度 100%、18年度 96%、19年度 100%

自排局：達成局の割合　H14年度 17%、15年度 40%、16年度 95%、17年度 97%、18年度 93%、19年度 100%

6 今後の課題と必要な政策

6.1 窒素酸化物（NOx）対策

　今後取り組むべき課題の第一は、窒素酸化物 NOx 対策である。都内の自動車排出ガス測定局の環境基準達成率は、平成14（2002）年度の37％から平成19年度の74％と改善がみられているが浮遊粒子状物質 SPM に比べるとまだ低く、その濃度の低下傾向も十分ではない（図14、表2）。また、全国の測定局のワーストテンの大半を都内の測定局が占めているのが現状である。

第二部　日中の環境保護

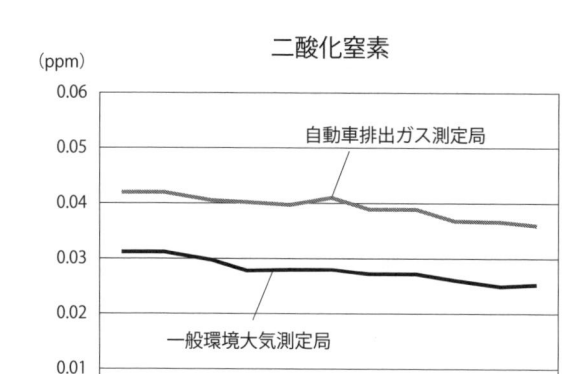

図14　NO₂の環境基準測定値の推移

二酸化窒素

表2　主要街道のNO₂の測定値比較

	2004年度		2005年度		2006年度	
	98%値(ppb)	全国順位	98%値(ppb)	全国順位	98%値(ppb)	全国順位
玉川通り上馬	74	6位	76	2位	79	1位
環七通り松原橋	83	1位	79	1位	76	3位
中山道大和町	76	3位	75	3位	76	3位
日光街道梅島	75	5位	75	3位	73	6位
北品川交差点	76	3位	74	5位	72	7位

注）NO₂（NOx）の環境基準値…1時間値の1日平均値が0.04ppmから0.06ppmまでのゾーン内orそれ以下。

　都は、ディーゼル車規制の成果を受け、次なる自動車からの環境負荷低減対策を進めるため、平成20（2008）年3月に策定した「東京都環境基本計画」において、今後の施策の方向として次の三つを示した。

　第1は、「ポスト新長期規制適合車等のより低公害な車両の早期普及促進」：

　国は、次の段階の新車の排出ガス規制として、平成21年からポスト新長期規制の実施を予定している。都はこれまで、国やメーカーに対して最

227

新技術や次世代自動車の開発等を働きかけるとともに、中小事業者等を対象に融資あっせん制度を実施するなど、自動車使用者が環境性能の高い車両を選択できるように誘導する施策を実施してきた。今後も、ポスト新長期規制に適合する自動車の早期市場投入を国やメーカーに対して、引続き働きかけていくことが重要である。

第2は、「低公害・低燃費車への代替促進」:

具体的には、総合的に環境負荷の少ない自動車を普及させていく視点から、新たなあり方を示し、運送事業者、発荷主・荷受人等の協同による低環境負荷な自動車使用を促進させるための仕組みを再構築していく必要がある。

第3は、「流入車対策（高濃度汚染地域の早期解消）」:

これまでの粒子状物質PMを規制対象としたディーゼル車走行規制や、規制の適用地域を限定している自動車NOx・PM法の保有規制では走行を抑制できない流入車にかかる対策が必要である。そのため、高濃度汚染地域の早期解消に向け、都市構造や道路構造の改善、自動車NOx・PM法の問題点の是正、適合車ステッカー制度等の徹底・強化を今後も国に強く求めていくとともに、首都圏等での広域的な取組の可能性についても検討を進めていくことが重要である。

6.2 自動車からのCO_2削減対策

現在取り組むべき更なる重要な課題として、二酸化炭素（CO_2）対策がある。地球温暖化に伴う気候変動の危機は、今、東京が直面する最大の脅威となっている。この危機を克服し、安心して暮らせる地球環境を次世代に引き継いでいくためには、今直ちに、CO_2の大幅な削減へ向けた取組を強化する必要がある。

都は、平成18（2006）年12月に策定した都市戦略「10年後の東京」の中で、「世界で最も環境負荷の少ない都市」を実現するため、「2020年（平成32年）までに、東京の温室効果ガス排出量を2000年比25％削減する」という目標を掲げた。

この「10年後の東京」の目標実現に向けたプロジェクトとして、「カーボンマイナス東京10年プロジェクト」が立ち上がり、平成19（2007）年6月には、その基本方針である「東京都気候変動方針」が策定された。この中で、自動車交通部門については、「自動車交通でのCO_2削減を加速」という方針と、①ハイブリッド車などの大量普及をめざす「低燃費車利用ルール」の策定、②CO_2を減らす環境自動車燃料の導入促進の展開、③「エコドライブ運動」など自主的取組を支援する仕組みの構築、④世界一充実した公共交通機関を活かした交通量対策の実施の四つの主な取組を掲げた。

　また、都は、平成20年3月策定の「東京都環境基本計画」では、自動車にかかるCO_2発生の現状と今後の施策の方向を示した。その中において、現状については、「2005（平成17）年度における運輸部門のCO_2排出量は1,496万tで、1990年度比では0.8％の伸びとなっており、都内全体の総排出量5,747万tと比較すると全体の約4分の1を占める高い割合となっている。その内の約9割（1,333万t）が自動車に起因するもので、特に乗用車の割合が高くなっている」と結論。

　また、今後の施策の方向としては、「運輸部門は、2020年までに、2000年比40％程度のCO_2削減をめざす」ことを目標とし、①交通行動の改革（自動車への過度の依存からの転換）、②自動車交通量の抑制等、③環境負荷の少ない自動車使用への転換、誘導、④自動車の環境性能向上（低燃費な車の開発、普及促進）、⑤燃料施策の五つの施策の方向を打出した。

7　まとめ

　東京を取り巻く環境政策の現状は、CO_2に代表される温室効果ガス問題を始めとし、NO_2、光化学オキシダントなどの大気汚染や、土壌・地下水汚染、自然と緑の消失、増加する廃棄物と資源循環の問題など『環境の負の遺産』が依然として大きな課題として山積している。

　本稿は、それらの課題の中から、国に先駆け都が実施した自動車公害・

ディーゼル車規制を取上げ、その具体的成果を分析し示した。また、近未来におけるこのセクターの上位努力の施策の方向性を示したが、如何にして地域住民と企業者の理解・協力を得ながら、政策の具体的形成を図り、行政による統合マネジメントを進捗させて行くためのシステム化が重要である。

参考文献
小礒明『TOKYO 環境戦略』万葉舎、2002 年。
東京都環境局『東京都環境白書 2004』。
＿＿＿＿＿＿『東京都環境白書 2006』。
＿＿＿＿＿＿『東京都環境影響評価事後調査基準』2004 年。
＿＿＿＿＿＿『東京の環境』2008 年。

関係ホームページ
・東京都環境局
　http://www.kankyo.metro.tokyo.jp/

道路環境モデリングによる高度道路交通システムの導入効果の推定

坪田幸政

1 はじめに

道路交通は現代社会で重要な役割を果たしている一方、その環境への影響は道路交通が集中する大都市だけではなく、地球規模の問題となっている。本報告では、道路交通問題解決のために研究・開発と導入が進められている高度道路交通システムを利用した交通施策を道路環境モデリングの手法を用いて評価する。

1.1 高度道路交通システム

高度道路交通システム（Intelligent Transport Systems, ITS）とは、道路交通による事故や渋滞など、様々な問題を最先端の情報通信・制御技術を用いて解決することを目的とした新しい交通システムのことである。また、ITSは人と道路と自動車を結ぶ情報ネットワークシステムであり、それを活用することで道路交通を最適化し、安全性や輸送効率、快適性を向上させることをその目標としている。

現在、ITSは持続可能な社会を構築するための国家レベルのプロジェクトに位置付けられ、新しい産業や市場を創り出す大きな可能性があると考

道路環境モデリングによる高度道路交通システムの導入効果の推定

表 1　ITS を構成する開発分野

ナビゲーションシステムの高度化
自動料金収受システム
安全運転の支援
交通管理の最適化
道路管理の効率化
公共交通の支援
商用車の効率化
歩行者等の支援
緊急車両の運行支援

えられている。ITS では、表 1 に示した九つの分野で研究・開発が行われている。

　ITS で既に実用化されている交通施策としては、道路交通情報通信システム（VICS）や自動料金収受システム（ETC）などがある。また、パーク・アンド・ライドやカー・シェアリングなどの社会実験が実施されている。そして、ITS を活用することで、交通需要マネジメント（TDM）施策の導入も容易になると考えられている。例えば、ロンドンではロードプライシングが導入され、東京都はその導入を検討している。ITS は持続可能な社会を構築するための最も重要な条件の一つと考えられるのである。

1.2 道路環境モデル

　ITS の導入効果を推定する一つの方法として環境への影響を定量化する方法（道路環境モデリング）が考えられる。従来の環境モデリングでは、グローバルなマクロレベルの検討が一般的であった。しかし、ITS の効果

は都市部のある地域、ある交差点というようなミクロスケールに限定されることが多く、従来の方法では十分に評価できないことが予想される。そこで、本報告ではITSの導入により、実施可能となる交通施策をそのスケールに応じた道路環境モデルを構築し、その効果を評価する。

道路環境モデリングの中心となる交通シミュレータとしては、対象に応じてドイツPTV社のミクロ交通シミュレータVISSIMとマクロ交通シミュレータVISUMを用いる。環境負荷の評価に用いる排出ガスモデルは、ドイツ、フォルクスワーゲン社が提供する加速度を考慮したモデルと東京都が公表している速度ベースの排出ガスモデルを用いる。

交通シミュレーションで計算される道路交通からの排出ガスを、拡散モデルや大気汚染モデルに入力し、大気汚染物質の濃度を推定する。大気汚染モデルとしてはオーストラリアの連邦科学技術研究組織（CSIRO）が開発した大気汚染モデル（TAPM）を用いる。大気汚染物質としては二酸化炭素（CO_2）と窒素酸化物（NO_x）、浮遊粒子状物質（SPM）を取り上げる。NO_xについては、シミュレーション結果を一般環境大気測定局のデータを用いて検証する。

2 ロードプライシングの導入効果

2.1 東京都のロードプライシング

東京都市圏における道路交通に起因する大気汚染は、自動車排出ガス規制などの継続的施策にもかかわらず、その改善は十分でない。東京都は渋滞緩和と大気環境の改善を目的とした「TDM（交通需要マネジメント）東京行動プラン」を発表した。本報告では東京行動プランで提案されたロードプライシング（図1）の環境負荷低減効果を推定し、大気汚染モデルを利用して気流場との関係を考察した。

図1　東京都のロードプライシング案

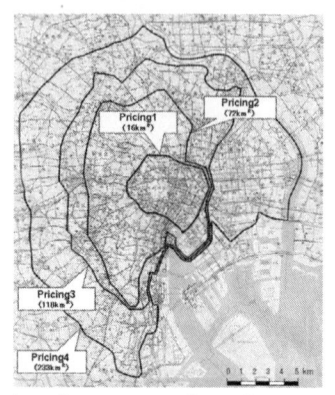

http://www.metro.tokyo.jp/

2.2 道路環境モデルとシミュレーション

　ドイツ PTV 社のマクロ交通シミュレータ VISUM/DYNEMO を用いて、3,887 ノード、5,057 リンク、254 ゾーンから構成される交通モデルを作成した。道路ネットワークからの排出量は、交通モデルによって推定されるリンク毎の交通量と平均車速と東京都環境保全局の「都内自動車走行量及び自動車排出ガス量算出調査報告書」を利用して推定した。交通需要データに関しては、平成10年度東京都市圏パーソントリップ（PT）調査を利用し、大型車混入率は平成11年度道路交通センサスを使用した。そして、東京都の東京都市圏 PT 調査に基づいて、日交通量を東京都内の時間帯別総発生交通量に分配した。

　大気汚染モデルはオーストラリア連邦科学技術研究組織の大気部門が開発した TAPM（The Air Pollution Model）を用いた。境界条件としては、オーストラリア気象局が GASP（The Global Analysis and Prediction System）で作成した6時間毎の解析データ（緯度・経度0.75度解像度）を用いた。気流場の再現は、格子間隔10km、3km、1km の三重ネスティングとし、各領域40×40の格子点を用いた。鉛直方向は高度8000m まで

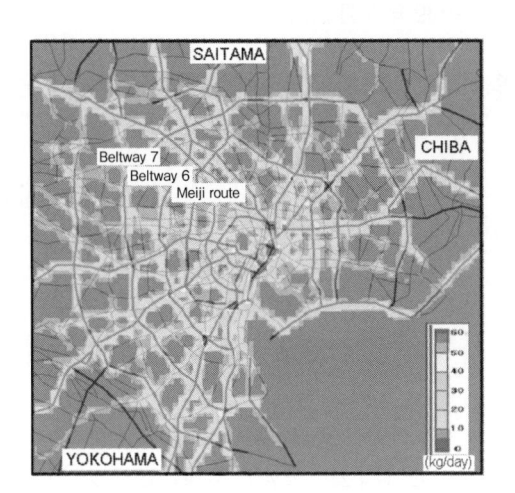

図2　現状再現による NOx 排出量分布

を30層に分割した。また、汚染物質の移流・拡散過程の計算は、気流場の格子点間隔の2分の1で実施した。汚染物質としての入力データは道路交通に起因する窒素酸化物だけなので、トレーサモードで計算を行い、化学反応などは省略した。

交通シミュレーションは、現状の再現とプライシング案1～4の5種類を実施した。気流場の計算は、首都圏が晴れている週日の中から2日間にわたって、二酸化窒素濃度が高かった1999年2月17～18日と低かった1999年3月22～23日について行った。

2.3 ロードプライシングと環境負荷

東京都が提案するプライシング1～4の区域(環状二号・隅田川区域、山手線・隅田川区域、環状六号・隅田川区域、環状七号・荒川区域)に対する交通シミュレーション結果は、都市中心で NOx 排出量が減少することと共に、プライシング区域外側の環状道路を中心として NOx 排出量が

図3 NOx濃度への気流場の影響（左：1999年2月18日、右：1999年3月23日）

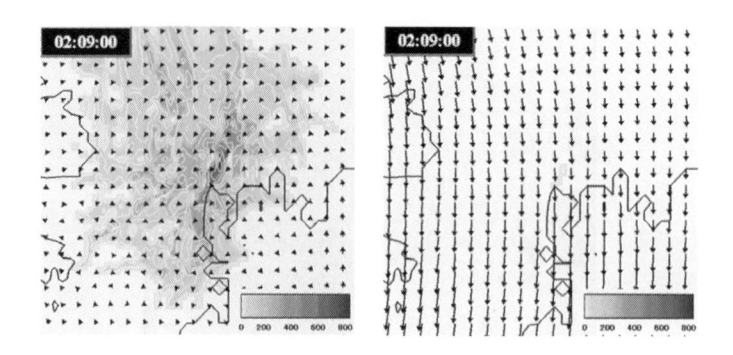

増加することを示した（図2）。また、交通量が減少している地域でも、貨物車の混入率上昇に伴い、NOx排出量増加を示す場合もあることが判明した。

ロードプライシング施策導入効果は迂回交通に対する対策に依存することが確認できた。従って、環状道路の整備が急務であり、現段階では迂回交通を受け入れる道路の混雑状況などからプライシング区域を検討する必要性があることが示唆された。

交通シミュレーションによるNOx排出量を大気汚染モデルに入力し、ロードプライシングの導入効果を気流場による移流・拡散効果を加味して行った。大気汚染モデルの中心として、緯度35°40′、東経139°45′の霞ヶ関付近を採用したので、一般環境大気測定局の国設霞ヶ関局の観測データと比較し、日変化のパターンはほぼ再現できたことが確認された。そして、全体としてはロードプライシングの効果が気流場に大きく依存することが示された（図3）。また、気流場だけを変化させた1カ月間のシミュレーションを行った結果、大気汚染の高濃度がある程度予想できることが判明した。そこで、大気汚染予報を考慮した道路交通施策の可能性が示唆された。

3 高速道路における速度制御の効果

3.1 提案速度制御施策

　高速道路の料金所や合流部では渋滞が発生し、周辺への環境負荷が問題となっている。そこで下流部の交通状況に応じて、上流部における最高速度を制限し、下流部への流入車両の数を制御する速度制御が考えられる（図4）。このような施策もITSを活用することで容易に導入できると考えられる。

図4　速度制御の考え方

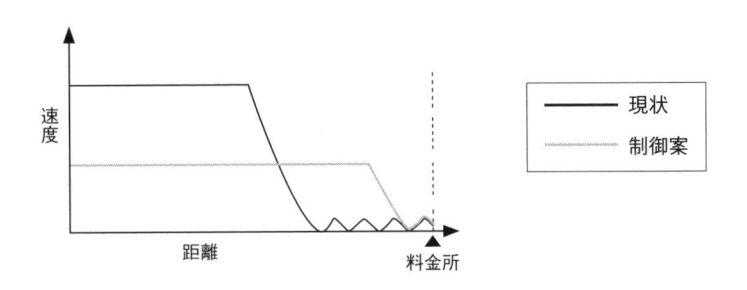

3.2 道路環境モデルとシミュレーション

　道路環境モデルはドイツPTV社のミクロ交通シミュレータVISSIMと東京都の排出ガスモデルを用いて構築した。対象として中央高速道路を想定し、高井戸出口付近に仮想料金所を設置して、全長20.7kmの道路環境モデルを構築した。流入交通量データは中央高速道路6.31kmポストにおける、2002年10月1日午前5時から午後2時までのデータを用いた。

　渋滞長は料金所の上流400mの地点より、200m間隔で設置した11個の車両感知器から決定し、上流部の最高速度をこの渋滞長に応じて決定し

た。シミュレーションは 10 種類の乱数系列を用いて 10 回行い、その平均値と標準偏差で評価を行った（図 5）。

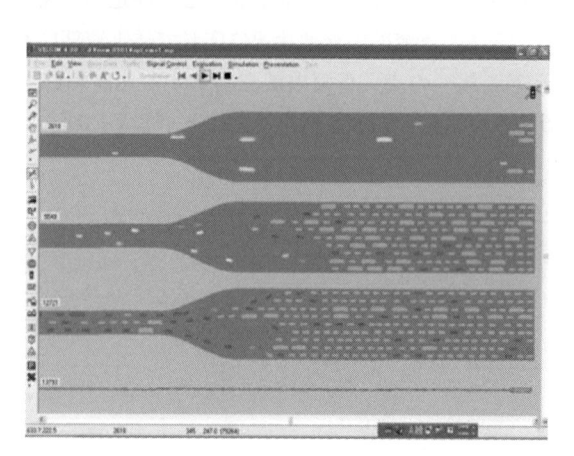

図5　VISSIM3.70 によるシミュレーション

3.3 速度制御施策の効果

　最高速度を制御する交通流制御施策の効果を環境指標として二酸化炭素と窒素酸化物、浮遊粒子状物質の各排出量を用いて評価した。速度制御の実施方法としては、高度道路交通システムの利用なども考えられるが、英国では情報掲示板を利用した交通規制による方法で既に導入されている。そこで、図 6 に示したように導入効果の評価を交通規制（速度制御）遵守率に対して行った。その結果、旅行時間を変化させずに交通負荷と環境負荷を低減できることが確認できた。また、約 40% の自動車が交通制御施策に従えば、100% の自動車が従う場合に近い効果があることも分かった。

第二部　日中の環境保護

図6　速度制御遵守率とCO₂（上）とNOx（中）とSPM（下）の排出量変化率

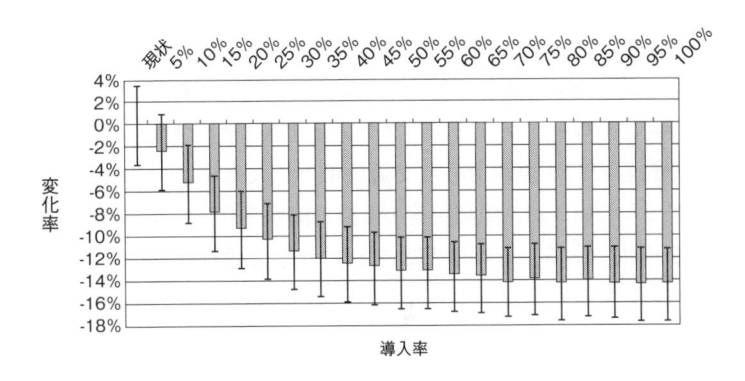

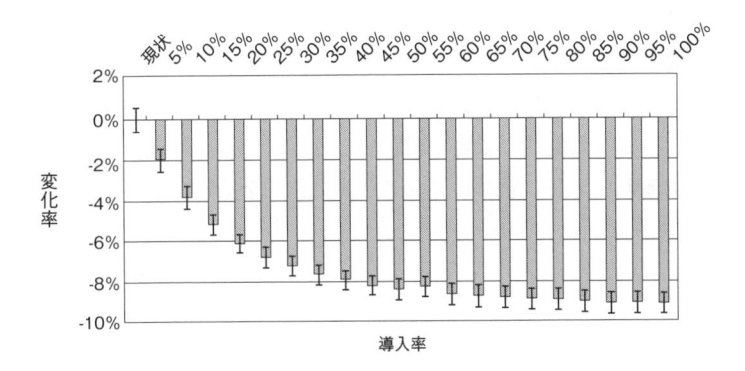

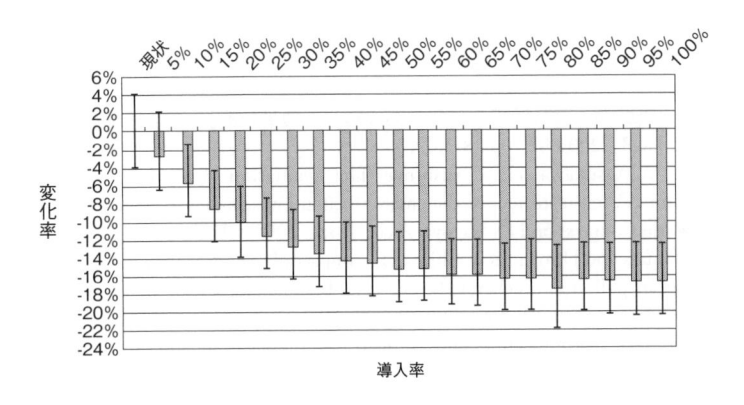

4 おわりに

　日本では ETC や VICS の他にも ITS を利用して環境ロードプライシングや環境を考慮した感応式信号制御などが既に実用化されている。また、本報告で評価したロードプライシングや速度制御は英国で既に実用化されている。それらの ITS を利用した交通施策の導入効果は、交通負荷の面からは確認できているが、環境負荷の低減に関する直接的な確認はできていないのが現状である。それは ITS を利用した交通施策の効果には気流場が大きく影響するからである。ITS が交通負荷の低減に効果のあることは明らかであり、環境負荷の面でも効果があることは確実である。今後、ITS の導入効果を正しく評価するためには、道路交通に起因する環境負荷の新しい測定方法の開発が必要であると考える。

　道路交通に起因する諸問題は、これまで自動車の普及が進んだ欧米や日本で顕在化していた。しかし、近年、アジア、特に中国で自動車の普及が急速に進み、その環境への影響が問題化してきている。そこで、これからは道路環境モデリングの分野でアジアと協力体制を築いていきたいと考える。

謝辞
本研究の一部は国土技術政策総合研究所の委託研究として実施された。

参考文献
坪田幸政・川嶋弘尚「道路環境モデリングに基づく効果分析」『国際交通安全学会』
　　Vol.28、No.3、2003 年、pp.28-36.
Tsubota, Y., M. Yasukawa, H. Kawashima "The Evaluation of the Intelligent speed
　　adaptation as a mean to reduce the environmental impacts due to traffic-congestion"
　　11th World Congress on ITS Nagoya, Aichi, Japan, 2004, CD-ROM.
Tsubota, Yukimasa and Hironao Kawashima "The impact of road pricing and wind fields on
　　vehicular air pollution" Sucharov, L.J. & C.A. Brebbia eds. *Urban Transport IX*. WIT
　　Press, Southampton and Boston, 2003, pp.273-282.
Tsubota, Yukimasa, Norihiro Hirao and Hironao Kawashima "Evaluation of Road Pricing

for the Tokyo Metropolitan Area with respect to the Environment" *Proceedings of International Congress on Modeling and Simulation, MODSIM'2003.* 2003, pp.2030-2035.

関係ホームページ
- ITS Japan
  http://www.its-jp.org/
- 国土技術政策総合研究所高度道路交通システム研究室
  http://www.nilim.go.jp/japanese/its/index.htm
- 国土交通省道路局 ITS ホームページ
  http://www.mlit.go.jp/road/ITS/j-html/index.html
- 東京都ホームページ
  http://www.metro.tokyo.jp/

北東アジアのエネルギー問題と
エネルギー協力

包　茂紅

1 はじめに

　北東アジアは今世界で経済発展に最も活力があり、世界経済への影響力がますます強くなりつつある地域である。2006年、中日韓3国のGDP総額が8兆950.7億ドルに達し、世界の経済総額の約20%を占め、3国の輸出入総額は3兆6,195.36億ドルで、世界の輸出入総額の14.8%を占めた。ただ、一方では北東アジアの経済発展の過程を見ると、その脆弱さや引き起こした環境問題もまた注目を集めている。これらの問題はある意味では何れもその地域のエネルギー問題と密接な関係がある。無論北東アジア各国はそれらの問題を重視しているし、解決のための構想や提案も出されている。日本について言えば、「環日本海経済圏」「北東アジア経済圏」「北東アジア共同体」などの総合的な構想を相次いで提案している。韓国も「北東アジア共同体」や「北東亜エネルギー協力体」などの構想を出した。これらの構想は一時的には北東アジアという共同意識の強化に積極的な意義をもったものの、いまだにほぼ言論や理論についての議論に止まっているのも否めない。本論では、現実面に戻って、北東アジアの直面するエネルギー問題とエネルギー協力の進展について分析し、協力の過程で遭遇した問題を発見する試みをしたい。このような考察は北東アジアの

エネルギー協力の基礎的な作業の促進だけでなく、北東アジアの協力枠組の堅実な構築にも寄与するものである。

　北東アジアは地域の範囲でいえば中国、日本、韓国、北朝鮮、モンゴル及びロシアの極東地域を含むが、政治経済と国際関係から見れば、ロシアの極東地域はロシアの一部分として引き離すことはできない。また、北朝鮮とモンゴルも現実的には資料の入手が困難である。よって、本論が分析の対象とする北東アジアは主に中国、日本と韓国である。

2 北東アジアのエネルギー問題

　エネルギー問題は主としてエネルギーの供与、輸送、価格及びエネルギー消費などに現れた問題をいうが、エネルギーに起因する問題も含む。北東アジアにおけるエネルギー問題は主として輸入への依存、エネルギー供給の安定性の脆弱さ、相対的なエネルギー価格プレミアム、熾烈なエネルギー競争及びエネルギーの構造的問題とエネルギー利用の問題の引き起こす地域性環境問題を指す。

　北東アジア中日韓のいずれもエネルギー消費と輸入の大国である。日本はエネルギーが極端に乏しい国である。以前は石炭を主要な動力燃料としていたが、後に石油の使用に転向した。日本は早くも1870年に油田を発見したが、石油と天然ガスの生産量は僅かに全国2日間の消費量を賄う程度で、年間消費量の0.2%に過ぎない。それ以外はすべて海外からの輸入に頼らなければならない。日本における天然ガスは確定埋蔵量は1.4兆立方フィートになるが、1999年の生産量は僅か0.08兆立方フィートに過ぎず、残りの97%は輸入に頼っている。日本は世界最大の石炭輸入国でもあり、その輸入は世界石炭貿易の約4分の1を占める。韓国は日本と同様に石油や天然ガスが乏しく、2000年のエネルギー輸入は97.4%にのぼる。日、韓と比べて中国は比較的に資源に恵まれているが、経済の高度成長により国内生産中のオイルガス田は枯渇が始まっている。1993年中国は石油輸入国の仲間入りをし、2003年日本を抜いて世界第2の石油消費国になった。

　北東アジアのエネルギー消費増は凄まじい勢いを見せている。1993年

から 2003 年にかけて中日韓の年間平均エネルギー消費増加率は 3.5％にもなり、うち石油消費の年間平均増加率は 2.98％、天然ガス消費の年間平均増加率は 5.99％となる。中日韓それぞれ世界第 2、第 3、第 7 位の石油消費大国である。北東アジアのエネルギー消費量はすでに EU15 カ国を超え、米国の 23 億 t に近づいている。2003 年に、世界のエネルギー消費は石油換算（oil equivalent）97.4 億 t であったが、中日韓の合計消費が 19.1 億 t（中国 12 億 t、日本 5 億 t、韓国 2.1 億 t）にのぼり、世界消費量の約 20％を占める。2003 年、中日韓 3 国の石油輸入量は 4.97 億 t に達し、世界の石油貿易総量（22.6 億 t）に占める石油輸入量のシェアは 22％になる。それと同時に、北東アジアの液化天然ガス（LNG）の輸入量も大幅に急増し、2003 年の輸入量は 1,134.8 億 m^3 に上昇し、世界貿易総量の 67.2％に達した。[1]

国際エネルギー機構（International Energy Agency）の発行する『2003 年世界エネルギー展望』の予測によれば、2010 年中国の年間石油輸入量は 2 億 t、2020 年は約 4 億 t、2030 年は 5 億 t にのぼり、割合はそれぞれ 61％、76.9％と 82％となる。[2] ただし、この予測は現在の生産方式と生活様式が変わらないことを前提条件とする。この予測には国際社会が強い憂慮を示し、中国の石油需要の急増は世界石油市場に異常な需要増をもたらした結果、石油価格の暴騰を招くのではないかとし、「中国エネルギー脅威論」まで現れた。米 RAND 社の国際戦略問題研究センター（CSIS=Cen-ter for Strategic and International Studies）などは、中国の世界規模の石油調達が世界のエネルギー市場に巨大な圧力と脅威になるだろうと考えている。米中経済と安全評価委員会（U.S. China Economic and Security Review Commission）は「中国のエネルギー需要の拡大、特に石油輸入への依存は経済、環境と地政学の面でアメリカへの挑戦となっている」と考えている。[3]

1) *BP Statistical Review of World Energy 2004.*
2) International Energy Agency *2003 World Energy Outlook.* Chapter 7: China: An in-depth Study, p.251.
3) U.S. China Economic and Security Review Commission *Hearing on China's Energy Needs and Strategies.* p.152.

輸入への極度な依存は北東アジアのエネルギー安全保障を脅かし構造的に極端な脆弱さをもたらした。日本はエネルギーに占める石油の占有率を49.4%にまで下げ、国と民間の石油備蓄を160日分以上に増やす措置を取っているが、エネルギーの大部分が中東からの輸入に依存している以上、大きなリスクを抱えたままである。韓国もエネルギー源の多様化の対策を講じ、国家戦略的石油備蓄を60日分に高めているが、中東石油への過度な依存状況は基本的に変わっていない。ここ数年中国もエネルギーの海外輸入の占める割合が大幅に増加した。英BP社の統計によると、中日韓3国の石油輸入の4分の3以上が中東に頼っている。2003年中日韓3国の中東石油の輸入はそれぞれ全体の51%、87%と79%を占めるに至っている。米国の23.4%と欧州の14%を大きく上回った。

過度な輸入依存と調達ルートの単一化は必然的にエネルギーの確保に大きなリスクをもたらす。エネルギー安全保障の脆弱さは採掘から輸送と利用に至るあらゆる面に現れている。採掘でいえば、世界の8割を占める良質な石油・天然ガスの採掘権がエクソンモービル（ExxonMobil）やシェル（Shell）などの多国籍石油大手に握られているため、中東で異変が起こると、北東アジアの石油供与及びそれを基盤とする経済はたちまち危機に晒されてしまう。輸送でいうと、中日韓3国のオイルロードのマラッカ海峡への依存はそれぞれ85.7%、90.6%と87.3%である。万が一ペルシア湾やマラッカ海峡、台湾海峡に問題が生じると、北東アジアのエネルギー供給にとってこの命の航路はすぐに断たれてしまう。エネルギーの利用についていえば、世界の石油と天然ガスの生産、流通に問題が起きると、石油と天然ガスに依存する北東アジアの産業構造と経済基盤は混乱に陥ってしまう。また、石油価格の変動も経済予測に短期間の影響を及ぼすことがあり、経済のリスク回避力を弱めてしまう。だから、その意味では現在の国際秩序の下でエネルギーの過度な外部依存は極めて危険だと言える。

北東アジアのエネルギー問題は地域内のエネルギー価格が高く、2次エネルギー価格が高止まりしているのにも現れている。石油調達ルートの単一化と熾烈な競争のために、北東アジアにおけるエネルギー協力は欧米より遥かに立ち遅れている。深刻なエネルギー価格プレミアムが長く続いて

いるのもそのためである。1992年以来、アジアの石油価格が欧米より1〜1.5ドル高く、アジアの石油消費国は毎年石油生産国に50億ないし100億ドルを余分に払っている。2004年になると、プレミアムのために中国が払った分だけでも100億ドルに達した。プレミアムは今、石油価格と連動する液化天然ガス（LNG）や液化石油ガス（LPG）などにまで広がっている。液化天然ガス、液化石油ガスと石炭などのエネルギー商品の価格が石油価格を参照しているためである。北東アジアのガスと電気価格もそのために一般的にアメリカより高い。国際エネルギー機構が発表した『エネルギー価格及び税収季報2002』の統計によると、日本の家庭用ガスの価格は1,294.1ドル／千万 kcal、産業用ガスは452.7ドル／千万 kcal で、それぞれ米国の3.45倍と2.36倍である。また日本の家庭用電力価格は21.4セント/kwh、産業用電力は14.3セント/kwh で、それぞれ米国の2.61倍と3.58倍である。この価格差はいうまでもなく生産コストを押し上げ、その分製品の競争力を弱めることになる。そうすると、エネルギーを輸入し、エネルギーを大量消費して大量生産を行い、輸出し、そして更に多くのエネルギーを輸入するというサイクルを作ってしまう。

　海外のエネルギーをめぐる争奪における北東アジア諸国の競争はますます激しさを増している。ある学者の指摘するところによれば、ここ数年来、エネルギーをめぐって中国の行くところ——ロシア、中央アジアであろうと、アセアン、インド、モンゴルであろうと、中東、ラテンアメリカであろうと、必ずと言っていいほどそこには日本も現れる。エネルギー分野における中日は「しのぎを削る」仲となっている。一部の日本人学者が「中国エネルギー脅威論」を提起し、日本の一部のメディアはありもしない

---

4) 中国現代国際関係研究院経済安全センター『世界のエネルギー構造』時事出版社、2005年、p.341。
5) 張建華「アジア地域中東原油プレミアム問題について」『国際石油経済』第13巻第1期、2005年、p.47。
6) 憑昭奎・林昶『中日関係報告』時事出版社、2007年、pp.233-235。中日の間には確かにエネルギー市場に過度な競争の問題はあるが、それは悪質な競争というほど酷いものではないと私は思う。こういう場合こそ中日両国の学者が冷静になり、過度な言説を控え、刺激的な宣伝を止め、問題解決の検討に力を注ぎ、双方の協力関係の構築にムード作りをすべきである。

「中日エネルギー衝突論」「中国エネルギー脅威論」を煽り立てている。中日が最も激しく争ったのはロシア極東地域のオイルガスの購入である。1994年ロシアの大統領エリツィンがアンガルスクから大慶まで全長2,400kmの石油パイプラインを敷設することを提案し、2003年5月中国石油天然気集団とロシアのユコス石油会社と、この「安大線」の敷設と、今後25年間中国に計7億t（約1,500億ドル相当）の原油を送ることに合意した。

ところが、日本は2002年12月からこのプロジェクトに介入し、特恵条件を提示した。また対ロシア総合投資に120億ドルの追加、ラインの敷設に90億ドルにのぼる借款提供も約束した。日本側の提案を実現させるためにいかなることも辞さないとも日本は表明した[7]。このような状況になると、もともと石油資源を外交兵器としてきたロシアは「安大線」（アンガルスク―大慶間石油パイプライン）は中国だけに石油を供与するもので、ロシアが策定したオイルガスの多元的輸出戦略に合わないことを理由に中国との協議を破棄し、日本の提案したアンガルスクからナホトカまで全長3,765kmのライン敷設に同意した。

窮地に立たされた中国は挽回策として、ロシアの石油会社に60億ドルの借款提供を余儀なくされた。2005年5月、ロシア政府はタイシットからナホトカまで長さ4,000kmの石油パイプライン敷設を承認した。だが、中日間の対決は終わっていなかった[8]。サハリン北東海域のオイルガス開発と供給において、中国と持株会社の一員である米エクソンモービル社とは、中国に80億m³の天然ガスを提供することに合意したが、持株会社の一員である日本の会社は活発な活動を行い、合意の見直しをアメリカの会社に要請した。このような中日の競争はオイルガス獲得のコストを押し上げただけでなく、双方の関係にも影を落とし、過度な競争と化している。

また、東シナ海のオイルガスの開発においても中日間の対立が百出している。中国側は、中日の領海は東シナ海大陸棚外側の沖縄海溝を境界線と

---

7) 日茲寧『ロシアエネルギー外交』（王海運・石沢監訳）人民出版社、2006年、p.332。
8) 尹暁亮・安成日「北東アジアにおける中日露のエネルギーゲーム」『日本学フォーラム』2006年第3期。

すべきだと考えているが、日本側は、沖縄海溝は中日共有の大陸棚における偶然の凹みに過ぎず、両国の領海は東海の中間線を境界線とすべき考えを主張している。現在中国が採掘している「平湖」「春暁」「断橋」等のオイルガス田はいずれもいわゆる「中間線」の中国側にあるにも拘わらず、日本は自国側の埋蔵オイルガス資源が吸い取られてしまう可能性があるとし、中国政府に採掘作業の停止と中国側を共同開発地とすることを求めている。この問題をめぐって中日両国は何回も局長レベルの会談を重ね、双方とも「共同開発」の原則を受け入れたが、共同開発の範囲については未だに合意を見るに至っていない。中日とも東シナ海を紛争の海ではなく、中日友好の海にしたいと再三強調しているが、適切な解決案がないまま膠着状態が続くと双方の利益を害する結果を招くに違いない。このような対立は韓日や中韓の間にも多かれ少なかれ存在する。

　北東アジアのエネルギー問題は地域に深刻な問題をもたらしている。戦後における日本経済の高度成長の過程においては深刻な公害事件が発生した。世界を震撼させた8件の汚染事件のうち4件は日本で発生している。当時日本は世界の注目を集めた「公害の島国」になっていた。これらの事件はいずれも当時力を入れていた、石油を基盤とする重化学工業と密接な関係があった。韓国は「漢江沿岸の奇跡」を起こしていた時、同時にほぼ完全に日本公害を再現していた。ソウルの漢江はどぶ川にかわり、工業団地では「蔚山病(ウルサン)」が発生した。中国では経済高度成長に伴って複合型、圧縮型と国際化を特徴とする環境問題が発生している。中国の都会や農村部の人々が健康を害する被害をこうむり不安に晒されているのみならず、国際社会でも注目を集め、「中国環境脅威論」まで出ている。エネルギーと直接係わる地域性環境問題は主として温室効果ガスの排出と酸性雨である。

---

9)　日本の酸性雨については石弘之『酸性雨』(張坤民・周北海訳) 中国環境科学出版社、第九章「酸性雨の浸食の被害を受けた日本の自然」1997年を参照。
10)　韓国の環境問題については日本環境会議『アジア環境状況報告』編集委員会編著、『アジア環境状況報告』(周北海・張坤民他訳) 中国環境科学出版社、第1巻第II部第二章「韓国」を参照。
11)　包茂紅「北東アジアの環境問題と環境協力」『環日本海研究年報』(日本) 2003年第10号、pp.107-123。

2003年、中国のCO$_2$排出量はアメリカに次ぐ世界第2位になった。2020年までに中国人1人当たりの炭素排出量が0.9～1.3tにのぼり、排出総量が13～20億tに達すると予測されている。2003年、中国のSO$_2$排出量は2,120万tにのぼり世界1位となった。全国の環境容量の81%を超え、国土面積の約3分の1が酸性雨の被害を受けた。韓国のSO$_2$排出量は1989年の467万tから1992年の486万tに増え、日本のSO$_2$排出量は1989年は1,200万tだった。韓日両国も酸性雨の被害に苦しんでいる。温室効果ガスの排出による影響は地球規模のものだが、先ずその被害を受けるのは汚染源となる地域である。酸性雨は北東アジアの強い北西風に運ばれ地域全体に被害を及ぼしている。このような環境問題は地域の人々の健康を害するだけでなく、巨額な経済的損失を招いている。中国だけでも1年間の酸性雨による直接的経済損失は1,100億元にものぼり、間接的損失（酸性雨による生態破壊に起因する経済的損失）はその年の国民総生産の14%を占める。

　述べてきたように、北東アジアのエネルギー問題は地域全体に影響を及ぼし地域の発展に係わる重大な問題であり、地域協力態勢ができていない状況下において工業文明時代の資源欠乏国が遭遇する共通の問題に対して現れたものである。工業文明は石油化学エネルギーの過渡な消費を基盤に成り立つもので、現代文明に生きる人間が国家の主権や安全保障を狭隘に理解してしまうとエネルギー市場における国同士の過度な競争を招く。このようなエネルギー安全保障の脆弱さと過度な競争は当該国の持続的経済発展の観点から見ても、グローバル化の視点から見ても時宜に合わないものである。

3 北東アジアのエネルギー協力の必要性

　グローバル化の加速的に進む時代において、北東アジア諸国はそれぞれ独自の成長を実現しているが、一つの地域としてはその経済実力に相応しい役割を果たしてはいない。国際的地位の向上、世界における発言権の強化を実現するには、協力することが唯一の道である。エネルギー協力は地

域統合を実現する最も有効な推進器である。

　「欧州石炭鉄鋼共同体」は北東アジアのために有益な歴史的ヒントを提供した。北東アジアは世界で経済成長の最も速い地域の一つである。また同時に世界で政治的、歴史的問題の最も深刻な地域の一つでもある。グローバル化と地域化が飛躍的に進む昨今、北東アジア諸国はみな地域統合の歩調を早める必要性を認識しているが、政治的、歴史的な問題に囚われ地域化の前で足踏みをしている。不思議なことにアセアンのリーダーシップによる「10+3計画」まで提示されている。このような奇怪な形勢を招いたのは、中日韓3国が未だに北東アジアの一体化を実現する適切な糸口を見つけていないことに重要な原因の一つがある。

　欧州連合（EU）の歩んだ道は北東アジアの問題を考える際に非常に役立つ歴史的参考例になる。[12]第2次世界大戦の直後、フランスとドイツの間に歴史的、政治的な対立が極めて先鋭化していた。石炭や鉄鋼などの戦略的資源を巡って激しい争奪を繰り返した。しかし、両国の長期的利益の観点に立って、1950年5月9日フランスの外相シューマンは石炭および鉄鋼の共同管理構想を発表し、関係国の石炭、鉄鋼の生産を最高共同権力機構の管理下に置くことを提案した。そうすることによってフランスとドイツ間の戦争勃発の危険を解消することができるし、また関係国が共有する欧州共同体の基礎の確立と発展を保障することもできる。1951年4月18日、仏、独、伊、オランダ、ベルギー、ルクセンブルクの6カ国がパリで50年間を期限とする『欧州石炭鉄鋼共同体条約』を締結した。後に英国、デンマーク、アイルランド、ギリシア、ポルトガル、スペインも条約に加盟した。「欧州石炭鉄鋼共同体」の設立は欧州経済共同体（EEC）と欧州共同体（EC）の実現に重要な役割を果たし、歴史における画期的な意義を持つものである。

　北東アジアの状況は欧州とよく似ているが、それほど複雑ではない。にもかかわらずなぜ妥協と協力の関係が作れないのか。なぜエネルギー分野

12）マリア・グラチヤ・メキオニ『欧州統一、賢者の夢―欧州統一思想史』（陳宝順・沈亦縁訳）世界知識出版社、2004年とピエル・ネルベ『欧州統一の歴史と現実』（丁一凡訳）中国社会科学出版社、1998年を参照。

での協力から着手し、ひいてはこれを地域一体化の実現への橋渡しにできないのか。北東アジア一体化の進む道のりにとって、エネルギー協力は「限られたものではあるが、決定的な意義を持つ」協力であり、最も有効な糸口であり突破口になるに違いない。言い換えれば、中日韓がエネルギーという関係国の経済生命線となる戦略的な分野において協力できれば、間違いなく北東アジア経済の一体化と北東アジア共同体の構築を強力に推進することができるはずである。

　エネルギー協力は北東アジアの地域経済を発展させる上でも欠かせない。中日韓3国は経済交流が多く、相互影響がますます深まっている。1993年から2003年にかけて日本は連続11年も中国の最大貿易対象国となり、2006年には両国間の貿易額が2,073.6億ドルに達し、同期比増加12.5％。2006年中韓貿易額は1,343.1億ドルに達し、国交樹立の1992年の26.7倍増となる。韓国は中国の第4貿易パートナーであり、中国は韓国の第2貿易パートナーで最大の輸出市場である。2004年韓国は日本の第3輸出市場となり、日本の最大輸入国となった。2006年、中日韓3国間の貿易総量は4,201.3億ドルに達し、2003年より68％増加した。投資分野では2006年日本の対中国投資額は45.98億ドルにのぼり、中国にとって第3の外資源泉地国となる。2006年韓国の対中投資額は38.94億ドルで、中国にとって第4位の直接投資国になった。日本は韓国の第7位の直接投資国であり、韓国は対日本海外投資国の中で第16位である。

　このように北東アジアはまだ制度化された一体化組織を持つに至っていないが、経済の相互浸透と融合はかなり高いレベルまで発展したことが分かる。このような状況のもとで共同のエネルギー安全保障と地域経済の安全保障のために、中日韓3国は必然的に経済発展の血液と原動力であるエネルギーの分野で密接な協力をしなければならない。2004年7月17日博鰲アジア・フォーラムの幹事長である龍永図はメインテーマ「共に勝つアジアを求めて」について発言し、マーケティングの観点から言えば、中日間の過激なエネルギー競争は共倒れの結果を招くしかない、どの国も石油資源を公平的に利用する権利を持ち、石油資源がまだ十分に供与できる今日の世界では、中国と他の石油消費大国とは食うか食われるかの競争

関係にならない、国際エネルギー市場で中国を牽制し、制限しても、日本にとってどれだけのメリットがあるだろうかと語った[13]。龍の発言は比較的率直だが、経済的利益の立場から中日エネルギー分野での協力の必然性を基本的に明らかにした。また世界のエネルギー市場の新規参入国である中国は「共に勝つ」を理念とする資源共同利用の戦略に基づき、略奪の手段で石油資源を獲得しないという態度を表明した。

エネルギー消費分野における中日間の相互依存の基本的関係を切り裂くのは時代の流れに悖るものである。狭隘な国家利益に立ってエネルギー問題を考えるのは言うまでもなく偏った認識であり、『自国エネルギー安全保障主義』に固執するエゴイズムなやり方も結局は自分自身に損害をもたらすことになる。日本の学者後藤康浩も同様の認識を示した。もし中国が本当にエネルギー不足のために混乱に陥ると、ダメージを受けるのは中国経済だけではない。日本経済も大きな打撃を受けるに違いない。日本領土だけを守備範囲とする『自国エネルギー安全保障論』はグローバル化という現実を無視した有害無益な論調である。日本経済の立場で言えば、中国の安定したエネルギー供給を確保するのは日本の国益に合うことであると後藤は言う[14]。

したがって北東アジアにおいて、どの国もエネルギーを手段として他国の発展を牽制すべきではない。各国の経済が密接な相互依存関係にある今日の北東アジアでは、エネルギーを手段にして他国を牽制するのは実は地域全体の経済発展を牽制することになる。北東アジアに必要なのは今日のグローバル化と地域一体化の流れに適した新しい発想、即ち「地域エネルギー安全保障主義」或いは「地球エネルギー安全保障主義」という新しい理念である。

中日韓の協力は石油価格の決定に強い影響力を及ぼすことができる。そうすれば、石油の高価格輸入と大量消費、そして商品の大量輸出というサ

---

13)「世界の石油市場における日本の中国排除」中国都市経済ネット 2004 年 7 月 27 日、http://www.cuew.com/servlet/ManageNews.ShowSubNews?id=2913。
14) 後藤康浩「日本はアジアのエネルギー安全保障を見直すべき」『国際問題』(日本) 2003 年第 11 期。

イクルを破り、北東アジア地域経済の効率と利益の向上に繋がっていくだろう。北東アジア諸国を対象とする中東石油のプレミアムは、これらの国々が価格交渉においては弱い立場に立っていることの現れでもある。国際石油市場では中日韓3国が特に中東石油に頼らなければならない立場にあるため、中東は独占的な立場に立ち、一方的な価格決定の主導権を握る。日本と韓国は石油供給のほぼ100％が輸入依存のため、石油の安定供与を最優先し、無理な価格を押しつけられてもよほどのことがなければ価格交渉の要求をしない。原油価格のプレミアムのために北東アジア諸国が余分な外貨を支払わされるうえ、その他のエネルギー商品も値上げせざるを得ない。1国だけが原油価格の値下げ交渉をするのは現実的ではない。それどころか制裁を招いてしまう恐れさえある。しかし、需要の大きい中日韓3国が一丸となって交渉に当たれば、中東の石油輸出国も真剣に対処せざるを得ない。この意味で言えば、北東アジア諸国の密接な協力は一石数鳥と言える。北東アジア諸国が協力と政策調整を強化していけば、原油価格の値下げ交渉ができるのみならず、経済のためにより大きな利益増と発展の余地を作ることができる。また、集団の力で中東石油の安定供給を確保することができる。

　エネルギーの探査、採掘、輸送、加工の各分野において中日韓3国はそれぞれ長短があり、客観的に見れば比較的に補完性が強い。日本と韓国は経済が進んでいるので、資源には恵まれていないが、強力な資金力、先進的な貯蔵と加工技術や能力を持っている。日本と韓国が優勢に立つ資金や技術分野は発展途上国の中国がこれから力を入れなければならないところであるが、一方中国は資源に恵まれている上、探査、採掘とライン敷設などの面で一定の基礎と能力を持っている。2回のオイルショックを経験した日本と韓国はともに厖大な石油備蓄施設を建設した。日本は2003年までに10カ所の国家石油備蓄施設を作ったが、2010年までに5カ所の天然ガス備蓄施設を建設する予定である。現時点の備蓄量は安全基準を超え、ある程度無駄な余剰を作っている。一方、中国は石油輸入国になってから初めて石油備蓄施設の建設に着手したので、2010年までに1,000万トンの備蓄量を目指して建設に励んでいる。この備蓄量は、中国の石油輸

入量と比べれば、焼け石に水であるのはもとより、約250億元以上の巨額な投資であるため、世界の石油埋蔵量が多くても後40年の使用分しかないという探査結果からすれば、利益どころかある程度の損失が出る可能性もある。日本と韓国は石油の精錬設備が生産力過剰になっている。中国は設備の不足に悩まされている。中国はエネルギーの大部分が石炭に頼っているうえ、燃焼率も低い。日本は石炭利用を石油に切り替える技術や、石炭の高燃焼率、清浄化などの分野で優れた技術を持っている。したがって中日韓3国の間には、これらの面における潜在的な協力の可能性は実に大きなものがある。エネルギー分野における地域協力が実現すれば、各自の得意なものを最大限に発揮し、相互補完し、共に利益を獲得し共に勝つことができる。

　中日韓3国が隣り合っているという地理的条件も天与の機会である。ロシアの極東地域は人口は少ないが、石油、石炭、天然ガスなどの自然資源を豊富に持っている。採鉱業の地域工業生産高に占める割合は約30％、ロシア工業の総生産高に占める割合は10％になる。近年、ロシア政府は経済振興と大国としての地位の回復を図るため、極東のオイルガス採掘と輸出を強化するという戦略的決定をした。2003年8月28日採択された[15]『2020年までのロシアエネルギー戦略』の中でロシア政府は、国際オイルガス市場におけるロシアの戦略的地位を確保し、ロシアの内政と外交の一助として、今後20年間潜在的なエネルギーの輸出力の開発を最大限に実現し、極東地域とシベリアの共同開発を通して中国、韓国、日本及びインドとの協力関係を強化し、2020年までにロシアの石油輸出に占めるアジア太平洋諸国のシェアを現在の3％から30％に、天然ガス輸出に占めるシェアを15％に上げるとしている。[16]

　2003年プーチン大統領はアジア太平洋経済協力会議（APEC）サミットに出席する前に、ロシアは石油や天然ガスパイプラインの敷設或いは船

---

15) Chang Duckjoon "Northeast Asian Energy Cooperation and the Russian Far East" *Korea Focus*. Vol.12, No.3, May-June 2004, pp.95-101.
16) 徐向梅「北東アジアエネルギー安全情勢と多国間エネルギー協力」『国際石油経済』第12巻第10期、2004年、p.26。

舶を利用して東部地域の豊富なオイルガスを北東アジア諸国に供給するなどの具体的で効果的な、相互利益のある方法で、アジア太平洋地域に新しいエネルギー供給の枠組みを構築し、アジア太平洋地域の経済の順調な発展を脅かすエネルギー問題を解消するために実際の貢献をしたいと発表した。

　ロシアの極東地域が中日韓と国境を接している地理的条件を持つロシア政府が北東アジア諸国にエネルギー輸出をしたいという積極的な態度を示している。これは、エネルギー消費国でエネルギー供給の多元化を喫緊の課題としている中日韓3国にとっては願ったり叶ったりの話で、エネルギー協力の現実的基盤と先行条件を提供してくれた。しかし、もし中日韓3国が今までのように自国の利益のために鎬を削り、過度な競争を続けるなら、ロシア石油の価格を押し上げるだけでなく、3国間のぎくしゃくした政治関係を一層悪化させてしまう。従って、多国間協力はどの国も受け入れ、受益することができる理想的なモデルになるはずである。多国間協力は買い手側の価格交渉力を強め、原油価格を下げ、貯蔵と輸送の費用を抑えることができるだけでなく、エネルギー供給と輸送の安全保障、オイルガス供給システムの安定化に繋がり、中東原油のプレミアム問題の解決に有利な条件を作ることができる。

　述べてきたように、歴史的経験から見ても現実の要請にしても北東アジアにおける中日韓3国の協力はエネルギー問題を解決する最善の選択になる。この3国の間には有利に働く協力基盤もあれば機会もある。エネルギー分野での協力を通して北東アジアのエネルギーと経済の安全保障を図ることができるだけでなく、北東アジアの地域一体化の進展に突破口と起爆剤を提供し、ひいては北東アジアの国際社会における地位を高め、その経済力に相応しい発言力を獲得することができる。

4 北東アジアのエネルギー協力の進展と問題

　中日韓3国のエネルギー協力は急に降って湧いた新しい構想ではなく、早くも中日国交正常化当時と中韓関係正常化前にはスタートしていた。

1972年中日国交正常化後、中国と日本は1978年に『中日長期貿易協定』を締結した。協定には平等互恵、有無相通、輸出入のバランスを基礎に、両国間の長期且つ安定的な経済貿易関係を発展させるため、友好的な話し合いによって、中国は日本に原油と石炭を輸出し、日本は中国に技術、プラント及び建設資材を輸出することが盛り込まれている。中国は初めの5年間に原油、オイルコークス、石炭の輸出を段階的に増やし、原油は700万tから1,500万tまで、石炭は50万tから370万tまで増やした。その後、双方は石炭と原油の価格決定方法を決め、石炭の価格決定は長期貿易の方針に基づいて安定的な価格決定策を取り、原油の価格決定は同質オイルの価格を参考にするとした。1978年、石油と石炭は中国の対日輸出貿易の4割強を占めた。現在、中国はすでに世界第2の石炭輸出国となっているが、そのうち日本と韓国への輸出は輸出総量の8割も占めている。それと同時に、日本政府も中国にある程度の円借款や無償援助を提供した。たとえば、中国は第1次と第2次円借款の一部を利用して秦皇島港石炭バースの増築を完成し、中国最大の石炭積み卸しの港にした。中国が石油と石炭の開発に必要な機械設備と器材の購入に利用する資金として、日本輸出入銀行も中国に1兆円のエネルギー開発借款を提供した。[17]

他に日本は援助もしくは協力の方法で中国に省エネ、クリーン・エネルギー、ニュー・エネルギー開発の技術と経験を提供した。例えば日本国際協力機構（JICA）が大連で省エネ上級管理者養成を行い、トヨタ自動車が中国第一自動車工場と混合燃料を使用する省エネ・環境配慮型のハイブリッドカーを生産する協定を結んだ。今中国では省エネと排出減量のキャンペーンを極力推進しているが、日本はその進んだ技術と経験をもって積極的に参入している。[18]

第2回中日省エネ・環境保全総合フォーラムにおいて、中日両国は火力発電、製鉄、建築、石油化学工業等の業界における省エネ・排出減量、

---

[17] 林暁光『日本政府の開発援助と中日関係』世界知識出版社、2003年、pp.244-252。
[18] 日本はエネルギーの循環利用、新エネルギーと浄化技術の開発などの面で北東アジアもしくは世界でも遙かに先へ進んでいる。魏全平・童適平他『日本の循環経済』上海人民出版社、2006年、第四章「エネルギーと循環経済」を参照。

省エネ金融サービスとエネルギー循環利用型都市建設などの分野にわたる10件の協力協定に調印した。中国がまだエネルギー輸出国であった時、中日は効果的、互恵的な協力を行った。中国が科学的発展観を実践し、資源節約型、環境にやさしい社会を構築する時、日本は省エネや新エネルギーの開発などの面で優れた経験と技術を中国に提供した。

中国が石油輸出国から純輸入国に転換した後、北東アジアの中日韓3国間のエネルギー競争がますます激しくなっていく時、民間または政府間の協力も少しずつ行われている。民間協力の面では、エネルギー協力について議論するさまざまなフォーラムがスタートし、最もよく知られているのは「北東アジア石油経済フォーラム」である。同フォーラムは2001年に発足して以来、2年おきに中国、韓国、日本で開かれ、3国のエネルギー研究機構の専門家や、石油会社及び関連企業の取締役、経済界の関係者などが参加している。石油価格の高騰、競争の激化、輸送ラインの安全確保などの共通した問題について、フォーラムでは石油市場の安定化、石油供給の安全保障と持続的発展のために、協力態勢を強化し、民間レベルや小規模の協力から始めて逐次に価格交渉力を高め、1次エネルギーの構造を改善し、石油経済の持続可能な発展を推進することを呼びかけた。フォーラムでの交流と意思疎通を通して相互理解と信頼を深め、多くの重要な課題について認識を共有することができた[19]。フォーラムの参加者の多くは経済界の有力者で、フォーラムで共有された認識をそれぞれの経営活動に生かし、北東アジアのエネルギー協力の確実な推進に寄与してくれるに違いない。フォーラムでは、世界における北東アジアの戦略的価値を実現するために、業界や学術界はフォーラムで得られるものを生かし政府レベルの実質的な協力を促進してほしいと要請している。

中日、中韓、韓日の2国間協力では、それぞれ活発な議論が行われた。中日韓の政府はエネルギー協力の強化について何回も意思表示している。1999年10月、中国と韓国は「中華人民共和国国家原子力機構と大韓民国科学技術部との原子力の平和利用に関する協定書」に調印し、中韓エネ

---

19) 王暁心・楊朝紅「民間レベルで中日韓のエネルギー協力を促進——2005年北東アジア石油経済フォーラム」『国際石油経済』第13巻第10期、2005年。

ルギーと環境保全協力チームを設立し研究と意見交換を行っている。また、中韓両国は長期的利益に目を向け中国の対韓国石炭輸出価格の問題を円滑に解決した。中国と日本との間におけるエネルギー協力も歩調を早めた。

　2007年4月12日、中国国家発展と改革委員会主任馬凱と日本経済産業大臣甘利明とが東京で第1回閣僚級エネルギー政策対話を行った。双方は、省エネと環境保全の強化、石油代替物や新エネルギーなどの面における協力は中日の戦略的互恵関係の重要な一環であり、中日の経済関係を促進する上で重要な成長領域であるという認識を共有した。また、双方は『両国のエネルギー領域における協力強化に関する共同声明』に調印した。それから、中国石油天然ガスグループと新日本石油、中国海洋石油会社と三井物産とがそれぞれ覚書に調印した。双方は海外におけるオイルガスの開発に関する協力や、再生可能エネルギーに関する協力の強化、石油精錬と石油化学技術の交換、双方の液化天然ガス（LNG）供給の安定化、季節に応じた備蓄の効率的利用とエネルギー交換について取り決めを行った。特に温家宝首相と安倍晋三首相との会談の後に発表した『中日共同声明』では、両国がエネルギーと環境保全領域で全面的に協力する重要性を強調し、東シナ海オイルガス問題については共同開発の日程作成を発表した。中国と日本はエネルギーについて過度な競争をしつつも、協力も行っている。

　日本と韓国もエネルギー協力を行っている。日本最大の石油会社新日本石油と韓国最大の石油会社SKグループは全面的な戦略的協力関係を結び、双方それぞれ120億円出資して相手側の1％の株式を持ち合い、そして石油開発、石油製品供給などの領域で広範な資金と業務面での協力も行っている。このような協力は今後2、3年の間に40～50億円／年のコスト削減ができるばかりでなく、競争力の強化、両国のエネルギー安全保障にも大きく貢献するものである。

　中日韓3国は各種の国際組織においてもエネルギー問題について協議と協力を行っている。2003年10月、中日韓3国の首脳はアセアン「10+3」会議に参加する機会を利用してバリ島で会談を行った。会談後『平和と繁栄に向けた戦略的パートナー関係』と題する共同声明を発表し、北東アジ

アはエネルギー領域の互恵協力を拡大し、地域と世界のエネルギー安全保障の強化のために共に努力しようと明言した。2004年6月21日青島で開かれたアジア外相会議期間中、中日韓3国の外相が会談を行い、経済協力を中心とする「中日韓行動戦略」を制定し、相互尊重、平等・互利・互恵の原則に基づき、率直な対話、互恵的協力を通してエネルギー政策を調整し、共通して直面するエネルギー問題を解決し、北東アジアの持続的発展のためにエネルギー安全保障に尽力すべきと強調している。第2回東アジアサミットでは、アセアン10カ国と中国、日本、韓国、インド、オーストラリア、ニュージーランドの各国首脳が『東アジアエネルギー安全保障宣言』に調印し、各国の実情に適したエネルギー政策と戦略を策定した上で、地域各国が共に努力し、地域のエネルギーの安定供給を確保し、持続可能な発展を実現させなければならないと強調した。これらの動きはすべて、エネルギーの問題は1国だけの問題ではないし、1国だけで解決できる問題でもなく、地域若しくは世界規模の問題であることを示している。地域協力はエネルギー問題を解決するのに選択しなければならない道である。

　北東アジアのエネルギー協力は一定の進展を見ることができたが、各界の期待からすればまだまだ不十分であり、解決を急がなければならない問題をいくつか残している。一つは北東アジアのエネルギー協力について行われた議論や出された構想は多いが、本当に実施されるものは少ないこと。二つ目は2国間の協力は多いが、多国間の協力が少ないこと。三つ目は2国間のエネルギー協力は省エネ技術の譲渡や新エネルギーの開発などに関するものが多く、関係国全体のエネルギー供給と輸送の安全を保障するもの、価格交渉力を高めるものは少ないこと。四つ目は、東シナ海オイルガスをめぐる争い、ロシアのオイルガスをめぐる争奪などのような問題は遅々として解決されないばかりか、益々膨らみ、折角持っている協力の意向を実施に移すための雰囲気を害し続けていること。では、なぜこのような問題が生まれているのだろうか。

　中日韓3国の経済発展の不均衡や歴史認識のズレによる政治関係の不調和など多くの原因が考えられるが、しかし北東アジアのエネルギー協力

の推移から見れば、中国がまだ石油輸出国だった時北東アジアにはエネルギー問題もいくらかあったが、今のような激しい競争は見られなかった。いくつかの問題は中国の原油需要激増に伴って現れたのである。したがって、最も重要な原因は、中国の台頭を日韓及びその背後にいるアメリカがいかに受け止めるか、中国の台頭を冷静に受け入れ、台頭した中国と協力することができるか否かにあると考えるのである。

中国の台頭は中国国民の長年にわたる模索と蓄積から生まれた必然的な結果である。中国経済の全体的な成長は必然的にエネルギー需要の拡大に繋がり、国内供給が経済成長の要請を満たすことができなくなると、中国は必然的に国際市場でエネルギーを調達するようになる。これは極めて当たり前のことで、非難されるべきことではない。無論、巨大な買い手が国際エネルギー市場に参入したとき従来の市場パターンに影響を及ぼし、エネルギー輸入国の間に競争を引き起こすのも必然的なことで、市場の原理に適ったことである。日本に「中国エネルギー脅威論」が現れたのは全く原因理由のないことではなく、ある程度歴史的な理由がある。古代文明が生まれ栄えたところはだいたい廃墟と化しているのに[20]、なぜ中国文明は生き続けているのだろうか。その最も重要な原因は中国文明の重心が宋代の時に移転したことに求められる。近代初期、なぜ西欧が先に近代工業文明の門をくぐったのか。その理由は炭鉱が工業基地のすぐ近くにあったことや、植民地から天然資源を略奪し自国の生態系の破壊を緩和したことが考えられる[21]。歴史的な経験からすれば、中国の台頭は言うまでもなくエネルギーの面で他国にプレッシャーをもたらすと思われている。現在の北東アジアのエネルギー協力に関わる問題はいずれもこのような認識のもとで生まれたのである。

しかし、このような経験は特定の歴史的段階において機能するもので、中国の台頭は農業文明や工業文明と全く異なる生態文明が大きく発展する時代を背景にしている。持続可能な発展を求めるのが時代の潮流となった

20）Carter, V. 他『表土と人類文明』（湯峻他訳）中国環境科学出版社、1987 年、pp.3-5。
21）彭慕蘭『大分流：欧州、中国及び現代世界経済の発展』（史建雲訳）江蘇人民出版社、2003 年。

今日中国政府が打ち出した科学的発展観を実践し、調和的社会、調和的世界を構築する目標には、その重要かつ主な内容として省エネと排出減量による循環型経済と環境にやさしい社会の実現が盛り込まれている。エネルギーについて言えば、中国は新しいエネルギー観を出している。2007年9月6日、中国国家主席胡錦濤はシドニーで開催されたアジア太平洋経済協力会議（APEC）首脳会議で「全面協力の推進と持続的発展の実現」と題する演説を行い、エネルギー協力に関する中国の立場を十全に表明した。「安定的エネルギー供給は、持続可能な未来を共に切り開くための重要な要素である。世界経済の持続的且つ安定的な発展を維持するためには、十分な、安全で、経済的で、クリーンな、見通しのたつエネルギー供給を実現しなければならない。国際社会は互恵的協力、多元的発展、共同保障に基づく新しいエネルギー安全保障観を樹立し、共同で国際エネルギー市場の安定と改善を図り、投機的な行為を抑制し、科学技術の研究、開発と交流を強化し、エネルギー利用の効率を高め、新エネルギーの利用を促進し、合理的技術譲渡体制を整備し、より効率的で、より経済的な、より使いやすいエネルギー利用ができるように各国とりわけ途上国を助けなければならない」と述べている。

　胡錦濤の演説で分かるように、中国の経済社会の発展で求められているのは、もはやただ単にエネルギーの大量消費を前提とするものではなく、エネルギー協力と循環利用を基本とする経済社会のよりよい、より速い実現である。かいつまんで言えば、中国の台頭はグリーンの台頭である[22]。国際エネルギー市場に過度な衝撃を与えないばかりでなく、エネルギーの循環利用や省エネ、効率的利用などの分野で他の国により多くの機会を創出することさえある。中国の発展過程に起きたこの根本的な変化に気づいていれば、中国の台頭によってもたらされるものは競争より協力のほうが遥かに大きいということに、北東アジア及びこの地域における客観的な存在であるアメリカは気づくであろう。また、代替燃料とその技術の開発、各国の行うエネルギー経済の調整、およびポスト石油時代の到来に伴って、

---

22) Bao Maohong "Environmental Resources and Development of Chinese History" (Forthcoming).

石油をめぐる現在の過度な競争は人為的な、実質的意義をそれほど持たない、利益にならないゲームと化していく[23]。逆に、エネルギーや持続可能な発展についてより多くの確実な協力をすれば、北東アジアの全体的な持続的発展と一体化を促進し、北東アジアの偉大な復興を実現するのみならず、文明転換の過程において率先して突破し、新しい文明の誕生と発展のために新しい模範を示すことができる[24]。

5 結びと余談

　北東アジアの中日韓3国は、世界でも影響力の大きいエネルギー消費と輸入の大国で、今はエネルギー安全保障が脆弱であることや、過度な競争、環境と経済発展関係への悪影響等の問題を抱えているが、一方、世界エネルギー市場におけるこの3国の間には競争だけではなく、協力に有利な条件や実際の需要も多く存在している。この3国の協力と競争も段階性と複雑性が見られる。新エネや省エネの分野では協力が順調だが、エネルギー供給や輸送の分野では過度な競争が行われている。中国が石油輸出国であった時は順調に協力できたが、中国が石油輸入国になってからは過度な競争をするようになった。この変化は、北東アジアのエネルギー協力のカギは日本と韓国、及びその背後にいるアメリカの中国の台頭に対する見方にあることを示唆している。

　中国の台頭は世界文明が転換しようとしている時期に始まっているので、北東アジアにもたらしたのは脅威ではなくチャンスである。当時の欧州における「欧州石炭鉄鋼共同体」と同様に、北東アジアのエネルギー協力は北東アジア一体化の橋渡しになるだろう。しかし、中国の台頭はヨーロッパと違って、文明転換期に発生しているので、北東アジアが他の地域よりも先に生態文明に転換するのを促進し、世界に新しい模範を示す可能性さ

---

23) Roberts, Paul『石油の終結：危機に瀕する新しい世界』（呉文忠訳）中信出版社、2005年、劉建生『未来に向けて――ポスト石油エネルギーの時代』経済日報出版社、2005年。
24) 包茂紅「北東アジア環境文化の交流と建設」『亜太研究論叢』第4輯、2007年6月p.95。

えある。しかし、「千里之行、始於足下」──千里の道も一歩からといわれるように、文明の転換にしてもエネルギーの安全保障にしても、北東アジアのエネルギー共同体を作るには3国政府のアジェンダに載せなければならない。

　2001年、ソウルで開かれた第1回北東アジアエネルギー国際シンポジウムにおいて、韓国政府は北東アジアエネルギー共同体を構築する提案をした。[25] この提案は近年来各国から程度の差はともかくとして反応があった。しかし、この提案は韓国、北朝鮮、ロシア、中国、日本及びモンゴルの6カ国を含んでいるので、その推進は容易なものではない。朝鮮半島にまだ和解が実現していない、ロシアがまだ自分を北東アジアの一員と見なしていない時に、このような共同体を作るのは非常に困難であると考える。従って、最もよい選択はこの共同体案でもなければ、今のアセアン「10＋3」の協力モデルでもなく、中日韓の3国エネルギー共同体を作り、競争的な協力を行うことかも知れない。そして、この3国エネルギー共同体を中心に、次第にその加盟国を増やし、その影響範囲を拡大することで、北東アジア地域の一体化を図り世界の文明転換の実現が促されていくものと考えるのである。

（張平訳）

---

25) Pak, Yongduk "Toward integrated energy cooperation framework in Northeast Asia" Shinotsuka, Tamotsu, Naoko Mori eds. *A Grand Design for Northeast Asia: 2005 ── National Land Planning and Sectoral Development Strategies*. Vol.2, Tokyo: National Institute for Research Advancement, 2006, pp.78-82.

第三部
新しい時代の新人文主義

新人文主義、そして
日中共生への展望

佐藤東洋士

1 はじめに

　何芳川博士がこのシンポジウムの第1回から提唱されていたのが、「新人文主義」である。

　何芳川博士は、今日の知識経済時代に、物質的豊かさに相反して、精神生活の貧困が深刻化し、人文主義の提唱が人類の喫緊の課題だと指摘された。一方、中国では市場経済への転換を果たしてから経済の急成長とともに、拝金主義や道徳の退廃、国民の質の低下が目立ち、「人文主義を欠いた知識経済時代は不完全な時代であり、人文主義を欠いた国家と民族は不完全な民族である」と警鐘を鳴らすとともに、新しい時代に相応しい新人文主義が必要だと提言された。

2 人文主義と中国近代化

　人間性を尊重する人文主義の思想は、中国の近代化の過程では重要な役割を果たしたことは、周知の通りである。20世紀のはじめに、ヨーロッパの人文主義に影響を受けた多くの先人たちは、新文化運動を起こし、人

間性の尊重を訴えた。1916年、陳独秀は彼の創刊した雑誌『新青年』に「民主」と「科学」のスローガンを掲げ、儒教に基づく封建礼教を批判し、文学革命を説く創刊のことばを載せ、青年学生に強い影響を与え、多くの知識人の共感を呼んだ。多くの知識人が呼応し、周作人、胡適、李大釗、魯迅、銭玄同、劉半農などは『新青年』の編集部のメンバーを務めた。

周作人は『新青年』に発表した「人の文学」の中で個人主義を理念とする人道主義（ヒューマニズム）を説くとともに、散文や新しい形式の詩を創作し、また外国文学の作品を多く翻訳し、理論と共に実践の面でも新文化運動の代表的な存在となった。

胡適はアメリカ留学中にデューイのプラグマティズムの影響を受け、ヨーロッパの精神史における口語の役割を発見し、中国も言文一致であるべきと考え、帰国後白話（口語）文学を提唱し、文言（文語）文によって文章を独占していた文人階級に衝撃を与え、社会で大きな反響を呼んだ。

新文化運動は1919年に起こった五・四運動の重要な背景の一つともなっている。実際に陳独秀や『新青年』の編集員でもあった李大釗は五・四運動で指導的役割を果たしている。五・四運動後、新文化運動はますます盛んになり、新文化運動に参加する雑誌は『新青年』『毎週評論』『新潮』など数種類から、400余種まで急増した。

新文化運動の中心は文学革命であった。魯迅の書いた『狂人日記』『阿Q正伝』は、中国の旧社会と儒教道徳の非人間性を暴き、中国民族の奴隷根性に鋭い批判を加えた。

そのほかに、学術の自由や「科学と民主」を主張した蔡元培、中国「新文化運動」の先駆的詩人である劉半農、ロマンチシスト詩人で、シェイクスピア全集を完訳した梁実秋を挙げることができる。

人文主義を提唱した戦前の先人たちはその多くが欧米や日本での留学を経験している。

3 戦後60年の再認識

ところで、昨年9月、中国東北師範大学での「戦後60年国際学術討論

会」に招かれた時、私は、「日本の高等教育の現状と課題」について発表したが、その会議において本学の名誉教授であり東大名誉教授でもあられる丸山昇先生が、「戦後日本における中国観の諸側面」と題し、発表された。その中で、丸山先生は、我々が再認識しなければならない点を指摘されたが、それは「日本人から見て、第2次世界大戦というものはアメリカとの戦争であり、アメリカに宣戦布告をして、真珠湾から広島に至り、アメリカに敗れたという理解をしている。戦後の一般的な空気として、中国に敗れたという意識は希薄だったということである。」ということであった。私は、まさしく、その認識のずれが、アジア諸国との間で十分な信頼関係が未だに構築できないという現実につながっていると感じている。専門家の多くいらっしゃる中で、はばかられるが靖国問題も然りであると考えている。私たちは改めて謙虚に歴史に学び、認識を新たにしなくてはならない。

　また、認識を新たにしなくてはならない点はまだいくつもある。我が国では、1990年代に入り、それまでの戦後の輝かしい経済の成長や成功を帳消しにし、その余韻すら霧散しかねないほどの困難に直面した。これまで私たちは社会・経済の発展の原動力として、ともすれば物質面の豊かさだけを追い求めてきたが、そこには限界があったからこそ、これからの時代は何を大切にしなくてはならないかを、改めて見つめ直し、その認識を新たにしなくてはならないと感じている。

4「グローバル化」の時代の相互信頼

　20世紀を振り返る時、人間社会にもたらされた変化は、それまでの時代の変化と比べ、想像を超えるほど急速であり劇的なものがあった。交通手段の進歩は、世界の距離を小さくしたし、情報手段の進歩は、世界中の人たちが瞬時に情報を共有することを可能にした。このような変化の中にあって、それまで私たちが構築してきた「常識」や「価値観」が、根底から問われる事象が数多く現れている。「グローバル化の時代」と呼ばれている21世紀には、「地球環境の問題」「人口増加の問題」「南北格差の問

題」等々、我々は、国と国の枠組みを超えて、乗り越えなくてはならない数多くの課題が根底にあることを理解しなくてはならない。

では、私たちはこれから、まさしくこの枠組みを超えて「共に考え、共に生きる時代」の為に、いったい何を大切にし、どの方向に向かって行けば良いのだろうか。

それには、先ず、「信頼」である。私たち日本人は、アジアの一員として、隣接する諸国とともに、とりわけ一衣帯水の隣国、中国とは、信頼の輪を広げ、地球的課題にともに取り組まなくてはならない。アジアで信頼されなければ、どうして国際社会から信頼されるだろうか。その信頼を構築する為に、国や組織といった枠組みを超え、人と人との交流を促進し、「個」の信頼関係を「社会」に広げていくことが大切である。

このところ確かに日中関係は低迷し、歴史認識のずれから困難な時代が続いている。しかし私は決して悲観的ではなく、両国の関係は必ず改善できると希望を持ち続けている。日本と中国の往来の歴史は古く、文化の交流、人の交流はまさに、ともに繁栄の歴史を築いてきた。私たちは今の時代にあって、人と人との交流の中から「信頼」を再構築し、堅く手を取り合って、ともに明日を創り上げていく大切さを心に刻まなくはならない。

私はこれまでの6回のこの北京大学とのシンポジウムを通じて、更にその想いを深くし、今ではそれは確信となっている。

私は、人が、個性を発揮しつつ、心を通わせ合う中で、多様性を認め合い、違った価値観や考え方をも尊重し、知恵を出し、経験を分かち合う、そういった協働の輪を広げることにより、ともに新しい未来が創造できると信じ、教育の業に携わっている。まさしくこれからの時代に最も大切な、信頼の中から生まれてくる「共生」への源がそこに存在していると考えている。

私たちは個人や一国の能力には限界があり、ともに助け合い、協力し合わなくては生きていけないことを十分に理解している。しかし、そのことを時として忘れ、目先の個人の欲や、一国の利益の為に、走ってしまうことがある。もうそれでは生きていけない、やっていけないことを心に刻まなくはならない。

5 「共生の時代」へ日中の梯として

　桜美林大学では、開学当初より「キリスト教主義に基づく、国際的人材の育成」を建学の精神に掲げ、キリスト教精神を礎として、他者の痛みを理解し、人に仕えることのできる人材、艱難の多い世にあっても望みを失わず、希望を掲げ続けることのできる人材を育てたいと願い、教育の業を展開してきた。そしてこれからもそう有り続けたいと願っている。これからの時代は、まさしく厳しい社会環境の中にあっても、人間性の価値が創造できる「心の豊かさ」を築き上げ、他者とともに生きる、「共生の時代」に、それを実践できる者たちを世に送り出さなくてはならないと感じている。

　私たちは歴史に学ぶ時、単に物質の豊かさを求めたり、経済の発展や科学の進歩だけに目を奪われていると、行き詰まり、破綻することを改めて心に刻まなくはならない。これからの時代は、人間性を持った、「豊かな心」を希求し、ともに生きる「共生」の時代を日中が協力して創り上げていく、その実現の為に、私たちは何芳川博士が説かれた「新人文主義」を大切に継承し、これからもシンポジウムを通して学び合い、知恵を出し合う中から、これからの「共生の時代」を担う、人材を育てていきたいと願っている。

危機に立つ人文主義
近・現代日本の精神状況

坂部　恵

1 はじめに

　北京大学の何芳川教授は、かねてから、現代の効率を重要視する高度工業社会、情報化社会のなかで、人間性を護り人間的価値を顕揚すべき「新人文主義」の必要を説いておられます。私もまた、その御主張に共感するものです。
　新しい時代・社会状況のなかで、旧来の「人文主義」は、当然装いを新たにして「新人文主義」に生まれ変わらなければならない。新旧二つの人文主義の間には、断絶とともに連続の面もあるにちがいありません。歴史を振り返りながら考えてみたいとおもいます。
　「人文主義」の担い手であった西洋近世初期の「人文主義者」humanistも、あるいはそれに相当する東洋の「文人」も、ともに、人間らしい典雅で香りのある古典の文章表現を重んじ、またみずからも詩文を良くしました。洗練され含蓄に富んだ言葉を媒介として、互いに陶冶しあう典雅で余裕のある交わりの共同体を理想としたのです。「人文主義」の先駆であるダンテやペトラルカ、あるいは、時代はすこし遡りますがたとえば盛唐の詩人たちは、そうした人文主義者、文人の典型といってよいでしょう。
　典雅で香りと余裕のある交わりの共同体を理想としたといっても、し

かしながら、「人文主義者」たちが、安定した太平の世に生まれてそこに生きたかというと、そうではありません。むしろまったく反対です。概して言えば、西洋でも東洋でも、人文主義は、常に時代と社会の危機にたいする身をもってする批評や反抗にほかなりませんでした。人文主義は、時に、制度・言語の過度の形式化・専門化・硬直化による人間性の抑圧・喪失にたいする批評・反抗であり、またある時は、騒乱をこととする世にあって人間性の荒廃からの逃避であり、またそれにたいする批評・反抗でした。

　人文主義が危機と不可分であることとならんで、ここで注目すべきことは、人文主義がしばしば異文化の理解やまた異文化への寛容をその営みの重要な部分として含んでいることです。イタリア・ルネサンスの人文主義者たちにとって、当時あらたにビザンチンの世界からもたらされた多くのギリシャ語文献を読むことは文化ショックでした。

　異文化への理解・寛容という普遍主義 universalism、世界市民主義 cosmopolitanism は、いうまでもなく、各人がそれぞれの個性を尊重しあうこと、おのおのの文化が他の文化の価値を認め合うことをすこしも排除するものではありません。その意味で、人文主義は cosmopolitanism であると同時に、今日の多文化主義 multiculturalism に通じるものです。

　異文化への理解・寛容という普遍主義 universalism、世界市民主義 cosmopolitanism は、さらにその共感を生命あるもの一般、またそれらの形作る環境世界への理解・共感につながり、他文化、環境世界との「共生」の基礎ともなるでしょう。

2 西洋ルネサンスの人文主義

　イタリアを中心とする西洋ルネサンスの Humanismus（人文主義）は、形骸化した中世末期のスコラ哲学の思考と言語にたいして litterae humaniores（より人間的な香りの高い諸文献）すなわち古代ギリシャや古代ローマの古典文献を重んじそれを典範とする考えを意味しました。そこで規範的な言語として尊重されたのは、とりわけキケロとホラティウスの

ラテン語です。(ちなみにいえば、ローマあるいはラテンの伝統にたいして、ギリシャの伝統を過度に重んじる偏った古典古代観は、ルネサンスには無縁のもの。19世紀ドイツの新人文主義で、ゲルマン民族がラテンの伝統をことさら軽んじたことに由来するものです。第2次大戦の終わりまでドイツ文化の圧倒的な影響を受けた日本では、今でもなおこうしたドイツ流のいまわしいラテン文化軽視の傾向が残っていますが、中国では如何でしょうか。)

　フィレンツェを中心とする15世紀のイタリアでは、東ローマ帝国、ビザンチンから移入された中近東ヘレニズムの香り高く、宗教的心情を重んずる哲学・思想（新プラトン主義）が新鮮な感動をもって受け止められました。それと並んで、すでに13世紀このかたヨーロッパ世界にきわめて大きな影響を与えつつあったイスラムの思想・文化も、あらためて偏見のない目で見直されたのです。ピコ・デラ・ミランドーラのような、キリスト教、ユダヤ教、イスラム教をともに人類共通の敬虔な宗教心の表現と見立てて宗教的寛容を説き、他の文化・文明に開かれた「普遍主義」を標榜する思想家が人文主義の代表者として影響力をもったのです。(宋から明にかけての儒教、道教、仏教の三教合一の考えと相通じる考えです。)

　ところで、すでにすこし触れたように、人文主義者たちは、太平・安穏な世にあって静かに思索し、対話したわけではありません。反対に、彼らは、むしろ絶えず体制・制度との厳しい緊張関係にあって、時代批判、社会批判、同時代の思想への批判の意味をこめてみずからの思索を展開しました。政争のゆえに母国フィレンツェを追われて、流浪の身で激しい批評精神を発揮したダンテなどは一つの典型的な例でしょう。ダンテは、『神曲』を学者の言葉であるラテン語でなく俗語であるイタリア語で著しましたが、これはみずからの声が民衆にまで届くことをねらってのことであると同時に、みずから一介の民衆、素人・非専門家・非権力者であることに徹しようとしてのことでした。こうした素人・非専門家・非権力者であることのおのずからもつ批評性に徹すること、よい意味での素人精神は、人文主義の存立のための不可欠の条件であるとわたくしは考えます。

　こうして、人文主義は、危機の中から生まれて、それを批判するにふさ

わしい社会的位置と言語を選び取り、危機を明確に反省・自覚・批判し、乗り越える道を探ったのです。

　後漢から西晋の時代（2〜4世紀）に生きた方外の士である「竹林の七賢」は、魏晋の政権交代時の権謀術数に明け暮れる政情と形式に堕した儒教への批評を身をもって生きました。室町時代に、宋から明の陸象山や王陽明に並行して形成された三教合一の考えを生きた大教養人一条兼良も、武士の政権下にあって、貴族的な文人の風雅の道を生きた人です。古儒教のルネサンスを企てた清朝の考証学も、時代批判の一つの形でしょう。その精神は日本の江戸時代の古文辞学派に受け継がれました。

3 人文科学の成立と性格

　今日における人文主義の存亡は、大学におけるリベラル・アーツ教育のあり方と並んで、「人文科学」のあり方如何にかかわるところ大なるものがあります。そこで、ここでしばらく人文科学について考えてみたいとおもいます。

　人文科学は、皆様ご承知のように西洋で19世紀初頭以来、分野によって遅速のちがいはありますが、順次成立したものです。その成立は、（数学、物理学など先発のものを今しばらく措くとすれば）、自然科学の分野における化学、生物学、社会科学の分野における経済学等々とほぼ並行しています。それらは、いずれもそれを専門とする「科学者集団」からなる専門「学会」、大学、研究所等の研究・教育機関等の成立要件を満たす実証科学（positive science）として19世紀に成立したものです。中国や日本が、19世紀から20世紀にかけての近代化のなかで、それらの近代科学をそれに関係する制度共々受け容れてきたことはいうまでもありません。

　ちなみに、ここで、わたくしは、「人文科学」の名のもとに、言語学、歴史学、人文地理学、心理学、宗教学、美学芸術学、社会学、哲学などを考えています。社会学には、人文科学とともに社会科学に属する部分があるでしょう。哲学は、哲学の科学性、学問性を自覚的に問うようになったカント以降の哲学を考えています。

さて、ところで、実証科学としての近代科学は、たとえば『論語』にいう「吾十有五而志于學」の「学」とは、すくなくとも建前上、異質なものです。孔子のいう「学」が、知識の獲得とともに、人格の形成・陶冶を志向しているのにたいし、実証科学、客観科学としての人文科学は、他の自然科学や社会科学と並んで、道徳的・政治的価値判断を含まず、価値中立性と実証性を、すくなくとも建前としている点でまったくちがった性質のものなのです。

しかし、いま自然科学のことはしばらく措くとして、社会科学と並んで、とりわけ人文科学は、この点根本的な問題をはらみます。

そもそも、人文科学の「科学性」はどこに成り立つのか？ それは価値判断と無縁な「科学」なのか？ それとも、それはまさに価値判断を含む「批評・批判」なのか？「文学」の一部に包摂されるべきなのか？ それらいずれの性格も併せ持つのか？

4 人文科学の危機

人文科学の性格規定についての以上のような問いが顕在化し、自覚的に問われるようになるのはとりわけ1960年代以降のことです。

これは、さまざまな時代状況、学問状況が重なって生じてきたことですが、ひとつには科学史からの挑戦がありました。トマス・クーン『科学革命の構造』(1962)が、科学の発展を唯一の絶対的な「真理」に向けての漸進的な進歩と見る従来の見方にたいして根本的な疑問を提出し、進歩史観にたいして別種の史観を提出したのです。ある時代と地域には、そこの「科学者集団」が共有する「パラダイム」（範型）があり、そのパラダイムがさまざまな経験的・実験的事実に照らして吟味を受けるうちに、そのパラダイムで操作・説明できる範囲の臨界点に達し、新たなパラダイムに取って代わられるに至るというのです。この考えは、ニュートンの名に象徴される西洋近代科学の価値を相対化するもので、「エスノサイエンス」（中国科学、インド科学等々）を場合によってそれと同等の価値をもつ文化財としてあらためて評価する構想を誘発しました。（中国医学を西洋医

学と並存し、それと補完しあうものと見る見方などがその一例です。)

　こうした動向の影響もあって、人文科学がみずからの成立基盤を問いながら絶えずみずからを相対化する動きが1960年代頃から活発になりました。20世紀初めの世紀の境目あたりに成立した精神分析や民族学（文化人類学）が、元来西洋文化・文明のエスノセントリズム（自民族中心主義）を相対化する文明批評的性格を最初からみずからのうちに含んでいたことがあらためて顧みられるようになり、どちらも長らく学問や大学の制度外のアマチュアの学だったものが大きな影響力を持つようになりました。

　そうした影響もあって他の人文諸科学も同様、（自己）批評によって成長・飛躍する一面を自覚的に展開する動向を見せ始めたのです。

　そうした動向の典型的な例として、フーコー『言葉と物——人文科学の考古学』（1966）、サイード『オリエンタリズム』（1978）を取り上げることにしましょう。

　フーコーは、『言葉と物』で、科学史をパラダイムの変換の断続と見るクーンの見方に似た形で、ルネサンス以来の西洋の思想の歴史を「エピステーメー」（知識系、知識を生成する基本的な枠組）の断続的な交換の歴史と見る見方を提出し、そうした見方によって19世紀以降の人文諸科学の成立と、そして同時にその成立基盤の危うさをあきらかにします。人文科学と、マラルメらの象徴主義文学のもつ（言語）批判の機能がひと続きのものと見られるのです。

　サイードは、エルサレム生まれのパレスチナ人。アメリカで比較文学の教育を受けた人です。彼は、『オリエンタリズム』で、主として19世紀ヨーロッパの文学者や東洋学者の言説を詳細に検討して、彼らが中近東からインド・中国までの「オリエント」の人々を自分たちよりも一段劣った人間として見る見方の形成と普及にいかに深く荷担しているかをあきらかにしました。ヨーロッパ人の文化と学問の独善を鋭く告発したのです。サイードの仕事が、その後の「ポストコロニアリズム」による人文科学の自己批判と組み替えの動向に大きな影響を与えたことはよく知られているところです。

第三部　新しい時代の新人文主義

5 大学再編成の中での人文科学

　現在日本では、国立大学の独立行政法人化はじめ、国立、私立を含めて大幅な大学の制度改革が進められています。国立大学の改革は、小泉首相の提唱する行政構造改革の一環という性格をあわせもつのですが、靖国神社参拝問題に見られる小泉首相の歴史への無神経・無感覚とならんで、構造改革構想もまたさまざまな方面から危惧の念を持たれています。大学改革での効率優先、短期成果による業績認定等は、もっぱら理工系の学問を念頭に置いた考え方であり、効率だけでは測りえない文化の継承発展という仕事にかかわり、10年、100年単位での息の長い見通しに立っての推進を必要とする人文科学にとっては致命的な打撃になりかねないのです。

　国立大学の独立行政法人化は、多くの批判をあびながらも、昨年発足したばかりなので、具体的な展開は今後に俟たなければならないのですが、人文科学の関係者のなかにはその将来について深い不安の念を隠さない人が少なくありません。私立大学に関しても、国立大学の改革の波及効果もありますが、進学志望者の数が大学の入学総定員を下回る少子化時代にあって、生き残りを賭けた競争がおのずから効率本位の制度改革に傾くという動向は如何ともし難いように見受けられます。（この点は、地方国立大・公立大の統合・再編についても同じです。東京の公立大学を統合した首都大学東京では、語学教育は町の語学教育に下請けに出し、外国文学の学科は全廃しました。）

　現在の日本の大学では、一方でリベラル・アーツ教育の必要が唱えられる半面で、今しがた述べたような時代の趨勢のなかで人文科学軽視の風潮が見られることは覆うべくもない事実なのです。人員削減、制度改革による研究環境の悪化はすでに多方面にあらわれています。教育に精力を奪われて、教員の健康状態の懸念、研究の切捨て、忘却の危険も残念ながらあちこちで見られます。私自身の経験からしても、自分がよい研究をしていなければ、たとえ初歩の入門教育といえども、学問の精神を学生に伝えることは十分に出来るはずはないと思います。しかし、このように大学において研究と教育が不可分であることへの、行政や大学当局の無神経といわ

ざるをえない無理解は(あまり本気で学問をやったことのないひとが携わっている場合が多いせいか)、これまた残念ながらいたるところに見られるのです。

　こうした現状の下では、人文科学が、見かけ上の論文や業績出版の多さとは裏腹に、(自己)批評的機能を失って形骸化・無害化(毒にも薬にもならない!)して行く危険は多いのです。そうなれば、そうした空白状態につけこんで曲学阿世の徒が出現する度合いもおのずから多くなるでしょうし、それに対する学問の本流の側からの歯止めも弱くならざるを得ないでしょう。悲観的な見通しですが、これが日本の現状だと申し上げざるを得ないのです。

6 人文主義の生きる道

　以上に述べましたような人文科学と人文主義の置かれた危機的状況の中にあって、さしあたってどのような方策が可能なものとして考えられるでしょうか。その点に関して、二、三私の考えを述べて結びとしたいと思います。

　人文主義の精神を生かすために先ず何よりも必要なことは、人文科学の専門家であると非専門家であるとを問わず、各人がしっかりした最低限の素養と判断・批評能力をもつことです。理工系の場合はしばらく措くとして、人文科学や社会科学では、学者が良い意味でのアマチュア精神、素人精神を失わないこと、いいかえれば自分の専門領域以外の隣接領域を始めとする諸学問領域と絶えず(人的、情報的な)接触を保ち、広い視野と素養を養うことが不可欠です。(古くからサロンの伝統をもつヨーロッパでは、学者や芸術家の間の日常の交流がごく当たり前のことなのですが、近代化の過程でそれぞれの分野別に学問や芸術を移入した日本ではそうした交流は未だきわめて不十分です。丸山眞男は、それを各人が自分の殻に閉じこもった「蛸壺型」の学問状況に見立てました。中国の状況はどうでしょうか。)専門家も非専門家も、人文主義の精神が専門家の独占物でないことをよく理解した上で、他者理解、異文化理解の柔軟性をもつことが、

今日のように国際化の進展の早い時代には是非必要でしょう。

　さらに、こうした人文主義精神とそれに基づく判断力・良識が成熟するためには、非人文科学も人文科学も手持ちの情報を開示・説明することが求められます。現代の日本では、そうした情報開示の不十分や、意図的な隠蔽や歪曲から多くの社会問題、環境問題が生じていますが、公正な情報開示は人文主義が生きて働くための重要な要件の一つなのです。

　情報の隠蔽や歪曲のための不正な情報操作への歯止めを制度面まで含めて確立しておくことは、これも人文主義の存立のためのおなじ重要な要件の一部であるといってよいでしょう。

　先に、人文科学の学者が他の専門諸領域について広く目を配ることが必要であると申しましたが、さらに一歩を進めて人文諸科学の領域横断的協力とそのための素養・センスの養成が現下の急務であると私は考えます。日本では、たとえば大阪大学が、こうした領域横断性を大学院での社会人教育に結びつける実験的試みを進めて、一層の展開への基盤作りに顕著な成果を上げています。

　最後に、環境問題も、人文主義的センスと深く関係して考えられ、処理すべきものでしょう。世代の離れた子孫を思いやる「世代間倫理」の倫理意識や、またそれぞれの地域に特有の歴史的状況に対応するために、環境科学と倫理学や歴史学などの人文科学の協力が必要とされる場面は、今後一層多くなると予想されます。

　こうした問題に対処するために、最終的には、環境（生命あるもの）との共感、共生のための知性と感受性を養うことが最重要な課題となります。そのためには、さらに、人文科学と芸術が力を合わせて人間性の涵養に当たることが必要です。西洋でも東洋でも、もともと学問と芸術はおなじ根から生え育ったものなのですから。この点でも、残念ながら、日本で人文科学と芸術に割り振られる国家予算の割合は、欧米先進国にくらべて極端に少ないのです。効率を追求するあまり、じっくりと善く共に生きるための文化的環境を整えることの大切さが認められていないのです。

『老子』に見る「無為自然」と
その現代的意義

植田渥雄

1 無為自然

　『老子』という書物に書かれた「無為自然」、この四文字で表わされる概念が、グローバル化された現代社会に生きる我々にとってどういう意味を持っているのか、これが今回与えられた小論のテーマである。
　「無為自然」が老子の基本思想であることは誰もが認めるところであるが、果たしてその実態はどういうものなのかとなると、必ずしも明確な答えが得られるとは限らない。あるいは時代により、あるいは個々人により、その受けとめ方は実に多様なのである。そこで今回はそのような状況を視野に入れたうえで、現代的観点から敢えて一つの私見を述べてみたいと思う。中国に「抛塼引玉」という四字熟語があるが、筆者の愚考が諸賢の高見を引き出す呼び水にでもなれば幸いである。
　まず『老子』の説くところの「無為」とはどういうものか、「自然」とはどういうものか、テキストの中の字句を拾いながら考えてみたいと思う。なお『老子』のテキストについては、王弼本、河上公本、傅奕本等、異本が多く、近年になって発掘されたものとしては、馬王堆漢墓の帛書がある。字句の異同のみならず章立ても各テキストによって異なるが、そのことは本論に関する限り問題とするに当たらない。ここでは取りあえず、これま

『老子』に見る「無為自然」とその現代的意義

で広く通行してきた四部叢刊所収の河上公本をもとに、不自然と思われる字句は他のテキストを参照して補正した。

まず「無為」から始めよう。ここで使用するテキストでは『老子』の章句は81に分かれているが、その中で「無為」という字句に触れた章が8章ある。それぞれ多様な観点から「無為」について論じているが、帰着するところは共通している。そこで取りあえずその中から2カ所を選んでみよう。

  天下多忌諱、而民彌貧。民多利器、国家滋昏、人多技巧、奇物滋起、法物滋彰、盗賊多有。故聖人云、我無為、而民自化、我好静、而民自正、我無事、而民自富、我無欲、而民自朴。 ［淳風第五十七］

天下に禁令が多くなれば、民はますます貧しくなる。民が利器を多く持つようになれば、国家は混乱する。人が技能を多く持つようになれば、珍品奇物が横行する。法令が明確になればなるほど盗賊は増加する。だから聖人は言うのである。我が方が無為であれば、民はおのずと感化される。我が方が静謐を好めば、民はおのずと行いを正す。我が方が行事を無くすれば、民はおのずと富裕になる。我が方が無欲であれば、民はおのずと純朴になる、と。

ここは支配者と民衆との理想的な関係の在り方について述べているところである。支配者が「無為」であること、静謐を好むこと、「無事」であること、ここでいう「無事」とはあらゆる国家行事を行わないということである。そして無欲であること、そうすれば民衆はおのずから感化され、おのずから行いを正し、おのずから裕福になる、と言っている。つまり支配者が消極的であればあるほど、民衆は自足し、安らかさ、豊かさ、純朴さを保つことができると言っているのである。これが『老子』の消極思想といわれる所以である。

さらにもう一つの例を見てみよう。

第三部　新しい時代の新人文主義

不尚賢、使民不争。不貴難得之貨、使民不為盗。不見可欲、使民心不乱。是以聖人治、虚其心、実其腹、弱其志、強其骨、常使民無知無欲、使夫知者不敢為也。為無為、則無不治。　　　　　　［安民第三］

賢者を尊ぶようなことをしなければ、民を争わせるようなこともない。得難い物品を重宝がるようなことをしなければ、民に盗みをさせることもない。民が欲しがるものを見せないようにしておけば、民の心が乱れることもない。だから聖人の統治は、民の心を空っぽにして腹をいっぱいにしてやり、意志を弱くして筋骨を強くしてやり、常に民を無知無欲の状態に置き、知識人に余計な真似をさせないことである。このように無為を実行すれば治まらないわけがないのである。

ここでは、支配者が常に民衆に最低限の物質的な満足を与える一方で、精神的には民衆を無知無欲の状態に置くこと、その為には知者、すなわち知識人や教育者に本来の活動をさせないようにすべきであると言っているのである。ここのところが一般に『老子』の愚民思想といわれる所以である。

次に「自然」について見てみよう。自然について述べた章は5章ある。その中からやはり2カ所を選んで採り上げてみたい。

太上下知有之、其次親之誉之。其次畏之、其次侮之。信不足焉。猶兮其貴言。功成事遂、百姓皆謂我自然。　　　　　　［淳風第十七］

太古の最上の名君とは、下々の民が君主の存在を知っているというだけの存在である。その次は民が君主に親しみを感じ褒め称える。その次は民がこれを畏れ敬う。その次は民がこれを侮るようになる。つまり信用が足りないからそのようになるのである。だから君主たるもの、重々言葉を貴ばなければならぬ。事が成功裏に終わってもそれは決して君主の所為ではなく、民衆の力で自然にそうなったと思わせる

のである。

　これも支配者と民衆との関係について述べたところである。最も理想的な統治形態とは、民衆は支配者の存在を認知しているが、それ以上に特別な感情を抱いていない状態であると述べているのである。そして次善の状態とは、民衆から慕われ、褒め称えられること。その次は畏敬されること。さらに最悪の状態は民から侮られることである。そして支配者に功績があったとしても、民衆にそれを知覚させないで、自らの力で自然にそうなったと思わせる。ここでいう自然とは、支配者の力を借りることなく自然にそうなる、という意味である。他の章に見られる自然も、その意味するところはほぼ大同小異である。
　もう一つ例を挙げてみよう。

　　有物混成、先天地生。寂兮寥兮、独立而不改、周行而不殆、可以為天下母。吾不知其名。字之曰道、強為之名曰大。大曰逝、逝曰遠、遠曰反。故道大。天大。地大。王亦大。域中有四大。而王居其一焉。人法地、地法天、天法道、道法自然。　　　　　　［象元第二十五］

　混然として生成したものがある。それはこの天地が形成される以前に生じたものである。寂寂寥寥とした中にあって、独立して変容することなく、周行して止むことがない。天下の母とでもいうべきものである。これをどう呼ぶかよく知らないが、仮に道と呼んでおこう。強いて名付けるとすれば、大いなるものとでも言えようか。大いなるものとは、伸展して止まぬものであり、伸展して止まぬものとは、限りなく遠行するものであり、限りなく遠行するものとは、根源に回帰するものである。だからこそ道は大いなるものである。天も大いなるものであり、地も大いなるものであり、王もまた大いなるものである。この領域内に四つの大いなるものがあるが、王はその一角を占める。人は地に法り、地は天に法り、天は道に法り、そして道は自然に法るのである。

ここは「道」、「天」、「地」、「王」という四者の関係を述べているところである。この世界に四つの偉大なるものが存在するが、それは「道」と「天」と「地」と「王」であり、「王」はその一角を占めるにすぎない。しかも序列からいえば最下位に位置しているのである。原文に「人法地」（人は地に法る）という語句が見えるが、この「人」には当然、「王」の存在も含まれる。人の頂点に立つ「王」といえども「地」の法則には従わざるを得ないのである。「人」は「地」の法則に従い、「地」は「天」の法則に従い、「天」は「道」の法則に従う。つまり「天地人」すべてが「道」の法則に従う。何故ならここで言うところの「道」は、人類はおろか、天地が形成される以前から既に存在していたものであり、この世界すべてに行きわたるものであるからである。四つの偉大なるものの中で「道」を最高位に置く、これこそが、老子の思想が道家思想（タオイズム）と呼ばれる所以である。
　しかし一方、この「道」も「自然」の法則に従っている。つまりすべての事象を包括する「自然」こそが、最高にして究極の法則であるというわけである。これに対して「天」は「人」と「地」、「道」と「自然」の中間に位置する存在にしかすぎない。ここで言うところの「自然」からは、高度に抽象化された宇宙論の一端さえ窺い知れるのである。

2 儒家、法家との関係

　『老子』に見る無為自然観、特に「自然」と「道」との関係、「道」と「天地人」との関係については以上述べた如くであるが、これを儒家思想と比較してみると、両者の違いは明らかである。儒家においては、「天」は絶対的な存在である。「天」の意向を受けて天子、すなわち「王」は民衆を統治する。「天」は無言であるが、「天」の意向はそのまま民衆に反映する。民衆の反応如何によって、はじめて天の意向は検証されるという仕組みである。その点について『孟子』では次のように言っている。

　　　　天子不能以天下與人。然則舜有天下也、孰與之、曰、天與之。（中

略）昔者堯薦舜於天、而天受之、暴之於民、而民受之。天不言、以行
與事示之而已矣。　　　　　　　　　　　　　　　　　　　　［萬章上］

　　天子といえども天下を人に譲ることはできない。では、舜は天下を
　譲られたが、いったい誰が譲ったのかと言うと、それは天が譲ったの
　である。（中略）昔、堯が舜を天に薦め、天がこれを受諾し、民に明
　示したところ、民はこれを受け入れた。ただし天は何も言わず、行動
　と実績でもってその意思を示しただけである。

　さらに『孟子』には「順天者存、逆天者亡［離婁上］」（天に従う者は存
し、天に逆らう者は亡ぶ）という語句も見える。これで見ても明らかなよ
うに、儒家にとって天は最高にしてかつ絶対的な存在なのである。
　では「道」はどうかというと、『論語』に、「朝聞道、夕死可矣［里仁］」
（朝に道を聞かば夕に死すとも可なり）、「夫子之道、忠恕而已［里仁］」
（夫子の道は忠恕のみ）とあるように、儒家においては、国家社会の在り
方、人間としての生き方を表わすものである。それはあくまで道徳的ない
し政治社会的規範であって、それを超えるものではあり得ない。
　また「天」と「道」との関係についても『論語』に、「夫子之言性與天
道、不可得而聞也［公冶長］」（夫子の性と天道とを言うは得て聞くべから
ざるなり）とあるように、儒家においては、少なくともその原初の姿にお
いては、実社会の道徳律を超えるような宇宙論的な展開はほとんど見られ
ない。それは孔子が自ら意図するところでもあったのである。
　そのことはさて置くとして、話を『老子』に戻そう。ここで二つの問題
点が浮かび上がってくる。その一つは論理上の矛盾である。例えば最初に
挙げた［淳風第五十七］では、「無為」こそ最上の政治形態であると主張
しながら、［安民第三］では「常使民無知無欲、使夫知者不敢為也」（常に
民を無知無欲ならしめ、かの知者をして敢えて為さざらしむ）の語が示す
ように、あたかも愚民政策の実行を促すかのような字句が並んでいる。周
知のように、愚民政策は法家の主張するところである。
　法家思想の先駆者のひとりである商鞅の著した『商君書』に次のような

記述が見える。

> 民弱国強、国強民弱。故有道之国、務在弱民。朴則強、淫則弱。弱則軌、淫則越。志弱則有用、越志則強。故曰、以強去弱者弱、以弱去強者強
> 　　　　　　　　　　　　　　　　　　　　　　　　　　　　［弱民第二十］

　民が弱ければ国は強くなり、国が強ければ民は弱くなるものである。だから正道を歩む国の務めは、民を弱くすることにある。民が純朴であれば国は強くなり、民が贅沢になれば国は弱くなる。民というものは弱ければ従い、強ければ驕るものである。民は志が弱ければ役に立ち、志が驕れば強くなる。だから、民が強きを以て弱きを去るということになれば、国は弱くなり、逆に弱きを以て強きを去るようになれば、国は強くなるのである。

これも明らかに愚民思想である。この文はこの後、「言論が多くなれば兵は弱くなり、法令が明確になれば統治の手間は省ける。権力を強化すれば言論は終息する。統治の手間が省かれれば国は治まる。言論が終息すれば兵は強くなる。故に統治の占める部分が大きければ国は小さくなり、統治の占める部分が小さければ国は大きくなる」という意味の言葉が続く。
　法令を明確にすることによって言論を抑え、統治の手間を省くことによって国家体制を強化するという、典型的な法家思想がここに見て取れる。しかし一方で、権力による強制が働くかどうかに違いがあるにしても、愚民思想という点で、両者には共通するものがあることは明らかである。
　この他、『老子』の思想が、法家思想を集大成した韓非子にも多大な影響を与えたことは、『韓非子』解老、喩老両篇に顕著に見ることができる。無為思想と強権思想は表面的に見る限りでは両極端に位置するが、両者の間に相通じるものがあることも否定できない。『老子』の無為思想に強い共感を持つ人たちの間でも、この点に危うさを感じる人は多い。つまり『老子』の無為思想は、その自然観において、独自の宇宙論的な展開を見せながらも、その展開は不完全なもので、しかも思弁の合理性を欠き、論

理的には破綻をきたしているのである。
　これはまた、儒家思想との比較においても言えることである。［淳風第十七］では「其次侮之。信不足焉」、つまり君主が民に侮られるのは信用が足りないからだと言っているが、これは『論語』の「信則民任［堯曰第二十］」（信なれば則ち民任ず）と同義の表現である。また「其貴言」（それ言を貴ぶ）もやはり『論語』の「言可復也［学而第一］」（言復むべきなり）と同義の表現である。これはまさに儒家の論理を借りて自らの主張を補強しているということにならないだろうか。これに関連して以下の例を見てみよう。

　　　上善如水。水善利万物而不争。処衆人之所悪。故幾於道。居善地、
　　　心善淵、與善仁、言善信、正（政）善治、事善能、動善時。
　　　　　　　　　　　　　　　　　　　　　　　　　　　　［易性第八］

　　　最高の善は水のようなものである。水は万物に恵みを与え、自ら争
　　　うことをせず、人の嫌がる低い所にいる。だから「道」に近いのであ
　　　る。居住には低い土地を善しとし、心には淵のような深さを善しとし、
　　　与うるには仁の心を善しとし、言には信を善しとし、政（まつりごと）には安定
　　　を善しとし、仕事には有能であることを善しとし、行動には時宜にか
　　　なうことを善しとする。

　この章は、水に喩えて、自ら説くところの「道」の在り方を述べているところであるが、［象元第二十五］に見られる宇宙論的な「道」の定義は影を潜め、論法はきわめて即物的であり、かつ倫理的である。しかも「與善仁、言善信」（与うるには仁を善しとし、言には信を善しとす）と述べているところなどは儒家の論法と何ら異なるところがない。
　この点からみても明らかなように、つまり老子は、一方では辛辣とも言える筆鋒で儒家の思想を批判しながら、一方ではその論理を借用して自らの主張を補強しているのである。この点にも論理上の自家撞着を見ることができる。

3 中華思想の相互補完性

　さて、これまで「老子」の思想を、その「無為自然」と「道」の概念を中心に、法家および儒家の思想と比較しながら、その矛盾点を見てきたが、その矛盾の起因するところは、現存する『老子』という名の書物が一人の人物によって書かれたものではなく、比較的長い期間にわたって複数の人物によって書き継がれた点にあるのかもしれない。だとすれば、ここで細かい論理上の矛盾を追及することは無意味なことのようにも思われる。

　筆者がここで問題にしたいのは、第二の疑問点である。それは、この書物が独自のテーゼを持っているかどうかということである。言い換えれば、老子の思想が同時代の儒家や墨家、法家などのような自立した思想であるかどうかということである。

　この問題に答える前に『老子』という書物の成立に関する疑問について思い起こしてみよう。『老子』は長い間、春秋時代、すなわち孔子の時代に成立したと信じられてきた。その根拠は、司馬遷の『史記』老荘伝の、孔子が老子に礼を問うたという記載である。これは「孔子問礼」と言われるもので、これが春秋時代成立説の最大の根拠であった。その記載は次のようなものである。

　　孔子適周、将問礼於老子。老子曰（中略）吾聞之良賈深蔵若虚、君子盛徳容貌若愚。去子之驕気與多欲、態色與淫志。是皆無益於子之身。吾所以告子、若是而已。孔子去。謂弟子曰、鳥吾知其能飛、魚吾知其能游、獣吾知其能走。走者可以為罔、游者可以綸、飛者可以為矰。至於龍吾不能知其乗雲而上天。今日見老子、其猶龍邪。

　　孔子が周の都に行き、礼について老子に訊ねたところ、老子は次のように答えた。私の聞くところでは、優れた商人は金品を深く収蔵して、何も持っていないかに見える。徳の高い君子の容貌は愚者のように見えるということだ。あなたは先ずその驕りと多欲、見栄と野心を捨てなさい。そんなものはあなたにとって無益です。私のあなたに言

うことはただそれだけです、と。孔子は退去して弟子に言った。鳥が空を飛び、魚が水を泳ぎ、獣が地面を走ることは、私はよく知っている。そして走るものは罠にかけられ、泳ぐものは糸にかけられ、飛ぶ者は射落とされる。ところが龍が雲に乗って天に昇るということを、私は知らなかった。今日私は老子に会ったが、まるで龍のようであった、と。

　ここに見られるのは、孔子に対する老子の傲岸とも思える高飛車な態度と、それとは全く対照的な孔子の恭順とも言える謙虚な態度である。隠者とおぼしき人物が現われて孔子を罵倒し、これを丁重にあしらう孔子の姿は、『論語』の中にもしばしば見られるが、これほどまでに恭順な態度は少なくとも『論語』の中では見られない。
　このような事実があったかどうかはともかくとして、これを敢えて『史記』に記載した裏には、記録者司馬遷の何らかの意図が働いたとみられるが、その点については後で触れることにしよう。
　『老子』成立説の今ひとつは戦国時代、すなわち孟子の時代に成立したとする説である。これは語彙、文体、内容等、同時代の他の文献との比較対照から推定されたもので、現在ではこれがほぼ定説となっている。同時にこれは老子という人物の実在についても大きな疑問符が付けられていることを表しているのである。この他に、これはあくまで現存する形の『老子』についてのみ言えることであるが、漢代初期に成立したという説もある。戦国説にしろ漢代説にしろ、もしこれが事実とすると、『史記』の記述の信憑性は完全に覆ることになる。だとすれば、「孔子問礼」を敢えて記載した司馬遷の意図はどこにあったのであろうか。
　そのことを論じる前に、まず『史記』成立の時代背景について考えてみよう。司馬遷は漢の武帝の時代に活躍した歴史家である。漢の武帝は、漢王朝を隆盛に導いた、中国歴代皇帝の中で最も英明な君主の一人であった。特に、儒教の権威を確立し、さらに匈奴を制圧してシルクロードを切り開いた皇帝として、後世への影響力は絶大である。一方、司馬遷は歴代史官の家に生まれた人物であるが、この人物が武帝と関わりを持つのは、ある

第三部　新しい時代の新人文主義

事件がきっかけであった。

当時、勇猛な武将として武帝の信任厚かった李陵が、匈奴との戦闘中に捕らえられ、さらに匈奴の武将として活躍しているという噂が流れたため、これに激怒した武帝は李陵の一族をすべて誅殺した。このとき司馬遷は李陵一族を庇ったために、宮刑という、男性として最も屈辱的な刑に処せられ、これに発憤して書いたのが『史記』である（司馬遷『報任少卿書』）。したがって『史記』には「発憤」の二字が示すように、武帝に対する、言葉では直接言い表せない複雑な思いが込められているとされている。この複雑な思いが「孔子問礼」にも表れているのではないだろうか。

司馬遷は、儒教の権威を確立した武帝の偉大さと儒教自体の権威を、少なくとも原則的には認めている。それは『史記』全般について言えることであるが、一例をあげれば、出身が王侯貴族とは無関係の孔子を「世家」の項目に組み入れ、王侯貴族と同等に扱っている点にもそのことが窺える。しかしそれを後世の史家のように絶対的権威として受け入れているかというと必ずしもそうではない。そのことは「孔子問礼」における彼我のやり取りの中にも如実に表れているのである。

あくまでこれは仮説であるが、司馬遷は「孔子問礼」が、事実ではなく単なる伝聞に過ぎないということを承知していたのではないだろうか。そのことを承知した上で、敢えて老子を孔子の上位に置き、同時に孔子の謙虚さを際立たせることによって、権威化されようとするこの時代の儒教に対して密かにアンチテーゼを表示しているのではないだろうか。彼の意図したものは、言い換えれば権威の相対化である。

このことを視野に入れたうえで、現存する『老子』という著作を今一度読み返してみると、この書物は儒家をはじめとするすべての思想のそれぞれの項目に対してアンチテーゼを表明したものであって、それ以外の何物でもないかのようにさえ思われるのである。だとすれば「無為自然」も例外ではない。それは、特に儒家の説く「仁」「義」「礼」「知」などという行動的な徳目の権威化に対するアンチテーゼであったと見ることができる。

このように見てくると、『老子』という書物は自立した思想を述べたものではなく、あらゆる思想と共存し得ると同時に、相互に補完作用を持つ

箴言集のようなものであったのではないだろうか。だとすれば、この著作の持つ論理上の矛盾、破綻はほとんど問題にするに値しないのである。そして『老子』の存在意義はまさにここにあるということができるのである。

さてこれを歴史的視野から眺めてみよう。支配者の世界で儒教が絶対的権威として確立した漢代において、同時に民衆の世界では諸々の民間信仰の象徴的存在として老子が祭り上げられた。そして道教という名のもとに老子は、民間信仰の対象であった諸々の神々とともに民衆の精神世界に入り込み、さらに支配者の世界においてもその存在を強固にしていったのである。その後の中国の歴史を通観してみると、儒教と道教は対立関係というよりも、むしろ補完関係として推移したことがわかる。漢代末期には西域から仏教が入ってくるが、これも補完関係として、俗に「三教九流」と呼ばれる中華民族思想の大きな流れの中に組み込まれていくのである。さらに後世において、日本、韓国を含めた東アジア漢字文化圏の支配思想となった宋学も、儒教の集大成と言われる一方で、底流の部分では儒、仏、道三教が互いに影響しあいながら形成されたもので、この補完作用の産物以外の何物でもないのである。

4 むすび

中国東北地区の吉林市に北山公園という、この地区を代表する公園があるが、その中に北山寺という、この地区ではかなり名の知れた寺院がある。その寺院の中に道教の神々を祀った道観があり、道観の中には、左右に孔子と釈迦を従えた巨大な老子の像が立っている。孔子像も釈迦像も他の神々に比べれば遥かに大きく出来ているが、老子像に比べると、その大きさは3分の2ぐらいしかない。

この寺院がいつ頃建てられたか正確には記憶していないが、東北地区という位置関係から見て、おそらく清代のものであることは間違いない。清代と言えば、明末の混乱期に一度崩れかかった儒教の権威が、満州族による漢民族支配の手段として再び強化され、絶対化が一段と進んだ時代である。しかも吉林はその支配層であった満州旗人が多数居住していた地域で

第三部　新しい時代の新人文主義

もある。このような時代、このような地域に、一見して孔子の権威を貶めるかのような三者の像が建てられたことは、われわれ異文化の世界に生きる者に対しては奇異な感じを与えかねないが、一方、このことは中国文化の深みを改めて考える契機ともなり得るものである。実はこれこそが中国思想の相互補完性を象徴するものではないだろうか。そしてこの相互補完性を代表するキーワードとなるのが、『老子』の説く「道」であり「無為自然」と言えるのではないだろうか。北山寺の老子像はそのことを如実に体現しているようにも思えるのである。

　世界の歴史は、大きな流れからいえば、非文明から文明へ、不平等から平等へ、専制主義から民主主義へと進んでいるかに見えるが、一方では排他主義、原理主義が台頭している。同時に、経済発展、自由競争に名を借りた極端な拝金主義が横行している。そしてこれがまた新たな格差を生む結果となっているのである。このような逆行現象は今後ますます増大することが懸念される。このような状況の中にあって、儒教と道教、さらには仏教との間に見られるような、中国伝統思想の持つ包括性、寛容性、相互補完性は、イデオロギー次元での人類の共生という観点からも、改めて注目されて然るべきかと思う。

参考文献
王弼註『老子道徳経』。
河上公註『老子道徳経』。
魏源撰『老子本義』。
朱師轍撰『商君書解詁』。
陳鼓應『老子今註今訳』台湾商務印書館。
漢文大系第9巻『老子翼』（焦竑撰、服部宇之吉校訂）冨山房。
国訳漢文大成　経子史部第9巻『韓非子・商子』国民文庫刊行会。
新釈漢文大系第1巻『論語』（吉田賢抗）明治書院。
＿＿＿＿＿＿＿第4巻『孟子』（内野熊一郎）明治書院。
＿＿＿＿＿＿＿第7巻『老子』（阿部吉雄）明治書院。
＿＿＿＿＿＿＿第87巻『史記（7）孔子世家』（吉田賢抗）明治書院。
＿＿＿＿＿＿＿第88巻『史記（8）老荘伝』（水沢利忠）明治書院。
全釈漢文大系第12巻『老子』（斎藤晌）集英社。

老子における「道」の原義及び
その理論と実践的意義

楼　宇烈

1 老子における「道」の原義についての考察

　老子における「道」について考察を行う際、最も注目を集めているのが『老子』第一章冒頭の一文「道可道、非常道」であることは言うまでもない。この一文の意味についての解釈は、老子研究者の間で概ね共通している。即ち「言葉で表現できる道は、一定不変の道ではない」ということである。しかし、老子がこの一文で言おうとしているのは何か、と言うことについては、ほとんどの研究者は、老子は言葉を超え、時空を超えた「恒常の道」を求めようとしていると考えている。そしてこれが老子の説く「道」の根本的な意味であるとする。あるいは道家全体が説くところの「道」の根本的意味であるとする人さえいる。

　この理解に基づき、また道について述べる『老子』の次の章を裏付けとして、多くの人は老子の説く道を実体化した精神的実存または物質的実存として理解し論述している。あるいは老子の説く道を「無」や「常」とし、プラトンの「理念」やヘーゲルの「絶対精神」等と類似するものとして捉え、あるいは老子の説く道を「陰」と「陽」の二気を合わせた、万物を生成する「気」の実存などとして解釈する。

　「道之為物、惟恍惟惚。惚兮恍兮、其中有象。惚兮恍兮、其中有物。窈

兮冥兮、其中有精。其精甚真、其中有信。自古及今、其名不去以閱衆甫。」
(二十一章)(道の物為る、惟恍惟惚たり。惚たり恍たり、其の中に象有り。
惚たり恍たり、其の中に物有り。窈たり冥たり、其の中に精有り。其の精
甚だ真なり、其の中に信有り。古より今に及ぶまで、其の名は去らずして、
以て衆甫を閲ぐ。)〔訳者注：読み下し文は小川環樹注『老子』中公文庫、昭和48
年を参考にし、表記など適宜改めた。以下同。〕

「物有混成先天地生。寂兮寥兮独立不改、周行而不殆、可以為天下母。
吾不知其名、強字之曰道。」(二十五章)(物有り混成し、天地に先だって
生ず。寂たり寥たり。独り立って改わらず、周行しても殆らず。以て天下
の母為る可し。吾其の名を知らず。之に字して道と曰う。)

「道生一、一生二、二生三、三生万物。」(四十二章)(道は一を生ず。一
は二を生じ、二は三を生じ、三は万物を生ず。)

『老子』にあるこの数章を先に述べたような解釈とする理解は、第一章
冒頭の一文を、恒常の道を求めるのが老子の思想だとして理解するのと直
接関係しているのである。それに、老子の「道」の「無」と「常」の特徴
を強調するために、一部の学者はいつも『老子』第一章にある「無名天地
之始、有名万物之母。故常無欲以観其妙、常有欲以観其徼。」(無名は天地
の始めにして、有名は万物の母なり。故に常に欲無きもの、以て其の妙を
観、常に欲有るもの、以て其の徼を観る。)に「無、名天地之始；有、名
万物之母。故常無、欲以観其妙；常有、欲以観其徼」のように句読点を付
ける。

しかるに、「無名」や「無欲」で道の特性を語るのは『老子』によく見
られる。たとえば、「道常無名、樸雖小天下莫能臣也。」(三十二章)(道は
常にして名無し。樸は小なりと雖も、天下能く臣とするもの莫し。)がそ
の一例である。

無論、「道常無、名樸、雖小天下莫能臣也。」(道は常に無し、樸と名づ
く。小なりと雖も、天下能く臣とするもの莫し。)と読む人もある。しか
し、次に挙げる、道を語る章にある「無名」「無欲」を幾ら何でも一語と
してではなく、分けて読むわけにはいかないだろう。たとえば次のような
章である。

298

第三部　新しい時代の新人文主義

「道常無為、而無不為。侯王若能守之、万物将自化。化而欲作、吾将鎮之以無名之樸。無名之樸、夫亦将無欲。不欲以静、天下将自定。」(三十七章)（道は常に為すこと無くして、而も為さざるは無し。侯王は若し能く之を守らば、万物将に自ら化せんとす。化して而(しか)も作(おこ)らんと欲すれば、吾は将に之を鎮するに無名の樸を以てせんとす。無名の樸は、夫れ亦将に欲無からんとす。欲あらずして以て静かならば、天下将に自ら定まらんとす。）

「大方無隅。大器晩成。大音希声。大象無形。道隠無名。夫唯道善貸且成。」(四十一章)（大方は隅無し。大器は晩成す。大音は声希なり。大象(たいしょう)は形無し。道は隠れて名無し。夫れ唯道は善く貸して且つ成す。）

「大道泛兮、其可左右。万物恃之以生而不辞、功成而不名有。衣養万物而不為主。常無欲可名於小。」(三十四章)（大道は泛たり、其れ左右す可し。万物之を恃(たの)んで生ずれども而も辞せず、功成って名を有せず。万物を衣養して而も主と為らず。常に無欲なれば、小と名づく可し。）

では、老子が「道可道、非常道」という言葉で表そうとしている思想は、これらの人々が言うように、言葉や時空を超えた恒常の道への探求なのであろうか。これは、是非とも再検討してみる価値のある問題である。

前漢の史官司馬談は、その「論六家要旨」の中で道家思想についてこう述べている。

「道家無為、又曰無不為、其実易行、其辞難知。其術以虚無為本、以因循為用。無成埶、無常形、故能究万物之情。不為物先、不為物後、故能為万物主。法有無法、因時為業；有度無度、因物与合。故曰『聖人不朽、時変是守。虚者道之常也、因者君之綱也。』」（道家は無為、又曰く、為さざる無しと。其の実、行い易く、其の辞、知り難し。其の術は虚無を以て本となし、因循を以て用となす。成埶無く、常形無し。故に能く万物の情を究む。物の先たらず、物の後たらず、故に能く万物の主たり。法有って法無く、時に因って業と為す。度有って度無く、物に因って与(とも)に合う。故に曰く、聖人朽ちざるは、時変是れ守ればなりと。虚は道の常なり、因は君の綱なり。）［訳者注：読み下し文は田岡嶺雲訳注『和訳史記列伝』（『和訳漢文叢書』第5、6編）玄黄社、明治44年を参考にし、表記など適宜改めた。「埶」は「勢」に通

299

老子における「道」の原義及びその理論と実践的意義

ずる。」(『史記』第百三十巻「太史公自序第七十」)

ここでは、道家の「道」の本質は、「以虚無為本、以因循為用」とし、その具体的な特徴は「無成勢、無常形」「因時為業」「因物与合」「時変是守」等と述べている。司馬談の述べる道家の「道」の本質と特徴は、上に述べた老子または道家の「道」を言語や時空を超えた恒常の道とする解釈とは明らかに根本からして異なる。司馬談のこのような理解は、先秦の典籍からも確証が得られる。たとえば、『管子』「心術上」に「道」について述べた次のような言葉がある。

「道也者、動不見其形、施不見其徳、万物皆以得、然莫知其極。」(道は、動いて其の形を見わさず、施して其の徳見わざず。万物皆以て得て、然るに其の極みを知ず。)〔訳者注：読み下し文は、安井衡編、小柳司気太校『管子纂詁』(『漢文大系』第21巻)を参考にし、表記など適宜改めた。〕

これは、先に引用した『老子』に説かれている「大道汎兮、其可左右。万物恃之以生而不辞、功成而不名有。衣養万物而不為主。」とよく似ている。

また、「心術上」では「道」の「虚無」と「因」の特徴を強調している。例えば、「虚無無形謂之道(虚無無形之を道と謂う)」「道貴因(道は因を貴ぶ)」などがそれである。

「因」について次のように述べている。

「因也者、無益無損也。以其形、因為之名、此因之術也。」(因は、益無く損無きなり。其の形を以て、因りて之の名と為すは、此れ因の術なり。)

また、次のようにも言う。

「其応非所設也。其動非所取也。此言因也。因也者、舎己而以物為法者也。感而後応、非所設也、縁理而動、非所取也。」(其の応は設ける所に非ざるなり。其の動は取る所に非ざるなり。此れ因を言うなり。因は、己を舎てて物を以て法と為すなり。感じて而る後に応ずるは、設ける所に非ざるなり。理に縁りて動くは、取る所に非ざるなり。)

「虚」は「因」と密接な関係にある。たとえば次のように言う。

「道貴因。因者、因其能者、言所用也。君子之処也若無知、言至虚也。其応物也若偶之。言時適也。若影之像形、響之応声也。故物至則応、過則

舎矣。舎矣者、言復所於虚也。」(道は因を貴ぶ。因は、其の能に因って、用うる所を言うなり。君子の処るは、知無きが若し。至虚を言うなり。其の物に応ずるは、之に偶するが若し。時適を言うなり。影の形に像り、響の声に応ずるが若きなり。故に物が至れば則ち応じ、過ぐれば則ち舎つなり。舎つとは、復た虚に所するを言うなり。)

その逆は、「自用則不虚、不虚則忤於物矣。」(自ら用ゆれば則ち虚ならず、虚ならざれば則ち物に忤らうなり。)となるのである。

「因」と「虚無」における「道」の特性を強調するこれらの論述で分かるように、「道」は言語や時空を超え、恒常にして不変なるものではない。逆に、現実の時空にあって物、事、時の変化に随って変化するのである。このような「道」の特性について、『韓非子』「解老篇」には「道可道非常道」の解釈を行うところにより一層明確な分析と論述が見られる。次に2カ所引用する。

「万物各異理。万物各異理而道尽。稽万物之理、故不得不化；不得不化、故無常操；無常操、是以死生気稟焉、万智斟酌焉、万事廃興焉。天得之以高、地得之以蔵、維斗得之以成其威、日月得之以恒其光、五常得之以常其位、列星得之以端其行、四時得之以御其変気、軒轅得之以擅四方、赤松得之与天地統、聖人得之以成文章。道与堯、舜俱智、与接輿俱狂、与桀、紂俱滅、与湯、武俱昌。以為近乎、遊於四極；以為遠乎、常在吾側；以為暗乎、其光昭昭；以為明乎、其物冥冥；而功成天地、和化雷霆、宇内之物、恃之以成。凡道之情、不制不形、柔弱随時、与理相応。」(万物各々理を異にす。万物各々理を異にすれど道は尽く。万物の理を稽ずるに、故に化せざるを得ず。化せざるを得ざれば、故に常操なし。常操無きは、是を以て死生気稟し、万智斟酌し、万事廃興す。天之を得て以て高く、地之を得て以て蔵し、維斗之を得て以て其の威を成し、日月之を得て以て其の光を恒にし、五常之を得て以て其の位を常にし、列星之を得て以て其の行を端しくし、四時之を得て以て其の変気を御し、軒轅之を得て以て四方を擅にし、赤松之を得て天地と統し、聖人之を得て以て文章を成す。道は堯舜と俱に智く、接輿と俱に狂い、桀紂と俱に滅び、湯武と俱に昌る。近しと以為えば、四極に遊ぶ。遠しと以為えば、常に吾が側にあり。暗しと以為えば、

其の光昭昭たり。明なりと以為えば、其の物冥冥たり。功は天地を成し、和は雷霆を化し、宇内の物之を恃みて以て成る。凡そ道の情は、不制不形、柔弱にして時に随い、理と相応す。)〔訳者注：読み下し文は田岡嶺雲訳注『和訳韓非子』(『和訳漢文叢書』第２編）玄黄社、明治43年を参考にし、表記など適宜改めた。以下同。〕

「凡理者、方円、短長、粗靡、堅脆之分也。故理定而後得道也。故定理有存亡、有死生、有盛衰。夫物之一存一亡、乍死乍生、初盛而後衰者、不可謂常。唯夫与天地之剖判也俱生、至天地之消散也不死不衰者謂常。而常者、無攸易、無定理。無定理非在於常所。是以不可道也。聖人観其玄虚、用其周行、強字之曰道。然而可論。故曰：『道之可道、非常道也』」(凡そ理とは、方円、短長、粗靡、堅脆の分ちなり。故に理定まりて後に道を得べきなり。故に定まれる理に存亡有り、死生有り、盛衰有り。夫れ物の一存一亡、乍死乍生、初めに盛りて後に衰うるものは、常と謂うべからず。唯だ夫れ天地の剖判すると俱に生じ、天地の消散するに至るも、死せず衰えざる者を常と謂う。而して常は、易わる攸(ところ)なく、定まれる理なし。常所に在ざる定理はなし。是を以て道とすべからざるなり。聖人は其の玄虚を観、其の周行を用い、強いて之を字けて道と曰う。然りて論ずべし。故に曰く「道の道とすべきは、常の道にあらざるなり」と。）

この二つの論述についてその論点を次のように整理してみる。

一、「道」は「常操なし」と明確に説明している。これは、道があらゆる事物の理を包括しているからである。万物の理を包括しているからには、「不制不形、柔弱にして時に随い、理と相応す」のでなければならない。だから「天之を得て以て高く、地之を得て以て蔵し、……」というのであり、「道は堯舜と俱に智く、接輿と俱に狂い、桀紂と俱に滅び、湯武と俱に昌る」と説くのである。

二、「常」を明確に定義づけている。すなわち「唯だ夫れ天地の剖判すると俱に生じ、天地の消散するに至るも、死せず衰えざる者を常と謂う」がそれである。

三、「理」の特徴は「方円短長、粗靡堅脆の分ち」があり、「存亡」「生死」「盛衰」があると分析している。だから、「理」は当然「常と謂うべか

らず」なのである。

　四、「道」は万理を包摂し、また「柔弱にして時に随い、理と相応す」のである以上、当然「常」ではない。もし「常」であるとするのであれば、「常は易わる攸（ところ）なく定まれる理なし」でなくてはならない。

　五、以上の分析に基づけば、「聖人は其の玄虚を観、其の周行を用い、強いて之を字けて道と曰う。然りて論ずべし」という明確な結論に至るのである。述べてきたように、『韓非子』「解老篇」の展開した解釈によれば、『老子』の言う「道の道とすべきは、常の道にあらず」の意味するところは、言葉で言い表せず、時空を超越した恒常の道への探求ではない。逆に、それを否定し、現実の時空、万物の理の中にあって（「与理相応」）、言葉で言い表すことができる（「可論」）「道」を提言し、具体的に説明しているのである。「解老篇」は『老子』第一章の「道可道、非常道也」を「道之可道、非常道也」と、「之」の一字を付け加えて復唱している。「之」一字の違いだし、言葉の意味にも特に変化が生じたわけでもない。だが、表現の上では、「可道」——つまり論ずることのできる「道」であって、「不可道」——つまり論ずることのできない「常道」ではないと明示的に強調している。

　「解老篇」の解釈は重視に値するもので、今日唯一現存する最も早い、本格的な『老子』解釈の文献である。

　このように、「解老篇」は「無常操」で老子の「道」を説き、そしてこれが、「道」が「万物の理を稽ずる」ことができるための理由だと指摘している。司馬談は「無成勢、無常形」で道家の「道」を説き、そしてこれが「道」が「能く万物の情を究む」理由だと指摘する。続いて、「解老篇」は「道」のこの特性を「柔弱にして時に随」うと概括し、司馬談は「時変是れ守ればなり」と概括している。両者は驚くほど一致しているのではないか。『老子』の「天得以一清、地得一以寧、神得一以霊、谷得一以盈、万物得一以生、侯王得一以為天下貞。」（三十九章）（天は一を得て以て清み、地は一を得て以て寧み、神は一を得て以て霊ならんとし、谷は一を得て以て盈ち、万物は一を得て以て生じ、侯王は一を得て以て天下の貞（かしら）と為る。）及び「輔万物之自然而不敢為」（六十四章）（万物の自然を輔けて、

而かも敢えて為さず）などの言葉を参照すれば、「解老篇」や司馬談の理解と分析のほうが、道家や老子の「道」の原義により近いと思われる。

2 老子の「道」「因循為用」「柔弱随時」思想の理論と実践的意義

　『老子』は「道は自然に法る」（第二十五章）と説き、「道は常に無為」（第三十七章）と説く。「自然」「無為」は道家老荘思想の核心であり、これは道家老荘思想を研究する者の共通認識である。同時に、それは現代の人々が道家思想の現代における意義を説明するポイントでもある。

　老子道家の言う「自然に法る」は、事物の持つ天地自然の性質や本然の性質を尊重し、それに因り順って言うのである。また、いわゆる「常無為」は、事物の持つ自然の性質や本然の性質に働きかけたりそれを改変したりしない立場に基づいて言うのである。両者は共に事物本然の性質の合理性を肯定し、「道」が事物の自然本性を尊重し、事物の自然の本質に順応するといった特徴を強調している。だから、「無常操」「無成勢」「無常形」「因循を以て用となし」「柔弱にして時に随い」、且つ言葉で言い表すことのできる「道」こそが、「自然に法る」ことや、「常無為」の根本精神を真に体現しうるのである。一方、道家老荘の「道」を言葉で言い表せない、時空を越えた恒常の道として強調する説は、道家老荘の「自然」「無為」の根本精神と通じがたいものである。

　今日、人類は己の私欲を満足させるために、現代的な科学技術を手段にして、ほしいままに自然資源を略奪し、破壊する。勝手に事物の本然の性質を変える。自我を異化させる間違った道に人類は向かっているのである。それを解決する方策を見つけることもできず困っている。この状況に胸を痛め深く反省している今、自然を尊重し、自然に回帰し、事物の本然の性質を尊重する老子道家の思想はますます多くの人の注目を集めている。このことについては筆者は別途に論文を書いているので、ここではこれ以上の議論は控える。

　老子道家の「道」は、「常」に非ざるもの、「可道」（論じることができ

る）ものであるという原義が分かれば、前述のように道家の「自然無為」の根本精神をよりよく理解し把握することができるだけでなく、この理解を通して、老子道家思想にふんだんに用いられている素朴な弁証法的思考法についてもより具体的に認識することができる。

　どのようにすれば「無常操」「無成勢」「無常形」の「道」を把握し運用することできるのであろうか？　それは「時」という言葉がキーポイントになる。『老子』には「動善時（動くには時なるを善しとす）」（第八章）という言葉もある。これは老子の「道」思想においても非常に重要な観点である。また、中国の伝統的な素朴な弁証法的思考法における重要な内容でもある。だから、韓非子や司馬談が老子道家の「道」の主要な特徴を概括する時、二人はともにこの点を強調した。例えば、「柔弱にして時に随」う「因って業と為す」「時変是れ守ればなり」などがそれである。老子道家はその生活実践の中で直感的に天地間の万事万物が変化して留まらないこと（「夫天地万物、変化日新、与時倶往（夫れ天地万物は、変化して日に新しく、時と倶に往く）」『荘子・斉物論』郭象注）や、事物が相互依存すること（「有無相生、難易相成、長短相較、高下相傾、音声相和、前後相随。（有無相生じ、難易相成し、長短相較べ、高下相傾け、音声相和し、前後相随う）」『老子』第二章）、殊に相反する事物が相互転換すること（「柔弱勝剛強（柔弱は剛強に勝つ）」『老子』三十六章、「反る者道動（反る者は道の動なり）」『老子』四十章）等の現象を観察したのである。だから、特に「因時」「随時」を強調したのである。「因時」「随時」は消極的に「時」に服従することではなく、積極的に「時変」に随って「変」り、ひいてはその趨勢に乗って「時変」を導くのである。

　「時」と「時変」は、中国の伝統的な思想文化に重要な影響を与えた『易伝』の中でも、繰り返し強調されている。例えば、「六位時成、時乗六龍以御天。（六位時に成る。時に六龍に乗り、以て天を御す。）〔訳者注：読み下し文は、高田真治、後藤基巳訳『易経 上下』ワイド版岩波文庫、1993年を参考にし、表記など適宜改めた。以下同。〕」（『乾・彖伝』）、「天先而天弗違、後天而奉天時。（天に先だちて天違わず、天に後れて天の時を奉ず）」（『乾・文言』）、「坤道其順乎！　承天而時行。（坤道はそれ順なるか。天を承けて時

に行なう)」(『坤・文言』)、「其徳剛健而文明、応乎天而時行。(その徳剛健にして文明、天に応じて時に行なう)」(『大有・彖伝』)、「時止則止、時行則行、動静不失其時。(時止まるべければ則ち止まり、時行くべければ則ち行き、動静その時を失わず)」(『艮・彖伝』)等が挙げられる。そのために、『易伝』は「与時偕行(時とともに行なう)」(『乾・文言』『損・彖伝』『益・彖伝』等)を繰り返し強調し、そして、明確に「変通者、趣時者也(変通するとは、時に趣く者なり)」(『繋辞伝下』)と指摘している。

　『易伝』と『老子』の「時変」の思想は、中国の伝統的な素朴な弁証法的思考法の重要な部分となっている。中国の歴史における、変化と発展を求め、不断に革新し自らを強める思想の重要な理論的根拠でもある。また、今の中国人に示唆を与え、世界の発展、時代の歩みに遅れないためには、「時と倶に進」まなければならず、変革の中で前進しなければならないことを教えている。

　長い間、老子道家の「道」は神秘玄奥なものとして解釈され、現実の物事や生活を遠く離れたものとなってしまっていた。関心を寄せられていたのもその「玄妙にしてまた玄妙」なる抽象的理論であった。「道」の持つ強烈な実践的性格と現実的な意義を見出そうとする試みは少なかった。したがって、老子の「道」の原義をはっきりさせることによって、人々が老子の「道」に持つ抽象感、神秘感や距離感を取り除く十分な効果が期待できる。それに代わって親近感や現実感が生まれるだろう。「道」はすべての現実の物事に、すべての人の中に存在する。物事が千差万別であっても、人間の一人一人が違っていても、「道」は異なる特性の事物や個人に「因循」し、存在し、千差万別である個々の物事の本然の本質を表す。そして、「道」は個々の事物自体の自然に生じる発展や変化の趨勢に随い「時に因」って変化し、社会自身の発展、変化の趨勢に随い「時に随」って変化する。

(張平訳)

新人文主義精神の構築と伝統倫理の止揚
二宮尊徳思想の示唆に基づいて

劉　金才

　過ぎ去った20世紀では、理性至上、科学万能、物質第一を価値基準とする西洋の文明論、および西洋がイニシアティブを取った情報革命と経済のグローバル化が、世界中の異なる地域や異なる民族のほとんどすべてを資本主義現代化の波に巻き込んでいった。そのために、人類の物質生活は嘗てないレベルに達したが、同時に日に日に深刻化する「生態危機」「社会道徳の危機」「文明衝突」等の問題をもたらした。21世紀の人文精神や新しい人文主義を構築するために、どうすればよいか、今や世界の人文社会科学研究分野では関心の高い話題となっている。

　中国も例外ではなかった。20世紀80年代に始まった計画経済から市場経済へ転換する大変革が、国民の経済に世界が注目するほどの高度成長を遂げさせ、国民の物質生活と精神生活に空前の改善と豊かさをもたらした。しかし、もとより資本主義的性質の持つ市場経済の競争と利益追求が、人々の価値観や倫理観にもこれまでに経験したことのない激しい変化をもたらした。「政治」より「経済」、「精神」より「物質」、「主義」より「実利」、「道義」より「金銭」、「集団」より「個人」、「思想」より「知識」、「人文」より「科学」を重んじるなどの傾向がますます深刻化し、人間性の欠如、理想の破滅、道徳の崩壊、拝金主義の横行、極端な個人主義の猖獗、取り締まるほど激しくなる官僚腐敗なども少なからぬ数の人に見られ

る。多くの人文学者はこの社会現象を現代中国の「人文精神の喪失」と認識し、「人間の人間としての理性の自覚を喪失し、人間の人間としての社会的責任を喪失し、人間の人間としての精神修養と精神的理想を喪失した」[1]と考え、人文精神への回帰と人文主義精神の再建を声を大にして呼びかけている。

しかしながら、「人文精神」や「人文主義」はその社会における文化的文脈やその社会の発展史的段階によって内容や意味を大きく異にする。のみならず、その関心の向けられる人文的問題も大きく相違する。したがって、人文精神の再建について議論する際、文化的文脈や社会の発展史的段階における「人文精神」の違いを明確にし、さらに文明発展史観の視点を援用し、伝統的な人文思想に対する解釈と止揚をしなければならない。本論は中国と西洋の人文思想の価値観及び異なる社会発展史的段階における相違を分析した上で、二宮尊徳の「報徳倫理」の人文的意義と儒教倫理との異同を究明することによって、ある特定の側面から新人文主義精神の構築に際して伝統倫理とどう向き合うべきかについて見解を示したい。

1 中国とヨーロッパにおける「人文精神」の変遷

一般論で言えば、特定の社会文化史が特定の「人文思想」を生み出す。例えば、中国の文化的文脈における「人文精神」は、「五・四運動」のころ西洋の「デモクラシー」と「サイエンス」を取り入れたとはいえ、依然として中国伝統文化におけるそれを指すのが基本的である。西洋の「人文主義」における「人」の理解とは大きく異なる。一般大衆の間でもエリート階層でも事情は同様である。ヨーロッパの文芸復興運動(ルネサンス)の時に形成された人文主義は、古代ギリシアの原子論(アトム論)やアテネ学派の人間論を拠り所とし、神の超越と人間性の解放を強調し、人は理性や感情と意志を備え持つ独立した個体であると主張する。そして、人間本性論から出発し、個性の解放、封建的な階級観念の排除と個人の自由意

---

1) 李純仁「今日社会主義市場経済下の人文精神の喪失をどう見るべきか」『当代世界与社会主義』2002 年第 5 期。

第三部　新しい時代の新人文主義

志の発展を求めた。一方で、中国の人文的伝統は、「人文と天道との合一、彼岸の軽視、此岸への執着、倫理中心と経世的傾向」[2]を主旨とする。「人」は集団の一分子であって、独立した個体とは認めず、「集団による生存の必要性と倫理道徳の自覚を持つ、相互に働きかける個体である」と考える。人愛、正義、寛容、協調、義務、貢献などの倫理をこのような人間論に取り込み、人を中心とし、集団を本意とし、道徳の「仁」を形上本体とする「道徳的人文主義精神[3]」である。

　同様にして、異なる時代や社会の発展段階では、人々が提唱する「人文精神」の内容や「人文主義」に関わる問題に寄せる関心の意識も異なる。例えば、西洋文化における「ヒューマニズム（Humanism）」（人文主義）[4]は、14世紀に起こったルネサンスにおいて人々の意識を如何にして神から現実へ引き戻すかに関心を払った。キリスト教神学の支配と神の独裁に反対し、人間中心を主張し、人間の偉大さや人間の創造力と人間の価値、そして未来の美しい世俗的世界への憧れを謳った。

　デカルトやカント等の近代啓蒙思想家の時代になると、人文主義の思想家たちは「我思う、故に我在り」に代表される人間主体性に関心を持っている。理性領域における人間の自由意志の実践を主張し、「天賦人権」と人間の自由、平等、博愛の自然本性を強調し、「天賦人権」の思想を資本主義の「理性王国」を構築するための精神の武器とし、自由、平等を守ることがすべての人間の人間としての資格や道徳的価値を守ることと考えた。しかし、ヨーロッパ資本主義の確立と発展の段階にはいると、「Humanism」の主旨はアンチ伝統の人類主体主義、すなわち「人類中心論」へと発展し、「物質や財産の増を人類進歩の唯一の基準と見なし、それで科学技術の進歩を重視し、人の主体的能動作用を強調」[5]する。そして、人の理性の力と科学の力によって、自然界からより多くのものを獲得し、より多くの財産を作り出すことを主張するようになっていく。ポストモダ

2）馮天瑜「中西人文精神の略論」『中国社会科学』1997年第1期。
3）呉光「仁本礼用――儒教人間学の核心観念」『文史哲』1999年第3期。
4）「Humanism」は文芸復興運動に使われたが、1859年フォイクト（Georg Voigt, 1827-1891）が『ヒューマニズムの最初の世紀』の中で使った。
5）楊寿堪「人文主義：伝統と現代」『北京師範大学学報』2001年第5期。

ニズムの時代に至っては、非理性を特徴とする人本主義思潮の時代が始まり、「長期に亘って人々の頭脳を支配してきた主客対立の形而上学二元論を打破し、神聖な普遍性、全体性、統一性の重圧から人間を解放し、人間の多様性、個体性、特殊性や、意志、欲望、と人間の本能衝動の意義と役割を強調する。……人間を生身の感情世界に導く[6]」べきとする。同時に、人々は工業化が人類の生存環境に与えた甚大な破壊に関心を払い始め、「生態人文主義」の主張が現れた。

　このように見てくると、ヨーロッパの人文主義は時代と社会の変化とともに変化してきただけでなく、ヘーゲルの「正・反・合」という論理的過程に沿って発展してきたことが分かる。人類がこれまでに辿ってきた人文主義を、農業文明時代の「自然人文主義」、工業文明時代の「科学人文主義（人間中心主義）」と今現れた新文明の「生態人文主義」[7]の三段階に分ける者さえいる。これと比較して、中国の農業文明の歴史はあまりにも悠久で長かったため、ヨーロッパのような文芸復興運動も経験していなければ、自発的な産業革命及び近代資本主義の発展をも経験していない。社会主義と資本主義、計画経済と市場経済、工業化と情報化、モダニズムの思潮とポストモダニズムの思潮などは、ごく短い半世紀内にはっきりと分けられないほど同時に現れたのである。だから、今の中国の人々の考える人文精神と、前述の中国の伝統的な（封建社会的な）人文が関心を払っていた人文主義とはまだ本質的な変化はない。本当の意味で中国の一般民衆が西洋のルネサンスに相当するような人文主義精神を認識し始めたのは改革開放の後で、まだ初期段階にあると言うほかない。

　したがって、社会の転換期にある現在の中国に現れた拝金主義の横行、極端な個人主義の猖獗や信仰の不在などの「社会的道徳の危機」を前にして人文精神を呼びかける際、歴史主義の観点を欠いてはならない。封建社会の「天理を存して人欲を滅す」という人間性を絞め殺す道徳的主張を提唱することはできないし、また極左時代に行われた「闘私滅私」、個人の人権や意志と自由の抹殺、「資本主義の苗よりも社会主義の草」といった

6）楊寿堪「人文主義：伝統と現代」『北京師範大学学報』2001 年第 5 期、p.96。
7）余向栄「生態人文主義に向けて」『自然辯證法研究』1997 年 8 月。

政治一辺倒の価値観を持ったことによる教訓も忘れてはならない。文明の発展段階を顧みずひたすらに伝統的人文精神の復権を求めるわけには行かない。新しい文明発展に適応した新しい人文主義精神を築く努力をすべきである。そのためには、伝統文化に対して「現代的な解釈」を施し、そこから養分を吸収するだけでなく、理性をもって伝統人文に対して止揚をしなければならない。

　日本の江戸時代末期の著名な農政思想家二宮尊徳（1787－1856）は、当時商品経済と町人の価値倫理の強い影響のために人々の価値観が大きく変化する時、自らの「報徳仕法」[8]の実践と儒家思想文化を主とする東洋の人文伝統を吸収、止揚することによって、「勤労・分度・推譲論」と「道徳経済一元論」を主要な内容とする「報徳思想」を生み出した。農民の「心田」を耕し道徳の危機を救い、荒廃した農村を復興させるのに重要な役割を果たす。作用を発揮したのだ。以下、二宮尊徳の「報徳・推譲倫理」の思想的内容の分析を通して、儒家倫理との異同、及び伝統的人文の扱い方について考察する。中国が人文精神の探求と構築にとって示唆になるものを得ることができれば幸いである。

2 「儒教」の理想と「報徳・推譲倫理」

　前述のように、中国が計画経済から市場経済に転換する過程で現れた人間性の欠如、理想の破滅、拝金主義の横行、極端な個人主義の猖獗及び腐敗の蔓延等の「社会的道徳の危機」に対して、多くの人文学者は「道徳の再建」を呼びかけている。ただ、道徳再建に使われる武器としての思想には主に儒教の「人間学」が用いられている。儒教の「人間学」は範囲が広く意味が深い。孔子の説く「仁者愛人（仁者は人を愛す）」と「仁義礼智信（仁、義、礼、智、信）」などの道徳的規範や、「推己及人（己を推して人に及ぼす）」「己所不欲、勿施於人（己の欲せざる所、人に施す勿かれ）」「己欲立而立人、己欲達而達人（己立たんと欲すれば人を立て、己達せん

8）二宮尊徳が主導した農村復興の改革。

と欲すれば人を達せよ)」など人と人、人と社会との関係を処理するための思想は人類が求める精神文明の理想的な目標であると言える。

儒教思想は、「修徳敬業を根幹とする人本主義として、人間の人間としての内的道徳を高めることで社会に貢献することができる[9]」のであるが、しかし、儒教の「人間学」における「仁徳」の理想とする目標は「修身治国平天下(身を修め、国を治めて、天下を平らかにする)」ことで、そのために「私欲を減する」こと、「他人の為に一切を奉献する」ことが強調される。これは一種の道徳的な理想としては非常に高邁であるとは言えるが、「自由の意志、個性、利己主義、現実主義は、いつの時代でもその殆どの人々の日常生活における変わらぬ原則である[10]」ゆえ、儒教倫理はその「高邁さ」のために現実的な個人利益とかけ離れたものになる。一般民衆の現実的生活とかけ離れた倫理になっている。それに物理学の体系的知識と論理的分析を重要視していないため、汎道徳主義に陥りやすく、実行しがたい。

これに比べると、二宮尊徳の「報徳・推譲倫理」は儒教の「徳を以て徳に報いる」「己を推して人に及ぼす」の思想を継承している上、同時に儒教の「人間学」が高邁すぎて実践しがたい欠点を止揚した。

2.1 尊徳思想の「報徳」概念

二宮尊徳の「報徳」思想は孔子の「以徳報徳(徳を以て徳に報いる)」思想に発している。但し、「徳」に対する尊徳の解釈は、儒の「仁義礼智信」など道徳品行に関することや価値だけを指すのではなく、人間の様々な長所や森羅万象の価値作用、全ての物質の持つそれ特有の役割も全て「徳」の範疇に入れている。つまり、人間であろうと物であろうと、それとも現象であろうと、鳥獣虫魚から宇宙万象のすべてが独自の「徳」を持っている。たとえ「掃き捨てられる塵芥」でも、「筍を肥やし壮竹を為す」功徳を持っている。一種の「万物有徳論」と言ってよい。

---

9) 馮天瑜「中西人文精神の略論」『中国社会科学』1997 年第 1 期、p.60。
10) 陳新「人文主義の始まり」『世界歴史』2003 年第 1 期。

第三部　新しい時代の新人文主義

　そして、「報徳」とは、「三才の徳に報いる」の意味を指す。尊徳の愛弟子齋藤高行がその著書『報徳外記』で「報徳」についてこう解釈している。「何をか徳に報ゆという。三才の徳に報ゆるなり。何をか三才の徳に報ゆという。日月運行し四時循環し、万物生滅して息むことなきは天の徳なり。草木百穀生じ禽獣魚類殖し、人に生を養わしむるは地の徳なり。神聖人道を設け、王侯天下を治め、士大夫邦家を衛り、農は稼穡に勤み、工は宮室を造り、商は有無を通じ、以て人生を安んずるは人の徳なり。嗚呼、三才の徳、また大ならずや。それ人の世にあるや、三才の徳に頼らざるなし。ゆえにわが道はその徳に報ゆるを以て本と為す」[11]と。つまり、「人間」は誰でも天地の恩、王侯から農工商の庶民まで世間のすべての人間の恩を蒙っているので、天地自然、先祖を含む全ての人の恩徳に感謝と恩返しをするのが、人間として最も根本的な道徳基準であると尊徳は考えるのである。

　このように、尊徳の「報徳」思想は『論語』の「以徳報徳」に源泉を得ているが、一身の徳行をもって天地万物、万人の恩恵に報いる点は、「人の徳に報いる」のを主とする儒教の「報徳」とは完全に一致するわけではない。「一身の徳行をもって天地万物、万人の恩恵に報いる」報徳倫理は、人と人、人と社会との互恵関係だけでなく、人と天地万物との互恵関係にも関心を注いでいる。王侯、士大夫の価値だけでなく、農工商の価値をも強調している。それらの間の「受恩」と「報徳」の義務は完全に対等であるとし、人権平等の人文主義精神を表している。

2.2 「推譲倫理」の人文精神

　いかなる道徳思想あるいは理念でも、そのための実践倫理や実践方法がなければ、単なる道徳の説教に止まり、実行し難いものとなる。尊徳の「報徳」思想のよい所は、それを基礎とした報徳理念を実現するための実践倫理──「推譲倫理」を示していることである。尊徳の言う「推譲」とは、簡単に言えば、自分の働きや節約によって生まれた財産を他人に譲る

---

11) 齋藤高行『報徳外記』。訳者注：原文の旧仮名遣いを現代仮名遣いに改めるなどをした。

ということである。例えば、今年のものを来年の為に蓄え、財産を子孫に残し、金銭を親戚や友人、あるいは社会のために使うことなど、全て「推譲」の範疇に入る。「草木禽獣あい奪って譲るなし。……ゆえにただ一幹一身を養うのみ。人もまた奪って譲らざれば、すなわち草木禽獣と異なるなし。天祖これを哀れみ、推譲の道を立つ。……しからばすなわち人の道たる、豈に推譲に過ぐる者有らんや。」[12]と尊徳は説く。尊徳は「推譲」を人と動物を区別する根本的な基準と見ており、「人間としての道」や「報徳」の道徳実践の根本的行動倫理と位置づけている。

　言うまでもなく、尊徳のこのような「推譲倫理」は儒教の「仁譲」思想を吸収することによって生まれたものである。ためになることや利益を他人に譲るという点では、「仁譲」と完全に一致する。しかし、「推譲倫理」は決して「禁欲主義」と「滅私主義」の倫理ではない。利欲や個人利益を完全否定しているのではなく、「一粒粟を推しもってこれを播けば、すなわち百倍の利を生じ；一人耕せば、すなわち数口を養う」ことを主張し、「勤労、分外に進」むこと、「その分内を約しもって余財を生じる」ことを通して、そしてまた「余財を推しもって人をすくう」ことによって、「一家仁なれば、一国仁に興り、一家譲なれば、一国譲に興る」[13]という社会的道徳目標を実現させるというのである。

　尊徳にとっては、「推譲」という倫理行為は、推譲者が自分の勤労と倹約によって裕福になり余財を持つことが基礎であり、前提条件なのである。「余財」という物質的基礎がなく、自分自身が貧乏であっては、人に推譲し、人を助けるものはどこにもないのである。「氷に臥せて魚を取りて孝を尽く」し、「股を割き人の飢えを解く」類いの精神は取るに足りず、勤勉に労働し、用度を節約し、裕福になり余財をもってはじめて、「推譲」倫理を現実に変えることができるのである。

　尊徳の報徳思想において、「推譲」は倫理行為の終りではない。「推譲」による利益の期待を排除しない。この道理を説明するために、尊徳は湯船の湯の喩えを挙げた。「夫れ仁は人道の極なり。儒者の説甚だむずかしく

---

12)『二宮先生語録』。
13) 同上。

て、用をなさず。近く譬れば、此湯船の湯の如し。是を手にて己が方へ搔けば、湯に来るが如くなれども、皆向こう方へ流れ帰るなり。是を向こう方へ押す時は、湯向こうの方へ行くが如くなれども、又我方へ流れ帰る。少し押せば少し帰り、強く押せば強く帰る。是天理なり。」[14]と説いている。この説明によって分かるように、尊徳の主張する「推譲」は、利益が相互に行き来する過程なのである。

　主観的な「推譲」によって推譲者が損することがないばかりか、客観的な結果として利益が戻ってくる。私利的動機を全く排除するのではなく、「客観的な受益」を期待する意味合いを持つ「推譲倫理」は、儒教の「仁譲」観の立場から見れば「高尚」な道徳とは言えないが、一切の私利私欲を排除する「仁譲」倫理に比べれば、物事の運動法則や論理に適っているだけでなく、大多数の人にとって受け入れやすく実践しやすい。「互譲・互利・互助」の人文精神、「自利と他利を兼ねる」人間関係を築き、養うのに大いに役立つ物である。

2.3 「道徳経済一元論」の思想

　尊徳の主張する報徳倫理は、中国の伝統文化である「倫理、政治を本位とする道徳的人本主義」[15]とも大きく異なる。独立した個人の利益や利欲を排除しないだけでなく、いつも経済や金銭と結び付いている。例えば、報徳倫理の四大実践要素である「至誠、勤労、分度、推譲」は、どれも裕福になることや、農業を振興し経済を発展させることのために説かれているのである。この中で倫理色の最も濃厚である「推譲」でさえ、「一粒粟を推しもってこれを播けば、すなわち百倍の利を生じ」るという経済原理が含まれている。つまり、その「推譲」の対象は相手が貧乏人であることを原則としない。目的も儒教が提唱する「貧富の矛盾を緩和する」ことにあるのでない。逆に、利益の獲得が可能な条件と能力を有する相手を選ぶことを勧め、財産創出の意欲を刺激するのである。

---

14)　『二宮夜話』。
15)　李旭炎「哲学の人文転向について」『南開學報』2000 年第 1 期。

尊徳の立場から見れば、財産はもとより天地自然の物であり、財産の増減や帰属も完全に人の労働倫理如何にかかっているのである。即ち「財は我が財にあらず、天道の財なり。天の性に感動し、此と厚薄有り。其の厚薄の本を究むるは、天の為す事にあらず、而して自我の招致するにあり」[16]ということである。尊徳は『貧富訓』で「貧富貴賎の元、天にあらず地にあらず、亦国家にもあらず、而して銘銘の一心にあり」と言う。「田地に草が生えれば、稲や米も生える。米の田になるか荒地になるかは、主の心次第［訳者注：大凡の意味を訳したもの］」のように、その「道歌」の中でも心がよく歌われる。その「心」というのはつまり人の倫理道徳を指す。倫理道徳の最も基本な体現は勤勉に働き裕福になることである。労働の倫理と裕福になること、経済発展とを緊密に結びつけ、「道徳経済一元論」の思想を成り立たせている。

　尊徳の「道徳経済一元論」は、管子の「倉廩実而知礼節、衣食足而知栄辱」の理論的認識に基づく考えと言ってよい。尊徳は日本近世朱子学の「行仁義道徳必有悖求利厚生道、欲富貴栄華勢必闕如人道（仁義道徳を行えば必ず求利厚生の道に悖ること有り、富貴栄華を欲すれば勢い必ず人道を闕如する）」という思想に反対し、「富与貴、是人の所以欲也。不以其道得之、不処也。（富と貴、これ人の欲するところなり。その道をもってこれを得ざれば処せざるなり。」（『論語・里仁』）という孔子の思想を重んじ、経済は道徳の物質的基礎で、道徳は経済発展の保障であると考えた。よって、「経済を無視した道徳は夢話で、道徳を無視した経済は罪悪である」という倫理価値の原則を主張した。

　その理念の根本は、世の中のあらゆる富は皆、天地人の三才による恩徳で、「至誠、勤労」から生まれるものであり、全社会の所有するものであって、だから人々は「分度」を守り、「推譲」を行って、全社会の財産を増やすべきとするところにある。尊徳の言葉で言うと、「田を墾き米を作るのは、則ち命ある者皆羨しく、人人は身をもって己の分を尽くし、則ちよく本を固め国を安める。人人は己を譲りこれ徳を得受すれば、則ち四

---

16) 二宮尊徳『三才報徳金毛録』。

海は父子の如く親しく」なるという。このような「道徳経済一元論」の思想は、その弟子達の繰り広げた報徳社運動によって日本近現代における人文主義経済倫理の構築に重要な役割を果たした。そして、今日では私達が道徳と経済の関係を正しく理解し、拝金主義による道徳的危機を解決するのにも示唆的な意義を持っている。

(張平訳)

日本近現代仏教の発展と変遷

魏　常海

1 日本仏教の時代区分

　日本の仏教は古来より近現代に至るまで様々な発展段階を経てきた。日本仏教史の時代区分については学界でさまざまの説があるが、大きく五つの時期に分けることができるだろうと考える。

　第1は仏教伝来と南都六宗の時期である。中国仏教が6世紀中葉朝鮮半島を経由して日本に伝わると、日本の朝廷は極力仏教を推奨し、次第に仏教を国家仏教に変えていった。飛鳥、奈良時代（593-794）には、漢訳仏典と中国の諸宗派がほとんど日本に伝えられた。その代表的なものは三論、成実、倶舎、法相、律と華厳の6宗派で、後に「南都六宗」と称された。第2は北嶺仏教の時期。平安時代（794-1184）になると、奈良時代の天皇制国家が貴族専権に変化した。この変化に伴って南都六宗の仏教は衰退し、日本天台宗と真言宗が相次いで起こった。この2宗派の寺院が都内ではなく都の北にある山に建立されたことから、北嶺仏教の称を持つ。第3は鎌倉（1184-1333）新仏教の時期である。日本の政治制度が貴族専権から武家政権に変化した時期である。社会が大きく転換するこの時期に、浄土宗、浄土真宗、融通念仏宗、時宗、禅宗臨済宗、禅宗曹洞宗や日蓮宗などの新しい宗派や教団が生まれ、民間で広く普及し、本当の

意味における民間信仰的な教団が形成され、日本仏教の発展基礎が築かれた。第4は、江戸時代（1600－1868）末から明治（1868－1912）維新にかけての時期で、略称では幕末維新期の仏教改革期という。この時期は日本社会が古代から近代に転換する時期で、仏教各宗派が新しい時代に適応すべく改革の道を積極的に模索し、同時に既存の仏教とは明らかに異なる新仏教宗派が誕生し始めた。このような変化は大正（1912－1926）時代、昭和前期（1926－1939）（第2次世界大戦前）まで続いた。第5の時期は戦後仏教新宗派が大きく発展する時期である。第2次世界大戦が終結し、日本が降伏した後、日本は近代社会から現代社会へと転換した。戦後日本仏教の最も顕著な特色は、近代に誕生した新宗派が急速に発展し、近代以前に創設された教団と比べ絶対的な優勢を持つことである。それに、戦後以降も仏教新宗派が絶えず生まれている。本稿の主題は日本の近現代仏教の発展状況とその特色を論ずることであるため、上述の時代区分における第4と第5の時期に重点を置く。

2 明治時代の仏教研究

2.1 明治仏教の特徴

　明治維新後、明治新政府が神道を国教と定め、「神仏分離」の政策を実施したため、「廃仏毀釈」の社会的風潮が生まれた。仏教は仏教を保護するため神道及び儒学、科学思想と調和する態度を示し、キリスト教に対しては批判的立場を取った。真宗大谷派出身の著名な仏教学者井上圓了（1858－1919）は『真理金針』や『仏教活論』などを著し、「護国愛理」「護法愛国」の主張を提唱した。

　明治時代の日本仏教は、江戸時代の曹洞宗学僧鈴木正三（1579－1655）の「世法即ち仏法」「職場即ち道場」の思想を継承しており、世俗化の傾向があった。真宗大谷派出身の著名な学僧村上専精（1851－1929）は『仏教忠孝編』を、井上圓了は『忠孝活論』を著して、仏教倫理と世俗倫理との一致を説いた。著名な禅僧宗演（1859－1919）はその論文集『筌

蹄録』で「禅の要旨」を述べ、「世間を離れ、俗塵を逃れ、山林に隠れて、自らを清高と自認するものは、実のところ禅の本旨を得ていない」と力説した。ほかにも仏教の戒律主義の観点から、仏教の戒律と世間の道徳修養との融合を提唱する僧侶もいた。例えば雲照（1827－1909）や福田行誡（1808－1888）などは江戸時代の真言宗学僧の慈雲の主張を受け継ぎ、自戒自省の立場から法を守ると同時に民衆に戒律の易行性を説き、仏教の戒律を民衆の生活と結びつけようとした。

　明治時代の日本仏教が近代化していく過程において示した最も顕著な特徴は、宗派の枠を超えて仏教本来の姿と根本的な精神を探求し、仏教について自由に研究したことである。江戸時代の富永仲基（1715－1746）が最も早く大乗仏教非仏説論を唱えた。この批判的精神は明治時代の多くの学者の注目を集め、大乗仏説論と大乗非仏説論の論争を引き起こした。村上専精はその著書『大乗仏説論批判』の中で、「徳川幕府政治の下で、学問、宗教或いは政治について自由に議論することが禁じられていた時、独自の研究結果によって大乗非仏説論を唱えた」富永仲基を称賛している。無論村上専精は大乗仏教を否定しようとしたわけではない。教理から言えば、大乗は確かに真仏の説くところであり、小乗にも勝る。それは小乗が仏の化身に応じて説くところだからであると村上は考えている。真宗仏光寺派出身の東京大学教授姉崎正治（1873－1949）は『仏教聖典史論』を著し、富永仲基の大乗非仏説論の思想を受け継ぎ、人文主義の立場から出発し、「仏教思想の非科学的内容は、大乗仏説がその最たるものである」としている。真宗本願寺派の前田慧雲（1857－1930）は歴史学の方法を用いて大乗仏教を研究し、明確に大乗仏説の結論を導き出した。その研究の結論によれば、大乗経典は釈迦が直に説いたものではないが、釈尊の教説の中に大乗仏教の源泉を直接見いだすことができるという。前田の考証は村上専精を超え、大乗仏教の研究に新しい方法論を提供した。大乗仏説論と非仏説論との論争は、思想啓蒙的効果があっただけでなく、日本の仏教研究のために堅実な基礎を築いた。

2.2 仏教改革の提唱

　明治の時、実験的方法で仏教の教理を捉えようとする学者もいた。曹洞宗出身の学僧原坦山（1819-1892）は『心性実験録』を著し、唯識学と『大乗起信論』の思想に基づき、医学や生理学の方法を取り入れ、心性体験を検証しようとした。また、積極的な仏教改革を主張する僧侶や在家仏教信者もいた。近代ヨーロッパの思想と文化に影響を受けた真宗本願寺派の学僧島地黙雷（1838-1911）は、政教分離と信仰の自由を主張した。居士大内青轡（1845-1918）と島地黙雷は仏教改革と思想啓蒙運動を起こした[1]。明治後期、浄土宗僧侶矢吹慶輝（1879-1939）は「社会の仏教」を提唱し、仏教は「諸々の社会科学の原則を取り入れ、現代生活の要求に応じて、動的な宗教観に基づき、理想社会の建設のために絶えず努力すべきだ」（『近代宗教思想論考』）」と主張した。矢吹は仏教の無常と無我を解釈し、「無常は進化の観点で、無我は連帯的共同感である」（『社会思想と信仰』）とした。これらの仏教改革の道を探求する理論と主張は、新しい仏教運動の発生と発展を促した。

2.3 新しい仏教運動の展開

　明治期の新仏教運動の中で最も早く現れた革新的な仏教結社は古河勇（古河老川、1871-1899）らが1894年に設立した「経緯会」で、この名称には「自由討論の義を経とし、進修不息の念を緯とする」[2]の意が込められている。古河は、新仏教は道義の感化、社会の改良、文学の発揚に力を注がなければならないと主張する。新仏教と旧仏教とは七つの相違点があるとし、旧仏教は保守的、貴族的、物質的、学問的、個人的、教理的、妄想的で、一方新仏教は進歩的、平民的、精神的、信仰的、社会的、歴史的、道理的であると説く[3]。

---

1) 中村元・笠原一男編『アジア仏教史　日本編　近代仏教』精興社、1987年。
2) 同上。
3) 『老川遺稿』pp.35、36。

第三部　新しい時代の新人文主義

　1899年古河が死去すると、経緯会は解散し、同時に元経緯会の中心メンバーである境野黄洋（1871－1933）などが仏教清徒同志会（後に新仏教同志会と改名）を設立し、経緯会の主旨を受け継ぎ、新仏教運動を推進した。仏教清徒同志会は1900年その機関紙『新仏教』の創刊号に宣言を掲載し、6項目の綱領を宣言した。1、仏教の健全なる信仰を根本とする。2、健全なる信仰を振興普及させる。3、仏教及び他の宗教に対する自由な研究を主張する。4、あらゆる迷信の排除を望む。5、従来の宗教制度及び儀式を存続させる必要性を認めない。6、政治的な保護、干渉をすべて排除する。境野は『新仏教』第6巻第10号に「健全なる信仰の要件」と題する文章を寄せ、健全な信仰に必要な6要素として、知識的であること、感情を重んじること、現世的であること、活動的であること、倫理的であること、楽天的であることを指摘している。

　古河老川、境野黄洋を代表とする新仏教運動が展開された際、清沢満之（1863－1903）とその同人たちは精神主義を提唱した。清沢満之は「浩浩洞」を創設し雑誌『精神界』を発行して、自分の主張を宣伝した。『精神界』創刊号に発表した「精神主義」と題する文章において、「精神主義は吾人の処世の実行主義で」、「完全なる自由と絶対的服従を双運とする」主義だと述べている。完全なる自由は、自由の内心信仰と自戒自律の実践精神を言う。絶対的服従は、仏や如来への絶対的帰依を指す。清沢は自力と他力を調和させ、自立の精神と如来への帰依を統一し、そうする以外に本当の信楽を得ることができないと考えるのである。

3 大正時代の仏教研究

　大正時代（1912－1926）、仏教研究は明治時代の自由と批判の精神を継承した。同時に、各種仏典の編纂事業が多大なる成果を収めた。『真宗全書』『真宗大系』、『国訳禅宗大成』『天台宗全書』など各宗派の宗典編纂が相次ぎ完成し、また各宗派の開祖及び中興の祖の全集も刊行され、仏教大辞典も数種世に出た。その中でも最も大きな事業は仏蔵の編纂で、たとえば『大日本仏教全書』『日本大蔵経』『大正新脩大蔵経』などがあり、いず

れも重要な文献的価値を持つ。しかし、その後間もなく日本は侵略戦争の準備を加速させ、同時に国内でファシズム支配を行った。仏教界も他の領域と同様に抑圧され、進歩的な新仏教運動が起こっても、持続はしなかった。たとえば、1931年妹尾義郎（1889-1961）らが組織した超宗派の「新興仏教青年同盟」は仏教改革の傾向を持っていた上、日本の侵略戦争にも明確に反対していたため、1937年強制的に解散させられた。このような状況は第2次世界大戦終結までずっと続いていた。

4 第2次世界大戦の終結による仏教界の転換

　戦後、日本の社会は大きな変化を迎え、現代化への道を進み、政教分離や信仰の自由などの民主的政治が実施されるにしたがって、仏教界も活発な活動を始めた。既存の教団は新しい時代に適応する体制作りを行い、「仏教連合会」「全日本仏教会」を結成し、仏教団体間の結束を強め、国際的な文化交流を推進し、仏教文化を普及させ、世界平和の促進に努めた。同時に、戦後の社会の現実に適応するため、既存の仏教教団は相次ぎ改革に着手し、江戸時代以来の本末制度、檀家制度などの旧制度から脱却し、個人信仰を中心とする教団を立てた。

　日本近現代仏教の最も顕著な特色は、新しい仏教教団が相次ぎ誕生し、発展したことである。仏教の宗派で言えば、日本の仏教には13宗あると言われている。即ち法相、華厳、律、天台、真言、浄土、浄土真、融通念仏、時、臨済、曹洞、日蓮、黄檗のそれである。近現代になると、13宗から更に多くの派が生まれた。宗派の中では日蓮系の信徒が大多数を占めているが、それは戦後発展してきた新しい仏教宗派の中で日蓮系が主要な地位を占めているからである。中でもとりわけ創価学会や立正佼成会、霊友会が主位を占めている。

4.1 大日本霊友会

　霊友会は1920年在家信者久保角太郎（1892-1944）によって創設さ

れたものである。久保の霊友会は日蓮系に属すが、日蓮系教団の伝統教義と異なり、社会の現実と結びつけて経典の解釈を独創的かつ自由に行う。霊友会の最大の特徴は仏教信仰と先祖供養を結合した点である。宇宙は物質世界を支配する「天体力」（天体の法則、エネルギー）と生命世界を支配する「霊空力」（霊界）との交叉によって成り立つものと、久保は言う。天体には意識がなく、霊空には意識があり、あらゆる生命の源である。霊空界の最高神は仏陀であり、その法律は仏法である。菩薩は仏陀の使者として法律を遵奉し、衆生間で方便を施し、広く救済する。先祖の霊を祀り供養するのは、宇宙万霊を供養する「菩薩行」でもある。自分の霊、先祖の霊と三界の万霊は互いに繋がっているため、先祖を供養するのは三界万霊を供養するのと同じことである。「霊友会」の名前はこの考えに由来する。[4] 先祖の霊を祀り供養することによって、内心で懺悔し罪を滅ぼせば、即ち「悪い因縁を断ち切る」ことができ、霊の加護を受け、家族と国家の幸福を守ることができる。

　霊友会は先祖崇拝と先祖供養を主張するため、日本国民に受け入れられやすい。日本人の宗教観は神人同系、神人同格を信じ、神は人間の先祖であり、人間は神の子孫であり、生きている人と死んだ人とは繋がっていて、全ての人が死後は神霊になり、生きている人の生活に関係していると考えている。霊友会はまさにこのような伝統信仰を利用して勢力を伸ばし、比較的多くの信徒を獲得してきたのである。日本が侵略戦争を押し進めていた頃、霊友会は軍国主義の政策に追随し、忠君愛国を鼓吹したため、戦時中でも発展し続けた。戦後、1946年に正式に宗教法人として登録した。戦時中と戦後霊友会からは多くの新しい仏教教団が独立し生まれたが、新しく生まれた仏教教団は例外なく先祖供養の宗旨を守っている。したがって、霊友会は先祖供養を特徴とする新しい仏教宗派を産む最大の母体だと言っても過言ではない。

---

4)『アジア仏教史　日本編　現代仏教』。

4.2 立正佼成会

　立正佼成会は、1938年霊友会から独立し、庭野日敬（1906-1999）と長沼妙佼（1889-1957）によって作られた新しい仏教教団である。最初は「立正交成会」と言った。「立正」は「正法に立つ」の意味で、即ち『法華経』の教義に立つということである。「交」は信仰の交流、信者の和の交流を指し、いわゆる「異体同心」の意味である。「成」は人格の完成、成仏理想の実現を言う。1960年6月、立正佼成会のために大きな功績を立てた妙佼を追慕するため、「立正交成会」の「交」の字を「佼」に改めた。

　佼成会の成立当初は、その説教は霊友会の先祖供養の伝統を踏襲していたが、修験道や天理教などの内容も取り入れ、また妙佼の「霊能」（神霊感応と称して病気の治癒と息災を行う）と日敬が以前に学んだ姓名学や易学などの卜占術を加えた。これらを全部『妙法華経』の解釈に取り入れ、独特な布教方法を作った。

　1957年長沼妙佼が死去すると、佼成会は霊能による布教ができなくなり、教学活動を行わなければならなくなった。そこで、庭野日敬は一連の措置を講じた。まず佼成会の本尊を「久遠実成大恩教主釈迦牟尼世尊」とし、そして会員を対象とする教学研修制度を作り、組織をも大きく変更し、現代化に向けて多方面の努力をした。

　庭野日敬は仏教の現代的解釈に努め、仏教の消極的なものを除去し、積極的な要素を掘り起こした。例えば、いわゆる「業」についての説明は、「美しい行為は美しい跡を残し、そしてある時になると美しいものとして現れる。醜悪な行為は醜悪な跡を残し、同様にある時になると醜悪な、不快なものとして現れる。それが業の原理と言うものである」としている。現代人は「それを科学的な、明快な理論として受け入れ、そして完全に美しい将来のためにこの原理を活用しなければならない」と庭野日敬は考える。[5] 庭野にとっては、仏教の「業」の原理は人格の改善と社会の進歩を促

---

5) 庭野日敬『人間を育てる心』佼成出版社、1968年。

す原動力になりうるものである。

　また、庭野は仏教の「無常」観をこう説明している。「いわゆる諸行無常というのは、決して衰滅の一途ではない。太陽が出ると、草の露は瞬時にしてなくなるが、無にはならない。水蒸気となって天に昇り、水蒸気はまた雨となって地上に降り、田畑を潤したり、水力発電のエネルギーとなったりする。蒸発は死滅ではなく、ただ形を変えただけで、新生への準備過程にすぎない。私達が生活している宇宙は、常に無数の衰滅と創造が繰り返されている。これが大調和の生命世界で、生の世界である。」「変化があればこそ流動があり、流動があればこそ生命があり、生命があればこそ創造がある。この道理を真に悟っていれば、周りの諸々の変化流動に驚きや不安を感じないばかりか、変化流動を生命の象徴として喜んで迎え入れるであろう」と言う[6]。庭野は現代の科学的知識と思想理論を吸収し、積極的な発展変化観をもって仏教の「無常」観を解釈している。これは仏教思想における進歩であり、信者にも激励と魅力になる。

　佼成会の布教方法も既存の仏教教団と大きく異なる。佼成会は特定の法座を決めず、どこにでも法座を置くことができる。十数人集まれば、1人が法座主となり、取り囲んで親しく話し合う。信者の誰でも布教使となりうる。今佼成会の教勢は創価学会に次ぐ巨大なものとなっている。各種の公益事業にも携わり、積極的に社会活動に参加している。仏教諸宗派ないし世界の諸宗教間の対話、協力の必要性を強調し、「家族、社会、国家、世界の平和的環境の実現のために努力しよう」というスローガンを掲げている。

4.3 創価学会

　創価学会は牧口常三郎（1871－1944）と戸田城聖（1900－1958）が1930年に創立した在家仏教信者の教団である。元は「創価教育学会」と言ったのを、戦後「創価学会」と改めた。創価学会の初代会長は牧口常三

6）庭野日敬『仏教のいのち』佼成出版社、1981年。

郎で、日蓮正宗に入信していた。日蓮正宗は鎌倉時代の日蓮を開祖とする日蓮諸宗派の1宗派である。日蓮の死後、彼の6人の高弟——日昭、日朗、日興、日向、日頂、日持（いわゆる六老僧）がそれぞれ日蓮の教義を弘め、異なる流派を作っていった。富士の大石寺を本山とする日興の一派が日蓮正宗と称される。

　日本が侵略戦争を進めていた期間中、創価学会は当時の国教とされていた神道を批判したため、弾圧され、牧口常三郎や戸田城聖などの幹部が逮捕され、牧口は獄死した。戦後、創価学会は活動を再開し、戸田が2代目会長に就任した。1958年戸田の死後、池田大作（1928－）が総務の職を務め、1960年に3代目会長に就任した。1979年池田は会長を辞し、名誉会長と国際創価学会会長になった。北条浩が4代目会長に就任した。1981年北条が病死したため、秋谷栄之助が5代目会長に就任。現在創価学会は1千万人あまりの会員を持ち、海外会員は100万人あまりにのぼる。日本の仏教諸宗派だけではなく、日本にあるすべての宗派の中でも、その信徒数は遙かに他を凌ぐ。

　創価学会の基本教義は日蓮の提唱した「三大秘法」で、即ち本門の本尊、本門の題目、本門の戒壇である。日蓮正宗によれば、「末法」の世に釈迦は過去の存在である「脱仏」となり、日蓮は末法時代を救う「本仏」であるという。本門の本尊は日蓮が描いた「大御本尊」（板曼荼羅）で、本門の題目は「南無妙法蓮華経」の七字経題で、本門の戒壇は本門本尊を供奉し、七字題目を唱える道場のことである。また牧口や戸田、池田の学説も創価学会の重要な布教内容である。彼らの学説に見られる顕著な特徴は価値論と生命論である。価値論は牧口が唱えたもので、『創価教育学大系』を著し、新カント派の「真、善、美」の価値説を吸収、改造し、「美、利、善」の価値観を提唱した。「真」は認識論の範疇に属し、価値論の内容に属さないとする。「美」は審美に係わる価値観で、「利」は経済に係わる価値観である。「善」は道徳や社会全体の利益に係わる価値観である。池田は牧口の思想を継承、発展させた。その著書『創価学会指導集』において、「人生にとって重要なことはいかに価値を創出するかで、人生のすべて及び生活はみな自分の生命の変化である」と述べている。生命論は戸田が唱

えたもので、命は過去、現在、未来と連続しており、永遠に存在し、宇宙全体が命であり、命は「色心不二」であると説く。池田も「我々個人の命はその深いところで宇宙生命と一体化する。言葉を変えれば、人間の命は宇宙生命の個性化したものである」と述べる[7]。

また、人生の境遇についても創価学会独自の解釈がある。「大聖人（日蓮）を信仰する人なら、大御本尊を受持し、題目（南無妙法蓮華経の七字）を唱えれば、過去にできた貧困の宿業や原因も福裕の原因に転換する。……だから、病弱の者は健康になれるし、貧乏な者は福裕になれるのである」と戸田は言う[8]。創価学会の教えによれば、人力ではどうにもならない宿業、不幸な宿業でも、日蓮正宗に帰依すれば、不幸は幸福に変わる。それに、それは死後の世界ではなく、現世において幸福への道を開くことができるというのである。

戸田はまた、宿業の転化は条件があるとし、「本当に法華を知るものは世法も知らなければならない。御本尊を受持するものは、どうすれば自分の生活環境を改善できるか、どうすれば自分の商売を繁昌させることができるかを知らなければならない。もし、これらのことを究明し、研鑽しようとしなければ、自分を不幸にしてしまう。しかし、逆に御本尊は功徳がないとするのは、間違いなく誹謗である」と説いている[9]。つまり、信仰と自己の生活や仕事における努力とを結び付けなければ、不幸を幸福に転じることはできないということである。

創価学会の布教方法にも独特なところがある。常に強調されるのは次の2点である。1点目は折伏という。折伏とは、自分の宗旨を極力宣伝することによって、他宗の教義を批判し、その人の思想を変えさせ、日蓮正宗に帰信させることである。後に他宗批判の基調が緩和され、外部との摩擦をなるべく避けるようになった。池田は最近のある談話で特に仏教の中道思想を強調した。仏教の中道思想は中国古来の思想にある「中庸」や「中

7）『21世紀の展望』（荀春生他訳）国際文化出版社、1985年、p.398。
8）戸田城聖「向島支部新潟地区総会での講話」1955年（中村等編『アジア仏教史　日本編現代仏教』p.160より引用）。
9）同上 pp.162、163。

和」などの思想と根本的には一致するもので、今日では中道、中庸は西洋の物質文明と東洋の精神文明を調和する「真の道」であり、新しい人類文明の「節度感」を構築する「総合智」であるという[10]。とはいえ、折伏は依然として創価学会会員の使命である。2点目は座談会である。座談会は班もしくは組を単位として行われる。十数人の集まりで、形式には拘らず、体験を話し合い、激励し合い、信心の向上を求める。池田は、「座談会のような非常にすばらしい方法によって自分を自然にみんなの中へと溶け込ませていく。これは民主主義の縮図であって、学会の生命力の源である」と言っている[11]。

　積極的に現実の政治に参加するのが、創価学会の最も注目される特徴である。戸田は「王仏冥合論」を唱え、王法と仏教を統一して理想的な社会を建設すると主張する。池田はさらに「仏法民主主義」を旗印にして積極的に政治に参加する。1964年創価学会は「公明党」を組織したが、1970年には創価学会と公明党は政教分離を行った。形式的には公明党は創価学会から独立したが、公明党の主な後援者は創価学会である。創価学会は人道主義、平和主義、文化主義を指針とし、海外で布教活動を行うと同時に、国際間の学術文化交流に力を注ぎ、世界平和のために尽力している。

5 近現代仏教の中日比較

　中国の近現代仏教と日本の近現代仏教はその発展の道を大きく異にしている。日本の近現代仏教は新宗派が相次ぎ現れ、それらの新宗派は既存の教団とは関わりを持ちながらも、教説体系や実践方法は基本的に独立している。中国の近現代仏教は伝統仏教から独立した新宗派は現れなかったと言ってよい。現代の仏教教団でも、「八宗兼弘」を主張し、伝統仏教を基盤とすることを重要視する。中国近現代仏教は「契理契機」を重視する。つまり、仏教経典の教理にも合致し、また新しい時代の機縁にも適合する。日本の新仏教に見られる教義内容と実践方法の簡略化、通俗化、霊能・呪

---

10) 『東洋学術研究』日本東洋哲学研究所、2007年5月、pp.36、37。
11) 『座談会について』1962年11月。

術の強調などの特徴は中国の近現代仏教にはあまり見られない。しかしながら、両国の近現代仏教には驚くほど相似するところもある。それらの相似点を検討することによって、東アジアの仏教が将来発展していく方向を探る手がかりを得ることができるかも知れない。両者の相似点は少なくとも次のいくつかをあげることはできよう。

　1点目、伝統仏教に対する批判傾向。日本の明治時代に行われた大乗仏説論と大乗非仏説論の論争、明治新仏教運動の「旧仏教」に対する否定はみなその現れである。近代以来の中国仏教にも同様な思想が現れた。例えば、欧陽竟無などの著名な仏教学者が持つ中国仏教の中禅、天台、華厳の3つの主流宗派に対する否定説、印順法師の中国大乗仏教への批判、太虚実法師の中国仏教の「流布変遷」への批評などがそれである。このような伝統仏教に対する見直し、反省は仏教の近代化の過程において一定の必然性を持つ。

　2点目は現世利益の重視。大乗仏教は従来出世と入世の結合を主張してきた。しかし入世の提唱は現世利益の重視とは同じではない。伝統仏教において、入世の目的は衆生を解脱出世させることにある。現世利益の重視は近現代仏教の価値傾向である。日本の近現代新興仏教宗派はいずれも現世の利益と幸福に着目している。中国の近現代仏教も同じで、仏光山星雲法師は「幸福や快楽を今成就させ、未来に託す必要はない。今生でのあらゆる善行、修持、修福は現世で報いられる」と説いている[12]。人々の現世利益を重視することは時代の変化が仏教に要請するものであり、仏教の重要な進歩でもある。ただ、現世利益のために貪瞋痴の三毒を克服し、仏教の「出世」精神を保持し発揚することは決して軽視すべきではない。

　3点目は命の価値の強調。立正佼成会は「大調和の生命世界」、創価学会は独自の生命論と価値論を提唱している。中国では太虚法師、印順法師が人生仏教や人間仏教を提唱した。星雲の提唱した生命学の体相用では、「生命は人間仏教の体であり、生死は人間仏教の相であり、生活は人間仏

---

12)『星雲日記』1995年4月15日（『星雲式の人間仏教』天下遠見出版株式会社、2005年、p.17）。

教の用である」としている[13]。現実生活における生命を積極的に肯定する中日近現代仏教の生命観は仏教の進歩であり、信者に関心を持ってもらいやすい。しかし、このような生命観をいかに仏教の「縁起性空」の基本教義と結びつけるかは検討すべき課題である。

　4点目は人格の向上と改善の重視。霊友会、佼成会、創価学会はいずれも倫理道徳の向上を重視する。池田は「人性改革」の旗を掲げ、心の深層にある「悪の生命を克服」し、「善の生命を強化」すべきとし、これは「自己人格の完成の根本であり、長い運命の道を変える力にもなる」と言っている[14]。太虚法師は儒教の思想を取り入れ、「継善成性の行為に依って、五戒十善の行をなし、この善の人生因果律によって、人性完全の善性をなし遂げる」と主張する[15]。印順法師は「自己の心身修行を重視する」ことを強調する。「人間は修身を本とし、修身を肝要とする」と主張する[16]。星雲法師は「合理的な経済生活、正義の政治生活、奉仕の社会生活、芸術の道徳生活、尊重の倫理生活、浄化の感情生活を送る」ことを提唱した[17]。人に向善、行善を勧めるのは伝統仏教の基本精神である。近現代の中日仏教は自然とこの精神を堅持してきた。同時に人性、人格の向上、改善を成仏の目標と直接に結びつけ一体化させるところに、「人成即ち仏成」の思想的特徴を持っている。

　5点目は、各種事業の展開。中日近現代の仏教新興教団は事業型である。信者にも各種事業を奨励するし、自身も事業を行っている。日本の新興仏教教団はみな文化、教育、慈善など各方面の事業展開を重視する。中国仏光山の事業は「教育によって人材を養成し、文化によって仏法を弘め、慈善によって社会の福利に寄与し、共修によって人心を浄化する。」という4大宗旨を持っている。慈済功徳会は「慈善、医療、教育と文化の四分野を一つに融け込ませる」。法鼓山は大いなる学院、大いなる普化、大いな

---

13) 星雲『人間仏教思想語録——思想篇』（2004年11月27日香港講演）。
14) 『仏教と宇宙』（卞立強訳）経済日報出版社、1985年、p.264。
15) 『人生仏教と層創進化論』宗教文化出版社、2005年（『太虚大師全書』巻3 pp.198-199）。
16) 『私の宗教観』CD-ROM、2004年4月（『印順法師仏学著作集』pp.56-57）。
17) 『星雲式の人間仏教』p.28 より引用。

る心配りの「三大教育」と心、生活、礼儀、自然の「四種環境保護」に尽力している。それぞれが特色のある事業である。教団は各種の事業を展開することによって、自身の発展のために物質的基礎を築くことができるだけでなく、弘法と利生をも有効に結びつけ、伝統的な叢林寺院型の仏教より優勢を見せている。

　6点目は、在家仏教団の発展。日本の新興仏教教団はいずれも在家主義の宗教団体である。中国近代では、欧陽竟無が「居士住持正法」の説を提起した。彼の支那内学院は居士道場であった。現在の仏光山が新しい僧団を作った時、同時に在家信者のために国際仏光会を設立した。慈済功徳会、法鼓会も在家信者を増やすのに力を入れた。中日近現代の新興仏教教団は居士の持つ大きな役目を重視し、寺院に閉じこもる伝統仏教の旧制度を打破り、仏教発展のために新天地を切り開いた。しかし、僧団と居士団をいかに結びつけるべきか、仏教発展における重要な課題である。この点において仏光山僧団と仏光会居士団との密接な結びつきは示唆的な意義を持つものかも知れない。

　7点目は、国際化の実現の尽力。新しい時代において、いかなる仏教教団も国際化を目指し、新しい発展を求めている。日本の創価学会は大きな成果をあげている。創価学会の支部や会員は世界各地110あまりの国に分布しており、我が国の台湾地区にも支部が設けられている。中国の仏光山も国際化で大きな成功を収めている。仏光山は世界の五大州に200以上の道場を持っており、70以上の国や地域に100以上の国際仏光会が設置されている。特筆すべきは星雲が国際化を基礎にして「本土化」の提唱を行っていることである。国際化と本土化との結びつきは仏教の発展を方向付けるものに違いない。

（張平訳）

調和社会とキリスト教思想の可能性
近現代におけるプロテスタント・キリスト教女子教育の一断片

小﨑　眞

1 はじめに

　「調和社会（和諧世界）」という世界観は2005年に胡錦濤国家主席が提唱したものであり、21世紀の多元化した世界情勢において的を射た視座として期待されている。いわゆる経済的格差の是正による調和社会の実現に留まらず、種々な分野で期待される視座であると言える。特に急速に個人主義化した現代、その歪みに直面している日本社会においても探求すべき視座である。「調和社会」とは「和して同せず」と語られてきた中国の伝統に根ざし、「相互尊重」、「平等」、「平和共存」、「互恵協力」という概念で表現されている。その内実は「異なるものとの和」であり、「差異に根ざした調和」であると言える[1]。

　このような差異を認め合う関係性の構築に関し、一人のプロテスタント・キリスト者（生活者）[2]として、旧新約聖書を礎として構築されてきた

---

1) 朝日新聞「中国、『和諧社会』めざす　2020年目標に格差是正　6中全会」、于軍「調和のとれた世界――中国外交の新たな理念」参照。
2) 筆者は日本基督教団の教師（牧師）として按手を受けている。日本のプロテスタント・キリスト教史を主に研究している浅学である。組織神学（キリスト教思想研究）、聖書神学（旧新約聖書研究）は門外であるが、専門家の研究成果に学びつつ、一人のキリスト者として、言い換えれば、キリスト教の真理に心を寄せる日常の生活者として、

調和社会とキリスト教思想の可能性

キリスト教思想の中にその手掛かりを探りたく思う[3]。特に、旧新約聖書の記述は、被支配の歴史と支配の歴史の狭間を生きて語られてきた証言であり、全体主義によりもたらされる絶滅と迫害の只中にありながらも、他者を求め、他者と出会う証言である[4]。昨今、ハーヴァード大学の学生たちが「ヘブライ語聖書」に関心を抱き、人生の真の意味を探求し始めているとの報告[5]にも頷ける。近代科学の中で育まれた若者たちが物質中心主義のもたらす絶滅（貧富の格差、地域紛争、環境汚染・破壊、生命操作、人権侵害等々）に疑問を抱き始め、新たな人間観を構築するために「聖書」に関心を抱いている点は注目に値する。それは、古代イスラエル世界と古代ギリシア／ローマ世界で育まれてきた思想の中に洞察に富む知恵を探ろうとする姿勢であると言える。換言すれば、自己絶対化と自己相対化の葛藤の証言を通し形成されてきたキリスト教思想の中に[6]、そして、生の根本的転換に基づき「他者に仕える人倫」の中に、「調和」、「平等」、「平和」等に関する思想基盤構築への手掛かりを探求する姿勢である。

そこで、本稿では北京市朝陽門外においてキリスト教思想に根ざした教育救済事業に従事した一人の女性「清水（横田）美穂」の足跡に注目する。そして、美穂に内在するキリスト教思想を読み取り、21世紀における「調和社会」構築への使命の一端を解き明かすことを目的とする[7]。特に、美穂

「調和社会」構築の知恵を探究したい。そのため、本稿では専門的な神学議論は別の機会に譲るが、神学的成果に傾聴しキリスト教思想の意義を探究していく。以降、キリスト教という表記は原則としてプロテスタント・キリスト教の事を指す。
3）キリスト教思想も一つの文化的事象であるため、コンテクストの影響を受ける。よって、いわゆる西洋文化圏にて構築されてきた「キリスト教思想」自体、多元化している現状を否めない（EX. 人工妊娠中絶の是非論）。本稿では特に清水（横田）美穂の足跡の今日的意義を旧新約聖書に内在する思想の一部を読み取る事を通し探究する事を主たる目的とする。換言すれば、以下の拙論を基に「調和社会」構築へのキリスト教思想の可能性を探究する。小﨑眞「中国における日本プロテスタント・キリスト者の足跡―想像価値に根ざした共感関係の構築を目指し―」、同「清水（横田）美穂の信仰と生き方―自己無化的信仰の今日的意義―」。
4）宮本久雄・山本巍・大貫隆『聖書の言語を超えて』、pp.i-ix。
5）三谷高康「現場からの報告」。
6）大林浩「新島襄の思想的背景としての会衆主義キリスト教」。
7）歴史研究に基づく論考ゆえ、人物名に関しては、すべて敬称等を省略して表記した。美穂の足跡を紐解く歴史資料として一次資料（彼女の手記等）が不足しているため、以下を主たる資料として用いた。

のキリスト教信仰に根ざした自己無化的（ケノーシス）[8]姿勢とリベラルな姿勢に注目し、その今日的意義を探究する。

2 朝陽門外に生きたキリスト者（清水美穂）

　1918年、清水美穂は同志社女学校を卒業後、清水安三を追う形で中国に渡り、安三と共に災童救済事業を実践した。その後、工読女学校での教育実践を基とし、1931年崇貞女学校を創立した。しかし、僅か2年後の1933年12月19日、美穂は結核に冒され、京都にて永眠した。38歳という長からぬ生涯であった。彼女の遺志に従い、崇貞女学校の敷地内に葬られた（写真1）。その墓標には以下のごとく記されていた。

　　清水美穂は、一生、自分の楽しみを求めなかった。その身の三分の一を崇貞女学校に、三分の一を夫に、三分の一を子どもたちに捧げた。美服をまとわず、友人たちからもらった古着を着ての生涯であった。不幸にも早く亡くなったが、臨終に際して次のように希望された。私の遺骨は中国へ持って行って埋めて下さい、それが、私の中国への最後の捧げ物ですから（図1）[9]

清水安三『朝陽門外』、松本惠子『大陸の聖女』、清水畏三編『石ころの生涯』、田中芳三編『荒野に花も咲く』、山崎朋子『朝陽門外の虹』。
　特に、『朝陽門外の虹』は山崎の精力的な実地調査に基づいた興味深い証言が記され、美穂のリアリティーに迫っている。また、清水畏三（美穂の末子）が記すブックレット『桜美林学園前史　北京時代の清水安三先生　横田美穂の故郷を訪ねて』は美穂の足跡に新たな光を投じるものである。
　一次資料的なものとして、竹中勝男「故清水美穂子夫人の永眠に立会ひて」、加藤嘉雄「北平に輝く　崇貞女学校　＝日本人この偉業を見よ＝」を挙げることができる。『同志社女学校期報』第43は美穂自身の便りが掲載されており、唯一、美穂自身の記した資料といえる。
8) 自己無化・自己放棄（ケノーシス）とは、イエス・キリストが十字架の死に至るまで神に聴き従った歩みそのものである。ケノーシスは神の謙遜と理解され（レヴィナス）、神が貧しい人々、疎外された人々にまで低められると同時に神の崇高さが増し、人間の苦難の只中に神が介入することを語る（「ケノーシス」『岩波キリスト教辞典』参照）。尚、デントン並びに美穂の自己無化的信仰の内実をさらに探究する必要があるが、神学・哲学的探究が必要ゆえ、別の機会に譲る。
9) 山崎・前掲書、p.178。崇貞女学校内に埋葬された美穂の墓碑は時代の流れの中で、

調和社会とキリスト教思想の可能性

図1　　　　　　　　写真1

清水美穂一生不求自己之愛
逸供其全身三分之一於学
校　三分之一為丈夫　三分
之一為児女　其一生未着珍
貴衣履　所用之物皆係友朋
所贈之旧者　不幸早歿臨終
時　囑日将我白骨帯往中国
葬埋　此為我対於中国最後
之供献

墓碑を記した人物に関して、呉維燕（美穂の教え子の妹）、馬淑秀（美穂の門弟）、馬淑平との3つの説がある[10]。美穂もその家族も不在のまま、美穂が崇貞で出会った生徒・学生の誰かが記した事になる。まさに、美穂の人生の3分の1は学生に奉げられた事を証している。美穂は「人道主義と民主主義とのために名利を超越して戦ふ偉大なる人物[11]」の育成を目指し、貧窮の現実の中にある婦女子の立場に身を置き、自らも「名利を超越し」、目の前の婦女子に献身し続けた。「冬になると自分の手を暖めてその子の痔の世話までしてやられた」とのエピソード[12]は美穂の献身の姿勢を顕わにする。死は生の集約した形であると言われるが、美穂の墓碑は彼女の生き様を証言する。桜美林学園内に崇貞女学校の卒業生によって建立された記念碑「利人不利己　愛的奉献」（写真2）[13]も同様の事を語る。美穂は自己無化的姿勢に根ざし、徹頭徹尾、他に仕えた足跡を残した。

その所在を確認できない。今後の調査が期待される。写真は桜美林学園蔵。
10）山崎は呉維燕（山崎・前掲書、p.178）、清水安三と加藤は馬淑秀（清水・前掲書、加藤・前掲）、田中は馬淑平（田中・前掲書）とその名を証言する。更なる検証の後、確定する必要がある。
11）美穂は中国へ渡った思いを、以下のごとく記す。
　　私共は支那に一人でも多くの偉大なる人物が出る様に尽くしたいと祈って居ります。人道主義と民主主義とのために名利を超越して戦ふ偉大なる人物は何れの国にも必要と思いますが特に中華民国には必要のやうで御座ります。
　　（清水美穂 1919、pp.64-65）。
12）加藤・前掲。
13）現桜美林学園のキャンパスの一角に建立されている。写真は桜美林学園蔵。

第三部　新しい時代の新人文主義

写真2

　また、美穂の教育実践の中で手芸教育は注目に値する。美穂は婦女子たちに手芸を教授し、その作品であるハンカチーフやテーブル・クロスを商品として扱った。これらの手芸作品を売ることで、生徒たちの家庭は月平均10元程度の生活から月平均35元に向上したとされる。さらに、朝陽門外の経済が年額50万元アップし活性化した事が報告されている[14]。「手芸、裁縫」といった技術はいわゆる「良妻賢母」的素養（男性に依存した女性像）と理解されがちであるが、そのようなイメージを脱し、女性たちに経済的自立の機会を提供する結果を生んだ。まさに、婦女子たちに対し、自立した新たな生き様への道を切り開いたと言える。リベラルな視座に立ち、女性が卑屈にならず、積極的に社会と関わって生きることを示した美穂の足跡は、朝陽門外の婦女子の間に「調和した新たな地平」を開いた教育実践を証言している。
　次節では、美穂の教育実践を導き出した精神性、換言すれば、美穂に内在する思想（キリスト教思想）を探究する。

3 美穂に内在する思想

　上述した美穂の教育姿勢、すなわち徹底的に他を生かす自己無化的姿勢、

14）加藤・前掲。

調和社会とキリスト教思想の可能性

そして、既存の価値基準から解放され新たな地平を開くリベラルな姿勢の内実を探究する。

3.1 自己無化性（ケノーシス）

美穂の末子・清水畏三は「定めし美穂は自分自身の生い立ちを回顧、奉仕の使命感に燃えたのであろう」と美穂自身の厳しい生い立ちが上述した教育実践へと彼女を駆り立てたと語る。[15] 山崎朋子も美穂の教育実践に関して以下のごとく記す。

> 父の反対を押し切って入信したキリスト教であるだけに、後には引けぬ思いが強く、神の御栄の顕しにかかわるべく、世のために役立つことを何か為したい一心であった。みずからの家族関係や貧しかった生活体験からして、何等かの面で恵まれていない人たち、取り分け心身的にも生活的にも弱い立場にある子どもたちを助けるような仕事に就きたい、そういう仕事を終生つらぬきたいものだと考えていた。〈自己実現〉という言葉を使うなら、そういう生き方が彼女のそれであったということになる（傍点筆者）。[16]

確かに美穂が身に受けた苦境の経験から「心身的にも生活的にも弱い立

---

15) 清水畏三は美穂が中国に渡り、貧民街で生きた理由を以下のごとく語る。
　　明治維新後の横田家は新時代に乗り遅れ没落、貧窮化した。横田家第10代当主（すでに明治時代であるから禄高なし。従って「当主」ではない戸籍上の「戸主」が正確）の長女として生まれた横田美穂は、その悲哀を身に染みて体験せざるを得なかった。後年、美穂は北京の崇貞学園において、全く同じ社会変動の悲劇に直面することになる。清朝時代、漢民族を支配していた誇り高い満州族八旗たちが、清朝滅亡（1912年）と共に没落、路頭に迷わざるを得なかった。日本の武士と同様、武人として禄高生活に依存、自らかせぐことを禁じられていたからである。当然、生活能力なし。崇貞学園（1921年設立）は貧民街の中で、八旗娘たちを数多く無料教育した。定めし美穂は自分自身の生い立ちを回顧、奉仕の使命感に燃えたのであろう。（清水畏三 2005、pp.22-23。傍点筆者）。
16) 山崎・前掲書、p.68。

第三部　新しい時代の新人文主義

場にある子どもたち」に対して共感の思いを抱いたことは想像し得る。また、「後へ引けぬ」との美穂のこだわりも察し得る。没落した貧窮な家庭、継母、継子の問題にゆれていた家庭、そのような複雑な環境から抜け出し、[17] 新たな自己実現を試みる事は自然であろう。しかし、自身と同じような境遇の子どもへ歩みよる新たな旅路は、清水畏三や山崎が語るごとく、美穂をいわゆる「自己実現」へと導いたのであろうか。筆者には疑問が残る。

家族の中に自らの居場所を見出せなかった美穂は、女学校時代の模擬家族としての寮生活の中にその居場所を求めた。[18][19] しかし、美穂を真に満たす「場」は提供されなかった。むしろ、彼女を取り巻く現実によって齎される孤独感や寂寥感の前に佇まざるを得なかった。[20] 実の家族の元へ帰る場のある友人たちを前に、帰る場の無い美穂は、居場所の無い自分自身に一層直面せざるを得なかった。自己実現を目指せば、絶望と虚無に包まれた不条理な現実が美穂の前に立ちはだかった。「美穂の一生は、自分のもっているヒステリー性と戦ふ、いはば戦闘史であったといってもよかった」[21] と美穂の気質は評されるが、この苛立ちは、まさに、不条理な現実の只中に歩まざるを得なかった美穂のうめきと言える。居場所探しへの期待と居場所の無い現実との狭間に揺れ動く者の絶望状況での根源的叫びではないだろうか。

美穂は上記の疎外感、孤立感の只中で、女性宣教師、M・F・デントン（Mary Florence Denton 1857－1947）に出会った。[22] デントンの自己無化的

17) 清水安三・前掲書、p.258。
18) 坂本清音・林貞子『同志社女子大学　寮の100年』。
19) 安三は「彼女は複雑な自分の家庭に居るに忍びなかったから、同志社の家政科に入った。生まれて、のびのびと足を伸ばして寝た。それが寄宿舎生活の最初の感想であった」と証言する（清水安三・前掲書、p.258）。
20) 松本は美穂の現実の辛さ、悲しさを「継母のゐる貧しい家庭の事を考えると、いつも気が滅入ってしまう」「自分のみじめさや意気地なさを他人に覗かれたくないという自尊心が、いつも美穂子を無口にし、悲哀を微笑に紛らわせてゐた。彼女は他人に憫れまれたり、同情されたりする事を好まなかった」と記す。（松本・前掲書、pp.33-34）。
21) 清水安三・前掲書、p.256。
22) デントンの生誕年に関し、1857年、1858年、1859年の異説がある。最も有力なものは1857年と1859年である。アメリカン・ボードと同志社の公文書には1859年とあり、北米愛国婦人会の会員申込書、パスポートには1857年とある。クラップは後者を支持。本稿では、クラップの立場を尊重した。（中村貢『デントン先生』p.300）尚、

教育姿勢の影響をも無視し得ない。デントンはその滞在期間の長さ、個性、女学校に対する思い等、他の宣教師から群を抜いており、彼女の影響力は同志社英学校の新島に匹敵すると言われる。しかし、「デントンは口で神を説くことは稀であった」と語られ、目に見える偉業や大業を残していない。デントンは多くの婦人宣教師のごとく「校長」職につくことはなかった。デントンにとっても自らの居場所は、アメリカと日本の間に彷徨し、この地上には存在していなかったのかもしれない。この無化された状況がむしろ彼女を臆する事なくキリスト教女子教育に専心させた。ゆえに「彼女の生活全体が偉大なる説教である」と語られるごとく、その感化は大きかった[23]。特に、美穂はデントンに傾倒し、自らの臨終に際して、以下の感謝の念を表した。

> ミス・デントンには一言お礼を申さねば、私は死ぬに死ねません。ミス・デントンには学生の頃、月々学費を出して頂きました。そして私はまだ一文もお返ししていません。しかし私は支那の貧乏な学生にいつも学費をくれてやりました。どうか、それで帳消しにして下さいませ[24]

同志社女学校での経験を通し、美穂は自らの歩みを恩師デントンの歩みに重ね、デントンのごとき自己無化的キリスト教思想に覚醒していった。すなわち、デントンと同様の教育実践こそが、美穂の実存を賭けるべき歩みであったのではないか。ゆえに、「名利を超越して」、デントンのごとく、自らも戦う姿勢を全うしたのではないだろうか。

3.2 リベラル性

デントンは1888年に来日以来60年、同志社女学校の教育に自己の生命を奉げた。太平洋戦争の間も帰国することなく女学校の教育に従事した。没後も同志社女学校隣接の相国寺に眠っている。
23) 中村・前掲書、pp.120-124
24) 清水畏三編・前掲書、p.93。松本・前掲書、p.344、田中・前掲書、p.216参照。

第三部　新しい時代の新人文主義

　美穂のキリスト教信仰を育んだ同志社女学校の教育は当時の社会から期待されたいわゆる「良妻賢母」[25]の育成ではなく、真の女性の自立を目指したリベラルな教育であった[26]。その教育姿勢を女学校校長新島襄が日本基督教婦人矯風会書記の佐々城豊壽に宛てた「頼みたき事業」(1889.12)の中に読み取ることができる[27]。「女性の権利を拡張すること」、「慷慨心を起こさせること」、「世の改革者、いや、改良者となること」[28]が求められ、男性主導の価値基準に縛られた当時のいわゆる日本社会の常識から、自由・解放的（リベラルな）視座に立脚した女子教育が実践されていた事になる。

---

25) 同志社女学校は同志社英学校の開校（1875年11月、社長・新島襄）に伴い、1876年、女性宣教師A・J・スタークウェザーが京都御苑内のデイヴィス邸（旧柳原邸）において、女子塾を始めたことに端を発する。当初（1877年4月）「同志社分校女紅場」として開学願を京都府に提出したところ、その教育内容への異議が唱えられ、同年9月に「同志社女学校」と改称し、その歩みを創始した。(同志社女子大学125年編集委員会『同志社女子大学125年』参照）。
26) 近代日本の政治的リーダーが求めた女性は明治近代国家に仕え、その「成長と発展を支える土台として」、「内」を納める良妻賢母型の女性であった。さらに「その子の才能があるなしは、その母の賢いか賢くないかによる」と考えられ、女性が学術を身につけることは、その女性の子どもが良き人間になる事への期待であり、女性の経済的自立を意味していない。いわんや、女性の自立など焦点になく、女性の教育は夫の補助的役割のためであり、その子、特に優れた男子を生み出すための手段であった。(碓井知鶴子『女子教育の近代と現代』、pp.15-26参照）。
27)「そもそも女工と女学校は似ても非なるもので、『女工は勧業授産のため』、女学校は『婦女子の才芸知識を開達するため』のものである」(同志社女子大学125年編集委員会・前掲書p.48)と語られるごとく、女紅場における「女子教育」は女性の自立を育むものではなく、むしろ、社会や男性の補助的役割を目的とするものであった。このような状況下にあって、女紅場から女学校への改名は京都府の要請であったものの、同志社女学校の教育の本質を垣間見る重大な出来事であったと言える。尚、本稿では、これ以降、「女学校」と表記する。(同志社女子大学125年編集委員会・前掲書、pp.46-48、同志社女子部創立百周年記念誌編集委員会『同志社女子部の百年』、pp.47-49参照）。
28)「新島は当時の女子教育の弊害にふれ、彼女らにこう注文した。『女性の権利を拡張することにいっそう力を尽くされたい。そのためには、まず、女生徒に人権を重んじることと慷慨心を起こさせることとを教えて欲しい』と、最後に新島は『あなたたちは断然、世の改革者、いや、改良者となられよ』と激励した。(略) 佐々城は、新島から聞いたこの談話を『遺訓』(『女学雑誌』第198号) として終生大事にした。」(『現代語で読む新島襄』編集委員会『現代語で読む新島襄』、p.258) 原文の一部を以下に記す。「貴姉に頼みたき事業あり、そは外の事ならず女権を拡張することにもふ一層の力を盡されたし（…）先づ女学校生徒に人権を重んずべき事と慷慨心を起さしむるの一事異なり（…）」尚、この一月後、新島は没す（1890.1)。結果、女子教育に対する新島の遺言のようなものとして位置づけられる。

343

また、女学校と深い関わりのあったウーマンズ・ボードの機関誌 "Life and Light for Woman"（女性のための生命と光）にも以下のごとく、日本におけるキリスト教女子教育の期待が記されている。

> 親切で円満な女性らしい性格を養い育てること、身体を大切に扱うこと、うそをつく習慣を止めることを教え、本当の意味での謙遜を身につけ自分の考えをもって行動するように導くこと、そして、女性の影響力がどれほど大きいかを示して、自ら慷慨心を持ち、自らの人生を神から与えられた賜物・特権として積極的に生きるよう訓練すること（坂本清音訳。傍点筆者）[29]。

女性宣教師たちは、日本の女性が女性性の意義を再確認し、新たに自律して生きる事を期待していた。権利尊重、慷慨心の奮起、世の改良者を育む女子教育こそが、キリスト教教育の本質であったといえる。このリベラルな発想に基づき、美穂は上述したごとく朝陽門外で婦女子に新たな地平

---

[29]『女性のための生命と光』1882.3（坂本・林・前掲書、p.10 より引用。）以下原文より一部抜粋。2 行目の but 以下の翻訳を引用。
The work of our ladies, in these schools, is not only to give the girls a thorough and useful education, but a Christian training in all sorts of helpful accomplishments: in developing a sweet and rounded womanly character; to teach them to take proper care of their bodies; to break the habit of falsehood; to create in them true instincts of modesty; to lead them to think and act independently; to show them how far-reaching is the influence of woman, so that they will come to have high and noble ambitions, and will regard life as a blessed privilege rather than an undesired necessity.
"Life and Light for Woman"（女性のための生命と光）とはウーマンズ・ボードの機関誌。1869 年 3 月に第 1 巻が発行された。創刊号から 1872 年（Vol.2 No.8）までは、"Life and Light for heathen Women" とのタイトルであった。当初は旬刊誌、1873 年から月刊誌。この機関誌を通じ、海外派遣の宣教師の消息を伝え、資金徴収のための組織作りの活性化を計り、会員相互の連携を密にした。1876 年 4 月号にアメリカ独立百周年記念募金とし、「京都ホーム」建設のため 6,000 ドル募金の呼びかけが掲載された。
ウーマンズ・ボード（Woman's Board of Mission）とはニューイングランド女性海外伝道会を前身とし、1868 年に設立され、アメリカン・ボード（American Board of Commissioners for Foreign Missions. 1810 年設立）と共に活動した最も古い女性伝道局である。組織拡大に伴い、3 地域に分化したウーマンズ・ボードのひとつである太平洋女性伝道局（Woman's Board of Mission for the Pacific）が同志社女学校に種々の支援をした（女性宣教師個人に関わるすべての経済的・精神的援助、宣教師の働く機関へ資金援助等）。

を切り開く教育を実践した。

　この宗教（キリスト教）思想の中で、美穂は真実の自由さ（リベラルさ）に覚醒していった。宗教（religio）を定義づける事自体が困難な課題であるが、宗教的視座に関し、若干の言及を試みる。稲垣良典は古代ローマ社会のキケロ（Cicero 前106－前43）の言葉を用い、宗教を「人々をして彼らが神と呼んでいる何らかの高次の存在に対して奉仕と祭儀をささげしめるところのものである」と簡潔に要約する。すなわち、宗教は「敬神」の生き方へ人間を転換し再統合することを意味するといえる。言い換えれば、それは自己の都合や価値基準を超えた視座を通し、自分自身を再度捉えなおす姿勢へと向かわせるものであるといえる。「自己超越的な生き方（宗教）をふくまない、人間の自己実現・創造の営為（文化）は最終的に目的と意味を喪失し、自己破壊に終わらざるをえない」と語られるごとく、人間は宗教（「自己超越的生き方」）を通し、自己中心性の視座から、自己と他者の差異を認めつつ同等に捉える視座へと転換される。よって、宗教的視座を通し、人間は自己相対化への自由を獲得できる事になる。同時に、自己絶対化的思考からの解放の地平を切り開かれる。

　以上の「自己無化性」、「リベラル性」の視座から、「崇貞」という美穂の教育実践を象徴する言葉に対して、新たな意義を発見し得る。「崇貞」とは「女性の操が正しいこと・女性が正しく身を守ること」との指摘がある。しかし、その「女性の正しさ」の内実を、「慷慨心、改良者、謙遜」と読み替え、深めることが可能であると思われる。いわゆる男性社会が女性たちに要請する貞操観から解放され、むしろ、女性の人権尊重に根ざした自主・自立観を読み取るべきであろう。さらに「崇貞」とは自己の名利を超越した自己無化的視座、「本当の意味での謙遜」の姿勢を通し、尊敬（崇）と正しさ（貞）に根ざした生命観を指し示す言葉と理解すべきであろう。ここに美穂の教育実践の意義を確認すべきである。

---

30) Cicero *De Inventione*. Ⅱ, Liii, 161. 稲垣良典『人間文化基礎論』、p.145 に引用。
31) 稲垣・同書、p.164。
32) 山崎・前掲書、p.136。

4 キリスト教思想の今日的意義：調和社会を目指し

4.1 今日的社会の病巣

　今日、「自己チュウ」という言葉の下、社会を「私たち化」、「個人化」、「私物化」し、自己の欲望、満足、快感／快適性を求め続ける利己（主我）的な姿勢を見出せる[33]。一国の横暴の背後にも同様の利己（主我）的満足のみを求める傾向性を見出せる。2006年、日本及び世界の経済に影響を与えたライブドア事件、村上ファンドの不正取引などに代表される事件に見る如く、「自分だけの儲け」、「自社の成長のみ」を究極のゴールとした経営理念が横行している。昨今の日本社会で多発する虐待事件や残虐な殺人事件を始め、日常的犯罪にも共通した姿勢を見出せる。また、「アイデンティティの確立」という表現の下、「自己同一・自己確立・自己実現」のみが最高のゴールのごとく謳われる風潮があるが、言い換えれば、自己の欲望の実現のみが、最大の関心事となっている傾向が現代社会に蔓延している。このような利己（主我）的自己同一・自己実現の姿勢は新たに地平を開かない[34]。自己の価値基準のみに根ざした歩みの到達点は、自己の判断に縛られた矮小化した世界観に自己を閉じこめることなる。さらに、自己の都合で他を切り捨て、自己の世界観のみを絶対化する。卑近な例を挙げれば、私の都合だけで、公の道路を私だけの道のごとく、暴走する姿勢と同様である。まさに、「私の所有している領域、私的所有領域でのミニ専制君主化」という姿勢が生じる。一方、私的所有権の及ばない領域では、無節操、無原則、さらに無責任な姿勢を呈す[35]。この姿勢は自己にとって、不都合なことの前には自己が立ち行かなくなる。結果、他者と対等に調和した関係を築けない。

　以上のような私的所有の意識に根ざした価値基準を克服し、他者と調和

---

33) 橋本治『いま私たちが考えるべきこと』。
34) 大庭健「所有という問い」大庭健・鷲田清一編『所有のエチカ』、pp.42-80。
35) 「私的所有」に関する詳細の議論は別の機会に譲るが、この姿勢は所有したものに対する承認を他者に強要し、所有したものに対し独占的排他的姿勢を呈し、自分自身を「所有」の事実に回収していく発想を育む（大庭・前掲書参照）。

関係を築くことは可能であるのか。朝陽門外の婦女子と共に生きた清水美穂の内在するキリスト教思想の今日的意義を探り、調和社会構築への手掛かりを見出したい。

4.2 キリスト教思想の意義―美穂を巡り―

　美穂は自己無化の現実の只中に介入してくるイエスの言葉を生きたのではないか。ゆえに、美穂は永眠2時間前、「神の召命をきく、後事に対して思ひ煩はず、萬事神に信頼して安心、萬歳」と告白し得たのではないか。美穂は自己無化の道を歩み、真実の自由に目覚め、「本当の意味での謙遜」を身にまとった。美穂はいわゆる時代が要請する進歩、発展を目指す価値基準から脱落され、遺棄される事を通して（真に解放され、リベラルに）、自己と異なる他者との出会いが可能となる思想に生きた。ゆえに臨終の直前に美穂は語り得たのかも知れぬ。「自己を忘れてやった仕事は滅びる事はない[37]」、「我を忘れてした仕事ですから決して潰れませぬ[38]」と。「自己無化」、これこそが、美穂のキリスト教思想の本質であった。そして、その思想は居場所のない惨めさや痛みの現実から美穂を解放した。

　高史明の宗教的深みの確認を通し、美穂に内在する宗教性を探究したい。高史明は息子真史の自死という絶望の中でうめき、宗教性に根ざした真理に覚醒し、「外に向かってその背丈いっぱいに生きようとする」ことだけでなく、「同時に人間の根本的不幸へのめざめ」の意義を語った。自己を外に向け実現するのではなく、むしろ、自己の内なる根本的不幸に佇む時に出会う力があることを証言する[39]。それは、歴史的絶滅状況、「低み」に

36）竹中・前掲。
37）同上。
38）清水安三・前掲書、pp.282-83。
39）高史明は息子真史の死を通し、教えられた事として以下の事を記す。高はキリスト者でないが、キリスト教思想の根幹であるイエスの十字架の真理に呼応する深い宗教性に根ざした思想家であると筆者は考えている。
　　人間は、だれもが、その胸底に本人にもそれと意識されない一粒の涙を、抱いています。それは人が悲しいときやつらいときに流す涙とはちがい、どんな人の胸にも、人として生れ落ちたとき、その胸底にふるえる滴のように置かれた涙です。その涙

追いやられた痛み、「傷つきやすさ（vulnerability）」の中での新しい地平への覚醒でもある[40]。また、弱さや傷つきやすさが「一本の筋」として自身の内のみならず、他者へとつながっていく原動力になるとの主張もある[41]。この眼差しを「愛」という表現をもって、聖書のストーリーは深化させていく[42]。

　美穂が身に受けた不条理な絶望と虚無は彼女自身を「低み」へと陥れた。しかし、その「低み」でこそ、美穂は上述したごとく朝陽門外の婦女子に真に出会い、新たな関係性を切り開き、婦女子たちを真に生かした。その歩みは十字架のイエスが虚無、無力を通し、新たな地平を開いたことを伝える聖書の思想に呼応する。イエスの十字架の死を「意味不明のまま、最も残忍に捨てられた死」、「『有意義』を説明されない死」、「虚無のまま置かれた死」としてとらえたとき[43]、この虚無さに主体的に覚醒する事を通し、他者に向け自分を脱する事が可能となる。イエスは、超人的能力や人並み外れた力ではなく、全くの無力さを通してこそ、根源的に無力で弱く疎外

は、人が悲しみや苦しみに襲われ、言葉を失して泣くとき、涙を流すその人のうちにあって、ともに泣いてくれる涙です。人のやさしさとは、人がこの涙と向かい合うことができたとき、おのずから人のうちに湧きだして、人の生と死をともに包みこんでくれる力にほかならなかったのでした。そうだとするなら、人がせいいっぱい生きるとは、外に向かってその背丈いっぱいに生きようとするだけでなく、その外への歩みが、同時に人間の根本的不幸へのめざめにも向かう歩みでなくてはならないといえます（高史明・岡百合子編『ぼくは12歳』、p.194）。

40）金子啓一「あらためて『日本で生きる』とは」金子編『日本に生きる』参照。
41）キリスト教倫理学者の関は宗教学者の岸本秀夫の言葉を紹介しつつ、「死に向かいあうこと、自己の有限性を自覚することは『私という人間に…一本の筋を通す』こと、真実の自己に出会うことに通じている」と指摘する（関正勝「キリスト教の視座」竹田純郎・森秀樹編『死生学入門』、p.60）。筆者はこの指摘を死の現象のみに限定せず、受け止める。すなわち、自己の中で、否定的な側面として判断される事柄への気づきが、自己を真実の「いのち」の目覚めへと導くと考えている。
42）新約聖書の中に、当時の社会において「無に等しい存在」として判断されていた人々とイエスの出会いのストーリーが多く伝承されている。サマリア人が傷ついた旅人を助けた話は、弱さ痛みと他者との関係性を見つめる上で、実に有益な知恵を提示してくれる。詳細は別の機会に譲るが、拙者「あなたの隣人とは誰ですか」を参照して頂けると幸いである。宮本は隣人愛に関し、深い洞察を展開する（宮本・山本・大貫・前掲書）。特に、「異化作用」という視座は興味深い。今後、「異化」の視座から愛の内実を探究する事が期待される。
43）大貫隆『イエスという経験』。

第三部　新しい時代の新人文主義

され、かつ、自己分裂により自らを疎外している人間性と連帯する。言い換えれば、当時の多数派から遺棄された人々と共に歩み（運命を共にし）、自らも耐え難い苦しみと痛みを身に受け、それゆえ、全体主義的ユダヤ国家の「彼方」に他者と共存する地平を開いた。それは、時代の只中で忘れ去られ、捨てられていた「無告の民」の存在を露に浮かび上がらせることでもあった[44]。美穂は身に受けた不条理な虚無の現実、居場所から放棄された現実を通し、朝陽門外の婦女子と連帯し、彼女たちに生きる地平を開き、その存在を顕にし得たのではないか。

美穂はその生き様を通し、偏狭な「自己実現」を求めている私たちに問い続けている。私たちが成し得た業績、獲得し得た成果に心を奪われ、自己の世界観に閉塞していく状況にあって、徹底的に自己無化として消失していく事（他者へ「脱自」していく事）が真の関係性を築く事を！　自己自身から解放された自由な視座を通し、他者と調和した関係性を築くべく新たな地平が開かれることを！　その真実が時代から「遅れ」[45]、露になる。美穂の姿が朝陽門外の貧窮の現実に直面する婦女子と共に生きた教育者として、今尚、語り継がれていること[46]は、美穂の教育実践が「遅れ」て、現代に顕れ、その意義を問いかけていることを証している。ゆえに、「発展、進歩」が次世代に向けたキーワードになりがちな時代状況下、むしろ、「遅れ」という視座を取り戻す事にも意義を感じている。その視座の中で、調和関係も再定義される必要がある。

44）宮本・山本・大貫、前掲書、pp.140-198。
45）春日直樹『〈遅れ〉の思考』参照。ポスト近代の中で、「遅れ」の視座からキリスト教思想を探る必要性を感じている。清水美穂の教育実践を始め、歴史的出来事をこの「遅れ」の視座から探究する意義を感じている。「遅れ」の思考は歴史の「解釈」自体を根本的に再検討する事を求める。充分に思考が深められていないため、今後の課題として残す。
46）『陳経倫中学創立80周年記念誌』には、美穂、安三の働きが掲載され顕彰されている。陳経倫中学は崇貞女学校を受け継ぎ、現在もその歴史を刻んでいる。更に、2002年4月16日、北京陳経倫中学内に2人の記念碑が建立された。

調和社会とキリスト教思想の可能性

参考文献
朝日新聞「中国、『調和社会』めざす　2020年目標に格差是正　6中全会」2006.10.12。
稲垣良典『人間文化基礎論』九州大学出版会、2003年。
『岩波キリスト教辞典』岩波書店、2002年。
于軍「調和のとれた世界——中国外交の新たな理念」北京週報（http://www.pekinshuho.com/gjpl/txt/2007-01/25/content_53667.htm）2007.9.26。
碓井知鶴子『女子教育の近代と現代』近代文藝社、1994年。
大貫隆『イエスという経験』岩波書店、2003年。
大庭健・鷲田清一編『所有のエチカ』ナカニシヤ出版、2000年。
大林浩「新島襄の思想的背景としての会衆主義キリスト教」『同志社時報』No.123、2007年。
春日直樹『〈遅れ〉の思考』東京大学出版会、2007年。
加藤嘉雄「北平に輝く　崇貞女学校　＝日本人この偉業を見よ＝」『基督教世界』1936.2.20。
金子啓一編『日本に生きる』日本基督教団出版局、1999年。
『現代語で読む新島襄』編集委員会『現代語で読む新島襄』丸善、2000年。
高史明『生きることの意味』筑摩書房、1974年。
──── ・岡百合子編『ぼくは12歳』筑摩書房、1976年。
小﨑眞「あなたの隣人とは誰ですか」桜美林学園チャプレン室『キリストとの出会い』桜美林学園、2001年。
────「清水（横田）美穂の信仰と生き方—自己無化的信仰の今日的意義—」清水安三記念プロジェクト『創立者たちの信仰と生きた方』桜美林大学、2007年。
────「中国における日本プロテスタント・キリスト者の足跡—想像価値に根ざした共感関係の構築を目指し—」佐藤東洋士、李恩民編『東アジア共同体の可能性—日中関係の再検討—』御茶の水書房、2006年。
坂本清音・林貞子『同志社女子大学　寮の100年』同志社女子大学、2006年。
清水畏三『桜美林学園前史　北京時代の清水安三先生　横田美穂の故郷を訪ねて』、2005年。
清水畏三編『石ころの生涯』キリスト新聞社、1977年。
清水安三『朝陽門外』朝日新聞社、1939年。
竹田純郎・森秀樹編『死生学入門』ナカニシヤ出版、1997年。
竹中勝男「故清水美穂子夫人の永眠に立会ひて」『基督教世界』1934.1.1。
田中芳三編『荒野に花も咲く』一麦社、1980年。
『陳経倫中学創立80周年記念誌』。
『同志社女学校期報』第43　1919.1.25。
同志社女子大学125年編集委員会『同志社女子大学125年』、2000年。
同志社女子部創立百周年記念誌編集委員会『同志社女子部の百年』、1978年。
中村貢『デントン先生』同志社女子大学、1975年。
『人間の碑—井深八重への誘い—』井深八重顕彰記念会、2002年。
橋本治『いま私たちが考えるべきこと』新潮社、2004年。
『彦根教会史年表　125年のあゆみ』日本基督教団彦根教会、2005年。
松本惠子『大陸の聖女』鄰友社、1940年。
三谷高康「現場からの報告」『アレテイア』日本キリスト教団出版局 No.37、2002年。

宮本久雄・山本巍・大貫隆『受難の意味』東京大学出版会、2006 年。
────────────『聖書の言語を超えて──ソクラテス・イエス・グノーシス──』
　　東京大学出版会、1997 年。
山崎朋子『朝陽門外の虹』岩波書店、2003 年。

第四部
日中の文化交流

古代詩歌の中の友情

程　郁綴

　中華民族は長い歴史と輝かしい文化を持つ民族である。友道を貴び、友情を大切にするのは中国人の民族精神の一つである。2,500余年前、儒学の聖人——孔子の『論語』第1編 第1節には「学而学而時習之、不亦説乎；有朋自遠方来、不亦楽乎；人不知而不慍、不亦君子乎」と書かれている。(学びて時に之れを習う、亦た説ばしからずや。朋有り遠方よりきたる、亦た楽しからずや。人知らずしていからず、亦た君子ならずや。)「有朋自遠方来、不亦楽乎」——つまり、気持ちの通じ合う友人が遠方から訪ねてくるのを人生の中で非常に嬉しいこととしているのである。これは儒教がいかに友道を重んじるかを示す言葉である。交友の道を語った孔子のこの言葉は中国古代でも最初のもので、また後世にもっとも深い影響を及ぼした名言でもある。

1　友道の伝統

　中国人が友情を重んじる伝統は長い。唐の祖咏は、「以文常会友、惟徳自成隣」(『清明宴司勲劉郎中別業』) と言っている。(「文を以て常に友を会し、惟れ徳、自ずから隣をなす。」君子は常に学問や文学によって友を集めれば、必ずや孤独にならずよい隣人ができるものだ。) 宋の欧陽脩は、

古代詩歌の中の友情

「同心而共済、終始如一、此君子之朋也」(『朋党論』)と言う。(「心を同じくして共済し、終始一の如くするは、此れ君子の朋(むら)なり」始終一貫して心を一つにして助け合うのが、本当の友人と言うものである。)元の翁朗夫は、「友如作画須求淡、山似論文不喜平」(『尚湖晚歩』)と言う。(「友は作画の如くして淡なるを求むべし、山は論文に似て平なるを喜ばず」交友は絵を描くのと同じで淡泊であるのがよい。山は文章を書くのと似て平坦であってはならない。)明の呂得勝は「要做好人、須尋好友」(良い人となろうとすれば、良い友と付き合うのが肝要だ。)(『小児語』)と言う。清の王晫亦は「友者、倹歳之粱肉、寒年之繊纊也」(友は、倹歳の粱肉、寒年の繊纊なり)(『今世説』)と言う。本当の親友、真の友情を凶作の年に食べるご馳走、寒冷の季節に着る上等な綿入れと喩えている。これは現代の文学者、思想家である魯迅先生に至っても同様で、彼が親友瞿秋白に贈った対句に「人生得一知己足矣、斯世当以同懐視之」と書かれている。(「人生、一の知己を得れば足れり。斯世、同懐でもってこれを視るべし」一生のうち本当の親友は一人いれば充分だ。この親友を今生同胞の兄弟と見るべきだ。)

　友道を貴び、友情を重んじるのは古今東西を分かたず同じである。日本にも古くから同様の伝統がある。ドイツの著名な詩人ゲーテには、筆者を心底から頷かせる交友についての名言がある。「空気と光、それに友人の愛さえ残っていれば、何も恐れることはない」と。人間の命は空気を離れることができない。そして光は闇を破って希望を与えてくれる。友人と友情を空気や光と同等に重要なものと見ているのである。友情を重んじる心には国境がないことが分かる。

　中国は詩の国である。詩は中国文学の特徴と成果を最もよく示している文学形式である。中国の古代詩歌には、真の友情への渇望を訴えるもの、別れを惜しむもの、変わらぬ友情を賛美するものなど素晴らしい詩篇が多い。

2 友情の渇望を謳った詩歌

　真の友情への渇望は、人類の共通する感情である。人間は特定の社会に暮らしているので、そのためにはどうしても交流が必要である。自然に友情は重んじられる。早くも『詩経』に友情を謳歌する歌を見ることができる。『詩経・小雅・伐木』編第1章にはこういう歌がある。

　　伐木丁丁、鳥鳴嚶嚶。出自幽谷、遷于喬木。
　　嚶其鳴矣、求其友声。相彼鳥矣、猶求友声。
　　矧伊人矣、不求友生？神之聴之、終和且平。
　　木を伐ること丁丁(ちょうちょう)たり、鳥鳴くこと嚶嚶(おうおう)たり。幽谷より出でて、喬木に遷る。
　　嚶として其れ鳴く、其の友を求むる声あり。彼の鳥を相(み)るに、猶ほ友を求むる声あり。
　　矧(いわん)や伊(こ)の人　友生を求めざらんや。神の之を聴かば　終いに和して且つ平かならん。
　　（山林でカーンカーンと響きわたる木を伐る音に応えるように鳥が盛んに鳴いている。冬深い谷間で過ごした鳥は、春高い木に飛び移ってきた。鳥が盛んに鳴くのは、それは友を求める声なのだ。ましてや我々人間は友を求めないでいられようか。神もこれを聴いたならば、いつまでも平和であることを祝福するであろう。）

　深い山の谷間から出てきた鳥は高い木に止まり、友を求めて楽しそうに鳴いている。動物の鳥さえこのようであるから、人間が良き友を求めて胸の内を訴えたい願望を持つのは至極当然であろう。鳥に喩えて（「比興」の手法）歌ったこの歌は、交友を望む人間の普遍的な心理を表しているため、後の人々に深い共感を呼んだ。『伐木』は友人、友情を表現する典故にもなっている。

　戦国時代の偉大な詩人屈原は『九歌・少司命』の中で「悲莫悲兮生別離、楽莫楽兮新相知」と書いている。（「悲しきは生別離より悲しきはなく、楽

古代詩歌の中の友情

しきは新相知より楽しきはなし。」どんなに悲しいことでも生き別れをするほど悲しいことはない。どんなに嬉しいことでも新しい友人を得た時ほど嬉しいことはない。）人生の中で生きながらの離別ほど悲しいことはない。我を分かってくれる友人を得た時ほど嬉しいことはない。正確で明快な表現と整然として対句形式で構成されているこの2句は、人間が友情に抱く共通の心理を遺憾なく表している。噛めば噛むほど豊かな味わいを与えてくれるこの2句は、中国文学史上でも友情を歌った千古の絶唱となっている。

　唐代の詩人が残した詩には、友情を歌った詩歌はもっと多く見られる。例えば喩鳧には次のような『絶句』がある。

　　銀地無塵金菊開、紫梨紅棗堕苺苔。
　　一泓秋水一輪月、今夜故人来不来。
　　銀地に塵無く　金菊開き、紫梨紅棗　苺苔に墜つ。
　　一泓の秋水に一輪の月、今夜　故人来たらんや来たらざらんや。
　　　（月光に浮かぶ銀色の地面に塵一つ無く、金色の菊が咲いている。熟した紫梨や棗が青草の上に落ちている。秋の澄んだ池に月影が映っている。今夜、昔なじみの友人が来てくれるだろうか。）

　前の2句は色鮮やかな景色を描出している。友人に寄せる詩人の深い友情も自然とこの景色の中に滲み出ている。結びの1句は頸を長くして友人の来訪を待ち焦がれる作者の気持ちがよく現れていて、読む人に充分な想像の余地を残してくれている。

　「一泓秋水一輪月」――この1句は純潔で、明々と輝く月光の明るさ、透き通った美しさを遺憾なく表している。純粋で麗しい友情を見事に具現した表現と言ってよい。目に見える自然の美しさと人間の心に潜める情感の美しさ、両者は映え合う輝きを見せている。

　交友と言えば、大詩人李白のことを特筆しないわけには行かないだろう。交友が好きで、友道を重んじる李白はこんな詩（『春日独座寄鄭明府』）を残している。

我在河南別離久、那堪対此当窓牖。
情人道来竟不来、何人共酔新豊酒。
我河南にありて　別離久し、那ぞ此れに対し窓牖に当たらん。
情人来たらんと言えるも　竟いに来たらず、何人とか共に新豊の酒に酔わん。
　（湖南にいるわたしは君との離別も長い。来るという君を待つわたしは、この窓に向かってじっと座っていられない。旧友の君が来ると言いながらついに来なかったではないか。わたしは誰と一緒にこの新豊の美酒を飲もうというのだろう。）

李白はまた『早春寄王漢陽』という詩を書いている。

昨夜東風入武陽、陌頭楊柳黄金色。
碧水浩浩雲茫茫、美人不来空断腸。
予拂青山一片石、与君連日酔壺觴。
昨夜東風　武陽に入る、陌頭は楊柳　黄金の色。
碧水は浩浩　雲は茫茫、美人来たらず　空しく断腸す。
預め払う　青山一片の石、君と連日　壺觴に酔わん。
　（ゆうべ春風はもう武陽に入り、畦道の柳はこがね色に芽吹いている。碧い水は果てなく広がり、雲はどこまでも続いている。よい人の来ないのが残念でたまらない。青山の石を一つきれいに払い清め君と一緒に連日酒に酔いたいのだ。）

酒をこよなく愛した李白は、友人と共に飲むために新豊の美酒を取っておき、友人と心ゆくまで飲むために青山の石をはらい清めておいた。天性の才能を持つ李白は豪放な性格の持ち主でもあり、友情を非常に重んじた。李白はまた『山中与幽人独酌』という詩も残している。

両人対酌山花開、一杯一杯復一杯。
我酔欲眠卿且去、明朝有意抱琴来。

両人対酌して　山花開き、一杯一杯　復た一杯。
　　　我酔うて眠らんと欲す　卿且らく去れ、明朝意有らば、琴を抱きて来たれ。
　　　　　（二人むかいあって酒をくみかわせば、近くに山の花が咲いている。一杯、一杯、また一杯と杯を重ねる。ああ、僕はもう酔ってしまったので眠くなった。君はひとまず帰ってくれたまえ。明朝、もしその気があれば、琴を持ってまた遊びに来てくれ。）

　真情をそのまま披瀝しところに天成の妙ありと言うべきか。

3 惜別の詩歌

　惜別の思いを述べるのも交友の中でよくあることである。友人との集いは美しいものだが、しかし常に短く感じられるものである。「人有悲歓離合、月有陰晴圓缺、此事古難全。」という蘇軾の詞句（『水調歌頭』）はこの気持ちをよく表してくれている。（「人には悲歓、離合有り。月には陰晴、圓缺有り。此の事は古より全うし難し。」月には曇りと晴れ、満ちと欠けがあるように、人間にも悲しみもあれば喜びもあり、離別することもあれば会合することもある。このことは古来よりどうしようもないのだ。）
　生産力が低く交通が発達していなかった古代では、山や川に遮られることもあれば、険しい道に阻まれることもあった。一旦別れると、いつ再会できるか、甚だ心もとないことだった。1年か、3年5年か、あるいは数十年の別れにならないとも分からない。惜別が訣別にならないとも限らない。まことに「相見時難別亦難」（「相ひ見る時も難くば、別るるも亦難し。」会うのも容易ではないが、別れるのもまた難しい。）と李商隠が『無題』という詩に詠んでいるとおりだ。また、「多情自古傷離別」（「多情、古より離別を傷む。」人間が情を感じやすいのは古来より離別を惜しむ時だ。）と柳永が『雨霖鈴』に詠んでいるのも、同じく古人が離別を重く見たからである。
　離別の場面を描写し、惜別の感情を描いた詩は非常に多いし、佳作も数

多あるが、中でも最も人口に膾炙するのは王維の『送元二使安西』、又の名『渭城曲』を挙げなければならない。

　　渭城朝雨浥軽塵、客舎青青柳色新。
　　勧君更尽一杯酒、西出陽関無故人。
　　渭城の朝雨　軽塵をうるほす、客舎青青、柳色新なり。
　　君に勧む　更に尽くせ一杯の酒、西のかた陽関を出づれば、故人無からん。
　　（渭城の朝に降った雨は、道の塵埃を鎮めてくれたし、雨に洗われた旅館もきれいになり、柳も青々とひときわあざやかだ。さあ、君、もう一杯あけてくれたまえ。西の陽関を越えてしまったら、もう酒を酌みかわす友人もいないだろうから。）

　情景描写の前半2句は、春の息吹を目一杯感じさせてくれる大変前向きな、美しい表現になっている。後半の2句は綿々たる情意に溢れ、ひしひしと惜別の情が伝わってくる。名残惜しんで度々酒を薦める杯に、別れを惜しむ深い情愛も注ぎ込まれていることであろう。「西のかた陽関を出づれば、故人無からん」と思えばこそである。人気を博したこの詩は後に曲をつけられ歌われた。その曲名は『陽関三畳』という。
　王維の『送元二使安西』と比較すると、詩人高適の書いた『別董大』は同じく七絶であり、両々共に情景描写の前半と叙情の後半とからなっているが、全く違った味わいを持っている。

　　千里黄雲白日曛、北風吹雁雪紛紛。
　　莫愁前路無知己、天下誰人不識君。
　　千里の黄雲　白日を曛ず、北風　雁を吹いて雪紛紛。
　　愁ふる莫かれ　前路に知己無きを、天下誰人か　君を識らざらん。
　　（遙か彼方まで広がる雲に覆われて太陽の光が薄れ、北風が吹き荒れ、雪が紛々と降りしきる中を雁は南を目指して飛び去っていく。こんな時に君と別れなければならない。しかし、君の行くさきに友人が

いないと心配するには及ばない。どこへ行っても君を知らないものはあるまい。)

　曇った寒い日に、不安と侘びしさに包まれる中で、友人を遠路の旅に送るという前半2句。そこから一変して、離別の悲しみに沈む友人を力強く励ます後半の2句へとなだれこむ。これからの人生の旅路の中できっと多くの新しい友人に出会うに違いないから、元気を出すのだ。哀愁を希望に、悲しみを励みに、消極な態度を前向きな姿勢へと転じさせている。君のような傑出した才能、優れた人品、高尚な徳行を持つ人なら、認めてくれぬ人があろうか。敬ってくれない人がいるだろうか。君との交友を喜ばない人などあろうはずがない。このような暖かい慰めと、心からの賛美を与えられたその友人は、さぞ心を打たれ、励まされたことであろう。平易な表現だが、深い感動を覚えずにはいられない。

　「初唐四傑」の一人である王勃は『送杜少甫之任蜀川』という送別の詩を書いている。その5と6番目の句は「海内存知己、天涯若比隣」とある。(「海内に知己存すれば、天涯も比隣の若し。」この世に君のような親友があれば、天涯彼方にいても近所にいるのと同じだ。) 本当に志と信念を同じくする友人がいれば、たとえどんなに離れていても、互いに慰め合い、励まし合うことができる。悲しむ時も喜ぶ時も心の通じ合う友人がいることを思えば、自ずと元気づけられるものである。本当の知己であれば、物理的な距離によって分け隔てられはしない。真の友情であれば、どんなに長いこと別れていても断ち切られはしない。盤石の如く固い友情に結ばれているもの同士は、天の果てであろうと海の彼方であろうと、どんなに離れていても隣り合って住んでいるのと変わりはない。

　李白と孟浩然は共に盛唐の詩人であるが、この二人も親友である。李白が黄鶴楼で旅に出る孟浩然を見送る時に書いた『黄鶴楼送孟浩然之広陵』も送別の名作である。

　　　故人西辞黄鶴楼、煙花三月下揚州。
　　　孤帆遠影碧空尽、唯見長江天際流。
　　　故人西のかた　黄鶴楼を辞し、煙花三月　揚州に下る。

孤帆の遠影　碧空に尽き、唯だ見る　長江の天際に流るるを。
　　（長年の友人がわたしと黄鶴楼で別れて西の旅に立つ。花の咲き乱れる三月に船で揚州へ下る。いつまでもその船の去っていくのを見送っていたが、とうとうその帆影は碧空の向こうに消え、長江だけが天の果てまで滔々と流れている。）

　自然の情景に寄せて心情を述べる後半の2句は実に味わいの深い表現である。友人を載せた船の帆影が去って行くのを、長江の畔にある黄鶴楼に佇んだままいつまでも見送る詩人の惜別の情がひしひしと伝わってくる。船がどんどん遠ざかっていく。目で必死に追っていた帆影はとうとう見え隠れする一点となり、そしてついに碧空の向こうに消えてしまう。後は天の果てまで滔々と流れる長江だけだ。結びの1句はいつまでも消えやらぬ余韻を残してくれている。
　盛唐の「辺塞詩人」岑参に『白雪歌送武判官帰京』という詩がある。この詩の最後の4句は「輪台東門送君去、去時雪満天山路。山回路転不見君、雪上空留馬行処」（「輪台の東門、君が去るを送る。去る時、雪は天山の路に満つ。山廻り路転じて君を見ず。雪上空しく留む、馬の行きし処」輪台の東門で君が旅立つのを見送り、雪は天山の路を一面に埋めつくした。道が山に隠れると君の姿も見えなくなった。ただ馬の通った足跡だけが雪の上に空しく残るばかりだ）とある。李白の詩と同工異曲の妙がありと言えよう。辺境を守る城塞にいる将兵たち、雪の降りしきる山の麓に佇む作者岑参、遠ざかっていく友人を乗せた馬、山を回ると友人も馬も視界から姿が消えた。後に残るのは雪の上に残した馬の足跡だけ。作者の心は馬の足跡に沿って、友人とともに遠方へ行ったのである。李白の詩と同様に嫋々たる余韻がいつまでも消えない。
　豪快な性格の持ち主である李白は特に交友が好きで、友情を重んじる。彼の『贈汪倫』も香り高い作品である。

　　李白乗舟将欲行、忽聞岸上踏歌声。
　　桃花潭水深千尺、不及汪倫送我情。

古代詩歌の中の友情

　李白舟に乗って　将に行かんと欲す、忽ち聞く　岸上踏歌の声。
　桃花潭水　深さ千尺、及ばず　汪倫の我を送るの情に。
　　（わたくし李白は、舟に乗って今まさに出発しようとしているときに、突如岸辺に足を踏み鳴らして歌う声が聞こえてきた。汪倫らが見送りに来てくれたのだ。ここ桃花潭の水は千尺もの深さというが、何の、汪倫が私を見送る心の深さにはとても及ぶまい。）

　叙事の前半2句は簡潔明瞭、後半の2句は叙情だが、実に意表を突いた表現である。まず「不及」という表現がよい。友情の限りないことをよく表している。「犹如（あたかも…の如くだ）」「還是（やはり…）」「就像（まるで…のようだ）」のような表現だと、平俗な1句になってしまう。友情も限りのあるものになってしまう。今ひとつは「桃花潭」の持つ心象がよい。汪倫の友情を赤い桃花の持つ情熱的なイメージと、澄み切った潭水の清らかさに象徴させる比喩的な表現に、友情の美しさ、暖かさと清々しさを感受することができる。比喩に引き合わされたイメージと、表現しようとする情感との間に全く不自然さがなく、互いに引き立てる効果が得られていると言えよう。もし、「桃花潭」の代わりに「黒龍潭」としたら、認知の上では同等の意味を持つが、受けるイメージには雲泥の差がある。

4 永続する友情を賛美する詩歌

　永遠の友情を大切にするのは、交友の美徳と言える。時間は友情の試金石——真の友情の貴さは「恒」の1字に尽きる。「不以盛衰改節、不以存亡易心」（「盛衰を以て節を改めず、存亡を以て心を易えず」）と言われる。中国の伝統的な友道の賞賛してきた美徳である。友人が栄えようが衰えようが、得意であろうと失意であろうと、生きていても他界していても、その友人に対する気持ちは一貫して変わらない。『庄子・山木』に「君子之交淡若水、小人之交甘若醴」（君子の交わりは淡なること水の如く、小人の交わりは甘なること醴（あまざけ）の如し）、「君子淡以親、小人甘以絶」（君子は淡にして親し、小人は甘にして絶ゆ）とある。淡泊なること水の

如しとは、水のように味気ないという意味ではなく、自然に生まれる友情は水のようにいつまでも流れていて絶えることがないという意味である。「友如画竹終須淡、文似看山不喜平」（友は竹を画くが如く終いに淡にすべし、文は山を看るが似く平かなるを喜ばず）という対句もあるが、その言わんとするのは、文章では紆余曲折や起伏がないと面白くないが、交友は竹を書くのと同じで、あっさりした上品さが肝要だということである。

中国当代の著名な女流作家謝氷心が幼少時の思い出を語った中に、自分の生涯に強い影響を与えたという対句の話がある。彼女の家の居間に対句の軸が掛かっていたが、それには「窮達尽為身外事、昇沈不改故人心」（窮達尽く身外の事為り、昇沈故人の心を改めず）と書かれていたそうである。貧しくても栄えても、どちらも「身外事」——拘るべきことではない。富や身分は空しく儚いものだ。栄枯盛衰によって友情を変えるべきではない。信頼を失うべきではない。真の友情は功利的であってはならない。利他、滅私でなくてはならない。自分の利益より、常に相手の事を気遣う人であれば、いつでも、どこにいても友人に忘れられることはないだろう。

友情は、感情をその中身とするものでなければならない。純潔な感情がなければ、友情も続かない。『戦国策』に「以財交者、財尽而交絶、以色交者、華落而愛渝」（財を以て交われば、財が尽きて交わりが絶たれる。色を持って交われば、華が落ちて愛が渝（かわ）る）とある。隋の王通がその著作『文中子・礼楽』に「以勢交者、勢傾則絶、以利交者、利窮則散」（勢いを以て交わる者は、勢い傾けば則ち絶ゆ。利を以て交わる者は、利窮くば則ち散る）と書いている。三国時代の諸葛孔明が『交論』という文章を書いている。「交論」とは、則ち交友の道を論ずるの意。僅か30文字あまりだが、述べてきたような考えを鮮やかに説いてくれている。

　　勢利之交、難以経遠。士之相知、温不増華、寒不改葉。
　　能四時而不衰、歴夷険而益固！
　　勢・利の交わり、経遠し難し。士の相い知ること、温なれど華を増さず。寒なれど葉を改めず。
　　能く四時にして衰えず。夷険を歴て益よ固し。

(権勢と財力で交わるものは、長くは続かない。権勢を失えば友情も絶えてしまう。財力がなくなれば別れてしまう。暖かい時でも華やかにならず、寒い時でも鬱蒼とした葉の緑を失わず、これぞ君子の交わりと言うものだ。春夏秋冬いずれの季節でも衰えることはない。順調な時もそうだが、険難な時を経験すればこそ、いよいよ固い友情が生まれるのだ。)

美しきかなこの文！　真なるかなこの言！　善きかなこの道！

5 中日詩人の友情の交流

　中国の文学と文化には、友道を貴び、友情を重んじる長い伝統があるが、それは中国だけに限ったことではなく、日本の文学と文化にも同様の伝統がある。中日両国の友好交流は漢の時代まで遡ることができる。唐に至って最盛期を迎えている。日本の詩人は日本を訪れる中国の使者に友好的で、親しく交流した。交友の中で詩歌の応酬もよくあった。例えば島田忠臣（828－892）が『過裴大使房同賦雨後熱』という漢詩の中で、唐の使者は「風格がりっぱである」と賞賛し、「三更会面応重得、四海交心難再期」（「三更の会面　重ねて得応し、四海の交心　再び期り難し」今夜のような楽しい時をもっと過ごしたいものだ。海外の方との親しい交友は得難いものだ。)、「他郷若記長相憶、莫忘今宵酔解眉。」（「他郷若し記さば、長えに相い憶うを。忘るる莫かれ、今宵酔いて眉を解くを」国へ帰っても、酒を酌み交わし楽しく過ごした今夜のことを忘れないでほしい。）と、裴大使への敬慕の思いを述べている。初対面なのに心の解け合う二人は心ゆくまで酒を酌み交わした。情感が高ぶってくると、着ていた服を脱いで相手に贈った。

　　『同菅侍郎酔中脱衣贈裴大使』
　　浅深紅翠自裁成、擬別交親増遠情。
　　此物呈君縁底事、他時引領暗愁生。
　　浅深紅翠　自ずと裁ち成せり、別れに親しみを交わし　遠情を増さん

とす。
　此の物君に呈せるは　底事〔なにこと〕にか縁らん、他時領を引かば暗かに愁い生れん。

　　（別れにこの色鮮やかな服を差し上げ、遠く別れていても私たちを思ってもらう形見としたい。何故にこの服を君に贈ったのか、いつかこの服を手にした時きっと私たちのことを思いだしてくれるだろう。）

　菅原道真（845－903）も『依言字重酬裴大使』という詩を詠んでいる。「多少交情見一言、何関薄贈有微恩」（「多少の交情、一言に見る。何ぞ薄贈の微恩有るにか関らむ」友情を示すのは言葉で、取るに足らない贈り物など気にする必要もない。）、「短製応資行路客、余香欲襲国王門」（「短製、行路の客を資くべし、余香、国王の門を襲はむとす」取るに足らない服だが、何かの足しにと旅の客に贈るのは当たり前のことだ。この服に薫きこまれている香は君の国王にまで届くことになるのではないか。）といった句が見られる。その友情のほどと度量の大きさをこれらの詩歌の応酬にも窺い知ることができよう。
　唐朝にきた日本の留学生と留学僧に対して、中国の詩人たちも深い友情を寄せていた。唐の玄宗帝の開元初期に留学生として長安に来た阿部仲麻呂は中国文化を愛し、日本へ帰ろうとせず、ついに中国に留まり、名前を晁衡と改めた。唐朝で校書、左補闕、秘書監などを歴任し、盛唐の多くの詩人と親交があった。50余才の時、彼は国の召還で帰国することになった。その時に作った詩『衛命還国作』に次のような句がある。

　　西望懐恩日、東帰感義辰。
　　平生一宝剣、留贈結交人。
　　西望　恩を懐うの日、東帰　義に感ずるの辰〔とき〕。
　　平生　一宝剣、留めて贈る　交を結べる人に。
　　　（唐朝で様々の恩恵を受けた。今日本へ帰ろうとする自分がその義を感じずにはいられない。平素より宝としてきた剣を残し親しく交わった友人に贈りたい。）

古代詩歌の中の友情

　友人に対する感情の印として、大事にしてきた剣を長安の詩友に贈る。晁衡（阿倍仲麻呂）との別れを惜しむ長安の友人も詩で応酬した。趙驊は『送晁補闕帰日本』を書き、王維は『送秘書晁監還日本国』を書いた。晁衡（阿倍仲麻呂）は帰国の途次船が難破したが、確実な情報が伝わらず誤伝ではあったが、晁衡（阿倍仲麻呂）遭難の訃報が長安に入った。この訃報に接した李白は、友人の死を悼む詩『哭晁卿衡』を書いた。この詩は実によく、晁衡（阿倍仲麻呂）の死を悼む李白の深い悲しみを表している。

　　日本晁卿辞帝都、征帆一片繞蓬壺。
　　明月不帰沈碧海、白雲愁色満蒼梧。
　　日本の晁郷　帝都を辞し、征帆一片　蓬壺を繞る。
　　明月帰らず　碧海に沈み、白雲愁色　蒼梧に満つ。
　　（日本の友人晁衡（阿倍仲麻呂）は帰国のため、都長安を後にした。彼の乗った船はだんだんと遠ざかり、その帆影はついに蓬莱島に隠れてしまい、見えなくなった。明月のような立派な君子である晁衡（阿倍仲麻呂）は国へ辿り着くことなく、海に沈んでしまったという訃報が届いた。なんと悲しいことだ、蒼梧山も彼の死を悲しんでいるように見え、愁色を帯びた白雲にすっかり覆われている。）

　その当時は日本からの留学僧も非常に多く、唐の詩人たちとの交友も親密であった。中唐の詩人銭起は『送僧帰日本』という詩を書いている。その一字一句に詩人の豊かな感情が込められている。

　　上国随縁住、来途若夢行。
　　浮天滄海遠、去世法舟軽。
　　水月通禅観、魚龍聴梵声。
　　惟憐一灯影、万里眼中明。
　　上国縁に随ひて住む、来途　夢行のごとくならん。
　　天に浮かびて　滄海遠く、世を去りて　法舟軽し。
　　水月　禅観に通じ、魚龍　梵声を聴かん。

368

惟だ憐れむ　一灯の影の、万里　眼中に明らかなるを。
　（君は仏縁に導かれて中国に住んでいるが、来る途中の海路では夢のような旅だったろう。今この天の果てまで続く大海原を渡って日本に帰ろうとする君を乗せた、仏法の加護を受けた舟は軽やかに滑り出し、まるで俗世を離れ去るようだ。この滔々たる水と清らかな月光は君の禅の世界に通じ、魚や龍は君の読経の声に聞き惚れているだろう。君を照らしているのはただ一つだけの灯火だが、その君は万里の海原の闇にあっても目をくらますまい。そのことをわたしはどうして讃えずにはいられようか。）

晩唐の詩人韋庄の書いた『送日本国僧敬龍帰』という詩も軽やかな旋律と悠然たる響きを持っていて、全唐詩の中でも素晴らしい作品である。

扶桑已在渺茫中、家在扶桑東更東。
此去与師誰共到、一船明月一帆風。
扶桑　已に渺茫たる中に在り、家　扶桑の東の更に東に在り。
此たび去りて　師と誰か共に到らん、一船の明月　一帆の風。
　（中国の伝説では、扶桑は神木で太陽の出るところであり、たいへん遠い渺茫たるかなたにあるのに、法師の家（国）は、その扶桑よりも東の、そのまた東にある。今夜帰路に就く法師と共に行くのは誰だろうか。この旅路の伴は舟を照らす月光と帆に吹き付ける風なのだ。）

友情を歌う古代詩歌を一通り眺めてきたが、人類の友情は国境のない普遍的なものであり、古今変わることなく続いてきた貴い感情であるということを痛感できたと思う。
　誠実と友愛を重んじる友道を提唱し、純潔と永遠を理想とする友情を大切にするのは、中日両国の国民の、ひいては人類の今と将来にとって、計り知れないほど重要な意味を持つことである。

2006年10月10日 北京大学未名湖畔にて改稿
（張平訳）

植物名から見た
古代日本人の中国観

寺井泰明

1 はじめに

　現在の日本では植物名をカタカナで表記するのが正書法とされる。しかし、これは植物学の分類に従って科―属―種を特定し、標準和名で呼ぶ時の比較的新しい表記法である。しかし、科学的分類に従った呼称とは別に、伝統的、習慣的に行われてきた呼称も一方にあり、一般にはこちらを使うことの方が多い。例えば、植物学の分類に従って呼ぶバラ科サクラ属のヤマザクラを、サトザクラやオオシマザクラなどと区別できる人は、「さくら」を愛する日本人でも多くはない。日常はどれもが「さくら」で済まされる。そして、これらの伝統的呼称には、漢字をあてることが行われてきた。「さくら」は「桜」、「もも」は「桃」、「つばき」は「椿」、「かしわ」は「柏」とする表記法である。
　この漢字による表記法は、中国の植物名、桜・桃・椿・柏などを日本古来の植物名と同定した結果であり、いわば中国語を日本語に翻訳して行われているものである。しかし、その同定（翻訳）には誤りも多い。上記4例の中でも、「つばき」と中国の「椿」、「かしわ」と中国の「柏」などは明らかに異なった植物である。
　こうした誤同定の過程を調査し、なぜ誤ってしまったかを考えてみると、

そこに古代の日本人の中国文化を受容しようとする姿勢や問題点、あるいは古代日本人の中国観などを垣間見ることができる。

2 「ぐみ」と「茱萸」

ここでは、日本語で「ぐみ」という植物を採りあげてみたい。「さくら」を「桜」とする上記の表記法によれば、「ぐみ」は「茱萸」と書くのが日本における伝統であった。例えば、昭和初期の代表的国語辞典『大言海』の「ぐみ」の項には「常ニ茱萸ノ字ヲ用キル…」とある。しかし、これも、結論から言えば誤訳（誤同定）の結果と言わざるを得ない。

2.1 「ぐみ」と「胡頽子」

グミ科グミ属の植物は東アジアに 60 種も存在するが、常見される数種を日本では「ぐみ」と呼んでいる。この中には常緑のもの（ナワシログミ、ツルグミなど）も落葉性のもの（アキグミ、ナツグミなど）もあるが、赤い実が食べられるので、よく知られた樹木である。

中国ではグミ科グミ属を「胡頽子科胡頽子属」と称し、主に長江流域に多く分布する。『中国高等植物図鑑』によれば、盧都子、羊奶子（以上ナワシログミ）、牛奶子、甜棗（以上アキグミ）、木半夏（ナツグミ）などの呼称も存在するらしいが、やはり「胡頽子」が代表的な呼称のようである。

では、この「胡頽子」が日本でどのように受容されたかを調査すると、10 世紀初頭の文献にまで遡ることができる。

　　　胡頽子 出馬琬食経 和名久美（クミ）　　　　　　〔『本草和名』17 果〕
　　　胡頽子 馬琬食経養生秘要等云胡頽子 和名久美、一云毛呂奈利…
　　　　　　　　　　　　　　　　　　　　　　　〔『倭名類聚抄』17 果〕

いずれも「和名久美（クミ）」とあり、いわば「正しく」同定（翻訳）がなされている。この正しい同定法は、12 〜 13 世紀の代表的な辞書『類聚名義抄』

第四部　日中の文化交流

や『色葉字類抄』を見ても変化が無い。それが、何時のころからか、何らかの理由で、「胡頽子」ではなく「茱萸」が「ぐみ」に当てられることとなっていく。

2.2「茱萸」とは

では、その茱萸が中国ではどのような植物であったかを調査してみると、1世紀末の『説文解字』に、早くも「茱萸」が記載されている。

　茱　茱萸、茮屬、从艸朱聲。

茱萸は「茮」の仲間とされているが、この「茮」は段玉裁の「注」や『説文通訓定聲』などによれば「椒」と同じであることが分る。つまり、茱萸は日本で言う山椒、中国語の「花椒」に似た植物ということになる。

また、『礼記』内則に「三牲用藙」の記述があり、2世紀の鄭玄の「注」に、

　藙、煎茱萸也、漢律、會稽獻焉。

とある。茱萸が牛羊豚を調理する時の香辛料となるらしい。また、『神農本艸經』には「呉茱萸、一名藙」とあり、さらに『爾雅』釈木や、郭璞の「注」などを総合すると、茱萸の実が山椒の実に似た働きをする本草（薬品）であること、呉地方のものが薬品として優れているので「呉茱萸」とも呼ばれることなどが明らかになる。

そして、この茱萸（呉茱萸）については、薬品として優秀であるために、脈々と続く本草学の伝統の中で研究が継続され、終には、現代の薬草学や植物学の研究者によって、種の特定もなされるに至った。即ち、ミカン科ゴシュユ属ゴシュユ（芸香科呉茱萸属の呉茱萸）とその近縁種である。中国南部を原産とし、長江流域、華南一帯に多く分布する落葉樹で、根や葉も薬用となるが、秋に枝先に熟す紫赤色の果実は、味がきわめて辛く、各

種アルカロイドを含んでいて、駆虫、抗菌、鎮痛などの効用がある。因みに、サンショウ属（花椒属）も同じミカン科の中にあって、ゴシュユ属と近い関係にある。

　さて、このように重要な本草（薬品）は当然、古代の日本でも注目されたが、胡頽子の場合と異なり、呉茱萸は日本には自生していなかったらしい。一般には18世紀（享保年間）になって渡来したとされるが、薬品として乾燥した果実が古くから齎らされていた可能性は高い。さきに引いた10世紀前半の『本草和名』や『倭名類聚抄』にも、

　　呉茱萸　一名䕡…和名加良波之加美(カラハジカミ)　　　〔『本草和名』13 木〕
　　呉茱萸　本草云、呉茱萸 朱臾二音、和名加波々之加美(カハハジカミ)
　　　　　　　　　　　　　　　　　　　　　〔『倭名類聚抄』20 木〕

という記述がある。なお、『本草和名』は「秦椒（椒）」に「加波々之加美(カハハジカミ)」という類似の和名を与えていて、呉茱萸の山椒に近縁であることを示唆しているが、呉茱萸に「ぐみ」の和名を与えることはしていない。

　ところで、辛辣で香りの強い植物は、古来、洋の東西を問わず、辟邪の能力を持つとして神聖視されることが多い。これは茱萸（呉茱萸）についても例外ではない。例えば6世紀初頭ころの『続斉諧記』には、重陽節の習俗の源を描いた、以下の有名な一文がある。

　　汝南桓景、随費長房遊学、謂之日、九月九日汝南当有災厄、急令家人縫嚢、盛茱萸繋臂、登山飲菊酒、此禍可消、景如其言、挙家上山、夕還、見鶏犬一時暴死、長房曰、此可代之。今人九月九日登高是也。

　こうした呉茱萸への信仰を示す文献は、『風土記』『西京雑記』『楚辞』と時代を遡ることが可能であり、源流の相当に古いことが確認できるが、時代が下っても、唐詩などに多くの例を見出すことができる。それ故、これらの文献を通して「茱萸」「呉茱萸」が「知識として」古代の日本にも

たらされ、重陽の習俗も平安時代の貴族の真似る所となった。9世紀末、藤原佐世が編んだ『日本国見在書目録』には「續斉諧記三巻［呉均撰］」とあり、また、一条兼良の『公事根源』には、「御帳左右に茱萸の囊をかけ、御前に菊の瓶ををく、または茱萸の房を折りて頭にさしはさめば、悪気をさる…」とし、上記『続斉諧記』の故事に言及している。『公事根源』は15世紀の書であるが、平安初期にはこうした故実の宮中で行われていたことが『延喜式』などによっても裏付けられる。

2.3「茱萸」と「ぐみ」

　上記の如き「茱萸」が平安時代に「ぐみ」と訓じられていたか否かは未だ確認できずにいるが、16世紀の『饅頭屋本節用集』では「茱萸」に「グミ」の訓が付けられている。室町時代にはこうした読み方が一般化していた可能性が強い。それでは、こうした誤同定（誤訳）の契機は何であったのだろうか。

　まず、「茱萸（呉茱萸）」と「ぐみ（胡頽子）」に植物としてどんな共通点があるかと考えてみても、際だったものは見えてこない。ただ、古代の日本では、どちらも『本草和名』に登場しているように、まずは本草として認識されたという点が共通するだけである。しかし、この共通点が実は重要であった。

　無論、一口に本草とは言っても、最古の本草書『神農本艸經』には既に300種を越える薬品が挙げられ、その効能について多くの本草書を調べても、茱萸（呉茱萸）と胡頽子には大きな違いが存在する。ところが、同じく「茱萸」の名を持った「山茱萸」という一種が、両者を媒介するものとして記載されている。以下は『神農本艸經』の記述である。

　　呉茱萸　一名藙。味辛、温、有小毒。主<u>温中</u>、<u>下氣</u>、止痛、欬逆、<u>寒熱</u>、<u>除濕</u>、血痺、逐風邪、開腠理。…根、温、<u>殺三蟲</u>。久服輕身。生山谷。
　　山茱萸　一名蜀棗。味酸、平、無毒。治心<u>下邪気</u>、<u>寒熱</u>、<u>温中</u>、逐寒

375

<u>濕痹</u>、<u>去三蟲</u>。<u>久服輕身</u>。<u>生山谷</u>。
　呉茱萸と山茱萸は、名称が似ているだけでなく、下線部の記述からすれば薬としての効能に近いものがある。両者は植物学の分類上でも全く異なった種であり、樹木の形態にも共通点は無い。それにも拘わらず、本草学の世界では似通った名称が与えられたのは、効能に近いものがある故であろう。花の美しさだけが取り柄であれば、その外見によって命名されることもあるだろうが、本草植物の場合はその薬効にまず注目して命名される場合が多い。山茱萸は花も美しいが、まずは薬効に依拠して、茱萸（呉茱萸）に似て非なるものとしての名が与えられたと推測される。そして、茱萸（呉茱萸）と区別するための要であった山茱萸の「山」が省略されれば、茱萸（呉茱萸）との混同は加速する。こうした例はいくらもある。例えば、樹木でありながら、水辺の植物・芙蓉（ハス）と花が似ているので「木芙蓉（モクフヨウ）」と名づけられた木があるが、いつしか「木（モク）」が省略され、今ではフヨウと言えばまずこの樹木が想起されるようである。
　そして、この薬効で茱萸（呉茱萸）に近いと認識されていた山茱萸が、果実の形態では胡頽子（ぐみ）に酷似する。つまり、茱萸（呉茱萸）は、山茱萸を介して胡頽子（ぐみ）に混同されたことが考えられる。李時珍は『本草綱目』で胡頽子について「結実小長，儼如山茱萸」と述べている。
　もちろん、果実の形態が似ているといっても、山茱萸と胡頽子は樹木の姿を見れば、素人目にも一目瞭然、全く異なった木である。山茱萸（サンシュユ）はミズキ科の落葉樹で、早春の葉の出る前に黄色の花を着けるので、庭木としても珍重される。しかし、この木もやはり日本には自生していなかった。中国原産で、日本で育つのは享保年間より後のことである。
　古代の日本人はせいぜい乾燥した果実を薬品として見るか、文献や図版から想像するしかなかった。薬品としての山茱萸の果肉には、蜀棗、肉棗、萸肉などの呼称もあり、胡頽子（ぐみ）の果実の俗称（野棗子、土萸肉など）と近いものが多い。呉茱萸も山茱萸も、古代の日本人は生きた樹木として見ることがなかった。どうやらそれが、茱萸とぐみの混同を許容したようである。
　中国の進んだ文化は古代の日本人には憧憬の対象だった。とりわけ医薬

の知識には関心が強く、薬品（本草）への需要も大きかった。だから、『本草和名』はこうした需要に応えて中国の本草書にある薬品名に和名を当てたものであり、『倭名類聚抄』においても、採りあげられた植物の大部分は薬草である。しかし、薬草は植物の一部分が、それも乾燥品や粉末として齎らされただけである。また薬品に限らず、書物に登場するだけで、実物を一切伴わず、日本人に知られた植物は多い。それらの同定はもっと誤りやすい。国内にもともと自生している植物ならば、比較的容易に、また正確に同定がなされたであろう。しかし、自生種が日本に無い場合でも、あるものに同定してしまおうとするのが人情である。『荘子』に登場する「大椿」がその長寿故に常緑樹と誤解され、遂には生命力の象徴たる「つばき」に誤同定されるのも、中国の「椿（香椿、臭椿）」樹が古代日本に存在しなかったためである。進んだ文化への憧れもあって、何とか身辺の既知のものを当てはめて理解しようとする心理も働いたであろうし、薬草の場合はより切迫した需要に押されていたはずである。無論、性急で軽薄な国民性を指摘することも可能ではあろうが。

3 古代日本における漢語の受容と中国観

3.1 漢語の受容法と漢語崇拝

　古代の日本には大陸と半島から、日本には存在しなかった多くの文物が運ばれて来た。日本に初めて入ってきたものでも、類似のものが既にあれば、その和名を利用して名付けることができた。例えば『本草和名』の「からきぬ（唐衣）」や「くれなゐ（呉藍）」、「くれたけ（呉竹）」などは既存の日本語に「大陸（半島）」を意味する「から」「くれ」を付け、「べにばな（紅花）」「みづかね（水銀）」や「すもも（酸い桃＝李）」「いしばひ（石灰）」などは既存の日本語を組み合わせて名前としている。これらの命名（翻訳）は一応成功し、「くれない」「べにばな」「すもも」などは現代も生き残っている。

　しかし、全く類似品の無いものはどうするか。『日本書紀』には6、7

植物名から見た古代日本人の中国観

世紀に半島から孔雀や駱駝、鸚鵡などが齎された記録があるが、『倭名類聚抄』には、「孔雀 俗云宮尺」「駱駝 良久太乃宇萬」「鸚鵡 櫻母二音」と記されている。それまで存在しなかったものが、名前も漢名のまま移入された例である。また、そもそもこの世に実在しないものが文献による知識として齎らされた時も「鳳 俗云豊 凰 音皇」のように記されている。これらはある意味では安易なやり方であり、命名や翻訳の努力を放棄しているわけであるが、大量の文物が流入する際には致し方ない。植物名でも「栴檀 俗云善短」「蘇枋 俗云須房」「檳榔子 此間旻朗」などは熱帯性で、和名を付けにくかったと思われるが、「枸杞 俗云久古」や「木瓜 毛介」なども漢語をそのまま音読している。

このように漢語、漢音名を直接日本語として利用するのは、移入される物の多さに翻訳が追いつかないという理由によるだけではなさそうである。

『倭名類聚抄』には、「大豆 和名萬米」「杏子 和名加良毛々」「牛蒡 和名岐太岐須、一云宇末不々岐」などの和名が記されながら定着せず、やがては漢音名に取って代わられるもの、「紫苑 和名能之、俗云之乎邇」「桔梗 結鯉二音、和名阿里乃比布木」のように和名と漢音名が同居していながら、やはり漢音名に統一されていくものが多く存在する。「萱草 和須禮久佐、俗云加環藻二音」、「芍薬 和名衣比須久須里、又沼美久須里」、「甘草 和名阿萬木」、さらには細辛、升麻、防風、当帰、麻黄、決明、大黄など、いずれも和名が挙げられているが今は漢音名しか通用しない。さきに挙げた『本草和名』の「みづかね（水銀）」「いしばひ（石灰）」なども、漢語よみが普通になった。さらに言えば、「昆布 和名比呂米、一名衣比須女」や「山椒 波之加美」などは、輸入品ではなく、古来日本にあり、和名もありながら、後世専ら漢語に置きかわってしまった（山田孝雄『国語の中に於ける漢語の研究』宝文館出版、1940年）。

このように、和名もありながら漢音名へ傾斜していくものは、植物、とりわけ本草に多い。つまり、薬品は漢語、漢音名が歓迎されたのである。

外国名は"遠来のもの""貴重なもの""入手困難な妙薬"のイメージを持ったものと思われる。また、後に食用や観賞用となる植物も、元をただせば、その多くが薬用であったため、やはり漢音名が珍重された。例えば、「う

め(梅)」も漢音名であるとする説が有力である。『万葉集』に「烏梅」と表記されるが、「烏梅」は5、6世紀ころの『斉民要術』にも記載された薫製の梅の実であり、重要な薬品であった。牡丹、芍薬、水仙や、前述の桔梗なども根が薬用として輸入された。

　当時の大陸との交易の最重要目的は医薬品と医術にあったとするのは山田孝雄の前掲書であるが、彼はその証拠として、東大寺への薬品の献納帳に60種もの薬剤が記されているように、その輸入量の夥しいことなどを挙げる一方、『徒然草』120段に「唐のものは薬の外は無くとも事かくまじ」とあることを引いて、需要の強かったことを指摘している。

　漢語、漢音名が高尚な印象を与えるとする風潮は、やがて実用性の高い物品から文化全般へと拡大していく。人名や官職を漢語風にすれば、その人を尊敬することになるとして、藤原を「藤(トウ)」、島田を「田(デン)」、大江を「江(ゴウ)」と呼び、国守(くにのかみ)を「刺史」と称するなどはその最たるものである。こうした傾向はやがては下火になっていくが、植物名、薬品名における漢語崇拝は、現代に至るも揺らいではいない。

3.2 文化の地域性と変質

　ところでこうした現象も、進んだ文化への崇拝という側面だけで捉えるのは危険である。文化の伝播という高みから捉え直してみると、もう少し違った様相も窺えるからである。

　異文化間に交流がおこり、ある文化の具体的な産物が他文化へ伝播する時には、送り手に自文化をもって他文化を同化しようとする積極性があるか、受け手に他文化を自文化に取り込もうとする意欲があるはずである。

　前者の場合は、送り手に自文化を肯定する自信と、他文化を蔑視する傾向があり、時には押しつけと反発から摩擦が起こる。しかし、後者の場合は、受け手に他文化への憧憬や自文化を高めようとする意欲があり、伝播は比較的順調に進む。ただ、その場合も、ある文化の産物がそのまま他文化に注入されると見るべきではない。文化は本来、その地域の風土の中から生じるものであり、本質的に地域性を有する。ある地域の風土に根ざし

て生じた文化の産物を、他の異なった風土の中に移入するには、新しい風土に馴染むように消化する必要がある。この原則は、古代の日中間における植物文化の移入にもあてはまるはずであり、日本的消化と変質を経て在来の文化への融合がなされたはずである。茱萸を「ぐみ」と読んだのは誤訳に違いないが、茱萸にまつわる文化を日本的な変質を経て受容した結果でもある。高床の寝殿造りの中で御帳(みちょう)に掛けられた「茱萸の嚢」は、菊を中心として、あるいは「ぐみ」を入れた袋であった可能性がある。こうした習俗の成立は、憧れの中国文化の模倣とは異なって、日本文化そのものを一段高く、深みのあるものへと発展させたと言えよう。

　過去に行った拙い調査によれば、「椿」や「柏」についても、誤訳に伴って見事な日本的消化と吸収の跡を見ることができる。例えば、「椿」は「つばき（茶花）」に誤同定された。しかし、冬を凌いで春を告げる生命力の象徴として民間の信仰を集める「つばき」を、『荘子』に登場する「八千歳」の「大椿」に同定することで、民間信仰が宮中でも重視される「八千歳つばき」の信仰へと昇華したのは確かである。

　グローバル化の時代、民族間の衝突が先鋭さを増す時、また、日本にあってはカタカナ語が氾濫する時代にあって、植物の文化史が何らかの示唆を与えてくれれば幸いである。

2007年11月3日　北京大学にて

日本における漢文教育と
斯文会の活動

石川忠久

1 湯島聖堂・昌平黌とその変遷

　湯島聖堂は、元禄3年（1690）に五代将軍綱吉によって創建された。
孔子を祀り幕府の教学の中心として、位置づけたのである。湯島聖堂が
完成した年、仰高門東舎で、一般の人々を対象とした講義が行われ、300
人もの聴衆を集めた。綱吉は学問を好み、特に儒学には造詣が深く、政治
にその思想を反映させた。自ら諸大名に儒学の講義を行い、諸大名にも儒
学による施政を勧めた。この講義は240回にも及んだと言う。綱吉が将
軍の時代は、儒学の発展期であったが、時代が下がるに従って衰退の一途
をたどった。
　天明7年（1787）、老中首座となった松平定信は、天明の火災で焼失し
た聖堂を再建した。聖堂が再建されたのを機に、途絶えていた仰高門の講
義を再開し、翌年には柴野栗山や岡田寒泉を聖堂付き儒者とし、林大学頭
（信敬）を助けて聖堂の学政に当たらせた。当時幕臣の儒学の教養は地に
落ち、道義は頽廃していたので、幕府文教政策の行き詰まり打開を図った
のであった。そして、寛政2年（1790）に「寛政異学の禁」を発令した。
　朱子学を正統とし、他の学派を禁じたのである。また、翌々年には、定
信自ら聖堂の巡見を行い、学舎が狭く学生を収容しきれなかったので、増

築工事も行なった。更に同じ年に、初めて学術試験をおこない、及第者には賞品を授与した。この試験は、以後3年ごとに行なわれる事となった。この試験の及第者は、就職に有利に働いたため、儒学発展の有効な政策となった。

　寛政9年には半官半民的であった、聖堂内の林家塾や学舎を全部公収して、直轄学校とし、聖堂を含めた全敷地を幕府直轄学校「昌平坂学問所」と称することとなった。これがいわゆる「昌平黌」である。天明の火災（1786）のあと再建された聖堂は、規模が縮小され、学問所に比して見劣りのするものとなっていたので、これを再建することとなった。寛政10年（1798）2月に、工事に着工したが、この時モデルとなったのが、水戸光圀のために、朱舜水が作った模型である。老中松平信明（寛政5年に松平定信は老中を辞職しているが、寛政の改革の時、定信により才能を認められ、善き協力者として改革を助けた人物）が総奉行として、工事に当たった。この時の敷地は、約4万㎡で、聖堂の敷地が一番大きくなり、聖堂も綱吉創建当時のものに比べても、見劣りしないものとなった。

　幕府直轄学校が出来た事によって、各藩の優秀な人材が昌平黌で学び、その者たちが自藩に戻り、その藩校の教授に成ることも多く、学問の振興に多大な影響を与えることとなった。幕末には、全国で約280の藩校が有ったといわれている。

　明治維新となり、湯島聖堂も新政府に接収されたが、昌平黌は、明治元年（1868）に「昌平学校」と改称され、翌年には「大学校」更に「大学」となって、開成学校（元の、洋書調書）と医学校（元の、医学所）を管轄した。東京大学の母体となるものである。明治4年には、大学を廃し文部省を置き、大成殿は博物局の陳列場となり博物館と称された。後の東京国立博物館である。更に書籍館（しょじゃくかん）も置かれた、これが後の国立国会図書館である。明治5年には、文部省が他所へ移り、その後に師範学校が出来る、これが後の東京教育大学（現筑波大学）である。明治7年に書籍館が浅草に移転し、その後に女子師範学校が出来る、これが後の御茶の水女子大学である。明治10年には、開成学校と医学校が統合され、東京大学となる。

　このように、聖堂・昌平黌は、明治政府となってからも、一貫して文教

施設として重用され、近代教育発祥の地としての、栄誉を担う事となった。

2 漢文教育における斯文会の役割

　明治新政府となり、百事一新を目指して、欧米文化の導入をはかるのに急なるあまり、従来の善いものを棄却されることが多く、之れを憂慮した多くの人々により、儒学復興の機運が起こってきた。

　明治13年には、「道義の地を掃い民俗の軽佻に流れたるを歎き、之れを救うに儒教を以てせんと欲し」た人々により、斯文学会が創設された。

　岩倉具視、谷干城、重野安繹など、当時の名公、碩学ことごとく参集した。風教を拡張し、文学を興隆することを趣旨とし、その実現のために、斯文黌を開き、講演会を催し、書籍の刊行を行った。

　斯文黌は明治16年に開校し、113名の卒業生を出して、明治20年7月閉校。学会の刊行物としては、斯文学会雑誌を明治22年9月より毎月発行し、33冊を刊行した。これとは別に、斯文学会講義録を明治26年9月に1号を発行し、第50号を以て中止した。

　その後、明治40年に孔子祭典会が、明治42年に東亜学術研究会が、明治43年に漢文学会が創設された。大正7年には、孔子祭典会、斯文学会、東亜学術研究会と漢文学会が一つになり、財団法人斯文会が組織された。

　財団法人斯文会の目的は、儒道を主として、東亜の学術を明らかにし、日本固有の道徳を鼓吹し、精神的文明の振興に努める。その事業として、斯道の宣伝、学術の研究や先聖の祭祀、湯島聖堂の保管維持、雑誌その他の編集発行を行う。大正8年には、機関誌『斯文』第1号を発行した。

　『斯文』は全国唯一の、漢文研究・啓蒙誌であった。この『斯文』の伝統は現在も途絶える事無く、平成18年は第114号を発行している。明治40年に孔子祭典会により、孔子祭は復活され、毎年4月の第4日曜に行われることとなった。孔子祭典会は、釈奠が明治になって以降途絶えていることを、残念に思った東京高等師範学校の職員有志により、起こされた会である。復活されてより今年の4月は100回目に当たり、平成19年は

100周年になる。その100周年記念事業として、聖堂構内の改修、整備などを予定している。

　大正12年の関東大震災で、湯島聖堂が焼失するも、斯文会は仮聖堂を建て、孔子祭を絶やすこと無く行い、聖堂復興期成会を結成し、湯島聖堂の再建に取り掛かった。全国師範学校長の力を借り、全国の小学校児童より当時一銭の寄付を集め、また富豪有力者より寄付を募り、湯島聖堂を自力で再建し、これを昭和10年に国に献納した。儒学の殿堂、象徴としての湯島聖堂は、漢文教育に携わる人々にとって、重要な拠り所である。その拠り所が美事に再建され、斯道の健全であることが証明されたのであった。

　昭和10年に再建された聖堂は、昭和の末から平成にかけて文化庁により、傷みの激しかった大成殿が改修された。この時斯文会は独自に寄付金を募集し、斯文会館の改修工事を行なった。しかし、今日再建より70余年が経過し、昭和平成の文化庁の改修工事でとり残された諸門や練り塀や、参道は、傷みが激しくなっている。そこで、斯文会は文化庁や東京都の補助を得て、湯島聖堂の改修工事を、平成18年度から3年計画で行う事とした。儒学の殿堂、教学の拠点である聖堂を、たしかに後世に伝えていかなければならない。

　斯文会は創設当初から、文部省の諮問機関や数々の委員会に、多くの提言や意見を具申し、一貫して漢文教育の振興を図るべく多くの努力を払ってきた。例えば、明治45年3月29日に、文部省により「漢文教授ニ関スル調査報告」が出されている。これは、日本に漢文が入ってきてより、長い年月を経て、訓読法が出来、江戸時代にはその完備を見るが、林羅山の道春点、山崎闇斎の闇斎点、後藤芝山の後藤点など、枚挙にいとまのない程、多岐にわたる訓点が行われていた。これを統一し、一定の規準となるものを示したのである。その選定の任に当たった一人が、斯文会の総務（現行制度では斯文会の理事長に当たる）の任にあった、服部宇之吉博士である。その示された訓読法は、多少の変更は有るものの、今も貴重な訓読の拠り所である。

　学術振興に対する側面からの協力として、昭和24年に日本中国学会が結成されるや、その事務局を湯島聖堂に置き、昭和30年より大学漢文教

育研究会(昭和59年より全国漢文教育学会)が結成された時も、その事務局は斯文会館内に置いた。更に今、漢詩創作のブームが起きていると言われているが、その母体をなしている、「全日本漢詩連盟」事務局も斯文会館に置いている。

3 斯文会の活動と今後の展望

　戦後、斯文会はほとんどの財産を失い、苦難の時を迎えるが、その中でも、機関誌『斯文』の発行は途絶えることなく行い、伝統行事として、孔子祭・先儒祭・神農祭を行ってきている。また、一般の人々へ儒学や漢詩文の教養を提供すべく、公開講座を昭和23年から開講している。戦後理事長として、斯文会の運営に当たってきたのが、加藤常賢博士(1949-66)であり、宇野精一博士(1967-89)であり、現在は私石川(1990-)が当たっている。

　現在の斯文会は、上述の如く毎年の伝統行事を行い、学術誌『斯文』の発行を行い、公開講座で儒学を中心とする、古典関連の講座を40余開催し、多くの受講者を集めている。論語素読講座や漢詩作詩講座は、特に人気を集めている。また、漢字文化振興会と共催で、1996年より全国でシンポジウムや講演会も行っている。小中学校の生徒や父母を対象とした、親子漢字教室も頻繁に開催されている。さらに2002年より、同じく漢字文化振興会と共催で、全国で藩校サミットも開催している。この藩校サミットの、第1回会場となったのは、ここ「昌平黌」の跡を継ぐ湯島聖堂であり、以来福島の会津日新館、佐賀の多久東原庠舎、岡山の備中高梁、信州高遠の進徳館と受け継がれている。なお、明年平成19年は山形の庄内致道館が予定されている。

　このように、湯島聖堂斯文会は、江戸以来の伝統を守り、儒学・古典教育の拠点として大きな役割を果たしている。幸い、今日古き良きものへの関心が高まり、古典教育の重要性も再認識されつつある。良い風が吹いて来たのである。この勢いに乗って更に一層活発な活動を展開したいと考えるものである。

1930年代の日中文学者の交流について
雑誌『文藝』を中心に

太田哲男

1 はじめに

　昨年（2004年）の暮れに日本の内閣府から「外交に関する世論調査」の結果が発表されました。2004年12月19日付の「朝日新聞」によりますと、「中国に親しみ」を感じる日本人は、ここ30年間で最低の38パーセントだったとのことです。
　これにはいろいろな理由があると思いますが、日中間にどのような歴史があったかという知識の乏しい人が増えていることも背景にはあるのではないかと思います。
　私は今日、その日中間の歴史の一齣をご紹介したいと思います。

2 改造社の小川五郎

　第1次世界大戦直後、朝鮮の三・一運動と中国の五・四運動の間の時期、1919年4月に日本で創刊された雑誌に『改造』という月刊誌がありました。この雑誌を発行した出版社は改造社といい、その社長は山本実彦（1885-1952）という人物でした。この雑誌は、数年の後には日本の論壇を代表する雑誌の一つに成長しましたが、雑誌『改造』の論調が戦争の進

行に批判的であったことから、改造社は中央公論社とともに、44年7月に政府から廃業を命じられ、雑誌自体も廃刊となりました。

　その改造社は、雑誌『改造』に比べると出版部数は数分の1にしかならないのですが、『文藝』という雑誌を出していました。この雑誌は1933年に創刊されたもので、改造社が廃業を命じられるまで10年余り存続していました。

　私はここで、その雑誌『文藝』の編集に携わった小川五郎という編集者についてお話ししたいと思います。小川五郎は、1908年の生まれで、改造社が廃業させられたのとほぼ時を同じくして召集され、中国戦線に向かいました。まもなく敗戦となりましたが、彼はシベリアに抑留されてしまったのです。そして、1949年に日本に帰国しました。帰国後に、高杉一郎というペンネームで書いた著作『極光のかげに』（1950年）は、日本人のシベリア体験を描いた本の代表的なものの一つとされています。

　この方は今年97歳になりますが、お元気です。（2008年1月9日死去）この方が1996年に高杉一郎の名で出版された『征きて還りし兵の記憶』（岩波書店）には、次のように書かれています。

　　戦争に征くまで一一年あまり改造社の雑誌『文藝』を編集していた私には、作家としての中野重治とのつきあいがたびたびあった。そのなかでもとくに忘れられないのは、一九三七年、日中戦争がはじまる直前、日中両国の作家がとりかわす往復書簡に参加してもらったことだった。編集プランでは、魯迅の推薦する新人作家蕭軍と中野重治、劇作家の夏衍と久板栄二郎、女流作家の丁玲と宮本百合子の手紙のやりとりを三号つづけて発表する予定で、中野重治にはその一番バッターに立ってもらったのだった。この編集プランの意図は、当時の文芸雑誌に許されたぎりぎりの政治的な発言として、中国に対する日本の侵略戦争に反対することにあった。編集の技術上、発信はつねに中国の作家からとし、それを当時上海に住んでいた鹿地亘に翻訳して『文藝』編集部へ送ってもらうと、それに答える日本の作家の返信とあわせ、往復書簡を同時におなじ号に発表する計画で、最初の蕭軍と

中野の手紙は一九三七年七月号に、つぎの夏衍と久板栄二郎の手紙は九月号に発表されたが、第三回に予定していた丁玲と宮本百合子の往復書簡は、丁玲が南京で国民党政権に監禁されていて書いてもらうことができなかったためと、日中戦争がすでにはじまってしまったために、実現しなかった。（『征きて還りし兵の記憶』岩波現代文庫版、p.153）

　というのです。少し注釈を付けますと、中野重治（1902－79）は、プロレタリア文学者で1931年に非合法下の日本共産党に入党し、32年4月に多くのプロレタリア文学同盟員とともに逮捕され、刑務所に拘留されました。その後、34年5月に転向して出獄しました。日本における「転向」の問題について最も優れた考察をした藤田省三（1927－2003）は、中野を「転向・非転向者」と呼んでいますが、簡単に言えば、中野は出獄後も実質的にはほとんど「転向」しなかった人物です。ですから、1938年3月には、内務省警保局は、中野重治、宮本百合子、戸坂潤など7人を名指しで、彼らの原稿掲載を見合わせるようにという指示を雑誌社に出したのです。

3 『文藝』の日中文学者往復書簡

　その中野が、雑誌『文藝』の日中文学者往復書簡という企画の第1回目に登場したのです。中野と蕭軍（1907－88）との間の「文藝通信」が1937年7月号、つまり日中全面戦争が始まる直前に出ました。そして、第2回目が同じ年の9月号に夏衍（1900－95）と久板栄二郎（1898－1976）の「演劇通信」として出ます。
　ごく一部だけご紹介しますと、この往復書簡の中で、蕭軍は次のように書いています。

　　　私は今後中国と日本とが新文学の創作と評論との方面で、一層多く相互にこれらを系統的に紹介し、かくて文学上に相互の研磨と両国の人民たちが共同に求めてゐるものは何かをもつと了解する効果とを収

めるべきだと思ひます。だから私は相互に毎月一回「中日文学通信」
　　　をやることが必要だと主張します。それらは実に両国の文学に従事す
　　　る者と読者らとに、各自の長所と短所とを、かくて又両国の文学上の
　　　運行の主流が、どのように進展してゐるかを、明瞭ならしめることを
　　　援けることが出来るのです。

というのです。そして中野は、蕭軍の書簡への返信に、この部分をそのまま引用し、「あなたのこの言葉はそつくりそのまゝ私達の言葉です」と書いています。ここに提案された月々の「文学通信」はむろん、その当時においては実現されないままに終わりました。

　第2回の夏衍と久板栄二郎の「演劇通信」では、まず夏衍が久板の戯曲「北東の風」を読んで、資本家である豊原恵太という登場人物の描き方に対して率直な批判をしていますが、内容に立ち入ることは省きます。

　この第2回の「演劇通信」の最後に、「読者諸氏へ」という編集部の断り書きが出ています。そこには、次のように書かれています。

　　　　常に本誌が隣邦中国の現代文学の情勢に関心を持ち、その翻訳移入
　　　に努力し、併せて文学を通じて両国間の親善に多少尽して来たことは
　　　読者諸氏の先刻御承知の通りである。
　　　　現在、好評裡にある両国文壇の花形作家諸氏による文芸通信もその
　　　一企画であった。
　　　　然し、今般の事変突発の為に、暫くの間中止するのやむなきに至つ
　　　たことは残念である。
　　　　この友情と親愛に満ちた通信が再び本誌上へ一日も早く復活するこ
　　　とを読者諸氏とともに切望したい。

というのです。

4 『文藝』と『改造』にみる中国

　雑誌『文藝』に、中国人作家の作品や中国関係の記事がどのくらい掲載されていたかについては、次の資料1をご覧下さい。

　『文藝』はこのような雑誌であったからこそ、日中文学者の往復書簡も企画されたわけです。

　今からみればいろいろ批判も可能かもしれませんが、1937年の夏から秋にかけてという時点で、このような往復書簡の試みがなされたということは、政治的・軍事的な観点からは影響力はないと言えましょうが、精神的な遺産としては無視されてよいことではないと考える次第です。

　第2次世界大戦前の日本の雑誌は、文芸雑誌とか、時局雑誌に分けられていて、文芸雑誌は基本的に政治問題を扱うことはできませんでした。改造社の場合、時局を論じた文章を掲載できる雑誌は『改造』でした。この『改造』にも、少し調べてみますと、中国人が執筆した記事は少なくありません。

　次の資料2に例を挙げましたので、それをご覧下さい。

　雑誌『改造』における中国人執筆者の登場回数を多いと見るべきか少ないと見るべきかはわかりませんが、少なくとも、社長の山本実彦が中国に大いに関心を持っていた人物であったことは確かです。一種のアジア主義者でした。ただ、山本社長は政治的には保守的な人物で、商売上、本や雑誌が売れるなら、内容が左翼的でも仕方がないという考えだったかと思います。実際、1920年代の終わりには、改造社から『マルクス・エンゲルス全集』が出版され、よく売れました。

　また、山本社長はしばしば中国に出かけ、魯迅などとも面識があり、魯迅の死後には改造社から『大魯迅全集』を発行したのです。

5 小川五郎、日中交流への思い

　改造社はそういう会社でしたから、改造社の雑誌『文藝』に、日中文芸通信が載っても不思議はありません。では、雑誌『文藝』の編集主任だっ

1930年代の日中文学者の交流について

資料1　雑誌『文藝』所収・中国関係作品一覧

年	号数	作品名
1934年	2月号	郭沫若「自然への追懐」
36年	2月	魯迅「ドストエフスキーのこと」
36年	5月	鹿地亘「魯迅と語る」
36年	5月	魯迅「阿金」
36年	12月	池田幸子「最後の日の魯迅」
36年	12月	木村毅「魯迅さんとショオ翁」
36年	12月	魯迅「死」
36年	12月	魯迅「中国文学の統一戦線」
36年	12月	竹内好[1]「最近の中国文学」
37年	6月	周作人「日本に居た頃の魯迅」
37年	7月	蕭軍「中国から日本へ」
37年	7月	中野重治「日本から中国へ」
37年	8月	スメドレイ「馬」[2]
37年	9月	座談会（鹿地亘・武田泰淳）「今日の中国文学」
37年	9月	夏衍「中国から日本へ」
37年	9月	久板栄二郎「日本から中国へ」
37年	10月	周作人「東京を懐ふ」
37年	11月	林語堂「わが郷土」
37年	11月	パアル・バック「若き支那の自覚」
37年	11月	周作人「二つの支那の礼讃」
37年	11月	蕭紅「馬房の夜」
37年	12月	蕭軍「（小説）同行者」
37年	12月	中国文学研究会編「現代支那文学事典」[3]
38年	1月	周作人「北京に踏みとどまる」
38年	2月	老舎「『大いなる時代』と作家」
38年	3月	スメドレイ「太原へ向ふ」[4]
38年	3月	景宋「医者」
38年	4月	トレチャコフ「四川の少年」
38年	10月	山本実彦「この頃の周作人」[5]
38年	11月	増田渉「最近支那文学消息」[6]
38年	12月	張天翼「（小説）華威先生」
39年	5月	魯迅「（未発表）最後の日記」
39年	8月	胡風「昏迷の中にて」

1) 竹内好（1910-77）中国文学者、評論家。1934年、武田泰淳、岡崎俊夫などと中国文学研究会を結成。『魯迅文集』6冊の翻訳・刊行（1976-78）に打ち込む。
2) この短編の訳者は、雑誌には明記されていないが、小川五郎だった。
3) 上記の中国文学研究会に増田渉や松枝茂夫などが加わり、雑誌の付録として付けられた事典。
4) この短編の訳者も、2）と同様小川五郎だった。
5) 改造社社長の山本は、周作人とは知己の間柄だった。
6) 増田渉（1903-77）中国文学者。1931年、上海に渡り、魯迅から個人的に教えを受けた。上記の中国文学研究会に加わった。37年、改造社に入り、『大魯迅全集』などの編集に当たった。

第四部　日中の文化交流

資料2　雑誌『改造』所収・中国人執筆者

名前	掲載(登場)回数	作品名
孫文	2	「大亜細亜主義の意義と日支親善の唯一策」(1925年1月)
郭沫若	5	「創作　王昭君」(1926年7月増刊)
胡適	4/2	「近代西洋文明に対する吾人の態度」(同)
田漢	2	「創作　昼飯の前」(同)
魯迅	6	「文豪ショウを迎えて　SHAWとSHAWを見に来た人々を見る記」(1933年4月)
周作人	3	「日本文学を語る」(1934年9月)
蒋介石	4/1	「民族復興運動」(1936年4月)
蕭軍	1	「小説　羊」(1936年6月)
林語堂	2	「古都北平」(1937年10月増刊)
陳独秀	1	「実庵自伝　南京・受験生の思い出」(1938年1月)
毛沢東	5/1	「持久戦を論ず」(1938年10月)

注）このほかに、エドガア・スノウとアグネス・スメドレイの「中国共産党領袖　毛沢東会見記」が、『改造』(1937年6月)に掲載。
　ここには便宜的に雑誌『改造』への初登場時の作品名を記す。掲載(登場)回数にスラッシュがある場合は、スラッシュの後ろが戦後における掲載回数を意味している。

393

た小川五郎、つまり高杉一郎は、そういう出版社にいたから、日中文学者間の往復書簡という企画をしたのでしょうか。むろん、それも一つの条件ではあったでしょうが、小川は次のように書いています。

　　一九三一年九月一八日、日本の軍部がいわゆる「満州事変」をひき起こしたとき、私は東京高等師範学校から東京文理科大学へ進んでいた学生だった。東京高師にはむかしから多くの中国人留学生が学んでいたが、このとき愛国主義的な留学生の多くは学業を放棄して祖国に帰っていった。そのなかには私が親しくしていた友だちもまじっていた。黙ってそれを見送る以外、どうすることもできなかった日のことは、いまもつらい思い出として残っている。（『征きて還りし兵の記憶』p.17）

というのです。高杉が改造社に入社したのは 1933 年で、雑誌『文藝』の担当になった時期ははっきりしませんが、1935 年頃のことかと思います。

　日本国内は軍国主義化の度を強め、中国にいた日本軍は、その占領地域を広げつつある時代でした。それがやがて 1937 年 7 月の日中戦争開始に至るのですが、その直前の時期に、雑誌『文藝』の「日中文学者往復書簡」が企画され、一部が実現したのでした。そこに小川五郎、高杉一郎の時代に対する抵抗の意思が働いていたと思います。また、学業を放棄して中国に帰っていった友人たちのことが念頭にあったことでしょう。

　ここでの小川の回想に中国人留学生のことが出てきますが、雑誌『文藝』に登場した中国人には、日本留学の経験者が少なくありません。魯迅、周作人はもとより、夏衍や胡風も日本に留学していました。小川五郎の場合も、中国人留学生との間の友情が、編集者としての彼の生き方に大きな影響を与えていたと言えましょう。

　ちなみに、小川五郎は、学生時代には左翼文献も少なからず読んでいましたが、彼自身は左翼ではなく、エスペランティストでした。

　ところで、雑誌『文藝』1937 年 8 月号には、アグネス・スメドレイの短編「馬」が載っています。これは中国を舞台にした小説で、小川五郎が

訳したものです。また、37年11月号には、蕭紅の「馬房の夜」という作品が載っています。小川は英文科の出身で、中国語を読むことは出来ません。この小説の日本語訳は、エドガー・スノウによる英訳から重訳したものだと小川は言っています。

　文芸雑誌の編集という仕事に携わりながら、視野を日本の文壇という狭い範囲に限定することなく、その時代の緊急の問題、日本の中国侵略という問題に向きあい、それを可能な言論の枠の中で取り上げた小川五郎の活動、さらには改造社の仕事は、現在でもなお評価するに値するのではないかと思います。

6 おわりに

　この北京大学・桜美林大学学術交流会が掲げていますテーマの一つは「共生」です。現在の日中関係は必ずしもすべてが円滑だとは言えない状況ですが、両国間の「共生」は、むろん私たちの目指すところです。

　文化レベルで考えたとき、その「共生」とはどのようなものか。その実例の一つを、1937年の「日中文学者往復書簡」が提供していると考える次第です。

　私は、今後この1930年代における日中知識人の交流についても学生たちに紹介していきたいと考えています。

（追記）
　これは、2005年2月26日に北京大学において行なわれたスピーチの記録であり、のちに、佐藤東洋士・李恩民編『東アジア共同体の可能性——日中関係の再検討』（御茶の水書房、2006年）に収録された。
　また、この記録も一つの素材として、私は高杉一郎に関する本を出版した。太田哲男『若き高杉一郎——改造社の時代』（未來社、2008年）である。

中日近現代小説における「家」について
巴金と藤村の『家』を中心に

于　栄勝

　「家」は、一つの制度として、中国にも日本にもあるわけであるが、日本の「家」制度は、近世以前のものではなく、明治時代に出来た民法と密接な関係を持っており、近代に出来たと言ってもよい[1]。それに対して、中国の「家」制度は、古くから確立されていたもので、封建的色合いが相当強かった。

　日本の「家」制度は、近代に出来たと言っても、近代的な色合いが濃くなったとは言えない。家長中心、男性中心、長男相続制などは、中国の「家」制度とあまり変わらない封建的な色合いの濃いものといっても過言ではなかろう。中国の「家」制度の根本は、まったくこの男性を中心にした家長制度にある。「家」の中で、男性は、絶対的な地位を占め、家長は、絶対的な権力を持っている。男性に比べて、女性は弱い存在で、下位にある。絶対的な権力を持っている家長の意思にたいして、「家」のものすべては、服従しなければならない。そういう「家」の中で、個人の意思は、基本的には、無視されていた。すべてのことに関して、「家」自体が大事にされ、優先される。

　日本の明治民法に規定される「家」制度は、昔の武士の「家」制度によ

---

1) 上野千鶴子『近代家庭的形成和終結』（呉詠梅訳）商務印書館、2004 年、p.69。

る部分が多く、「忠」「孝」を基本にしたものである。武士の「家」制度は、儒学の倫理に随ったものであるらしく、忠孝思想が核心として重んじられている。近代に出来た日本の「家」制度も、同じようにその忠孝思想が強調される。つまり、各個人は「家」を通して、天皇に忠誠を尽すことになる。その意味で、「家」は、政治的役割をも果たしていた。

　もちろん実際には、「家」に生きる各個人は、それほど強い政治意識をもってはいなかったろうが、「忠孝」という思想を身に付けさせられ、家長を中心とした「家」それ自体の束縛を受けていたに違いない。かといって、近代になって自我に目覚め始めた青年知識人は、その束縛を強く感じないはずはなかったであろう。彼等は、その束縛から逃れ、それによる自己の苦痛を何らかの形で表現しようとしたに違いない。同じような状況は、当時の中国の社会にも存在していたように思われる。島崎藤村は、20世紀10年代に、巴金が、20世紀30年代に、『家』という同じ題名の小説を書いたのも、この状況と密接な関係がある。

　藤村の小説『家』は、日本文学史上、近代小説といわれるが、巴金の小説『家』は、中国文学史上、現代小説と考えられる。しかし、それは、ただ中日両国の文学史者の時代区分の違いによる判断であって、両者が比較できない理由にならないのである。見様によっては、藤村の『家』も、巴金の『家』も、まったく同じような社会文化背景を元に書かれたと言ってもよい。つまり、古い「家」は、崩壊しつつあり、その「家」にたいする批判は、程度の差こそあれ、行われており、近代的な自我に目覚め始めた若者は、「家」による束縛を強く感じ、そこから逃れ、あるいはそれに反抗するようになってきたという時代に書かれたのである。視点を変えれば、これは、両作品を比較できる理由の一つにもなる。もちろん、両作品を比較できる理由は、ほかにもある。例えば、両作品とも、その国では、名作とされている。両作者とも、その国では、有名な小説家として高い文学的地位を示している、などである。本文では、具体的な考察は、差し控えたいが、両作品の共通点と相違点について、考えてみる事にする。

1 大家族の問題

　まず大家族の問題を取り上げて考えたい。

　一見してみれば、巴金の『家』も、藤村の『家』も、同じように大家族を書いているようである。巴金の『家』では、高という大家族が書かれており、藤村の『家』では、橋本家と小泉家の二大家族が描かれている。しかし、一口に大家族と言っても、2作における意味は、やはり違うところがある。中国語の中に「四世同堂」という言葉があるが、まったくその言葉通り、高という家族は、4世代、数十人で同じ屋根の下で生活している、典型的な官僚地主の大家族である。

　藤村の『家』で描かれている橋本家と小泉家は、日本では、経済力と社会地位の高さ、旧家の伝統からして、大家族だと言えるかも知れないが、高という大家族ほどの大家族ではないようである。つまり、日本で言われる大家族は、中国のそれと違って、決して家族人口の多さ、共同で生活する世代数あるいは家族構成の複雑さを言っているわけではない。当然、そういう違いは、小説の描写の仕方に響いてしまう。

　巴金の『家』では、4世代、数十人の大家族を統御するための家長の役割が強調され、そのマイナス面が批判される。その大家族の中で一番の年配者であるお祖父さんの「高老太爺」が、一家族の支配者、統治者として描かれているのも、こういうことと無関係ではない。それに対し、藤村の『家』では、「高老太爺」のような支配者としての家長は、描かれていない。むしろ、その家長は、可哀想な人間または人生の失敗者として描かれているのである。その描写の違いは、おそらく大家族の意味の違いに求められるであろう。

2 「真実」と「虚構」について

　巴金の追憶および藤村の研究者の研究によれば、巴金と藤村の『家』は、架空のものではなく、自分の「家」を原型に書かれたということである。確かに、巴金の『家』は、彼自身が生活していた『家』を原型にしたもの

であるが、かなり虚構を加えたので、小説の中の人物は、もう彼自身の生身の家族でなくなり、独立した小説世界の人間として描かれている。つまり中国近代社会の代表的な人物として、造型されたのである。たとえば、家長である「高老太爺」は、家族、特に若い人に圧力をあたえ、人間の生命力を押し殺した専制的な家長の典型として描かれている。

　それに対し、藤村の『家』の中の人物は、たいてい藤村の親族にあたる人間として描かれている。橋本家の主人の妻は、藤村の姉で、小泉家の主人は、藤村の兄で、三吉という人物は、藤村自身である。こういう例は、挙げたら、幾らでも挙げられる。小説の中で描かれたそういう人物をめぐった事件の多くは、実際に藤村の「家」の中で起ったのである。言い換えれば、藤村のほうは、真実を小説の中に取り入れ、巴金は、虚構をもって自分の言いたいことを訴える。なぜ、藤村は、真実を大事にし、巴金は、虚構が好きなのか、おそらく彼らの文学観と密接な関係がある。藤村は、同時代の自然主義に傾き、事実そのままに描くというのを文学の真髄とし、「屋内のことしか書かない」。巴金は、そうではなく、文学をもって、社会批判、現実批判を行おうとし、自分の社会に対する不満を訴えようとしたのである。おそらく巴金にとっては、虚構と典型人物像の造型を通してこそ、社会批判、現実批判の力を強め、自分の社会に対する不満をもっと訴えることが出来るのであろう。

3 「代表」と「個別」について

　違った文学観によって、異なった『家』になるのも、当然である。基本的に言えるのは、巴金が書いた高という大家族は、封建的官僚大家族の代表であり、藤村が描いた橋本家と小泉家は、日本という社会環境に存する、藤村と密接な関係を持つ個別的な家族である。つまり、巴金が描いた大家族は、中国社会からよく抽出した封建的大家族の典型であり、このような封建的大家族の本質を表している。藤村が描いた家族は、もちろん藤村自身の両家族に対する認識によって造型されているが、実生活での具体的な橋本家と小泉家の姿しか表していない。

巴金は、封建制度を批判するために、家族描写を通して、長い間胸につかえた、社会現実に対する強い不満を表したかったので、封建的官僚大家族の典型的造型を必要とした。藤村は、ただ自分の家族史、あるいは自分の親族の家族史を書いて、人生に対する自身の嘆きを表したかったのであろう。そういう意味で、藤村にとっては、封建的大家族の典型的造型を必要としない。いわば、巴金が書いた「家」は、社会的な「家」であり、藤村が描いた「家」は、血縁上の「家」である。

4「放蕩」の意味について

　面白い共通点だが、両方の『家』の家族の男性は、たいてい、放蕩という因子をもっている。巴金の『家』の家長である「高老太爺」は、表では、儒学の道徳を云々し、息子や孫たちを厳しく躾ているが、裏では、放蕩した生活を送っている。その息子の世代も、その親に劣らず、堕落した暮らし振りという面では、まったく彼の写しであると言ってもいい。ここには、遺伝の要素が見られないでもないが、巴金は、「高老太爺」親子2世代のこの放蕩振りを社会的な面から捉え、それをもって、封建的な家族専制制度が、必ず腐敗と堕落をもたらす事を立証したいようである。制度の問題として「放蕩」の意味を捉えている巴金に対し、藤村は、遺伝の問題として「放蕩」を考えているように思われる。藤村の考えによれば、橋本家の家長である達雄、その息子である正太の放蕩も、小泉家の宗蔵、三吉の歪んだ行為も、また、森彦の「頽廃の匂い」も、社会と関係なく祖先から受け継いだもので、血縁の遺伝と深く関係している。旧家の封建制の暴露、批判より、藤村は「放蕩」を通して、「家」の血筋の探究を重んじているようである。

5 崩壊しつつある「家」の意味について

　巴金と藤村は、違った国の作家で、それぞれ異なった経歴と文化背景を持ってはいるが、異なった時期に書いた小説の中で、同じく崩壊しつつあ

る「家」を扱っていた。その「家」の崩壊も、同じく歴史の大変革によるものと言ってもよかろう。つまり、日本では、明治維新以降の文明開化、中国では、五・四新文化運動以降の社会文化変革によるものである。

しかし、同じく崩壊しつつある「家」を扱っていたと言っても、その扱い方が同じというわけではなく、その崩壊しつつある「家」を通して表現しようとしたものも、同一なものではない。巴金は、「家」の崩壊を書いていたが、崩壊してしまった「家」を書いたのではなく、崩壊直前の「家」の状況、人間模様を描いたのであり、中国社会において死に喘いでいた封建専制制度の崩壊の必然性を読者に訴えようとしていたのである。そういう巴金と違って、藤村は、崩壊してしまった「家」をつぶさに書いており、その「家」の崩壊、崩壊した「家」の描写を通して、歴史変革の流れに対する人間の無力さを嘆いたのである。

6 創作の意義について

2作品を読んで、一番感じられるのは、作者自身の創作の姿勢である。巴金の「家」の創作は、高という大家族の描写を通して、複雑な中国の近代社会の本質の追求にあるように思われ、藤村は、自分の親族の実生活を描いて、消えつつある旧家の人間の悲しみを表現することを創作の基本としているように思われる。言い換えれば、巴金の「家」の鉾先は、封建専制社会全体の批判にあり、家族間の矛盾の裏に潜んでいる社会の衝突の暴露にあるが、藤村の「家」は、家族血縁の遺伝から、家族衰退、人間性の堕落、人生の苦しみの原因を探ろうとしている。巴金は、封建的大家族の中の人間模様を通して社会的病弊と封建制度の本質を見たが、藤村は、自分の「家」、親族の「家」に、自分または親族たちが抱えている家族遺伝の重荷を発見したのである。

特別寄稿
何芳川先生を悼む

何芳川教授を偲ぶ

李　玉

　今この厳かな演壇に立つ私はたいへん複雑な心境でいます。皆さんと再会し、学術討論を行うのはとても嬉しいことですが、しかし今ここには私たちが親しんできたあの方の姿がない。どんなにか悲しいことでしょう。彼の素敵なイメージが深く私たちの脳裏に刻み込まれ、彼の朗らかな笑い声と、力強い声が未だに私たちの耳もとでこだましていますが、もう2度とこの人――私たちが深く敬愛する何芳川教授に会うことは叶わないのです。今日みんなが一堂に会し何芳川教授を偲ぶこの機会を佐藤学長が作ってくださり、有り難く感謝に堪えません。この場をお借りして、私たちの哀悼の思いを込めた追悼文を読ませていただきます。

　何芳川教授は、1939年1月山東省の菏沢に生まれました。1956年北京大学に入学し、1962年史学部を卒業しました。卒業後大学に残り助手、講師、助教授、教授、博士課程の指導教官を歴任しています。アメリカのディキンソン・カレッジや香港城市大学に客員教授として招聘されたことがあります。2004年日本の桜美林大学より名誉博士号を授与されました。1992年から2002年までの間北京大学史学部主任、北京大学海外教育学院院長、北京大学副学長を歴任しています。2002年以降は北京大学校務委員会副主任、北京大学対外漢語教育学院院長、北京大学アジア太平洋研

究院院長を務めています。また中国史学会副会長、中国アジア太平洋学会副会長などの職にも就かれています。

　何芳川教授は教育に熱心で、学生にやさしい優れた教師でした。教育に携わること四十数年の何先生は、十数科目の講義を担当されました。先生の講義はいつも広く参考文献や事例を援用します。そのレベルは高く、生き生きとした語りや溢れるような情熱が学生たちを魅了し、多くのことを学ばせました。1996年北京大学の学生から"十佳教師（訳者注：10項目にわたって優良と評価される教師）"に選ばれた先生は、「生涯で最高のご褒美だ」と何度も誇らしげに言っておられました。先生は二十数名の修士と博士の指導に当たりました。学生の興味関心を生かし、創造力の育成を重視する先生は、「楽観、積極、前向き」をモットーとする生き方で学生を感化し、激励しました。

　何芳川教授は謹厳博学にして開拓と探求の精神に富む学者でした。先生の学問研究は範囲が広く、アフリカ史、アジア史、環太平洋地域史、中外文化交流史などの領域において優れた研究業績を残されました。『中外文明の交流』など十数冊の著書を世に送り、「太平洋の時代と中国」など50以上の論文を発表しています。1980年代半ば以降、先生は環太平洋地域の歴史に関する研究において環太平洋地域を一つの全体として考察するという独特な観点にたって、「太平洋大三角関係」など一連の新しい視点と構想を提起されました。その研究成果の多くは国内外で高い評価を受けています。中外関係史の研究、特に「華夷秩序」や「世界史における大清帝国」の研究を通して、中国史を世界史という大きな背景の下に置いて考察するという先生の新しい研究視野は、中国史の研究分野にもよい刺激を与えました。先生は大構想、大視野と大気迫を持ち備えた、中国と世界のことに精通する、博学で謹厳な学者でした。

　何芳川教授は地道に仕事を行い、実効性を重視し、革新の勇気ある管理者でした。北京大学人文社会科学担当副学長在任中、現場を訪ね各学院、学部の伝統と現状をよく調べ、北京大学文科発展の戦略を策定しました。指導的な立場で一部の文系学院、学部の調整と学科設置に参与されました。何先生は「贋物や創意のないものを排斥し、北京大学文系の優れたものを

作り世に送ろうとする意識」を極力呼びかけました。そのおかげで北京大学の人文社会科学は大きく発展しました。

　何芳川教授は世界的な影響力を持つ、学術交流と文化交流の使者でした。何先生はよく各種の国際学術会議や文化交流活動に招かれました。先生は北京大学アジア太平洋研究院を創設し、それを中国のアジア太平洋研究の中心的存在に育てあげました。先生は大規模な国際学術会議を数多く主催されました。世界的視野と該博な学識、魅力的な人柄を備え持つ何先生は交流の中で、多くの人と友人になり、賞賛を受けました。おかげで交流の幅が広げられ、北京大学ないし中国の関連学術分野における研究が促進されました。特に強調したいのは、先生は北京大学と桜美林大学の交流の創始者、推進者でもありました。1998年以来、佐藤学長とともに両校の学術会議を数度にわたって主催されました。何先生の新人文主義に関する学術報告は広く関心を集め、刺激を与えてくれました。常に両校の学者の議論するメインテーマのひとつでした。両校の交流の歴史における何先生の功績は不滅のものです。

　何芳川教授は、親切で謙虚であり、真心をもって接してくださり、親しみやすく敬意の持たれる益友でした。学生に優しい先生は懇々と教え悟らせる忍耐強さ、溢れるばかりの愛情を持っておられました。学生とは師であり友でもある平等で親しい関係を作っておられる何先生はいつもみんなから羨ましく思われていました。また部下にも平等で親切に接しておられました。仕事の上ではサポートと激励を与え、生活の上では思いやりと心配りを寄せてくださいました。同僚と友人には情熱と真心を持って接してくださいました。困った時には必ず助けてくださり、成功した時はいつも喜んでくださいました。先輩や目上の方には敬いの念を持って、謙虚で礼儀正しい態度で接しておられました。

　概して言えば、何芳川教授は清廉無私、虚心坦懐、光風霽月、才気に溢れ、叡智とユーモアに富んだ方でした。親切で謙虚な何先生は他人にはやさしく自分には厳しく、常に心配りと愛情を持ってまわりの人を大事にしてくださいました。

　しかし、まさに満を持してこれから幾つもの学術研究計画を実施し、よ

り大きな夢を実現しようとしていた時に、彼の尊い命は無情にも病魔に奪われてしまいました。私たちは、博学謹厳な学者、敬われる良き師良き友を失ってしまったのです。何先生は、私たちに深い悲痛、尽きることのない思慕と美しい思い出を遺して逝かれました。本日、ここで何芳川教授を追想するにあたり、先生が遺してくださった貴重な精神的財産と美しい思い出を今一度しっかりと心に刻まなければなりません。きっといつまでも私たちを励ましてくれるものとなるでしょう。何芳川教授の遺志を受け継ぎ、桜美林大学との交流を推進し、中日文化交流と中日友好のために貢献しなければなりません。

　何芳川教授は永遠に私たちの心に生きておられます。　　　　（張平訳）

何芳川教授の 「文化建設と文化自覚」について

李　玉

　何芳川教授は長年中日の文化交流のために力を注いでこられた。特に佐藤学長とともに北京大学と桜美林大学との交流を推し進めてこられた。両校の交流で何芳川教授が行われた新人文主義に関する学術報告は、注目を集め、示唆に富むものであり、両校の学者の議論するメインテーマの一つとなった。新人文主義に関する学術報告の中で何芳川教授は、「ハイテクが日進月歩に進む 21 世紀において、社会は極端な物質化の圧力のもとに置かれている」と指摘し、したがって新たな人文主義を提唱し、人文教育の強化、人々の人文的教養の向上が必要だと強調している。「人文主義の欠乏する知識経済時代は不完全な時代であり、人文主義の欠乏する国や民族は不完全な民族である」からだ。先見の明を持つ何芳川教授のこの卓見は理論的にも実践的にも意義のある考えである。皆さんのよく知るところなので、これ以上の言及を割愛する。

　またここ数年、何芳川教授はこの命題を文化建設と文化自覚とに結びつけ、研究を深めた。その代表的な論文は「グローバリゼーションにおける文化自覚：一元それとも多元？」と「21 世紀における東アジアの文化建設と文化自覚」である。何芳川教授の主な観点を次のようにまとめてみた。

　今日の世界ではすべての国家や民族がグローバリゼーションの進展による影響またはその制約下において生活し、活動している。21 世紀におけ

る中国と東アジアの国々も、まさにこのような背景のもとに国の建設と発展に関する活動を行っているのである。このような状況下で発展を実現するためには、文化建設は極めて重要な中身を持つ仕事であり、且つ膨大な量にのぼる仕事である。この膨大な量にのぼる仕事のために、東アジアの国々には高水準の文化的叡智——文化の自覚と言ってもよい——が求められている。

このような文化の自覚はまず西洋文化といかに向き合うかという問題と直面せざるをえない。重要なのは、西洋文化をむやみに排斥することにもまた盲従することにも反対することである。その次に、いかに自国の伝統文化と向き合うかである。その場合、伝統文化に対する虚無主義的な態度と行き過ぎた賞賛に反対することが大事である。

中国についていえば、儒学あるいは儒・仏・道を中心とする中国伝統文化を重視しなければならないが、しかし21世紀の中国文化建設、即ち社会の発展を推進する為の民族文化の構築を考える時、決して単純に儒学を復興するのではなく、全く新しい文化体系を建設することが必要である。その内容は、大体次の三つの部分から成る。(1) 伝統的な儒教文化。ただそれは過去の儒学文化の焼き直しであってはならない。その中から、たとえばよく知られるところの「和を以って貴しと為す」「和して同ぜず」「協和万邦」等の理念を精査し、丹念に選び出し、今の時代と社会にふさわしいものとして改造し、今建設中の中国の新文化体系に融け込ませる。(2) 西洋文化。そのうちのマイナス面やよくないものを受け入れてはならない。そのうちの優れたものを精査し、丹念に選び出し、今の時代と社会にふさわしいものとして改造し、今建設中の中国の新文化体系に融け込ませる。(3) 中国や西洋以外の世界各民族の文化に対してはオープンな態度をとる。

とにかく、グローバリゼーションの荒波にもまれるなかで、ただ伝統に固執し、時代の要請に応えられなくなった過去の遺物を頑なに守り、まわりに見捨てられた弱者のような呻き声を出してはならない。時とともに前進し、積極的に挑戦し、世界すべての国や民族の文化が共生する平等なチャンスを持つべきだと主張しなければならない。これが、私達の提唱す

る文化の自覚である。また、優秀なものを選び劣悪なものを淘汰すべきだとする主張も、私達の提唱する文化の自覚である。ただし淘汰すべきと主張するのは国や民族文化におけるマイナス面、劣悪なものであって、決して現在一時的に立ち遅れている国や民族の文化ではない。選ぶべきは、国や民族文化における優れたものであり、断じてある国やある文化を盲目的に崇拝しないことである。

　以上のような議論に基づいて、何芳川教授は、平和で、安定的な、協力し合う、多元的な21世紀の東アジアの枠組みを構築するために、中日両国は努力しなければならないと指摘する。このような新しい東アジアの枠組みを構築する過程が、まさに中日両国が協力し合い、そして協力し合うなかで相互理解と相互信頼を深める過程でもある。この過程において、文化交流は極めて重要な役割を持つ。何芳川教授は北京大学と桜美林大学とのシンポジウムで行った報告の中で「今日こそ、我々は中日両国の文化交流に力を入れなければならない」と幾度も呼びかけている。とりわけ「中日間の教育分野での交流を通して、人材育成を奨励し、人類文化の発展の中で東洋の文明を復興し、素晴らしい輝きを放つものにしようではないか」と何教授は強調した。こう述べる何芳川教授はまさにそのように実践したのである。

　何芳川教授はその独特な見解で我々に示唆を与え、考えさせてくれる。また中日文化交流を推し進める実践行動で我々に見本を示してくれた。長大な大河のような歴史の中で、一人の学者の持つ力は微小なものである。だが、特定の時期と場合によっては、その役割は計り知れないものがあるかも知れない。北京大学と桜美林大学との交流の中で何芳川教授の果たした役割はまさにそのようなものではなかっただろうか。　　　　（張平訳）

大河を思わせるひと
何芳川先生

佐藤東洋士

　何芳川先生にお目にかかったのは1996年でした。柳絮が柔らかく流れる5月の北京です。初対面であったにもかかわらず、ふたことみこと話すうち、私たちはなにか遠い以前から友となることを運命づけられていたかのように感じたのを、鮮明に覚えています。そして、いま、「出会い」というものがもつ貴さ、ありがたさに、深く感じ入るのです。
　直接の用向きは、当時、北京大学海外教育学院院長をなさっておられた何先生への表敬訪問ということでしたが、儀礼にとらわれた前口上は省いて、お会いするなり、日中文化交流のこと、とりわけ学術交流のありかたに話はおよび、内容豊かな語らいになっていきました。少年のそれを思わせるひたむきな目の光、まっすぐで強い言葉が印象的でした。それでいて、大河を思わせる悠揚迫らざる物腰。まさに魅力にあふれたひとでした。ただ1回きりの座談で終わらせたくないと、たぶんそのとき私は思ったのでしょう、おいとまする時間が迫った瞬間、先生に声をかけていました。「今夜、またお目にかかって、食事をご一緒にできないものでしょうか」と。かなり唐突な申し出であったはずですが、双方の心が通いあっていた証明でしょうか、私はその日、宿舎の長富宮に何先生をお迎えすることになります。驚いたことに、なんと先生は自転車に乗ってのご光来でした。ますます先生が輝いてみえました。私は自分が終生の友を得たという確信

大河を思わせるひと　何芳川先生

をもちました。
　その夜の語らいについてはなお記しておかなければならないことがありそうです。2人の間の個人的な友情の交歓を超えて、北京大学と桜美林大学、ふたつの大学の連携、連帯をどう実現させていくかというところまで、意見交換が深く広くすすんでいったからです。
　両校の間の学術交流を促進させようという話に移ったとき、2人が期せずして口をそろえて出した目標は「実のある交流」というものでした。名目だけの友好では意味がない。学術交流に仰々しい謳い文句は要らない。盛りだくさんの企画を立てて騒ぎ立てるだけのお祭りにしてはならない。双方の教員らが真剣に論議を尽くし、知的な刺激を互いに与えあい、満足感をもって学術の成果をともに手にできる、そういう交流にしたい。私たち2人はそのことでも完全な意見の一致をみたのでした。何先生が世を去ってはや2年半、同志を失った私の喪失感はいまも癒えることはありません。しかし、こういうときだからこそ北京大学・桜美林大学間学術交流の原点をみつめ直し、あらためてその初志を思い返し、今後の発展のバネにしていきたいと考えるのです。
　あのときに合意をみた両校の交流は緒につき、1998年に第1回シンポジウムが桜美林大学で、翌年に第2回が北京大学で開催と軌道にのります。私たちの出会いから最初のシンポジウム開催までの2年間に実は周到な準備がありました。ここでも何先生が先導役を果たされています。最も力を込めていわれたことが「新しい文化の創造」という視点の導入でした。いたずらに西欧思想を排斥するものでなく、むろんそれに盲従するものではなく、東洋の伝統文化に深く学びながら、徳性の高い文化を新たにつくりあげていく。それが「新人文主義」でした。一方、私は新時代のキーワードとして「共生」を取り上げ、変転きわまりない21世紀にあって全地球的な規模での人類の幸福を追求することの大切さを強調したのでした。そして、衞藤瀋吉先生（元亜細亜大学学長）が21世紀の日中共同の敵こそは「環境問題」であると主張され、ここに両大学の共同の論考テーマとして「新人文主義」、「共生」、「環境」が浮かび上がってきました。私たちは過去8回のシンポジウムで数々の新鮮にして多彩な研究発表をおこなっ

てきましたが、その多くが何先生の提示された気宇壮大な「新人文主義」という構想によって encourage されたものであったことを指摘しておきたいと考えます。何先生はいまも私たちを支えてくださっている。そのことを忘れるわけにはいきません。

　私どもの桜美林大学の創始者・清水安三は若かりしころ奈良の唐招提寺に遊び、鑑真像を前にして「逆・鑑真になってこまそ」との誓いを立てたという逸話の持ち主です。何芳川先生と語り合った初対面の日の夜、自室に戻った私はその安三翁のことをしきりに想っていました。暴風雨のなか生命を賭して渡来し文化の光で日本を照らした失明の唐僧・鑑真の向うを張って、こんどは自分が文化の伝達使として中国の先達の恩顧に報いるのだ、というのが清水青年の心意気でした。文化の伝達はともかくとして、いまここに北京大学との学術交流の糸口がつかめた、これこそ安三翁が切り開こうとした志につづく糸にほかならない、であるなら翁の志を継いでわれらがこれを発展させていかねばなるまい——私はそのようなことを考えたのでした。

　振り返って感じるのですが、亡き何芳川先生は安三翁の志を受け継ぎたいとする私の心、いや桜美林の心をいつも実によく理解していてくださった。最後の最後まで私たちとの関係をたいへん大切にしてくださいました。いま、あらためて先生に感謝の念を捧げ、心から哀悼の意を表する次第です。

　なにをもって何先生のご厚情、ご恩顧に報いるか、なにによって友情の証しを立てるかについて、もはや、迷うところはありません。私たちが創りあげた北京大学・桜美林大学両校のこの学術交流の場をいっそう力強く弾んだものへ質量を高めていく課業、それが残された者たちが担うべき務めなのだと思うのです。

桜美林大学・北京大学シンポジウム◎プログラム

第5回 環境保護における日中の課題——環境と景観・気候と漁業——
2004年3月18日（於：桜美林大学）

Part 1　環境と景観
報告1「環境保護における人文主義的配慮」
　…何　芳川　北京大学教授
報告2「グリーン公衆便所の水汚染抑制と景観緑化における土壌浸透濾過システムのモデル・プロジェクトに関する研究」
　…呉　為中　北京大学助教授

報告3「東京オリンピックにおける水問題」
　…赤川正和　東京都水道局長
Part 2　気候と漁業
報告4「気候変化と漁業との連動」
　…高橋　劭　桜美林大学教授

第6回 新しい時代のモラル—— 21世紀の文明と倫理——
2005年2月26日（於：北京大学）

報告1「危機に立つ人文主義——近・現代日本の精神状況」
　…坂部　恵　桜美林大学教授
報告2「21世紀人文精神の構築と伝統倫理の止揚——二宮尊徳の思想の示唆を得て」
　…劉　金才　北京大学教授
報告3「『文化力』で発光する東アジアを」
　…為田英一郎　桜美林大学教授
報告4「日本文明の歴史的考察——川勝平太をはじめとする「海洋の日本文明論」との対話」
　…厳　紹璗　北京大学教授
報告5「1930年代の日中文学者の交流について——雑誌『文藝』を中心に」
　…太田哲男　桜美林大学教授

報告6「中日近、現代文学における「家」について——巴金と藤村の『家』を中心に」
　…于　栄勝　北京大学教授
報告7「環境触媒、被害者＝加害者を避けるための賢者の石」
　…土屋　晋　桜美林大学教授
報告8「中国の自動車産業の発展、マイカー増加等がもたらす環境問題及びその抑制対策」
　…呉　為中　北京大学助教授
報告9「老子における自然観の現代的意義」
　…植田渥雄　桜美林大学教授
報告10「道家の「道」の原意とその現代的意義」
　…楼　宇烈　北京大学教授

第 7 回　新人文主義と共生と環境
桜美林学園創立 60 周年記念・何芳川教授追悼記念
2006 年 11 月 18 日、19 日（於：桜美林大学）

基調講演「日中関係の現状と将来」
　…衛藤瀋吉　東京大学名誉教授
Part 1　新人文主義と共生
報告 1「新人文主義、そして日中共生への展望」
　…佐藤東洋士　桜美林大学教授・学長
報告 2　①「何芳川教授を追悼する」
　　　　②「何芳川教授の「文化建設と文化の自覚」について」
　…李　玉　北京大学教授

Part 2　日中の文化交流
報告 3「古代詩歌の中の友情」
　…程　郁綴　北京大学教授
報告 4「日本における漢文教育と斯文会の活動」
　…石川忠久　桜美林大学名誉教授・財団法人斯文会理事長

Part 3　都市環境
報告 5「中華人民共和国成立後の西安水問題とその解決策」
　…包　茂紅　北京大学助教授

報告 6「東京都のディーゼル車による粒子状物質規制」
　…小礒　明　桜美林大学客員教授・東京都議会議員
報告 7「道路環境モデリングによる高度道路交通システムの導入効果の推定」
　…坪田幸政　桜美林大学教授

Part 4　日中関係
報告 8「交流の強化と理解の促進―過去 2 年間の対日世論調査の結果から」
　…李　玉　北京大学教授
報告 9「「文化力」で発光する東アジアを（再論）」
　…為田英一郎　桜美林大学教授
報告 10「日系企業の対中認識」
　…小松　出　桜美林大学教授

第 8 回　調和社会と持続的発展
2007 年 11 月 3 日（於：北京大学）

報告 1「古代中国人の日本人認識」
　…王　暁秋　北京大学教授
報告 2「植物名から見た古代日本人の中国観」
　…寺井泰明　桜美林大学教授
報告 3「日本近現代における仏教の発展と変化」
　…魏　常海　北京大学教授
報告 4「調和社会とキリスト教思想の可能性―近現代におけるプロテスタント・キリスト教女子教育の一断片」
　…小﨑　眞　桜美林大学教授

報告 5「北東アジアのエネルギー問題とその協力」
　…包　茂紅　北京大学助教授
報告 6「東アジアの発展モデルと成長の持続性―韓国、台湾、マレーシアモデルと中国の比較を兼ねて」
　…劉　敬文　桜美林大学教授

執筆者紹介

何　芳川（か　ほうせん）
1939 年 – 2006 年。北京大学歴史学部教授、桜美林大学名誉博士、北京大学歴史学部主任、北京大学副学長、北京大学アジア太平洋研究院院長、中国史学会副会長等を歴任。
主要著書:『聳え立つ太平洋』（北京大学出版社、1991 年）、『太平洋貿易網 500 年』（主編、北京大学出版社、1998 年）、『古代中外文明の交錯』（香港城市大学出版社、2003 年）、『中外文化交流史』（主編、国際文化出版公司、2008 年）。

衛藤瀋吉（えとう　しんきち）
1923 年 – 2007 年。東京大学名誉教授、亜細亜大学学長。専門は中国を中心とする東アジア政治史、国際関係論。
主要著書:『衛藤瀋吉著作集（全 10 巻）』（東方書店、2003 – 2004 年）。
学会：アジア政経学会理事長、財団法人アジア研究協会理事長、財団法人平和・安全保障研究所理事を歴任。

佐藤東洋士（さとう　とよし）
1944 年生まれ。桜美林学園理事長、桜美林大学学長、教授、文部科学省中央教育審議会大学分科会委員、文部科学省大学設置法人審議会委員、文部科学省国立大学評価委員会専門委員、日本私立大学協会監事、（財）大学基準協会理事、（財）大学セミナーハウス理事長。名誉文学博士（韓国韓瑞大学）、名誉教育学博士（米国 Ohio Dominican University）、名誉行政学博士（韓国明知大学）。専門は高等教育、アメリカ地域研究。
主要論著:『The 高校留学』（共著、はる書房、1987 年）、『アメリカ文学史の世界』（共著、オセアニア出版、1990 年）、『大学国際交流センターの実情』（共著、アルク、1990 年）、『ことば・ジェンダー』（共著、青磁書房、1995 年）、『大学カリキュラムの再編成』（共著、玉川大学出版部、1997 年）、『いま、大学の臨時的定員を考える』（共著、大学基準協会、1999 年）、「桜美林大学における AO 選抜の実践と課題」（私学経営研究会、2002 年）、『東アジア共同体の可能性』（編集、御茶の水書房、2006 年）。

呉　志攀（ご　しはん）
1956 年生まれ。北京大学党委常務副書記、校務委員会常務副主任、北京大学アジア太平洋研究院長。専門は国際金融法。
主要著書:『金融法概論』（北京大学出版社、2000 年）、『金融のグローバリゼーションと中国金融法』（広州出版社、2000 年）、『資本市場と法律』（中国政法大学出版社、2000 年）、『上場企業法律問題』（中国石油出版社、2000 年）、『国際金融法』（法律出版社、1999 年）、『金融法の「四色定理」』（法律出版社、2003 年）等。

執筆者紹介

李　玉（り　ぎょく）
1940年生まれ。北京大学アジア太平洋研究院副院長、北京大学国際関係学院教授。専門は国際政治、日本政治、中日関係や日本近現代史。
主要著書：『世界通史（当代巻）』（共著、人民出版社、1997年）、『太平洋戦争新論』（共著、中国社会科学出版社、2000年）、『中国の日本史研究』（共著、世界知識出版社、2000年）、『中国の中日関係史研究』（共著、世界知識出版社、2000年）、『日中相互認識論集』（主編、香港社会科学出版社、2004年）、『文明視角下の日中関係』（主編、香港社会科学出版社、2006年）等。

小松　出（こまつ　いずる）
1955年生まれ。桜美林大学教授。専門は中国経済、開発経済学。
主要論著：「企業集団化」（座間紘一編『中国国有企業の改革と再編』学文社、2006年）、「90年代の上海国有紡績企業改革」（『桜美林エコノミックス』第54号 2007.3）、「東部紡績企業の西部地域への移転」（『桜美林エコノミックス』第56号 2009.3）。
学会：アジア政経学会、日本経済政策学会、中国経済学会。

王　暁秋（おう　ぎょうしゅう）
1942年生まれ。中国政治協商会議全国委員会委員、北京大学歴史学部教授、北京大学中外関係史研究所所長、国家清史編纂委員会委員、中国中日関係史学会副会長。専門は中国近代史、日中関係史、中外文化交流史。
主要著書：『近代中日啓示録』（北京出版社、1987年）、『アヘン戦争から辛亥革命──日本人の中国観と中国人の日本観』（東方書店、1991年）、『近代中日文化交流史』（中華書局、1992年）、『中日文化交流史大系　歴史巻』（主編、浙江人民出版社、1996年）、『近代中日関係史研究』（中国社会科学出版社、1997年）、『戊戌維新と近代中国の改革』（主編、中国社会科学出版社、2000年）、『近代中国と日本──他山の石』（高麗大学出版部、2002年）、『近代中国と世界──互動と比較』（紫禁城出版社、2003年）等。

為田英一郎（ためだ　えいいちろう）
1936年生まれ。桜美林大学名誉教授。専門はコミュニケーション論、文章表現法。
主要著書：『外電とそのウラの読み方』（日本実業出版、1983年）、『ニューヨーク人間模様』（朝日新聞社、1983年）、『文章作法入門』（ナカニシヤ出版、2004年）。
学会：日本国際政治学会、日本マスコミュニケーション学会。

厳　紹璗（げん　しょうとう）
1940年生まれ。北京大学中国言語文学部教授、北京大学比較文学比較文化研究所所長。専門は中日文化、文学に関する研究。
主要著書：『日本の漢学家』（中国社会科学出版社、1980年）、『中日古代文学関係史稿』（湖南文芸出版社、1987年）、『比較文学の視野から見た日本文化』（北京大学出版社、2005年）、『日本蔵漢籍珍本追蹤紀実』（上海古籍出版社、2005年）、『日蔵漢籍善本書録』（中華書局、2007年）等。

劉　敬文（りゅう　けいぶん）
1954年生まれ。桜美林大学教授。専門は国際経済学。
主要論著：『中国消費革命』（日刊工業新聞社、1997年）、『現代中国地域構造』（有信堂、2003年）、「途上国の開発モデルと経済成長——東アジアの開発モデルの比較研究を中心に」（『桜美林大学　経営政策論集』Vol.8、2009.2）。
学会：日本国際経済学会、北東アジア学会、日本経営教育学会等。

包　茂紅（ほう　もうこう）
1966年生まれ。北京大学歴史学部助教授、歴史学博士。専門は環境史、アジア太平洋地域史研究。
主要論著：『森林と発展——フィリピン森林乱伐研究（1946-1995）』（中国環境科学出版社、2008年）、『中国の環境ガバナンスと北東アジアの環境協力』（はる書房、2009年）等。

呉　為中（ご　いちゅう）
1963年生まれ。工学博士、北京大学環境科学とエンジニアリング学院助教授。専門は水質環境汚染のコントロールや環境バイオテクノロジー及びエンジニアリングの応用などの研究。ポスドク基金、国家自然科学基金、国家ニューハイテク（863）課題、国家ハイテク関連プロジェクト、国家重大水専項課題等10余りのプロジェクトを受け持つ。水処理工程をはじめとする20余りのプロジェクトを担当。
主要論著：『微汚染水源飲用水の処理』（中国建築工業出版社、1999年）、「異なる生物の事前処理方式の浄化効果及びバイオフィルム特性の研究」（『環境科学学報』20増刊、2000年）、「異なる生物の接触酸化方式の除藻効果及びメカニズムの研究」（『環境科学学報』21.3、2001年））、「バイオ濾過池による富栄養化ダム水源処理のプロセスパラメータの研究」（『北京大学学報（自然科学版）』39.2、2003年）等。

高橋　劭（たかはし　つとむ）
1935年生まれ。九州大学・桜美林大学名誉教授。専門は気象学。
主要論文：Takahashi, T., "Precipitation mechanisms in east Asian monsoon: Videosonde study" *J. Geophys. Res.,* 2006: 111, D09202, doi:10.1029/2005JD006268. Takahashi, T. and T. D. Keenan, "Hydrometeor mass, number, and space charge distribution in a "Hector" squall line" *J. Geophys. Res.,* 2004: 109, D16208, doi: 10.1029/2004JD004667. Takahashi, T. and K. Shimura, "Tropical rain characteristics and microphysics in a three-dimentional cloud model" *J. Atmos. Sci.,* 2004: 61, 2817-2845.
学会：日本気象学会、米国気象学会（AMS）、米国地球物理学会（AGU）。

執筆者紹介

土屋 晉（つちや すすむ）
1936年生まれ。桜美林大学名誉教授。専門は応用化学（触媒化学、石油化学、化学工学）。
主要論著："Preparation and Catalytic Property of Copper-Ytterbium Oxide System for CO Hydrogenation" *Surface Science and Catalysis* vol.1303705-3710（2000）ほか約200篇、『環境・エネルギー・生命の科学』（講談社、2003年）ほか約10冊
　学会：日本化学会、石油学会、触媒学会、化学工学会、日本原子力学会、英国化学会、アメリカ化学会。

小礒 明（こいそ あきら）
1952年生まれ。桜美林大学客員教授、桜美林学園理事、東京都議会議員、全国都道府県監査委員協議会連合会会長、東京都監査委員、（財）東京都保健医療公社評議員、（財）大学セミナーハウス評議員。専門は環境政策論、都市環境論、自治体政治論。
主要論著：『TOKYO環境戦略』（万葉舎、2002年）、「東京都における環境保全対策・ディーゼル車対策を中心に」（2006年度経営行動研究学会第16回全国大会および第6回日本・モンゴル国際シンポジウム）。
　学会：(財)日本国際政治学会（JAIR）、日本国際開発学会（JSID）、廃棄物資循環学会（JSMCWN）、日本生態学会（ESJ）等。

坪田幸政（つぼた ゆきまさ）
1956年生まれ。桜美林大学教授。専門は気象学、大気環境科学、科学教育。
主要論著：「リベラルアーツとしての科学リテラシー」（『理科の教育』651号、2006年）、「交通シミュレーションを用いたエコドライブの評価」（『第27回交通工学研究発表会論文報告集』、2007年）、『地球システムの基礎』（訳編、成山堂書店、2008年）。
　学会：日本気象学会、大気環境学会、日本科学教育学会等。

坂部 恵（さかべ めぐみ）
1936年－2009年。東京大学名誉教授。専門は哲学。
主要著書：『坂部恵集（全5巻）』（岩波書店、2006－2007年）、『仮面の解釈学』（東京大学出版会、1976年）、『モデルニテ・バロック』（哲学書房、2005年）。
　学会：日本哲学会、日仏哲学会、比較思想学会。

植田渥雄（うえだ あつお）
1937年生まれ。桜美林大学名誉教授。専門は中国文学。
主要論著：「人類の持続的発展と共生のために──中国古代思想　陰陽五行循環論の持つ意味を問う」（桜美林大学・北京大学共編『新しい日中関係への提言──環境・新人文主義・共生』はる書房、2004年）、「北京無血開城と清水安三」（『東アジア共同体の可能性──日中関係の再検討』御茶の水書房、2006年）、「中唐詩に見る民衆像──白居易と劉禹錫を中心に」（『桜美林大学世界文学』第4号）。
　学会：日本文体論学会常任理事、日中口述歴史文化研究会会長。

楼　宇烈（ろう　うれつ）
1934 年生まれ。北京大学哲学部教授。専門は中国哲学、中国仏教。
主要著書：『王弼集校釈（上、下）』（中華書局、1980 年）、『康有為学術著作選』（中華書局、1984 - 1990 年）、『中国仏教思想資料選編（第 1 - 4 巻）』（中華書局、1981 - 1992 年）、『東方哲学概論』（主編、北京大学出版社、1997 年）等。

劉　金才（りゅう　きんさい）
1951 年生まれ。北京大学外国語学院日本言語文化学部教授。専門は日本言語文化、日本近世思想史、日本人論、中日比較文化の研究。
主要著書：『現代日本語敬語用法』（北京大学出版社、1992 年）、『日中価値哲学新論』（共著、陝西人民教育出版社、1994 年）、『町人の倫理思想研究——日本近代化動因新論』（北京大学出版社、2001 年）、『近世中日思想交流』（共著、世界知識出版社、2003 年）、『日本の言語と文化』（共著、北京大学出版社、2003 年）、『報徳思想と中国文化』（主編、学苑出版社、2003 年）等。

魏　常海（ぎ　じょうかい）
1944 年生まれ。北京大学哲学部及び宗教学部教授。専門は中国哲学、東洋哲学（韓国、日本哲学及び日中韓比較哲学）、仏教研究。
主要著書：『日本文化概論』（世界知識出版社、1993 年）、『十地経論釈訳』（仏光文化事業有限会社、2000 年）、『空海』（東大図書株式会社、2000 年）、『朝鮮半島における中国文化』（新華出版社、2006 年）、『東方哲学概論』（共著、北京大学出版社、2007 年）等。

小﨑　眞（こざき　まこと）
1959 年生まれ。同志社女子大学准教授。専門は歴史神学、キリスト教教会史、実践神学、キリスト教文化論、宗教倫理等。
主要論文：「いのちへの——考察　創造物語との対話を通し」（『同志社女子大学生活科学』37 号、2004 年）、「『家族の同意』に基づく合意形成の課題と展望——新約聖書の物語（Narrative）から読み解く家族の関係性を巡り」（『生命倫理』16 巻 17 号、2006 年）、「中国における日本プロテスタント・キリスト者の足跡——想像価値に根ざした共感関係の構築を目指し」（『東アジア共同体の可能性——日中関係の再検討』御茶の水書房、2006 年）。
学会：日本基督教学会、日本生命倫理学会、宗教倫理学会、新島研究会。

程　郁綴（てい　いくてつ）
1950 年生まれ。北京大学中国言語文学部教授、北京大学社会科学部長、北京大学アジア太平洋研究院副院長。
主要著書：『唐宋詞研究』（訳著、北京大学出版社、1995 年）、『日本填詞史話』（訳著、北京大学出版社、2000 年）、『徐燦詞新釈集評』（中国書店、2003 年）、『歴代詞選』（人民文学出版社、2005 年）、『唐詩宋詞』（北京大学出版社、2008 年）等。

執筆者紹介

寺井泰明（てらい　やすあき）
1946年生まれ。桜美林大学教授、副学長。専門は中国語学・文学、和漢比較文学。
主要論著：「楊、柳、やなぎ」（桜美林大学『中国文学論叢』第22号、1997年）、「『椿』とツバキ」（桜美林大学『中国文学論叢』第23号、1998年）、『花と木の漢字学』（大修館書店、2000年）。
学会：日本中国学会、日本中国語学会、和漢比較文学会。

石川忠久（いしかわ　ただひさ）
1932年生まれ。財団法人斯文会理事長、二松學舍大学顧問。専門は中国古典文学。
主要著書：『陶淵明とその時代』（研文出版社、1994年）、『日本人の漢詩』（大修館書店、2003年）、『漢詩鑑賞事典』（講談社、2009年）。
学会：全国漢文教育学会、日本中国学会。

太田哲男（おおた　てつお）
1949年生まれ。桜美林大学教授。専門は日本思想史。
主要著書：『大正デモクラシーの思想水脈』（同時代社、1987年）、『ハンナ・アーレント』（清水書院、2001年）、『若き高杉一郎──改造社の時代』（未來社、2008年）。
学会：日本倫理学会、日本思想史学会、日本ピューリタニズム学会。

于　栄勝（う　えいしょう）
1951年生まれ。北京大学外国語学院日本言語文化学部教授、北京大学東方文学研究センター研究員、北方工業大学客員教授。専門は日本言語文学、日本近現代文学、中日近現代小説の比較研究。
主要著書：『基礎日本語』（共編、第3・4冊、商務印書館、1985-1986年）、『大学日本語』（共編、第1-4冊、北京大学出版社、1990-1991年）、『東方文学史』（共著、吉林教育出版社、1995年）、『日本現代文学選読（上、下）』（編著、北京大学出版社、2006年）等。

編集後記

　編集を終えるにあたって、いくつか説明を要する点があるので、以下に記しておく。

　この論集は第5回から第8回まで計4回にわたる桜美林大学と北京大学との学術交流を記録した報告書で、26名の方による28篇の報告が収録されている。報告をすべて収録する方針であったが、第5回のシンポジウムでご報告いただいた赤川正和氏（元東京都水道局長）の報告「東京オリンピックにおける水問題」をご本人ご都合により収録することができなかった。この報告は北京大学亜太研究院の紀要『亜太研究論叢』（第二輯 2005.4）に中国語訳で掲載されているので、参照可能である。中国語訳の題名は「東京奥運会時的吃水問題」となっている。

　衛藤瀋吉先生の「日中関係の現状と将来」は第7回のシンポジウムでいただいた基調講演を張平がテープ起こしをしたものである。ご生前にご承諾をいただいているが、眼疾のためお目通しをいただくことがついに叶わなかった。表記等に不適切なものがあれば責任は張平にある。

　「特別寄稿　何芳川先生を悼む」の部に収録されている桜美林学園理事長・同大学学長佐藤東洋士先生の「大河を思わせるひと　何芳川先生」は本論集のためにご寄稿いただいたものである。

2009年7月

編集委員を代表して　張　平
李　玉

日本と中国を考える三つの視点
――環境・共生・新人文主義――

桜美林大学・北京大学学術交流論集編集委員会 編

編集委員：寺井泰明／李　玉
張　平／包　茂紅

2009 年 9 月 10 日初版第 1 刷発行

発行所　株式会社はる書房
〒 101-0051　東京都千代田区神田神保町 1-44 駿河台ビル
Tel. 03-3293-8549/Fax.03-3293-8558
振替 00110-6-33327
http://www.harushobo.jp/

落丁・乱丁本はお取替えいたします。　印刷・製本　中央精版印刷／組版　閏月社
© J. F. Oberlin University. Printed in Japan, 2009
ISBN 978-4-89984-106-7　C0030